本书是辜晓进主持的国家社科基金项目《传统报业向融合媒体转型的路径选择：中美比较研究》（项目批准号 15BXW015）的阶段性研究成果。

TALKS ON TRANSFORMATION
重走美国大报
美国报业转型：颠覆与重生
WITH THE TOP LEADERS OF U.S. NEWSPAPER INDUSTRY

辜晓进　著

南方日报出版社
NANFANG DAILY PRESS
中国·广州

图书在版编目（CIP）数据

重走美国大报：美国报业转型：颠覆与重生 / 辜晓进著. -- 广州：南方日报出版社，2018.8

ISBN 978-7-5491-1835-9

Ⅰ.①重… Ⅱ. ①辜… Ⅲ.①报业－体制改革－研究－美国 Ⅳ.①G219.712

中国版本图书馆 CIP 数据核字（2018）第 158209 号

CHONGZOU MEIGUODABAO

重走美国大报：美国报业转型：颠覆与重生

作　　者：辜晓进
出版发行：南方日报出版社
地　　址：广州市广州大道中 289 号
出版统筹：周山丹
责任编辑：刘志一　郭海珊
封面设计：肖晓文
责任校对：王　燕
责任技编：王　兰
经　　销：全国新华书店
印　　刷：广东信源彩色印务有限公司
开　　本：787mm×1092mm　1/16
印　　张：34
字　　数：553 千字
版　　次：2018 年 8 月第 1 版
印　　次：2018 年 8 月第 1 次印刷
定　　价：88.00 元

投稿热线：（020）87373998-8503　读者热线：（020）87373998-8502
发现印装质量问题，影响阅读，请与承印厂联系调换。

部分受访美国报纸版面

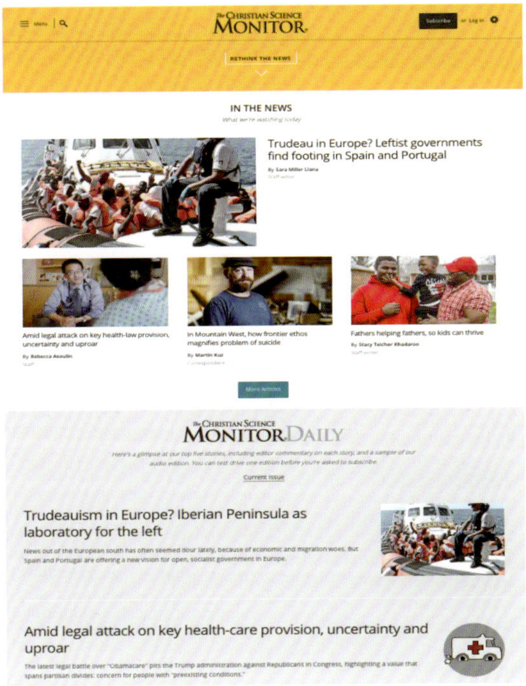

《基督教科学箴言报》（网络版主页）

《今日美国》

The Washington Post

GOP sees new path to undercut Mueller

Comey is slammed in report

Lawsuit accuses Trump, kin of misusing charity

In Yemen, a catastrophe looms

Once a Walmart, now home to 1,400 immigrant boys

IN THE NEWS

INSIDE

《华盛顿邮报》

CHAMPS — THAT HAS A NICE RING

'KID' ROCK, FOR THE WHOLE FAMILY

The Philadelphia Inquirer

Windows Open in N.J.

First wagers taken at Monmouth racetrack and at the Borgata.

IG report castigates Comey for errors

N.J. alleges nonprofit broke charity rules

Mariner East 1 pipeline gets a win

Shop-vac caused gas-station blast

Memorials take on frenzy of building

Al Meltzer, voice of Philly sports

Krasner's efforts find disciples across the U.S.

Pilot flew Angel Flights to aid the sick

High 78, Low 61

《费城问讯报》

PHILADELPHIA DAILY NEWS

FRIDAY JUNE 15, 2018

$2

THE PEOPLE PAPER

A GOOD SPORT

'BIG' GOODBYE TO AL MELTZER PAGE 3

POP CULTURE!

STUFF FOR DAD AND KIDS TO DO PAGE 21

MISSION FROM GOD

PLANE CRASH VICTIMS ON 'ANGEL FLIGHT' PAGE 4

RING BOWL

EAGLES BAND TOGETHER TO COLLECT SUPER BOWL BLING

PAGE 66

《费城每日新闻》

The Dallas Morning News

McDermott works boost beloved DMA

Comey mishandled inquiry, report says

Shutting down Central

Bridge demolition will force motorists onto access roads in Plano, Richardson

Housing official is gone

Abbott rides high above critics

All new automarket

Now Available in Saturday Dallas Morning News

cars.com

《达拉斯晨报》

《皮卡优恩时报》

《纽约时报》

《丹佛邮报》

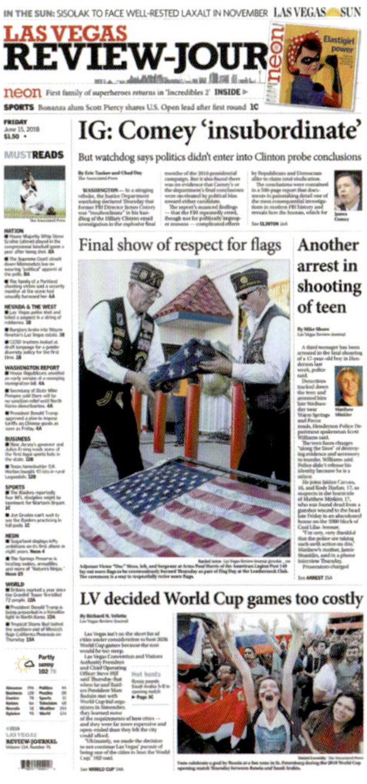

《拉斯维加斯评论日报》

美国报业考察地图

美国
8.萨克拉门托
Sacramento
7.丹佛
Denver
9.拉斯维加斯
Las Vegas
西雅图
波特兰
旧金山
洛杉矶
圣迭戈
盐湖城
阿拉斯加
①佛蒙特州
②新罕布什尔州
③马萨诸塞州
④罗得岛州
⑤康涅狄格州
⑥新泽西州
⑦特拉华州
⑧马里兰州
⑨哥伦比亚特区
⑩西弗吉尼亚州

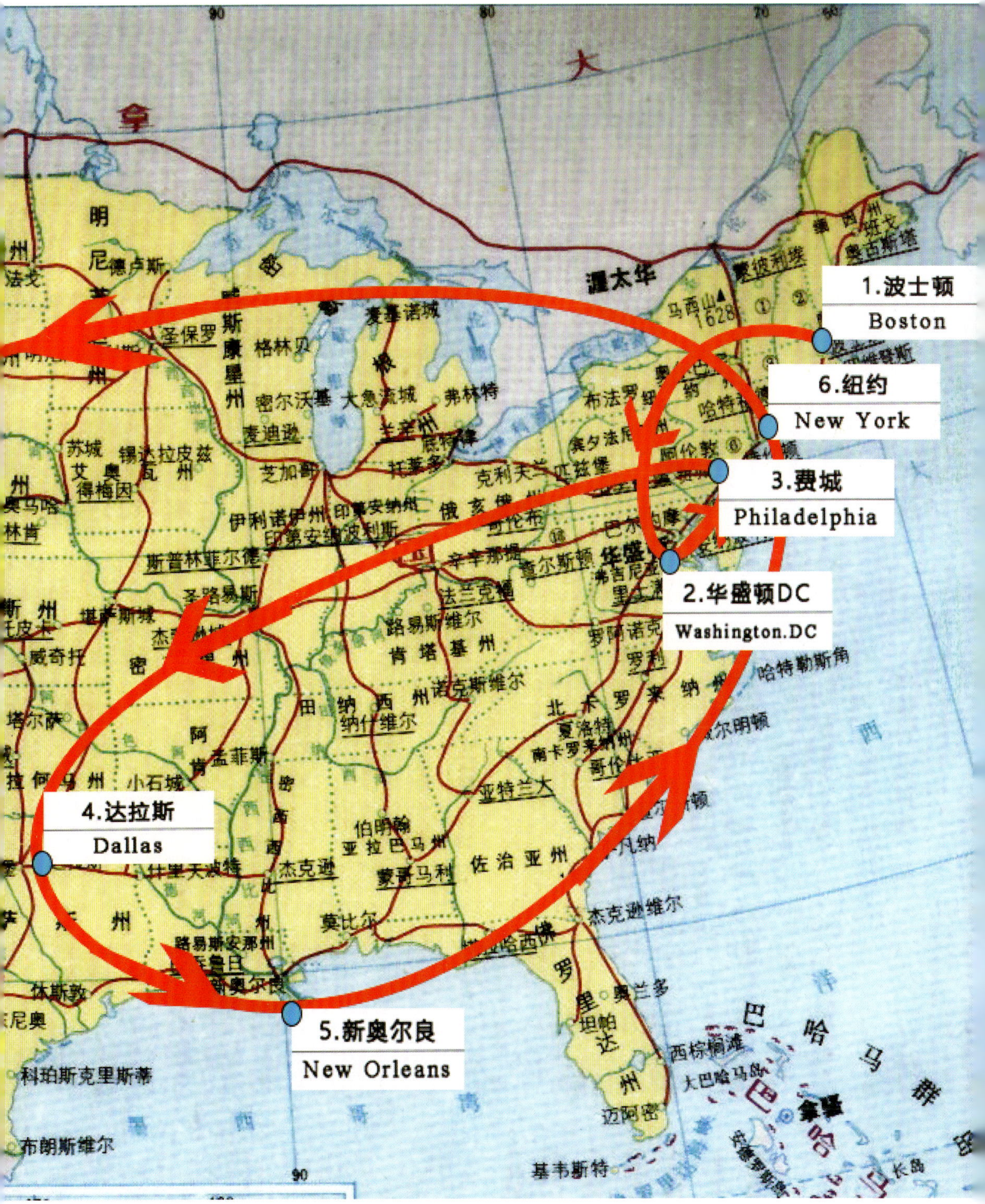
1.波士顿
Boston
2.华盛顿DC
Washington.DC
3.费城
Philadelphia
4.达拉斯
Dallas
5.新奥尔良
New Orleans
6.纽约
New York

制图：刘洋洁

序言

序一
研究型访谈：发自美国报业转型现场的再报告

喻国明

教育部长江学者特聘教授、北京师范大学新闻传播学院执行院长，中国新闻史学会传媒经济与管理专业委员会会长

16年前，还在《深圳日报》担任总编辑的辜晓进邀我为其新著《走进美国大报》作序。我看了他发来的大部分电子版书稿而为之惊异和震撼，其内容之扎实、信息之丰富以及与当下中国报业实践之契合，都非之前本领域此类图书可以相比——事实上，它开创了一种全新的研究型叙事体例。我于是写了《来自美国报业现场的最新报告》，这也是我当时看到部分书稿后的一个真实印象。

该书出版后，市场大热，毫不意外地被业界和学界热烈追捧，上了多个畅销书榜，甚至在国内掀起了一股学习借鉴发达国家报业管理先进经验的热潮。书中介绍的包括读者意识、人文关怀、广告发行、天气版、讣闻版、报纸教育工程等在内的很多办报理念和技术方法，被很多报纸直接采纳。辜晓进一年半后应

台湾出版社邀请出版了台湾版，同样登上岛内两个最大图书网络的排行榜。该书作为一本读来兴味盎然的学术著作，也因独特的撰写手法和翔实的事实数据被新闻传播学界的师生高度关注，总引用率在同类著作中名列前茅。该书于2002年首版后，业界和学界又相继推出《走进英国大报》《走进日本大报》《走进美国社区报》《走进美国广电传媒》等著作，形成了新闻图书出版的“走进”现象。这也从另一个侧面证明了《走进美国大报》的成功。

辜晓进于2010年应深圳大学力邀而辞去报社老总职务进入学界，有了更多的精力和时间开展研究。从他近年来发表的文章和出版的专著看，他的主要学术兴趣仍在媒体研究方面，而且敏锐地抓住传统媒体的困境和被迫转型的趋势，把重点放在报业的数字化转型上。即将出版的这本《重走美国大报》，即是他2016年再次赴美进行专项调研的成果，也是他多年来针对以美国为首的西方报业实践的研究积累。

从辜晓进发给我的9章图文并茂的电子版内容（全书共14章，当时他告诉我其余几章尚未完成）看，这本书的内容依然非常扎实，容量甚至超过《走进美国大报》，但叙事的画风似乎变了。这9章虽然还不是图书的全貌，但已经包含《华盛顿邮报》《今日美国》《纽约时报》这三大全国综合性报纸和若干区域或地方报纸以及甘尼特等大型报业集团。全书的框架仍以各机构组织单独叙事，但至少发生了两个重要变化：

一是内容的集中度明显提高。全书将焦点全部放在报业转型方面而放弃了对美国当前报纸其他状况和特点的描述。报业转型也是当前纸媒发展的痛点所在，全世界的报纸都在为之努力。美国是世界上报业最发达的国家，其报业也最先遭受新媒体和金融危机等的冲击，报纸的衰退幅度为西方国家之最。同时，美国的报业也最先拥抱互联网，最先展开以融入数字世界为目标的转型改革，其很多经验都为全球报业所瞩目。而对美国报业的其他情况，在网络信息环境下，人们已经不像16年前那样陌生了。因此，将本书主题和全部注意力都放在报业转型的最新理念和创新实践上面，是非常明智的选择。

二是叙事方式以访谈和对话为主，这是这本书的最大特色。粗粗浏览前9章内容，发现用楷体字书写的对话内容占了约三分之二，而旁叙内容反倒退居次要地位。这是一个大胆尝试，也是同类专著中的一个创新突破。这种叙事方式的最大优点，就是能够原汁原味地传递被访者以及那些美国报业领袖的真实想法和实践评价。报业转型需要顶层设计，老总们是主要操盘手，而他们的日常实践和转型思路，人们很难通过文献研究来发现和获取。因此，他们通过口述表达出来的信息，就有特殊的价值。如果用转述或旁叙方式表达，信息的损耗或失真都是难以避免的。而且，间接引述也会降低访谈内容的可信度，不小心就会插入作者个人的判断和评价甚至冗余信息。这也是现在西方报纸重视在重要新闻中插入讲话者谈话视频的原因之一。

做过质化研究的人都有体会，访谈是最困难的。要在较长的时间里让访谈对象围绕目标主题谈出富有信息量且有价值的内容并不容易，何况是在异国他乡面对陌生的报业大人物。辜晓进不愧为记者出身，有丰富的采访经验，善于赢得被访者信任和妥善把握现场气氛，并牢牢掌握访谈的主动权而避免内容跑偏。而且，由于长期关注西方媒体，对常用术语和他们的惯用语也相当熟悉，在英语交谈中并无障碍。从前9章内容看，他访谈的对象约有20人，大多数时间都长达1小时，有的超过2小时，中间不间断，而且气氛都轻松而友好。能够将大量访谈内容写入书中，说明访谈的方向性很明确，信息效率相当高。也正因此，这本书很可能会成为研究型访谈的一个绝佳范本，被新闻传播专业的学生借鉴。

看完这本书之后，我特别想表达的一种感受是，一个对于我们这个社会深怀责任感的专业人士面对复杂而困难重重的现实所应该具有的“姿态”，即着眼点和着手处。时下关于中国社会状况的讨论，也包括对传媒转型的讨论，如同一个寓言所描述的：在黑夜里，有一个醉汉丢了钱，他在路灯下一圈一圈地寻找，直到倒卧在地。勤奋的记者们完整再现了醉汉如何转了一圈又一圈，并且访问了他的家属，甚至追溯了他的童年；专家们则争吵不休：有人说他应该再多转一圈，有人说他应该转得更快一点，有人说他为什么醉酒带钱走夜路呢——要么策略有问题要么背后有阴谋，还有人说这“本质上”是一个法治问题，加强酒后理财机制建设势在必行。

这个寓言几乎成了所有传媒领域问题公共讨论的“标准模板”：几乎人人都是在醉汉逻辑框定的范式内寻找答案。其实，事实的真相是，钱并不在路灯下，只是因为醉汉觉得灯下最明亮、最便利。这也正是我们目前应对发展中的危机与困境时的真实状态——短视、自欺、直觉主义、饶舌和隔靴搔痒。远见卓识缺位，整体性的理解力丧失，一切流于虚浮和泡沫，最终被一盏路灯、一条新闻或一句断言遮蔽。必须指出的是，在当前的“紧要关头”，我们需要竭力呼唤理论的超越意识和批判力，重归时代思想者的关键位置。而选择的大智慧的第一要义是：我们所面对的外部环境究竟发生了哪些深刻的变化？这些变化对于我们意味着什么？接下来，需要做的就是——“有勇气来改变可以改变的事情，有胸怀来接受不可改变的事情，有智慧来分辨两者的不同”。这便是当下我们这些专业从业者的责任和担当，也是我最看重辜晓进教授这篇大作的价值之所在。

感谢辜晓进教授再次邀我为这本新书作序，也很荣幸再次成为辜晓进大作的第一读者。惜因时间关系未能细读全书，对书中亮点和全书的价值评价肯定是不到位的。盼图书出版后再去赏读吧。

是为序。

2018年5月31日于北京

序二
替辜晓进的“西域记”写个小脚注

王健壮

台湾世新大学教授、《上报》数字媒体董事长，曾任台湾《中国时报》社长、总编辑，《新新闻周刊》社长

14年前，辜晓进在台湾地区出版《走进美国大报》时，我替他写过一篇推荐文章《辜晓进让我想起容闳》。

容闳是中国第一个留学生，他写的《西学东渐记》是后来几个世代留学生的必读经典。在中国传媒历史中，辜晓进虽非第一个赴美访问调研的记者，但他为了撰写《走进美国大报》这本书，无论是走访美国报业家数之多、访问美国报业高层之众还是引介美国报业历史与现状之广之深，都绝对前无古人，书成后在传播实务界与学界的影响力，在同类书籍中也罕见其匹，这本书若改名“美国报业东渐记”，大概亦属允当。

但看完辜晓进《重走美国大报》这本新书后，辜晓进又让我想起了唐朝的玄奘和尚。

玄奘苦行天竺取经，其结果不但成就了佛教史上一代高僧，也让中国佛学从此有了经典模板可学之习之，更让中国佛教进入了盛世。

若从盛世这个比喻来观察全球媒体现状，应该没有人会否认：现在是纸媒的衰世、网媒（数字媒体）的盛世；辜晓进14年

前亲历亲见的美国报业，目前正处于由一个衰世末期进入另一个盛世初期的转型阶段。他这趟走进美国大报，目睹了纸媒旧典范的被颠覆，也看到了纸媒因创造新典范而显现了许多重生的蛛丝马迹，这本记录他访谈、观察与感想的新书，想必比十几年前那本书更有像玄奘西天取经后般既影响当代又引领后世的重要意义。

从事传媒工作的人都有共同体认：传统媒体的旧世界早已被新科技、新工具、新方法与新世代建构的新媒体彻底颠覆翻转，每个媒体都在纸媒黑夜与网媒黎明交替的微光中摸索前进，试图寻找一条出路。

但即使有这样的共同体认，从事传媒工作的人却都犯了同样的错误：多数旧媒体不是转型太慢太少，就是太多太快弃守其作为媒体所应坚持的专业古典价值，其结果便是：想要转型突围的媒体，绝大多数自困于衰世逐渐崩塌的断瓦残垣中，既哀叹昔日风华之不再，又惊慌于距离美丽新世界依然何其遥远。

网媒，当然就是那个美丽新世界。但能在美丽新世界广阔大地上开疆辟土的媒体，不论是转型的旧媒体或是原生的新媒体，都寥寥可数。

原因是什么？美国硅谷的《圣何塞信使报》（*San Jose Mercury News*）也许可作为例子。这家报纸被公认是全美传统报业试图向数字化转型的先驱，比《纽约时报》更早，但从20世纪80年代末开始，《圣何塞信使报》不管投入多少资金、增加多少员工或成立多少研发组织，转型数字化的脚步也总是进两步退三步，这过程中的最大阻力就是来自集团内部高层主管的“难忘旧情”：他们难忘报纸的广告与发行收入，难忘报纸至上的影响力，始终抵挡“数字优先”的经营策略，其结果便是转型数字化的先驱最后变成转型失败的最佳范例。先驱变成先烈，让曾经参与《圣何塞信使报》转型的那些改革推手这几年来一再感叹“报纸的根阻挡了我们”，知名的《哥伦比亚新闻评论》也在一篇长文中，用了“这家报纸差一点就抓住了未来”（The Newspaper That Almost Seized The Future）这样的标题，惋惜《圣何塞信使报》转型的功败垂成。

其实类似《圣何塞信使报》这样的故事，在美国报业中多得不计其数。每家报纸面临的共同困境是发行量逐年下滑以及广告收入大幅减少，其中有些报纸虽因数字化转型而收入略增，但数字化带来的有限收入仍不足以弥补纸本日益扩大的亏损。两头落空的结果，有些报纸在犹疑踌躇间停顿或放慢了数字化脚步，转而集中所有资源去死守报纸的原有阵地，但在“科技大崩解”的美丽新世界中，这种“战略胆怯，战术保守”的媒体经营策略如同困守围城一样，迟早会因弹尽粮绝而走向败亡，多少曾经显赫一时的大报、质报，这几年就这样一个接一个从核心退向边缘，甚至变成让人缅怀悼念的历史名词。

少数几家报纸，像《纽约时报》与《华盛顿邮报》，在向数字化转型的漫漫长路中，虽然也曾经被报纸的根绊倒，尝尽失败滋味，《华盛顿邮报》由格雷厄姆家族以低价易主亚马逊老板贝佐斯（Jeff Bezos）后，更让人仿佛听到挽歌响起，以为是这家历史性大报“结束的开始”。但《纽约时报》因不断试误，例如付费墙模式的一再修正，日复一日与绝境愈来愈拉远距离；《华盛顿邮报》在非新闻人出身而没有“报纸人”包袱的贝佐斯带领下，也在美丽新世界中一步一步攻城略地。

据2018年5月的最新统计，《纽约时报》纯数字版订户已有280万人之多，超过它的纸本订户，数字广告收入也有4670多万美元，占《纽约时报》包括纸本在内全部广告收入的37%左右。《华盛顿邮报》的数字版订户虽然只有《纽约时报》的一半左右，但《华盛顿邮报》的总体获利率高于《纽约时报》。而且在全球报业普遍性裁员的浪潮中，贝佐斯逆向前行，不但不紧缩组织，反而扩增编辑部一百多名员工，可见他对《华盛顿邮报》转型前景充满信心。

贝佐斯虽然被《华盛顿邮报》员工形容是个“产品人”（product guy）而非“报纸人”（newspaper guy），但他对办报自有一套经营哲学：其一，读者优先，而非广告商优先，因为广告商是跟着读者走的；其二，扩展而非缩小，通往获利的道路，紧缩规模并非良策；其三，运用科技，但不能变成科技的奴隶，所以不能迷信数据；其四，单靠广告无法支持调查性新闻，读者知道高质量新闻必须耗资完成，也知道天下没有白吃的午餐，因此只要媒体要求，他们通常会愿意为此付费；其五，民主在黑暗中死亡，而媒体是点亮黑暗的光，这也是《华盛顿邮报》作为媒体的价值与使命。

《纽约时报》老板苏兹伯格（Arthur Sulzberger Jr.）跟贝佐斯的转型策略虽然不尽相同，但在坚持媒体价值这一点上，他们道不同而理同。在科技大崩解年代里，《纽约时报》虽然不断提醒它的员工“如果我们不做任何事，胆怯于想象未来，或者误以为过去成功的历史会保护我们免于受到科技改变的冲击，我们最后一定会被时代抛在后面”，但苏兹伯格在拥抱美丽新世界的同时，仍然再三强调《纽约时报》的“3Q”理论，即优质新闻（quality journalism）、优质读者（quality readers）以及优质广告（quality advertising）。“《纽约时报》之所以不像其他竞争者一样走向凋零的命运，就是因为我们始终坚持一个强大的价值系统，这是《纽约时报》最重要的一个传统，即使在数字年代，这个价值依然不变”，这是苏兹伯格始终不渝的一个信念。

换句话说，《纽约时报》与《华盛顿邮报》一样，在穷尽一切可能向数字化大步转型的过程中，所承担的角色与使命都是双重的：拥抱美丽新世界，坚守古典老价值。他们既要做新媒体的拓荒者，也要做老价值的守护者；而且他们相信，老价值不老，其命维新；相信媒体也许有新旧之分，但价值无新旧之分；相信新媒体与老价值的结合，不是悖论，也非两难，而是当然与必然。“新闻重要，比任何时候都重要”（Journalism that matters, more essential than ever），《纽约时报》的这段促销广告文字，道尽一切。

过去40年来，我办过报纸与杂志，也办过三家原生型数字媒体，对媒体典范转移之艰难略有心得，对纸媒之衰与网媒之兴也不无感触。但这些心得与感触，与辜晓进新书中所记述的内容相比，却浅得太多也窄得太多。在这本新书面前，我只是一个学生。感谢辜晓进千辛万苦替我们远渡重洋取经。这篇文章只是替他的“西域记”写下一个小小的脚注。

2018年6月12日于台北

自序
彼岸观景　意在此岸

辜晓进

与16年前撰写《走进美国大报》（以下简称“《走进》”）时相比，报业及其所处环境发生了巨大的变化，特别是作为全球报业龙头的美国。当年在美国访学时看到的报业盛景，早已面目全非，代之以哀鸿遍野中的各博生天。对其他国家而言也大致如此：变化之大和挑战之严峻，在报业史上均前所未有（唯一日子还算好过的大国，只有情况甚为特殊的印度了）。

我无论是作为长期的新闻实践者还是现在的新闻教育者，对报业的困境都感同身受。因此，这回再次赴美调查，一如17年前在美国四处奔波那样，满眼都是风景，心却念念此岸。美国报纸的艰苦状态，报业同行的创新努力，优质内容的普遍追求，社会守望者的责任意识，对前景的自信与迷茫，所见所闻所思所感，无不在我心里与国内报业发展息息勾连、时时对话。

根据《日报的衰退》（*The Decline of the Daily Newspaper*）一书作者、澳大利亚科廷大学赫恩登（Keith L.Herndon）博士的研究，美国的主流报纸早在20世纪80年代就开始应对数字发展的种种尝试，早于很多现在赫赫有名的互联网公司，却都无功而返，进而丧失了多个商机。其根本原因就在于，没人想到报纸长期形成的商业模式会被颠覆，而此前所有的数字尝试都只是对原有模式的锦上添花，或作为可有可无而位居极次要地位的渠道补充。直至21世纪初若干年之后，“云根”已为“移石”所动，真正意义上的数字化转型才在美国报业全面展开。

不过，东隅已逝，桑榆非晚。最先遭受重创而又最早奋起改革的美国报业，正在向世人交出值得包括中国在内的全球报人借鉴的答卷。至于美国同行在这场转型大战中的具体表现和各种战果，我们当然可以通过大量碎片化翻译报道和数量不在少数的专项研究（其中也包括我自己写的一些文字）得睹端倪。但面对这场席卷全行业的变革，我更感兴趣美国各类报纸的差异化路径选择和转型发展的实践逻辑，尤其希望了解报业老总们作为操盘手的动机、思路、感悟和决断。要想获得这些深度信息，我深感文献研究的局限性，而仍信奉亲临实地的第一手调研，包括现场观察与深度对话。也正因此，我一直谋划着寻找机会“重走”一趟，以探究竟，以察虚实。

这一机会终因2015年我主持的一个相关课题被国家社科基金立项而来临。经申请争取和一番筹谋，我于2016年3月14日至5月10日，在时隔15年之后再次赴美，展开以“数字转型”为主题的报业调研。与当年只从美国排行前20名的“大报”中选择调查样本不同的是，此次选择的目标主要是在转型改革方面取得卓越成效或在实践探索上独树一帜而为同行所认可的报纸，并兼顾了代表性。例如，被访机构既有《纽约时报》这类国际性报纸和《华盛顿邮报》这类全国性报纸，也有《达拉斯晨报》这类区域性报纸和《萨克拉门多蜂报》这类地方性报纸；既有甘尼特公司这样首屈一指的全国性报业集团，也有费城媒体网络集团这类地方报业集团。总共涉及5个报业集团、10家报社、1所大学、1个国际媒体协会，它们分别坐落在美国9个城市，分布于东、西海岸，而这些选择都是在做了大量“功课”后才确定的。我希望通过这样多层次的调研，能为国内业界和学界两类同行提供一些可资借鉴的信息，进而为中国报业的转型发展发挥一点作用。

也正因为想获得更多原汁原味的一手信息，我在此次调研中将更多精力用于和各位报业掌门人（也包括两位著名媒体专家）的访谈，后来整理约30人的访谈记录就超过20万字。我为此做了更精心的设计，话题目标更为集中，内容较少涉及纸媒运营。2001年那次利用访学机会做的调研，内容则是广泛的。彼时国人对美国报业从内容生产到经营管理等实操层面都所知不多，我本人也对一切感到新鲜好奇，因而认为捡到篮里的都是菜，话题是开放的，调研是全面的。如今网络畅通，资讯发达，交流频繁，人们对美国报业的一般情况和最新发展几乎了如指掌。这也逼迫我将方向收窄，将纵深延长。并且在本书写作上也改变了叙事方式，即由以《走进》的第三方叙事为主变为以本书的对话为主。但这随即带来两方面的挑战：一是所有谈话必须言之有物，这需要事先有精细的设计和在谈话中掌握主动权，这一点基本做到了；二是这种行文方式是否为读者所认可或喜爱，我却毫无把握，甚至忐忑不安，但仍决定尝试。《走进》出版后，学界和业界都有不少朋友谬赞其为“最好读的学术书”。本书完全也可以采用那种方式，但我想尽量保留思想的原汁原味和对谈中的精神碰撞，而宁可放弃生动故事的范式。这仿佛是下了一个赌注，但愿能赌赢。

与2001年那次相比，这次的访问更为艰难。首先，2001年我要待在美国整整一年，约定采访对象较为从容；而此次必须在很短时间内集中完成调研，而且要按因公出访的要求将每日行程事先上报。其次也是最要命的，即如今很难联系美国的著名报社。多数报社的网站已不再提供老总们的电子邮件或联系电话等信息，甚至也看不到公关部门的联系方式。而在我一开始联系的20家报业机构中，只有两家接受访问，其余统统杳无音讯或干脆拒绝。一方面官方要求提前数月上报精确行程，另一方面联系访问屡屡碰壁。有一段时间我常常在绝望中于深更半夜与美国新闻机构电话联系，可以说，尚未出访已筋疲力尽。幸亏有位贵人相助，即我多年的好友、国际新闻媒体协会（INMA）的CEO 威尔金森先生。我和他相识于2005年，后来也曾多次会面，还一同出席了2006年在莫斯科召开的世界报业大会。他帮我解决了多家重要报社的访问事宜，当然，他本人也成为我的重要访问对象。因此，要写感谢语的话，第一要感谢的便是这位可敬、可爱的威尔金森先生。还有一些报纸，如《华盛顿邮报》和《纽约时报》，即便威尔金森先生出马也被婉拒，只好硬着头皮到达美国后继续执着联系，幸而终收柳暗花明之效。

本书的写作也颇不易。《走进》的写作，在繁忙的报社工作之余只用了4个月（访谈整理等前期工作在美国已基本完成）便一气呵成。本书却迁延近两年之久，远远超过出版社合同规定的期限。究其原因，一是工作量大，光是记录整理录音就花费了大量时间。虽然当时在美留学的深圳大学新闻系学生朱琪和薄青青分别帮助记录了在华盛顿和费城的录音，我的前同事崔晓丽帮助记录了达拉斯的一位老总的录音，我可爱的女儿辜子叶帮助记录了十多个录音，其余近半数都是我自己记录整理的。对于他们记录的文字，我都对照录音做了逐字的校阅整理，我个人在整个录音整理上花费的时间恐怕已远远超过100小时，这还不包括我翻译20多万字录音内容耗费的时间（因为我熟悉语境，为确保理解正确，所有翻译未找任何外援）。在此，要向辜子叶、崔晓丽、朱琪、薄青青表示衷心的感谢。二是时间不知去哪儿了。自2010年到深圳大学任教以来，比报社轻松的日子只维持在最初的两年，随后便越来越忙。进入学术江湖后的补课式学习、教学科研无底洞般的投入、“高水平大学建设”旗号下陡增的工作量等，都在残酷地和我争夺写书的时间。例如2018年寒假，本应全力以赴完成书稿，却被迫放下书稿，全力以赴与其他老师共同完成学院一个重要项目，耗时数十日。

本书的总体架构与《走进》一脉相承，即以机构为单元。但单元内有所变化，如将受访者谈话亮点以语录形式置前，剔除报纸版面等纸媒因素等。一篇访谈英文全记录也列在书末，这也是唯一获允全文照登的访谈录，以便有兴趣的读者一窥访谈原文。

要特别感谢喻国明教授等学界大腕。我虽在业界工作多年，但到了学界一直拜他们为师。他们也在多个方面长期给我以支持和帮助，包括这次慨允作序。还要特别感谢俯允作序的王健壮先生。他是台湾报业大佬，曾任《中国时报》社长和总编辑、《新新闻周刊》社长，现为世新大学新闻教授和数字传媒《上报》董事长。《走进》的台湾版蒙他撰写题为《辜晓进让我想起容闳》的长序，彼时我和他尚不相识。同时要感谢南方日报出版社的责任编辑刘志一博士，感谢他对我拖延交稿的宽容。本书尚未动手，国内至少有四家出版社闻讯后主动向我表达出版意愿，包括中国人民大学出版社、人民日报出版社、深圳报业集团出版社等。而志一的执着，促使我还是选择了当年出版《走进》的“南方”。志一的埋头苦干和高效率，也确保本书在迟交的情况下仍能赶上7月的全国书博会。

还要感谢深圳大学传播学院的创院院长吴予敏、现任院长王晓华及各位同事。自进入学术这个“江湖”，我就一直得到他们老友般的帮助与关照，包括此次赴美调研和本书撰写。也要感谢深圳报业集团社长陈寅，作为老同事和深圳报业集团的一把手，他也一直对我支持有加，包括书中提到的出席纽约媒体大数据大会。还有很多朋友关心此书出版，恕不一一具名。

最后要感谢我的爱妻郁莉，用她的话说，自从医生岗位退下来，她就成了我的“保姆”。在全书撰写期间，她包揽全部家务，关怀无微不至。我在家里基本独坐书房，听到“吃饭了”才下楼用餐，或被多次催促才上床睡觉。没有她的“特级”保障支持，此书断难完成。

限于水平和成书仓促，书中错误在所难免，唯盼方家不吝赐教，亦望读者多加指点。特附电子邮箱gxj2013@vip.163.com。恭候批评，有信必复。

辜晓进

2018年5月18日

于深圳爽籁居

目录
CONTENTS

第一章

《基督教科学箴言报》：“数字唯一”的正论与悖论

总编辑语录
网络总编辑语录
董事长语录

百年老报惊天大逆转
网络报纸的编前会
网络化生存交出最新答卷
吊诡，纸质周刊成主要收入来源
数字道路如何走下去

总编辑语录

总编辑马歇尔·英格沃森（辜晓进 摄）

我们正在进行一场大的变革。过去五年来我们一直奉行“流量模式”（traffic model），即花费大量时间编辑和上传尽可能多的新闻，以数量换取流量，这是我们很长时间以来坚持的基本模式。但一年半前我们决定改变这种模式，试图戏剧性地回到所谓优质新闻轨道上来。我们每天开会讨论如何改革和重塑报纸的品牌。您这次来，恰逢我们的改革进入中期，我们正在努力生产更好看、更深刻、更优质、更敏锐、更具热情的新闻内容。一言以蔽之，就是做所谓的独特新闻（distinct journalism）。

我们正在转向另一个发展阶段，这个阶段将令我们的市场地位具有更加不可替代的优势，服务读者的方式也更加独特和富有个性。这个方式将完全不同于其他新闻机构。同时，我们也会探索其他收入模式，例如在提供独特服务的基础上更加依靠订阅而较少依赖广告。

——马歇尔·英格沃森（Marshall Ingwerson）

网络总编辑语录

网络版总编辑大卫·斯科特（辜晓进 摄）

和其他报纸一样，我们的广告收入总体上在缓慢地下跌，但近两年来我们移动端的数字广告在持续增长，因为本报约三成受众通过移动终端获取我们的信息。只可惜移动端广告的价值仍不理想。例如我们在 PC 端每分钟获得5美元广告，同时在移动端只获得1美元广告。不仅如此，由于近年来越来越多的新闻机构开始走类似我们多年前走的"网络优先"（web first）道路，移动端广告的竞争也日趋激烈，广告价格是往下走的。

——大卫·斯科特（David C.Scott）

董事长语录

董事长玛格丽特·罗杰斯（辜晓进 摄）

对我们来说，抵达广泛的受众和通过手机与受众在一起是非常重要的，但目的并不仅仅是从受众获取收入，尽管收入也是需要的。《箴言报》100多年前创刊的时候，当时很多其他新闻报道的水准非常低，是煽情和感官刺激的，很多报道对灾难和惨案津津乐道。《箴言报》则与众不同，她以洁净而非煽情、理性而非夸张的方式报道新闻和反映社会现实。如今我们必须做得更好，因为有很多新闻机构也在提供理性而优质的报道。所以，现在我们最关注的是，我们能否帮助社会更好地理解这个世界，能否让社会看到希望，看到他们前进的方向。这才是我们的品牌所赋予的使命。正因此，我们必须真正致力于寻找一切有效的方法将这类信息传播出去。

——玛格丽特·罗杰斯（Margaret Rogers）

2016年3月16日（北京时间3月17日，为叙述方便，本书从此都按美国当地时间计时）的波士顿，细雨蒙蒙，春寒料峭。上午10点，我走进位于马萨诸塞大街210号的《基督教科学箴言报》（*The Christian Science Monitor*，简称CSM，中文简称《箴言报》）所在大楼典雅凝重的大堂，开始了自15年前"走进美国大报"后的"重走"行动。时隔15年，全球的媒体环境和报业生态都发生了天翻地覆的变化，而美国恰是这巨大变化的开山祖师和最先体验者。"重走"美国报业以窥究竟，以图镜鉴，便成了我"蓄谋已久"的计划。

不同于15年前主要锁定全美国发行量排前20名的一流大报作为访问对象，此次访美的动机是调研美国报业的转型情况，因而数字化发展是否典型和具有代表性，便成为首选因素。百年老报《基督教科学箴言报》2008年断然宣布放弃印刷版改出网络版的举动震惊了世界，也令我一直充满好奇。此次访美便选择在波士顿"登陆"，以该报为起点，打响了"重走"第一枪。当时甚至夸张地暗想，241年前美国独立战争的第一枪，不也是在这里打响的吗？一笑。

百年老报惊天大逆转

3月中旬正值美国高校放春假，名校云集的波士顿也较平时更为热闹，酒店房价明显上涨，但《基督教科学箴言报》的所在地安静得甚至有点肃穆。这天是星期三，旁边的基督教科学派第一教堂（The First Church of Christ, Scientist）及周边的广场乃至斜对面著名的波士顿交响乐团音乐厅，都少见行人。报社虽经历了2008年的大变故，但仍在那座老楼里办公。"不过，我们的办公面积比过去减少了许多。"热情爽朗的报社总编辑、个头至少有1.9米的马歇尔·英格沃森说。

《基督教科学箴言报》是名副其实的全国性报纸，甚至被认为是一份国际日报，由科学基督教创始人玛丽·贝克·埃迪（Mary Baker Eddy）女士创刊于1908年11月。埃迪于1879创立基督教科学教派，从此成为基督教新教的一个分支，其于1875年出版的《科学与健康》（*Science and Health*）也成为该教派的基本教义，至2001年已发行超过900万册。占地14公顷的基督教科学派第一教堂作为该教派的母教堂建于1894年，教众人数也发展很快，蔓延

《基督教科学箴言报》所在的基督教科学出版协会大楼（辜晓进 摄）

《基督教科学箴言报》低调的大门（辜晓进 摄）

至全球76个国家，至1936年仅美国就有27万成员。埃迪夫人创办这份报纸时已86岁高龄（2年后去世）。这位已经有过月刊、周刊等媒体创办经验的老人在创刊号的社论中讲述了自己的办报理念，即“不伤害任何人，造福全人类”（To injure no man, but to bless all mankind）[1]。她想以此表达对当时报纸造谣抹黑、煽情猎奇的“黄色”风潮和“扒粪”倾向以及普利策的《纽约世界报》等报纸的诋毁言论之不满，也想用这份新报纸满足部分美国人长达半个世纪对真诚、警示、专注于公众利益的媒体声音的广泛需求[2]。埃迪夫人这句话从此作为该报的办报宗旨，一直被印在报头左侧。

该报虽由教会创办，却是一份综合性日报，内容与宗教或科学关系不大，只是埃迪夫人当年不顾别人反对，坚持要把“基督教科学”放入报头，以至外人常误以为这是一份专业性报纸。该报作为美国第一份面向全美国发行的日报（同时发行波士顿地方版），一直坚持原创，重视深度报道，聚焦时政新闻，追求“高尚”格调，远离街头传闻，拒绝危言耸听，被公认为是“理性新闻”（nonhysterical journalism）和“洁净新闻”（clean journalism）的典范。该报的官网一直这样介绍自己：

[1]转引自辜晓进：《报业寒冬中的“转网”效应》，《新闻实践》2008年第12期。
[2]Erwin D.Canham.Commitiment to Freedom/The Story of The Christian Science Monitor. Houghton Mifflin Company Boston, 1958.

"《基督教科学箴言报》是一份内容覆盖全球、对外传播有思想内容的、独立的国际性报纸。我们希望引导民众在阅读并离开我们的页面后仍能有所**思考**。我们希望我们的读者能与他人**分享**自己的收获，并通过付诸**实践**而为社会带来改变（make a difference）。"这段话将"思考""分享"和"实践"三个关键词都做了加粗处理。

报社为保持独立性和原创性，甚至长期拒用美联社等通讯社和辛迪加的稿件，曾在全美国和世界多个国家建有19个分社或记者站以满足自身用稿需要。1960年，该报在伦敦创办了每周一期的伦敦版，又于1974年改为国际版，向多个国家和地区发行。1970年该报的美国国内发行量达22.3万份（国际版数量不详）。就在发行国际版的第二年，该报将开本由对开大报改为四开小报，直至停止印刷版。该报深受中高层知识分子欢迎，很多报道产生较大影响，曾7次获得普利策新闻奖（从创办人当年与普利策死磕到后人以获得普利策奖为荣，也是造化弄人）。20世纪80年代后，该报向电子媒体拓展，先后创办了广播电台和电视台，还包括一个短波波段的国际电台。1988年，该报电视台关于伊斯兰原教旨主义的系列报道还获得了全球广播电视界历史最悠久、最权威的成就奖"皮博迪奖"。2006年，该报一名女记者在巴格达遭绑架，经该报全力营救，在各方帮助下于绑架82天后获释。从同年8月14日起，该记者不顾绑架者在释放她之前的威胁警告，连续11天在该报以整版篇幅刊发被绑细节，引发广泛关注。该报虽然在发行量方面未能位居美国前列，但这并不影响其在报界的较高地位。该报曾有总编辑担任"美国报纸主编协会"（ASNE）主席，另有一位社论版主编发起创办了"全国社论作家大会"（NCEW）并担任主席。有专家甚至认为，该报"是被报人们阅读率最高的报纸"[1]。纽约 Hastings 出版社于1980年出版的《世界50家伟大日报》一书中，《基督教科学箴言报》赫然入列。

这样一份有着道德洁癖的"理性报纸"进入21世纪的数字时代后，毫无悬念地遭遇到前所未有的冲击和挑战。在媒体多元化、网络媒体大量分流受

[1]Erwin D.Canham.Commitiment to Freedom/The Story of The Christian Science Monitor. Houghton Mifflin Company Boston, 1958.

众、广告资源以及大众在信息消费上倾向“娱乐至死”的大背景下，《基督教科学箴言报》在经营上的种种弊端也暴露无遗：严肃而偏小众的新闻内容导致读者流失严重；对包括国内、国际新闻在内的原创内容的过度追求，导致人工成本居高不下；面向全美国发行而发行密度不够及发行战线过长，导致单份报纸的发行成本难以消化（这在发行量下降后显得更加突出）；过于关注国际事务而本地内容占比太小，导致本地广告不足，广告占总收入的比重长期不到50%，其收入结构迥异于美国其他主流报纸。为求收支平衡，该报早在20世纪90年代就将广电资产全部变卖，但到了21世纪仍难止住亏损的扩大，金融危机则是压垮该报的最后一根稻草。2008年上半年，该报的发行量已跌至5.6万份的历史新低，当年的净亏损额也增加至1890万美元，而总收入只有1250万美元[1]。

2008年10月28日，该报正式宣布，将从2009年4月起，停止纸媒的出版，改为网络版继续运作。以该报的江湖地位，这一变故引起全球传媒界的极大关注，甚至带来“报纸必死”的恐慌。步其后尘，《西雅图邮报》（*The Seattle Post-Intelligencer*）等多份美国主流报纸也转为网络版。中国普通民众则从本国报纸的广泛报道中了解到，大洋彼岸还有一份叫作《基督教科学箴言报》的主流报纸。

网络报纸的编前会

《基督教科学箴言报》于2009年3月27日出完最后一期纸质版，便走上弃纸转网之路。我进入该报大楼那天，正值该报转网将满7年（仅差10天）。大楼隶属该报母公司基督教科学出版协会（Christian Science Publishing Society）。一楼大堂有三层楼高，四壁由大型石材砌成，10多个高大拱门虚实相间，环列四周，拱门上方是一圈罗马柱，大堂中间一盏地球型吊灯是主要照明光源。整个大厅高深凝重而略显昏暗，似乎刻意保持着1934年创建初期的新古典主义风格。大厅一角有黑色视频墙，随时可点击观

[1] Jon Fine.The Christian Science Monitor to Become a Weekly.Bloomberg.com.October 29, 2008.

《基督教科学箴言报》大堂（辜晓进 摄）

看报纸创始人埃迪夫人的生平事迹。中央一侧有硕大的水晶台，旁边"思想殿堂"（the Hall of Ideas）的标牌，意味着当初埃迪夫人创办出版物、图书馆的核心理念仍被尊重和贯彻。

通报姓名后，大堂保安将已经打印好的印有我姓名的不干胶标签给了我，同时打电话向总编辑通报。不一会儿，便有中年男子一边向我走来并热情握手，一边自我介绍是报社国际部副主编西蒙·蒙特雷科（Simon Montlake）。编辑部在三楼，按事先约定，我获准先参加编前会，会后再访谈，但他还是先领我去了总编辑办公室。与英格沃森总编寒暄几句，便一起去会议室，各路负责人已端坐等候。时隔15年，我再次坐在美国主流日报的编前会上，不免有点兴奋。

10点15分，编前会开始。英格沃森首先介绍了我的身份和来访目的，大家都友好地向我问候并自我介绍。我一时难以记住，便悄悄地请身边一位部门主编将与会者的姓名和身份按顺时针方向写在我的笔记本上。参加会议的除了总编辑，还有网络版总编辑、国内部主编、国际部主编、国际部副主编、内部协调员，以及公司董事长玛格丽特·罗杰斯（Margaret Rogers）女士，共7人。看上去年届七旬的罗杰斯夫人同时担任基督教科学派第一教堂五人董事会的主席。我后来私下问总编辑，为何董事长亲自参加编前会这样的纯业务讨论？他说，董事长很关心内容生产，但她并不常来，这次让你碰上了。她在会上也确实积极参与讨论，对拟刊用的内容发表自己的意见。

编前会首先讨论两个议题：一是委内瑞拉国内矛盾加剧，总统马布罗可能下台；二是总统大选中特朗普的最新表现。从屏幕看，该报网站已有相关报道，会上要讨论的是，现有报道的受众反馈以及下一步如何跟进报道。讨论中多次提到与《纽约时报》等全美国主流媒体的对比。接下来，9篇完成中稿件（on working stories）的主题出现在屏幕上，以国内题材为主，近半数与总统大选有关，包括特朗普、希拉里等的竞选动态。讨论较多的是卢比奥（Marco Antonio Rubio）退出总统大选的后续新闻。卢比奥是来自佛罗里达州的共和党参议员，2015年4月宣布参选总统，但就在我到访该报的前一天，他因家乡所在的佛罗里达州党内年初选败给特朗普而宣布退出，成为重要政治新闻。其次是有关丹佛一位美国海外退伍兵的特稿，通过他的故事展示美国整个军事工作正在发生的变化，是典型的以小见大的题材。大家的讨论轻松而热烈，未见明显争议。

这里需要提一下的是，美国各类媒体对总统大选的关注强度和持久度远超我的想象。我到美国时，大选已经持续了一年多，距最后揭晓还有大半年时间，并非什么节骨眼阶段。但在我调研的近2个月时间里，每天的报纸头版和电视头条几乎都被大选活动占据，那几个候选人的面孔让我产生了明显的“审美疲劳”，仿佛这段时间除了美国总统选举，天底下就没有什么大事发生似的。这就是美国媒体文化的一大特点。我还注意到，编前会的议题中只有1篇新闻与波士顿有关，其余都是国内、国际新闻，这加深了我对该报市场定位的认识：虽然转为网络版，该报仍是一份视野开阔的全国性报纸。

会议进行过程中，热情的总编辑三次中断讨论问我有何问题。我当然有问题，也就当仁不让地提问。

我问：作为随时更新内容的网络报纸，为何仍每天举行一次编前会，截稿时间如何确定？总编辑英格沃森答：虽然只是一次编前会，但涵盖了已知和可以预见的当天全部主要新闻。当然，如果发生突发大事，我们会随时碰头。你看，我们人数并不多，交流还是很方便的。

我再问：对已在网上出版的内容，为何还要讨论？网络版总编辑斯科特答：我们只讨论比较重要的已上传新闻，目的是了解网络受众反应，更好地

编前会现场：右一、右三、中间、左三分别为罗杰斯董事长、英格沃森总编辑、斯科特网络版总编辑和蒙特雷科国际部副主编（辜晓进 摄）

跟进报道。这是我们转为网络报纸后的一项重要内容，过去纸媒时代我们不会这样做。

当我问"选题目录左边的数字代表什么含义，是指相关稿件此刻的阅读数量吗"时，大家笑了起来。我注意到屏幕上每行主题左边都有一个数字，如"11、12、3、4、4、5"等，看不出有什么规律，所以问。国内部主编马克·萨彭菲尔德（Mark Sappenfield）答：这数字是对拟上传时间的简略表示，难怪你看不懂。也就是说，这数字是相关稿件的最后截稿时间。既然已是网络媒体，就不像纸媒那样每天只有一次截稿时间，而是随时截稿上传发布。

编前会前后不到一小时。结束后，总编辑说就在会议室接受我的访谈，同时告诉大家有空愿意参与谈话的也可留下。于是包括董事长、网络版总编在内的4位与会者都留了下来，只是董事长说因为还有其他工作，只能参加一会儿。两位总编辑是主要访谈对象。

网络化生存交出最新答卷

访谈随即开始。《基督教科学箴言报》作为率先放弃印刷版、选择"数字唯一"道路的全球知名报纸，目前的生存状态是我和很多同行十分关心的主题。所以我的第一个问题便单刀直入。

辜：自2009年转网至今，已过去近7年，我很感兴趣贵报的发展和近况。你们现在经济情况如何？与纸媒时代相比，用户规模有了怎样的变化？

英格沃森（总编辑）：我想说的是，总的来说，对我们的读者和订户而言，这个改革（指放弃纸媒）是成功的。我承认，我们仍然亏损，我们在经济上仍需教会（指基督科学教会）支持，但自转网以来，这个亏损已经减少了一半。因此，我说的"成功"也不仅仅对读者而言，也包含了经济上的成功。但我们也意识到，网络收入特别是网络广告收入似乎也只能帮到这里，很难再有大的突破，所以我们必须寻找其他收入来源加以弥补。从读者那头看，转网以后过于追求流量的做法，也使我们觉得自己的报纸品牌及品牌辨识度受到了侵蚀，因为我们变得和其他新闻机构一样，以同样的方式去追逐同样的新闻。网络上赶时髦的行为容易让我们失去个性。我们认识到，这种单纯追流量的行为实际上对读者和经营两个方面都带来了负面影响。因此，我们正在转向另一个发展阶段，这个阶段将令我们的市场地位具有更加不可替代的优势，服务读者的方式也更加独特和富有个性。这个方式将完全不同于其他新闻机构。同时我们也会探索其他收入模式，例如在提供独特服务的基础上更加依靠订阅而较少依赖广告。

辜：你们现在的数字用户规模有多大？

斯科特（网络版总编辑）：我们现在每月有600万—700万的独立访客，每天有30万—40万独立访客。这个数字明显大于与我们同类规模的很多报纸，也与我们在纸媒时代的读者规模不可同日而语，这也是我们转网后最大的变化和收获。

谈到这里，有必要交代一下该报与网络的渊源（因为我们随后的谈话与此有关）。很多人认为，该报的转网完全是内外部经济环境和纸媒衰退所导致的，却忽略了该报在数字方面的某些先知先觉以及经营方面的独特因素。就数字发展而言，该报早在1996年就建立官方网站并将报纸内容搬到网上，是美国最早推出网络版的极少数报纸之一，与《纽约时报》同年。2001年，该报又成为首批每日在官网上传 PDF 版的报纸之一。2002年10月，就在网

英格沃森总编辑在《基督教科学箴言报》Logo 前（辜晓进 摄）

络上的“内容聚合”技术（Really Simple Sydication，简称RSS，指互联网上一种内容包装和投递协议，是基于 XML 标准的描述和同步网站内容的格式——笔者注）由网景公司推出仅3年，《基督教科学箴言报》就在新闻界率先建立了自己的 RSS。如今RSS 已是新闻频道等内容传播网站最广泛使用的技术。对此，《在线新闻评论》（*Online Journalism Review*）高级编辑拉西卡（J.D.Lasica）早在2003年1月就有很高评价：“《基督教科学箴言报》在利用RSS 将包括评论、书评、科技等板块在内的全部内容扑向读者方面，是整个新闻业中走在最前面的。该报是提供全内容 RSS 站点的唯一主流出版商。”[1] 该报当时的发行人史蒂芬·格雷（Stephen Gray）也表达了对网络的敏感：“我把网络看作是打开通向《基督教科学箴言报》的无数扇大门的绝好机会，并视其为从免费一端向收费的另一端过渡的工具。”[2] 至2002年11月，该报将当时能为报纸所用的所有数字手段都用尽，以至其印刷版发行量只有6.9万份时，数字端读者已达170万的规模，月访客数量达230万，RSS 站点达25个[3]。可以说，进入21世纪后，该报与互联网一直保持着最密切的接

[1]J.D.Lasica.News That Comes to You.Ojr.com.January 23, 2003.
[2]J.D.Lasica.News That Comes to You.Ojr.com.January 23, 2003.
[3]Kathy E.Gill.Blogging, RSS and the Information Landscape: A Look at Online News.http://www.ra.ethz.ch/CDstore/www2005-ws/workshop/wf10/gill.pdf.April 19, 2005.

触，这是美国大多数与其规模相当的报纸所未能做到的。

在经营方面，该报作为全美国发行的报纸，在纸媒发行量持续减少的情况下，报纸分发的物理空间就一直是其盈利的最大障碍。试想，10万份的发行量撒向全美国并投递到户，成本该有多高？速度该有多慢？在数字时代，这势必成为无解的难题。这时，互联网的时空优势就凸显出来了。将印刷版向网络整体平移，既符合数字发展大趋势，也是《基督教科学箴言报》自身独特困境的唯一解决出路，是该报的市场环境逼迫其较早走上了转网之路。所以2008年当国内媒体报道该报转网消息、一片惊呼“报纸将亡”时，笔者应某刊约稿撰文就曾指出，该报转网只是个案，要弄清楚该报的特殊性，不应片面夸大其转网影响而认为报纸从此进入转网期，更不应以此作为“报纸将亡”的重要证据[1]。

回到谈话。

辜：《箴言报》作为“数字优先”战略的先行者，您怎样看待这一战略的有效性？它会成为传统报业转型的成功模式吗？

英格沃森：首先，我认为所有报纸都是互不相同的，各家报纸的市场环境也不一样。其次，我确信年轻人已经习惯在屏幕上获取新闻，因而越来越多新闻流向了电脑或手机屏幕。在此情况下，报纸会把更多精力放在网络上，而适当减少印刷版，就像底特律的报纸那样，由每周出版7次改为每周4次或3次，如周二、周四、周日出版。

辜：像后来的《皮卡优恩时报》那样？

英格沃森：是的。这一改变看来是适应读者需求的。他们少了印刷版，却获得更强大的网络版内容。我想，大趋势应该是朝着这个方向，原因在于人口地理因素、年轻人消费习惯等。但各种报纸还是略有不同的。

他提到的底特律报纸，是指该城市两份赫赫有名的日报《底特律新闻》（*The Detroit News*）和《底特律自由报》（*Detroit Free Press*）。两报

[1] 转引自辜晓进：《报业寒冬中的“转网”效应》，《新闻实践》2008年第12期。

随着底特律经济环境的明显恶化，从2009年3月30日起大幅降低住户投递的频率，由之前的每周投递6—7次减至每周投递3次，其余日子只在报摊上出售，且出售的报纸也减少至32版。在大幅裁减印刷版的同时，增加数字频道和网络传播的内容。有关美国日报的减版潮流，本书将在《皮卡优恩时报》的章节详述。

斯科特：阅读本报网络版的年轻受众，他们也同时阅读Facebook等社交媒体。大多数25岁以下的年轻人不是去找新闻，而是新闻找他们。我听说过一句流行语："不出现在我的社交账户上的新闻，就不叫新闻。"所以对很多年轻人来说，现在不是笼统地上网消费新闻，而是上社交网站看新闻。

辜：能说说你们转为网络报纸的主要原因吗？究竟是什么促成这一重大变革的？也许有很多原因的（大家笑）。（虽然我基本知道原因，如上文，但仍希望得到这两位当家老总的亲自确认。）

英格沃森：原因之一，是我们自己的特殊境况。我们的发行量相对较少，却要面对整个美国市场，摊开来就很薄，东岸、西岸、中部。

辜：因为你们是全国性报纸。

英格沃森：对，我们是全国性报纸。正因为发行量被摊薄了，我们不可能像有些全国性报纸那样在各主要城市建立印刷厂组成全国性的发行网络。所以对我们而言，发行物理性的产品是非常昂贵且低效率的。

斯科特：所以我们转而投靠美国邮政，通过邮局发行报纸，这虽然经济很多，却大大影响了发行的时效性。

英格沃森：是啊，这方面的经济状况对我们很不利，也降低了我们的服务质量。例如我们周三凌晨1点最后截稿，很多地方到了周四下午才能得到报纸。这是非常糟糕的报业服务。这也是为何转网对我们来说是最好的选择，是利益最大化的选择。

辜：你们的印刷厂很少吗？

英格沃森：是的，我们曾经有3个印刷厂，那是不够的。像《纽约时报》和《华尔街日报》，他们在全国范围至少有34个印刷厂。我们这样做（指转网）就是为了改善服务，改善财务状况。我觉得，即便对我们的记者而言，也希望转向数字平台。他们在网上更具活力，工作热情明显高于为纸质版服务，因为网络上人气更大，新闻传播更广更快，工作起来更有成就感。过去我们被印刷版的截稿时间、出版频率、发行方式等障碍卡死了。我们别无他法，必须选择更加灵活、更具活力的工作模式。

辜：你们现在的数字平台有哪几种类型？

斯科特：我们有一个官方主网站，同时也有我们杂志的数字版，此外还有 Facebook、Twitter、Pinterest、Instagram等社交账户，我们的内容几乎通过所有这些数字平台传播。官网和数字产品是我们的主平台。我们还有亚马逊的 Kindle版，但用户需要付费。我们的内容还通过辛迪加等网络机构对外发布，他们也要为此付费，这些成为我们盈利模式的组成部分。

辜：你们有新闻客户端吗？

斯科特：我们除了周刊有，主报目前还没有。我们以email形式发布“新闻通讯”（Newsletter）以及每日有偿向订户推送“新闻简餐”（Daily News Briefing）。“简餐”每期精选5条新闻。

交谈中还得知，该报在2008年10月宣布将停止印刷版的时候，其发行量已经降至历史最低点：4.3万份。那时他们仍有8个外国分社或记者站，在华盛顿的分社也有8名员工，全年需基督教科学会补贴1000万美元。宣布转网后的当年年底，其网络版流量增加了25%，月独立访客的数量也增至近300万。到2010年2月（转网不到一年），该报的月页面浏览量已经由转网前的600万增加到1300万。该报当时计划在转网后的5年内将补贴减少至200万美元。目前虽尚未达标，但已经非常接近这个数字。2014年，该报数字端的最大月独立访客数量已提升至1000万，最近的数据则如英格沃森总编辑所言，高达600万至700万。对报纸的数字平台而言，这确实是一个相当骄人的成绩。

笔者又通过数字统计网站Hype Stat查阅该报访客来源，发现其读者分布比纸媒时代更具国际特色，受众占比超过0.5%的国家和地区有14个。其中，美国占72.6%，加拿大占2.8%，英国占2.6%，日本占2.4%，印度占2.0%，澳大利亚占1.2%，中国占1.0%（中国没有细分，估计受众主要在港台地区）。试想，如果只依靠纸媒发行，该报怎么可能抵达如此众多的外国读者？当年该报转网的动机之一就是扩大读者群，包括读者绝对数量和读者范畴。至少在这一点上，他们的目标实现了。

吊诡，纸质周刊成主要收入来源

当然，我最关心的还是该报的财务状况或经济发展趋势，这是报业转型成功与否的试金石。此前的谈话已经涉及财务问题，知道该报仍然亏损，但亏损额已较转网前大幅减少。不过，我还想获得更具体的信息，于是继续问。

辜：贵报转网后的广告情况如何？如此大的访问量是否为广告带来契机？

斯科特：和其他报纸一样，我们的广告总体收入仍在下跌。

辜：跌得厉害吗？

斯科特：不算厉害，是缓慢地下跌，但近两年来我们移动端的数字广告在持续增长，因为本报约三成受众通过移动终端获取我们的信息。只可惜移动端广告的价值仍不理想。例如我们在 PC 端每分钟获得5美元广告，同时在移动端只获得1美元广告。不仅如此，由于近年来越来越多新闻机构开始走类似我们多年前走的"网络优先"（web first）道路，移动端广告的竞争也日趋激烈，广告价格是往下走的。

英格沃森：也正因为越来越多读者走向移动端，PC 端的广告也开始下跌，而转网后那些年PC端广告增长是明显的。人们流向这里（指手机），移动广告就增长了。但就像大卫（斯科特）说的，移动广告很便宜，其增长填补不了 PC 端的下跌，所以总体上还是下跌。

辜：中国也一样，特别是年轻人，什么事都在智能手机上完成。

斯科特：您在手机上阅读吗？

辜：我也每天在手机上阅读，有时是Kindle，也算是数字媒体的重度使用者，但我同时也几乎每天都看纸质报纸，也许因为我老了（众笑）。

这时，一直耐心听我们交谈的董事长玛格丽特·罗杰斯女士发言了。

罗杰斯：辜先生，您一直很关心我们转为网络版后的经济发展状况，我只想就此说一件事。我们是基督教科学会的出版商，我们的兴趣并不完全在财务方面，甚至也不完全为了赢得读者而取媚读者。埃迪夫人的遗志是与读者的精神同在（with the spirits of the readers）。因此，对我们来说，抵达广泛的受众和通过手机与受众在一起是非常重要的，但目的并不仅仅是从受众获取收入，尽管收入也是需要的。《箴言报》100多年前创刊的时候，当时很多其他新闻报道的水准非常低，是煽情和感官刺激的，很多报道对灾难和惨案津津乐道。《箴言报》则与众不同，她以洁净而非煽情、理性而非夸张的方式报道新闻和反映社会现实。如今我们必须做得更好，因为有很多新闻机构也在提供理性而优质的报道。所以，现在我们最关注的是，我们能否帮助社会更好地理解这个世界，能否让社会看到希望，看到他们前进的方向。这才是我们的品牌所赋予的使命。正因此，我们必须真正致力于寻找一切有效的方法将这类信息传播出去。

董事长的一番话令我联想到该报官网对自身愿景的描述："在这样一个主流媒体纷纷收窄报道范围的时代，我们通过相反的做法满足读者需求。《箴言报》的国际视野反映了创始人玛丽·贝克·埃迪确定的本报使命——"不伤害任何人，造福全人类"。我们的目标是拥抱人类大家庭，将一切问题终会被解决的坚定信念如阳光般洒向社会。我们坚持不懈而秉承公平原则。我们秉承多重观点和深度分析而抵制煽情低俗。

她讲完后我立即回应道："谢谢您的阐述。我非常认同您的观点。公众利益对你们、对《箴言报》都是非常重要的，从读者身上赚钱相对而言是次要的。更好地服务社会才是你们的使命。"罗杰斯董事长一直饶有兴致地倾听我们的谈话，此后她又待了十几分钟才离开。

我继续沿着原先的思路向两位总编辑请教。

辜：能问一下贵报的收入结构吗？你们最重要的收入来源是什么？

英格沃森：就目前而言，我们收入的大部分来自发行，主要是周刊读者的订阅费；其次是网络广告。

辜：周刊是指你们身后的杂志吗？

英格沃森：是的，包括纸质版和数字版。

辜：你们当时创办这份纸质周刊的目的是什么？是想留住那些怀念纸媒的读者吗？

英格沃森：是的，我们觉得这是对那些特别忠诚于我们读者的亲近表示。这些读者有兴趣与我们建立长期联系，实际上这些读者也是为我们付出最多的人。他们是最好的客户、最强的客户，他们中的很多人也经常上我们主报网站阅读。

国际部副主编蒙特雷科插话：杂志的收入已经可以弥补我们相当一部分财务亏空。

英格沃森：那要看怎么算。相对于整个编辑部的庞大支出而言，杂志的收入还是不够的，它并不能抵扣那些支出。

老总的话引起我极大的兴趣：转网7年来，该报的主要收入来源竟是这份基于印刷版的周刊。从交谈中得知，该报几乎在当年停止印刷版的同时便创办了这份《基督教科学箴言报周刊》（*The Christian Science Monitor Weekly*），创刊是为了满足本市读者对优质深度新闻的需求以及照顾部分读者纸质媒体的阅读习惯。出人意料的是，这份每期48页的纸质周刊甫问世便受到欢迎，发行量迅疾突破5万份。后来，这份周刊也上网了，但需要付费订阅。2013年，该周刊推出适用于苹果和安卓系统的移动客户端，为这份纸质媒体在数字端移动阅读插上翅膀。

2017年12月18日《基督教科学箴言报周刊》

英格沃森：这份纸质周刊实际上已经与我们整个数字平台融为一体。我们主报的几乎所有数字订户都订阅了周刊的数字版，这个规模比5万份纸媒的发行量要大得多，而这部分的订阅是收费的，所以我说我们的发行收入超过广告收入。之所以他们会花钱订阅我们的数字版周刊，是因为我们把深度的长稿都放在这里了。这对读者产生了吸引力，也强化了《箴言报》的受众黏度。所以我要重申转网对我们来说是非常成功的——读者获取我们内容的速度大大加快，我们发行的成本大为降低，受众数量大幅增加，成本不及转型前的一半。

数字道路如何走下去

说到成本，我对《箴言报》目前的员工规模也颇感兴趣，因为数字转型较为彻底的报纸，通常伴随着较大规模的减员。这一方面是为了降低成本，另一方面是数字媒体的运行方式导致所需人力较传统纸媒的人数必然明显减少。

辜：你们过去一直注重原创内容，在全国和世界有很多分支机构。转网之后，还保持这些机构吗？

英格沃森：这些机构大为减少了，虽然刚转网时仍在海外有8个记者站，但后来逐步减少为4个。空缺怎么办？我们通过其他形式来解决，如聘用签约作者和临时撰稿人。签约作者大多数时间为我们工作，临时撰稿人则是需要时才为我们工作。以亚洲为例，我们目前在北京、东京、曼谷、香港都各有1名全职员工，在他们的外围还有上述签约作者和临时撰稿人。他们构成几个环圈，为我们提供覆盖全球的原创内容。我们编辑部的人是很少的，从当初转网前的80人减少至目前的40人。

辜：既然发行收入成为主要收入来源，你们有没有考虑为主报的数字平台建立付费墙？

英格沃森：我们会考虑，但不是现在。我们需要更加强大，并拥有非常著名的作者，对受众产生强大的吸引力后才具备建立付费墙的基础。有时即便有了这些条件，付费墙也不一定能成功。或者你能在本地经常就某个题材获得独家新闻，例如在深圳或波士顿，而人们从其他媒体读不到，就有了付费阅读的需求。眼下，我们很难经常获得独家新闻。我们正在努力提高这方面的生产能力，以提升数字平台的内容价值。到了那个时候，我们会考虑建立付费墙。目前我们只对周刊收费，因为那是对其内容非常认同、非常稳定的读者群。

斯科特：对很多建立付费墙的新闻机构来说，真正付费阅读的人数只占其受众很小的比重，这个比重的订阅收入并不能赶上数字广告的收入，而很多读者却可能因此而离去，所以付费墙的风险很大。

显然，作为率先放弃纸媒的《箴言报》，其目标还是尽量扩大网上受众，暂时不会对主网站采取数字收费策略。这一立场与英格沃森的前任是一致的。之前的总编辑约翰·耶马（John Yemma）曾撰文指出："付费墙和多媒体都不能挽救报纸。"[1]

辜：你们在数字方面还有其他什么举措？例如视频生产？

英格沃森：视频生产是一个趋势。其实早在2006年或2007年就有了视频热，但随后就走了下坡路，现在又重新升温。但两次热潮是有不同特点的。第

英格沃森总编辑（左）访谈结束后与笔者合影（该报员工 摄）

[1] Maria Conde: The Christian Science Monitor's Yemma: Paywalls and multimedia are not the answer to the newpaper's woes.www.editorsweblog.org, March 30, 2010.

一次热潮基本上采用了传统电视的叙事方式，从采访到播放都和电视一样。现在的视频生产和以前很不一样，现在更有创新意识，且常常和其他媒体形式融合起来。我们也做过视频，但花费太大，我们的经济实力还无法负担这笔开支，所以放弃了。我们现在也有视频，但主要是从辛迪加购买的产品。

接下来，我们谈论到报纸的未来。

英格沃森：从好的方面看，越来越多人消费越来越多的新闻，这个数量超过以往任何时期，因此，报纸还会长期存在下去，因为人们需要专业的新闻生产者。但困难的是，现在平台太分散，新闻机构不再强大，注意力难以集中。所以，我认为新闻的传播今后会出现比现在更加剧烈的变化。我的感觉是，新闻的形态和我们讲故事的方式都会更加多样化，我们抵达读者的渠道也会更加多样化。难就难在我们不容易将这些方式和渠道聚合在一起。我觉得甚至新闻的定义也会不断地改变。我有个女儿，18岁了，她从来不读报纸，也不看新闻网站。但她和朋友之间会发送新闻视频。当我说起某个新闻时，她已经知道了，因为已经有朋友发给她新闻视频，而且还可能配上音乐，后面还会跟上一些有趣的评论。这是他们获取信息的方式。

辜：那你女儿厉害，可以自己制作新闻视频，还配上背景音乐。

英格沃森：她的一些朋友会做。但无论是我女儿还是她的朋友，其实都不是在做新闻产品，他们是在玩，是作为娱乐活动来制作和传播这些视频的。但在玩的过程中，他们知道并让别人知道外面发生了什么。这就是这一代年轻人对待新闻的态度。虽然我和她妈妈都是新闻工作者。

辜：她妈妈在哪里工作？

英格沃森：我太太是新英格兰新闻中心的调查记者，那是一家非营利新闻机构，有点像 BuzzFeed（位于纽约的一家原创新闻网络媒体）。但她几个月前刚辞职。多年前她曾在《巴尔的摩太阳报》工作。我的女儿对新闻一点也不感兴趣（笑）。

辜：我的女儿也一样，她现在丹佛大学读生物专业。

英格沃森：丹佛大学？我女儿也很想去丹佛大学，她的兴趣是设计。我上个月才去那个学校看过，很好的学校。”

编辑部中央的中文条幅（辜晓进 摄）

我的问题问完后，几位老总开始问我，主要围绕习近平主席三周前考察三大央媒及随后发表的讲话和我讨论，说美国很多报纸都报道了这件事。蒙特雷科还提到《南方周末》，说起他在北京及广州的见闻，以及他对南方农民工生存状态的兴趣等。

谈话结束后，英格沃森总编辑陪我参观了编辑部和经营部门。我注意到编辑部的中央显要位置竟然挂了一幅中式卷轴，上面用中文书写“不伤害任何人帮助所有人”十一个大字，编辑们一抬头都能看到这些字。总编辑与我合影，并亲自送我到楼下大门口。楼内戒备森严，每个门口、楼梯口及上下电梯，都要他出示门禁卡才能通行。

第二章

《今日美国》：
“蝴蝶战略”带来规模效应

总编辑语录

肩负数字使命　主导转型大局
全面改版只为顺应数字发展
依托母公司　实施“蝴蝶战略”
报业VR叙事的领导者
重视客户端　无意付费墙
编前会议题结构的变迁

总编辑语录

总编辑戴维·卡拉韦（辜晓进 摄）

（数字发行量的大幅增长）主要是因为我们实施了“蝴蝶战略”（Butterfly Strategy）。您知道的，《今日美国》过去的发行主要在旅馆、机场、火车站等场所，外加固定订户。我们后来发现一个渠道，即可以联合各地方报纸，通过建立联盟类的稳定合作方式渗入全国的地方市场，实现双赢。例如，我们找到甘尼特公司旗下在辛辛那提、路易斯维尔、肯塔基、凤凰城等地的报纸，谈判合作。我们把《今日美国》的内容与这些报纸捆绑发行。对这些报纸来说，他们的读者获得了那些报纸无法采集到的优质新闻，对我们来说则增加了发行量，所以说是双赢的结果。这样一来，我们的报纸发行量就增加了近一倍，有350万份左右。当然，这里包括约100万的在线订阅。

——戴维·卡拉韦（David Callaway）

在此次对美国所有大报的访问中，《今日美国》的总编辑戴维·卡拉韦（David Callaway）是联系最顺利的一位。首先，从该报官网可以查到总编辑的联系方式（电话或电邮地址），而在其他大多数报纸都做不到；其次，我按邮箱地址写信给他，他第二天就从手机端回复了（他显然是一位智能手机的重度使用者，因为后来与他多次邮件联系，都是从手机端得到回复的。而且在我访问他的过程中，他也不断通过手机处理编辑事务）；第三，他第一次回信就对我表示了欢迎，并在随后的时间地点等确认过程中予以快速回应，态度非常友好；第四，我有点不好意思让他频繁回复我的问题，曾提议由他的秘书来跟进后面的访问事项，谁知他说他没有秘书，与他联系没问题。所以，我是带着感激之情走进《今日美国》大报的编辑部的。

《今日美国》是甘尼特公司的旗舰报纸，坐落于甘尼特大厦。大厦两个塔楼中的一个，就标有该报的Logo，与另一塔楼的总部标志对称呼应，给人占据大厦半壁江山的印象，其实只占了一侧塔楼的两层。因此，编辑部看上去还是比较拥挤的，比我15年前来访时逼仄许多，看来办公面积是经过压缩的，各编辑单元被分割在一个个较为狭窄的空间，全无当年大一统编辑部的宽敞气派。总编辑的办公室也比当年总编辑凯伦·朱金森（Karen Jurgensen）的小了不少，加上正在装修的缘故，显得更加简陋。很难想象这是一家美国发行量最大的报纸、世界最大报业集团的旗舰报纸。这或许也是报业经济滑坡、报纸地位下降的一个象征吧。

肩负数字使命　主导转型大局

2016年3月22日中午12点45分，我和助手朱琪便驱车来到距华盛顿特区近40公里、位于弗吉尼亚州McLean小城的甘尼特大厦。小朱是深圳大学新闻系的优秀毕业生，2015年经我推荐考取了位于华盛顿特区的名校乔治城大学的传播学研究生，此次应邀协助我调研。我向卡拉韦总编介绍她后，总编当即表示欢迎她来实习，让小朱高兴了好一阵。

在一楼宽阔豪华的大堂办理完登记手续后，便被来人领到《今日美国》总编辑戴维·卡拉韦的办公室。到他办公室前，先要穿过编辑部大厅。我发现这里和15年前确实有很大不同：大厅中央多了个环形编辑空间——一个圆

《今日美国》总编辑与乔治城大学研究生朱琪合影（辜晓进 摄）

形会议桌和周边环绕着的电脑办公台。后来知道这就是该报的多媒体综合编辑中心，各部主编在此办公，中间的大圆台可随时商量或用来开会，上方是一圈显示屏。编辑中心的功能有点像国内报社的“中央厨房”，但主要是纸媒和网站相融合，社交媒体等似乎并不包含在内。在圆桌区与总编辑办公室之间更是建了一个开放式的视频摄影棚，上空布满复杂的灯光系统，酷似电视台的演播厅。总编辑笑吟吟地与我们寒暄一番，便说办公室正在装修，建议在办公室外的一个小圆桌坐下交谈。说实话，小圆桌也有点乱，上面堆满了东西，但并不影响我们谈话。有人送来两瓶矿泉水，访谈就此开始，我们约的是下午1点，很准时。

相当于国内报纸“中央厨房”的综合编辑中心（辜晓进 摄）

卡拉韦总编是美国大型报纸总编中较为罕见的“两栖人”，即同时在传统纸媒和数字媒体两个领域都有较长期历练的资深媒体人。他于1987年毕业于西北大学梅迪尔新闻学院，先后获得学士和硕士学位，随后便在《波士顿先驱报》（*Boston Herald*）当记者和专栏作家，7年后加盟彭博通讯社，曾率领一个团队报道欧洲金融事务。1999年，他被大型财经网站、上市公司“市场观察”（Market Watch）的创始人拉里·克莱默（Larry Kramer）发现并邀请担任执行总编和总编辑，在做了12年传统媒体之后，开始数字媒体生涯，掌管公司在全球11个分支机构的财经新闻采集与编发。在其领导下，“市场观察”三次被美国财经编辑与记者协会评为“最佳业务”（Best Business），并三次获得《主编与发行人》（*Editor and Publisher*）杂志颁发的“最佳互联网服务”EPPY 奖。“市场观察”原隶属哥伦比亚广播公司（CBS），2005年被默多克旗下的道琼斯公司重金收购。2012年5月，克莱默被甘尼特公司邀请担任《今日美国》的总裁兼发行人。两个月后，克莱默任命卡拉韦担任《今日美国》总编辑。至此，卡拉韦在大型数字传媒公司又主政了13年。

卡拉韦总编辑向笔者讲述报业转型（朱琪 摄）

“伯乐”克莱默对他欣赏有加，在宣布任命时说：“戴维是对数字新闻有深刻领悟的杰出新闻工作者，因而我对他愿意加盟《今日美国》感到非常兴奋。他在传统媒体和新媒体两个领域的专业经验将对推动我们这样的著名报纸品牌转向新的创意传播道路发挥十分重要的作用。他在‘市场观察’期间已成功地进行包括电视、广播、数字和移动新闻产品在内的日常化生产。我相信他在这里也将率领一个多媒体的编辑部向读者提供他们所期待的优质新闻内容。”[1] 卡拉韦本人也对新岗位信心满满。被任命的时候，《今日美国》和很多报纸一样，正经历多次裁员、减版的阵痛。他却表示，通过一系列改变，对未来的增长非常乐观。

由上可知，卡拉韦确实是肩负转型使命被推上《今日美国》编辑部统帅宝座的。后来的事实证明，该报在其领导下果然在数字传播方面取得了令人瞩目的成绩。在他到来之前，《今日美国》的发行量（含数字订阅，以下同）约为180万份，已经由过去的第一名让位于《华尔街日报》而屈居全美国第二名。仅仅一年多之后，该报2013年10月至2014年3月的半年平均发行量便大幅飙升至近330万份，较上年同期增长了94.4%，其中的主要贡献来自数字端订阅数的增长。该报发行也因此大大超过《华尔街日报》而重返全美国第一的王位。2014年4月至10月的半年，该报发行量继续增长至413.94万份，并一直保持全美国第一至今[2]。除了发行量，检验数字端受众规模的另一个重要指标是每月的独立访客（UV）数量。2011年1月，该报的月独立访客数量为1633.8万。到2017年3月，该数量已经发展到11,520.8万[3]。

美国著名新闻教育和研究机构波因特媒体研究院（The Poynter Institute for Media Studies）也对《今日美国》近年来的变化给予高度评价，其官方网站刊文称：“《今日美国》在过去两年中发生的变化恐怕比之前30年的变化还要大。……该报发行人克莱默和总编卡拉韦凭借十多年的数字传播经验，终于将《今日美国》从印刷优先的文化中解放出来。”[4] 当然，从后来与卡

[1] Julie Moos.David Callaway named new editor-in-chief of USA Today.www.poynter.org.July 10, 2012.

[2] 以上数据均来自美国媒体审计联盟（Alliance for Audited Media），该联盟从2015年起不再公布单份报纸的发行量而只向付费会员开放数据。

[3] comScore Ranks the Top 50 U.S.Digital Media Properties for March 2017.BWW News Desk.April 25, 2017.

[4] Rick Edmonds.USA Today's two-year strategic overhaul gains traction.www.poynter.org.March 7, 2014.

拉韦的访谈得知，该报之所以获得如此令人鼓舞的成就，是因为采取了多个重大创新举措并为之付出了艰苦的努力，且集团管理层给予了大力的支持。

全面改版只为顺应数字发展

此次访美看到的《今日美国》报纸版面，与我过去的印象有较大不同。我知道该报在创办30年后进行了一次较大规模的改版，而改版工作正是在卡拉韦担任总编辑后主持完成的。我们的谈话便从这次改版开始。

幸：您主持编辑部工作后进行了一次全面的改版，好像是三年前吧。您能说说改版的理由吗？

卡拉韦：您指的是印刷版还是数字版？

幸：印刷版。

卡拉韦：那是2012年9月，我来这里后两个月。那年正好是报纸创刊30周年。我觉得在报纸创刊30年后，我们已经面对一个全新的传播世界和新一代报纸读者，报纸的面貌需要改变一下。广告商也要求我们改变，而且我们那次改版不仅是印刷版，网站页面也做了很大的改变。

幸：我注意到你们不仅头版，内页每个版块也都用了全新的Logo，色彩也有所变化。贵报曾是报纸版式革命的先驱。

卡拉韦：是的。《今日美国》从创刊起就注重版式创新、绚丽的色彩、大幅的图片、大字标题、各种图表、小篇幅文章等，在新闻叙事方面重视形象化的表达。我们确实在一些方面走在了前面，但那是20世纪80年代的事了，何况现在其他报纸也都这样重视彩色、图片、图表，《今日美国》的特点也不像过去那样突出了。过去《今日美国》是按照电视时代的特点设计版式的，现在我们已从电视时代转向网络时代。20世纪80年代起，人们渐渐开始在网络上消费新闻，而我们的表述方式虽然是奏效的，却一直未真正向数字方面转变。我们的改版是印刷版和数字版同时进行的，不仅改了外观，加强了与新媒体的互动，而且改了内容。例如我们要求印刷版更注重原创，报道更有个性。

LATE SCORES INSIDE THE NATION'S NEWSPAPER $1.00

USA TODAY
A GANNETT COMPANY

NASCAR's quiet champion

Five-time champ Jimmie Johnson finds his voice, 1C

Ordinary guy: Splits time with work, family.

Challenge: To be as anti-Hermione as possible.

Barriers come down

Diverse new roles let Emma Watson break from *Harry Potter* character, 1D

Which team is spending the most?

(Hint: It's not the Yankees). **Stories, 1, 4C**

Newsline

WEDNESDAY, SEPTEMBER 12, 2012

Teachers union at 'a critical moment'

As teachers in Chicago strike a second day, fight continues over push to use test scores to evaluate educators, 2A

Libya: American shot dead in attack on U.S. Consulate

Armed men storm consulate in Benghazi and set it on fire; one American killed, another wounded. In Egypt, protesters attack U.S. Embassy. 4A

Facebook CEO acknowledges 'missteps' in shift to mobile

In first appearance since IPO, Mark Zuckerberg says stock performance "disappointing," but he thinks people are underestimating company. 1B

Goodbye wallet, Apple's Passbook app can carry it all

Feature that will be available for iPhone, iPod Touch will put all digital coupons, tickets, loyalty cards in one place. 1B

Fish oil pills with omega-3 don't help against disease

Study finds no significant defense against heart attacks, strokes or death; doctors say eating fatty fish two meals a week is better. 3B

See news photos of the day on your smartphone

Scan with a QR reader; AT&T code scanner available at scan.mobi. Get codes for your business at att.com/mcode.

Home Delivery, customer service 1-800-872-0001 www.usatodayservice.com

Across the USA	7A
Crossword, Sudoku	4D
Editorial/Forum	6-7A
Market scoreboard	4B
Marketplace Today	4D
TV listings	5D

COPYRIGHT 2012 USA TODAY, a division of Gannett Co., Inc.

USA TODAY Snapshots®

What we spend on pet care

(in billions)

Food	20.5
Vet care	13.6
Supplies/OTC medicine	12.6
Grooming, boarding	4.1
Live animal purchase	2.2

REMEMBERING 9/11

Etched in our minds

Eleven years after the horrific terrorist attacks, Americans mourn, reflect, serve and continue to heal. We will never forget. **Story, 3A**

Ground Zero: The Tribute in Light installation shines as One World Trade Center — in red, white and blue — rises under construction. Earlier, families gathered to recite the names of those who died.

Pentagon Memorial: "This anniversary allows us to renew our faith," President Obama said.

Flight 93 Memorial: Passengers and crew who fought terrorists are honored near Shanksville, Pa.

College may never be the same

How online courses will revolutionize higher ed

By Mary Beth Marklein
USA TODAY

Jonathan Salovitz's course load sounds as grueling as any college undergraduate's: computer science, poetry, history, math and mythology, taught by professors at big-name schools such as Princeton and the University of Pennsylvania.

Except Salovitz, 23, is not an undergraduate. His effort won't count toward a bachelor's degree, and he hasn't paid a dime in tuition. Nor have his classmates, who number in the tens and even hundreds of thousands.

Instead, Salovitz calls himself a "guinea pig." He's participating in a grand experiment in higher education known as Massive Open Online Courses — MOOCs, for short. Learners of all ages around the world are flocking to them. Top universities are clamoring to participate. And MOOCs already have attracted the interest of some employers, paving the way for a potential revenue source. All in less than a year.

COVER STORY

"The industry has operated more or less along the same business model and even the same technology for hundreds of years," says John Nelson, managing director of Moody's Higher Education. "MOOCs represent a rapidly developing and emerging change and that is very, very rare."

In a new report, Moody's Investors Service calls MOOCs a "pivotal development" that has the

Please see COVER STORY next page ▸

Online studies: Jonathan Salovitz, 23, and his sister Kara, 19, go over a finance quiz last month.

EPA to clean up lead in yard soil

N.J. one of largest health-risk efforts

By Alison Young
USA TODAY

The Environmental Protection Agency will begin digging up dangerous lead contamination this month around a dozen homes in New Jersey, part of one of the largest state efforts yet to re-examine health risks posed by soil near hundreds of old factory locations identified by a USA TODAY investigation.

Regulators in at least 13 other states have been conducting investigations as a result of the newspaper's "Ghost Factories" series, which revealed the EPA and state agencies had done little over 10 years to examine the toxic fallout from many factories that operated in the 1930s-1960s.

GHOST FACTORIES

Video: N.J. residents react to clean-up plans: usatoday.com

Homeowners eager for clean soil, 3A

In Edison, N.J., the EPA will spend up to $1.26 million to replace soil in local yards. State regulators also have asked the EPA to clean up contamination at a Newark condo complex built atop another factory site and state-run soil testing is continuing at sites in Clifton and Verona.

However, the state has stopped short of testing soil in several other neighborhoods — even though lead factories once operated directly next to homes or playgrounds there as well, inspection documents obtained under open-records laws show. They include the neighborhoods near the former L.H. Mitchell solder factory in Trenton and the former site of Barth Smelting in Newark, which is next to the Terrell Homes public housing complex and its playground.

Old factories often spewed lead particles into the air, contaminating surrounding properties with the wind-blown fallout. Studies show that even tiny amounts of lead dust, ingested when children put dusty hands or toys in their mouths, can result in lost intelligence, attention disorders and other health problems.

"I believe we have accomplished a lot," said David Sweeney, with the New Jersey Department of Environmental Protection. He expressed "frustration" with questions about why some neighborhoods got soil tests and others didn't, noting limited state resources. The DEP said their risk assessments of 31 sites focused only on areas within a former factory's property boundaries. No soil testing was done if homes were merely next to the former factory property.

Inaction at sites with adjacent homes concerns some advocates. "It's not like the wind has a property boundary," said Elyse Pivnick at Isles, a community development group in Trenton.

In response to USA TODAY's questions, the EPA now says it plans to test soil at the public housing complex in Newark "as a precaution."

2012年9月12日，改版前的《今日美国》

$2.00 THE NATION'S NEWS THURSDAY

USA TODAY 08.27

A GANNETT COMPANY

CHRISTINE BRENNAN
IN SPORTS
2015 already a great sports year
Spieth, Williams and American Pharoah have chance for even more heroics

Dow roars, rallies 620 points

Adam Shell and Kirk Spitzer
USA TODAY

This time, the Dow stuck its late-day dismount.

The Dow Jones industrial average rebounded in a big way Wednesday, surging nearly 620 points — its third-best daily point gain ever and best since 2008 — ending a painful six-session losing streak and delivering Wall Street the first signs of stabilization it has craved after the stock market's worst rout in four years.

After Tuesday's failed rebound briefly dashed hopes of a recovery, investors searched Wednesday for signs of stock market stability and a bounce that would hold. They got their wish.

Unlike Tuesday, when the Dow let a 442-point gain disappear and finished down 205 points, the Dow rallied sharply late in the session, closing up 619.07 points, or 4%, to 16,285.51.

"It seems to me that the selling has exhausted itself for now," says Bob Doll, chief equity strategist at Nuveen Asset Management, adding that investors should expect more turbulence ahead.

The market rally stuck this time because more good news was released about the U.S. economy, a Federal Reserve member hinted that an interest rate hike might not come in September as feared, and Wall Street was convinced that Chinese authorities would do more to stimulate its shaky economy.

Brian Belski, chief investment strategist at BMO Capital Markets, says the big bounce signals that business fundamentals are more powerful than fear.

"Fundamentals always defeat fear and emotion," Belski told USA TODAY, adding that rising angst related to China's slowing economy and the recent stock market correction were both "normal and overdone."

HISTORIC BOUNCE

The blue-chip stock gauge posted its third-best one-day point gain ever.

Date	Point gain
10/13/08	+936.42
10/28/08	+889.35
Wednesday	+619.07
11/13/08	+552.59
3/16/00	+499.19

TRISH REGAN
Better buckle up
IN MONEY

NEWSLINE

IN NEWS
Two more U.S. troops are killed in Afghanistan
Four U.S. servicemen have died in combat this year.

IN MONEY
BK wants to make a McWhopper with McDonald's
Burger would be made just for Peace Day.

IN LIFE
Celine Dion back on stage in Vegas with heavy heart
Singer spent year caring for husband René, who hopes to "die in my arms," she says.

USA SNAPSHOTS
60 years of world records
13½ 90-hour weeks

COLD-BLOODED MURDERS ON LIVE TV, SOCIAL MEDIA

Two members of a news team were killed during a live broadcast near Roanoke, Va., on Wednesday. Vester Flanagan's Facebook and Twitter pages showed the shooting from his perspective.

Motive was part hate crime, part work dispute

Greg Toppo
USA TODAY

A few hours after a gunman walked up to a young TV reporter and her cameraman and shot them dead on live TV, a message appeared on Twitter. Short and unpunctuated, it read, "I filmed the shooting see Facebook"

The tweet came from the gunman.

The grim narrative that unfolded Wednesday was shocking to watch. Part gun-related workplace dispute and part racial hate crime — the gunman was African American, the victims white — the horrifying shootings played out on live local TV, then on social media, then again on TV everywhere, as police pieced together what had happened.

The shootings shattered that most routine of rituals, the early morning stand-up interview with the head of the local chamber of commerce. Even the sheriff was watching the broadcast when the shots rang out. It was hardly a spree shooting, but the gunman's bravura, reeling out on our news feeds, our Twitter streams and Facebook pages, made it seem more menacing.

In the hours after the killing of Alison Parker, 24, and Adam Ward, 27, the lone suspect in the case, Vester Flanagan, had a lot to say.

As police undertook a massive manhunt, Flanagan took to social media and sent out jittery videos of the shooting from his point of view. He tweeted to complain that the dead reporter was a racist and that the cameraman had filed a complaint about him with the station's human resources department.

He faxed a 23-page, expletive-

▶ STORY CONTINUES ON 5A

Va. shooting victims 'were our A team'

Peers recall energetic duo with high praise, sorrow

Liz Szabo
USA TODAY

Friends and colleagues of two journalists slain on live TV Wednesday morning hailed Alison Parker and Adam Ward as dedicated, energetic professionals with bright futures.

"They were our A team — Alison and Adam," said Kelly Zuber, news director at WDBJ7-TV in Roanoke, Va., where both victims worked.

Parker, 24, and Ward, 27, were fatally shot while filming an early morning interview. An intense manhunt for the suspect in the attack ended when Vester Flanagan, 41, a former employee at the same TV station, shot himself. He was later pronounced dead at a hospital.

Parker handled the early shift and "had tremendous anchor potential," Zuber said. "She was one of those people who had many talents but didn't know it. She was kind to everyone, humble, easy to get along with. We all told her she was a rising star but that never went to her head."

Zuber praised Ward's work ethic. He would film early shoots, then return to work in the evening to handle high school football coverage, she said. The football coverage even became a family affair: Ward's father worked as a temporary employee to help out during the busy sea-

▶ STORY CONTINUES ON 5A

Alison Parker and Adam Ward were fatally shot during a live TV feed.

A new facet to killings
Applying social media to homicide 'bears all the earmarks of our culture.'
IN NEWS

You shouldn't lump Trump as a bully — technically speaking

Heidi M Przybyla
USA TODAY

Donald Trump says he's not a bully, and clinically, he may be right.

Wednesday, Trump was again defending himself after the latest in a series of spats with network television personalities — this time with Univision anchor Jorge Ramos, whom Trump's security detail booted from a news conference the previous night in Iowa.

"I am not a bully," the real estate magnate and Republican presidential candidate said on the TODAY show.

Americans may describe Trump's behavior in many ways, but psychologists and experts told USA TODAY that textbook bullying shouldn't be one of them. The greater challenge, they say, is explaining the reasons for his popularity.

"Bullying is the repeated, intentional harm of another person who has less power than you do," said Dewey Cornell, a forensic psychologist and bullying expert at the University of Virginia.

"If it's him and Rosie O'Donnell going at each other, they may have comparable power," he said.

Patti McDougall, associate professor of psychology at the University of Saskatchewan, said, "Bullying does not happen when you've got two equals in a fight."

Trump has attacked Megyn Kelly, one of the nation's most-watched cable news hosts, ever since she pointedly questioned him during a Fox News debate. Most recently, he retweeted a message on Twitter that called her a "bimbo."

Trump told Ramos — the Walter Cronkite of Spanish-language television — to "go back to Univision" after the reporter, who hadn't been called on, attempted to confront Trump about his stance on immigration.

There's no doubt Trump's brash and aggressive style appeals to many voters.

"There are certain people who do enjoy the bravado. They look up to that and view it as strength," said Derek Swain, a registered psychologist in Vancouver who's counseled adults and children who've been bullied.

"This is like watching reality TV unfold before you," McDougall said. "How much of this is about the fact that we are, at heart, voyeurs?"

Jorge Ramos is removed from a news conference Tuesday.

REM RIEDER
Univision anchor stands his ground
IN MONEY

STATE-BY-STATE 4A AMERICA'S MARKETS 4B MARKETPLACE TODAY 5D PUZZLES 5D SCREEN CHECK 6D WEATHER 6A YOUR SAY 6A

2015年8月27日，改版后的《今日美国》

在我看来，就印刷版而言，2012年9月14日推出的这次改版，其最大变化体现在以下几个方面：

一是在依然重视色块的前提下，启用了全新的Logo，即将头版及各版块首页的方形色块改为圆形，增强了辨识度。其中，头版标志性的蓝色圆形色块移向左侧并与报头分离，报头则与头条新闻图片咬合在一起以增强动感和突出重要新闻；内页各版块头版则分别以绿色（财经）、红色（体育）、紫色（生活）、橙色（科技）、湖蓝色（旅游）等圆形Logo标示。这些Logo也同步出现在该报所有数字平台，具有较强的标识作用。

二是将该报开创并曾引领全国报纸跟进的整版彩色天气版压缩为半个版，只突出图表可视化呈现，然后标出各种链接，将天气预报的更多功能交给本报的数字平台完成。对此，卡拉韦认为，现在人人都有天气客户端或都能很方便通过手机获取天气信息，印刷报纸无必要用太多版面承载天气报道。

三是增加了“你说”（Your Say）版，选择刊发读者在Twitter和Facebook等社交媒体上发表的代表性评论，以增强与数字用户的互动。该版更大的意义似乎是将读者引导到数字平台，因为该报网站专门为此做了一个同名版块，可以承载更多读者互动内容并随时更新，报纸则刊登了链接。

四是强化了头版的版块导读，代表各主要版块的色条一目了然，含有最重要内容的版块导读干脆提升到报头右侧（我们称之为“报眼”）位置。

五是文章变长了。过去该报一直强调短文章，像电视那样，重视视觉表达而减轻文本分量，因而长期是全国性大报中平均篇幅最短的报纸。但随着互联网时代报纸回归深度、原创、解惑的价值观，包括《纽约时报》在内的美国很多著名报纸都强化了深度报道，而将动态、碎片化的报道更多地转到数字平台，《今日美国》也不例外。看该报头版，如今也像《纽约时报》那样，每篇报道都要转版，因为篇幅都较长。

六是更加重视体育，其在各版块中常常占据最大篇幅。这大概和该报的定位有关系。在美国传统三大全国报纸中，《华尔街日报》主打财经，《纽约时报》是“档案记录性报纸”，《今日美国》稍显尴尬，因而瞄准流动人群，其一个重要市场是全国各地的商务旅行者，他们出现在飞机、火车、酒店等场所，对报纸有阅读需求。而很多美国人出门在外，每天最不能缺少的除了重要新闻就是体育新闻。我注意到，体育要闻也常常出现在该报头版报头附近的最重要位置。

这次改版在读者中引起较大反响。我查阅了该报网站的“Your Say”版块，上面有很多来自Twitter、Facebook和 LinkedIn的评论，热烈赞成和强烈反对的人都有。有一位自称已订阅该报25年的忠诚读者说：“当我昨天从家门口拿到报纸后被震惊了，虽然我再没看到传统的标识，但第一眼就喜欢上它的外表。而且多达14页的体育版块也让我兴奋，这令我想起当年为何第一次接触该报就爱上了它。”[1]

该报网站也在这次改版中有了较大变化。最大的变化是网站首页设计成iPad模样，并大大增加了图片和视频的呈现单元，其中视频单元占据约一半，每天多达15个。在首页头条新闻的两侧设有朝左右两个方向的滚动箭头，点击可方便切换至附近页面。据称这样是为了制造类似手指在iPad上滑动的直观效果。

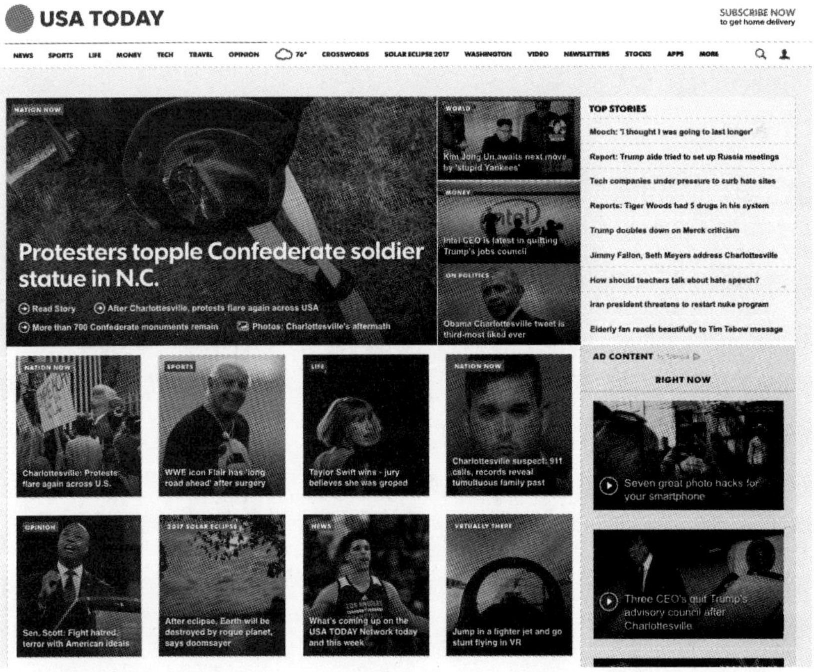

2017年8月15日《今日美国》官网首页部分截屏

[1] Your Say: Readers weigh in on our new look.www.usatoday.com.September 16, 2012.

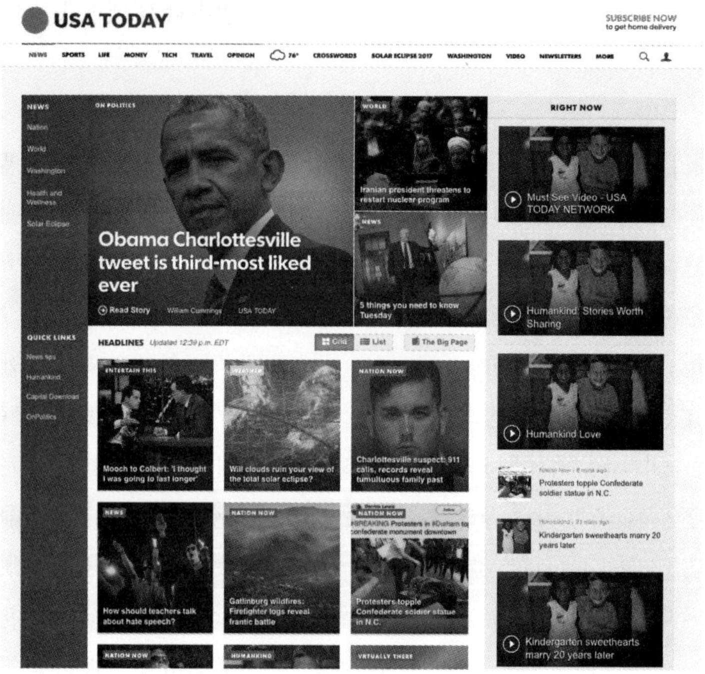

2017年8月15日《今日美国》官网新闻主页部分截屏

依托母公司　实施“蝴蝶战略”

《今日美国》受众规模在短短数年内实现持续飙升，原因有很多，包括上述印刷版和数字端的大改版，但重要原因之一在于他们通过实施“蝴蝶战略”实现的报纸网络联盟体制。这种网络联盟是指该报利用母公司甘尼特公司旗下众多报纸的资源优势，携手大量地方报纸形成资源共享式的联合发展，进而强化其他全国性报纸所没有的规模化优势。

而在过去，这类网络化联盟只出现在广播公司，如美国包括福克斯在内的四大广播公司都拥有大量直营和附属电视台，进而形成全国联网，节目资源可在广播网内实现共享。对报业而言，尽管集团化发展早已开始并成为趋势，全国很多“报系”也有上百年历史，但这些集团或报系中的报纸互相都很独立，彼此极少形成常规化的内容资源共享机制。过去甘尼特公司曾将IT等少数内容提供给旗下报纸共享，但只涉及个别版面，而且此类共享也早已停止。因此，我对该报这一战略虽已有所了解，但仍希望报社高层能多介绍经验。

辜：我注意到在您来到报社后，《今日美国》的数字发行量和流量发展迅猛，能告诉我是什么原因吗？要知道，在报纸普遍发行量下降的情况下，你们这样的增长是较为反常的。

卡拉韦：这主要是因为我们实施了"蝴蝶战略"（Butterfly Strategy）。您知道的，《今日美国》过去的发行主要在旅馆、机场、火车站等场所，外加固定订户。我们后来发现一个渠道，即可以联合各地方报纸，通过建立联盟类的稳定合作方式渗入全国的地方市场，实现双赢。例如，我们找到甘尼特公司旗下在辛辛那提、路易斯维尔、肯塔基、凤凰城等地的报纸，谈判合作。我们把《今日美国》的内容与这些报纸捆绑发行。对这些报纸来说，他们的读者获得了那些报纸无法采集到的优质新闻，对我们来说则增加了发行量，所以说是双赢的结果。这样一来，我们的报纸发行量就增加了近一倍，有350万份左右。当然，这里包括约100万的在线订阅。

辜：能将"蝴蝶战略"说得再详细些吗？

卡拉韦：哦，这说来话长。您知道的，我们在全国有很多版本（根据笔者在2001年访问时了解的情况，该报在全国有30个分印点，出版至少30个地方版本，以适应当地读者）。我们就是用这些地方版本与当地报纸合作。

辜：您指的是与甘尼特旗下近百家日报合作？

卡拉韦：一开始没有那么多。那些报纸有很多是发行量很小的报纸，我们只和其中35家大报纸合作。此外我们还和15家非甘尼特公司的报纸合作，但他们要为我们的内容付费，如《芝加哥太阳时报》（*Chicago Sun-Times*）、新泽西的《伯格郡记录报》（*Burger County Record*）等。所以那些报纸的读者可以看到《今日美国》（出示该报）每天第34至46版的当地内容。尽管只有12页，但也分为和我们主报相当的4个部分——新闻、财经、体育、生活。我们通过这样的创新合作拓展了印刷版的发行量，不过更多增长仍来自数字端。

《今日美国》总编戴维·卡拉韦接受笔者访谈（朱琪 摄）

准确地说，“蝴蝶战略”是2013年10月正式推出的，其作为对企业经营中“蝴蝶效应”概念的借用和延伸，被视为《今日美国》与母公司甘尼特公司联手实施的一项重要扩张战略，由甘尼特旗下分管全国地方报纸的重要分支机构美国社区报业集团（US Community Publishing，简称 USCP）与《今日美国》共同完成。此前数月，《今日美国》先与母公司旗下的《亚利桑那共和报》（*The Arizona Republic*，曾跃居美国发行量前10名）、《辛辛那提问讯报》（*The Cincinnati Enquirer*）、《田纳西人报》（*The Tennessean*）等骨干报纸及其他四大区域报纸即《印第安纳波利斯星报》（*The Indianapolis Star*）、《罗切斯特民主纪事报》（*The Rochester Democrat and Chronicle*，位于纽约州首府）、《克雷森特邮报》（*The Post-Crescent*，位于威斯康星州）和《新闻报》（*News-Press*，位于佛罗里达州）达成协议，由各报选择《今日美国》中的特定版面，捆绑到自己报纸一起发行，并进入收费的数字订阅（甘尼特公司旗下七成以上日报建立了付费墙）。以纽约州首府罗切斯特市的最大报纸《罗切斯特民主纪事报》为例，该报就选择了《今日美国》全部“生活”版块的内容以及部分全国娱乐新闻和若干版的体育新闻，作为每日的新增版面印入自己的报纸，并在相关版面印上《今日美国》的Logo。

内容的提供是免费的，而这种合作满足了很多地方报纸对全国性特稿内容的需求（全国性的硬新闻可以从美联社等通讯社订购），对其读者也是一项利好或卖点，因而受到地方报纸的欢迎。而根据媒体审计联盟（The Alliance for Audited Media，其前身为报刊发行量稽核局，现简称AAM）的新统计规则，被允许纳入发行量，《今日美国》的发行量因而得以大幅增长。更重要的是，该报还可在相关版面获得较大比例的广告提成，所以该报也从中获得多重利益。此外，内容的提供也是双向的，即当成员报纸有了能引发全国兴趣的好内容时，也可反向传播到《今日美国》平台，进而与各地成员分享。这种双赢效应很快吸引更多地方报纸加入，至2013年年底，全美国已有35家规模较大的报纸成为合作伙伴。

这一成功模式也提振了甘尼特公司股民的信心。就在其宣布"蝴蝶战略"后不久，股价就从每股25.09美元上升到每股29美元。2015年12月，母公司决定组建以此合作形式为基础的"今日美国网络集团"（USA Today Network），并覆盖到甘尼特公司旗下几乎所有地方和区域的报纸。如今，该网络集团已成为美国报业独一无二的联合品牌。

曾在哥伦比亚广播公司旗下"市场观察"负责多年的克莱默是这次合作的主要策划者和操盘手，卡拉韦总编和美国社区报业集团总裁罗伯特·迪基（Robert Dickey）则是其最得力的执行者。迪基曾表示："尽管我们管理层此前曾讨论过此类合作的可能性，但拉里（克莱默）一来就发现这是很大机会，可以大大拓展《今日美国》的品牌号召力，于是马上策划并付诸实施。"克莱默在2014年2月接受采访时则说："我们其实是借鉴了广播公司的模式。《今日美国》与网络集团内各报的关系，很像全国广播公司（NBC）与各地附属台之间的合作关系。"[1]

根据美国反垄断法和联邦通讯委员会（FCC）的规定，各大广播公司的直营电视台（指其全资或控股的下属电视台）只能占很小的市场比例，最多不能超过全部市场的39%。所以，大型广播公司只好将有限的直属电视台放在纽约、洛杉矶、芝加哥等少数几个特大城市，节目要在全国落地，只能通过遍布全国的"附属台"（affiliated stations）实现，形成电视网。四大广播

[1] Sharon Waxman.How Larry Kramer Will More Than Double USA Today's Circulation This Year. www.thewrap.com.February 12, 2014.

公司的直营台一般只有10多个，但附属台常超过200个，其与附属台并无产权隶属，而只是内容合作关系[1]。

这种联盟性的合作对发行量的提升更多表现在数字端，因为加入联盟的地方报纸大多实施了付费墙策略，他们的纸媒发行量总体呈下降趋势，而数字端的有价发行是持续增长的。这部分被媒体审计联盟认可的发行量是《今日美国》今后主要的增长点。因此，该报在数字平台设计了与网络集团内报纸进行内容共享的很多端口，既方便各报获取内容，也方便收费用户进出、阅读。后来为方便运行，干脆为网络集团建立了一个与《今日美国》主网互通的独立网站www.usanetwork.com。卡拉韦总编辑在谈到网站改版时也特别提到这点。

卡拉韦：我们在对网站改版时，也持续跟进报纸的发展，如后来实施的“蝴蝶战略”。我们将内容管理系统设计成向“今日美国网络集团”开放，进而组成独立的集团官网，以保证我们生产的内容可以更好地在内部跨平台、跨媒体传播到所有合作报纸的网站和其他数字端。这样的分享方式对报纸来说确实是前所未有的。目前看来，这个系统的工作是卓有成效的。

报业VR叙事的领导者

在《今日美国》编辑部，一个设备齐全、拥有复杂照明系统而略显夸张的摄影棚，成为任何来客都难以忽视的突出场景，被编辑部员工戏称为“屋子里的大象”。这场景似乎也在无声地宣告着该报在视频生产方面的努力与成就。

《今日美国》编辑部里的摄影棚（辜晓进 摄）

[1]辜晓进著：《当代中外新闻传媒：现状与源头》，北京：中国人民大学出版社2012年版。

这个被卡拉韦总编称作"Video Studio"（视频工作室）的摄影棚，正是他担任总编辑后建造的。此后，该报在视频生产上变得十分激进，直至这两年大张旗鼓地发展VR和360°视频新闻。他认为做视频新闻是《今日美国》这类大型新闻媒体的强项，因为他们拥有很多经验丰富的记者，这些记者知道每天发生什么事，知道哪些新闻适合用影像来表达。这些记者还会为视频撰写文本内容或赋予意义性解读，使得视频新闻更加完整。为提前计划视频生产，该报的视频团队每天召开计划会议，根据选题确定视频生产和发布的时间表并形成文字，知会各新闻部门。该报视频记者还被要求避免模仿电视新闻，因为网络新闻视频与电视新闻是不同的媒介形态，有着不同的发布时机，面对不同的受众期待。

辜：任命您为总编辑时，是否已经考虑到您在包括视频生产在内的数字传播强项？

卡拉韦：有这个因素，我原来在"市场观察"工作时，视频生产是我们编辑部的常规产品。

辜：我注意到贵报网站的新闻视频，确实很有看头。我自己现在已经不太习惯坐在电视机前等候新闻节目开播，我喜欢在阅读新闻的时候随时看到相应的视频。从这方面看，报纸做视频是很有意义的。那么，是您来之后才开展常规化的视频生产？

卡拉韦：是的。我来之后建立了这个摄影棚，组建了视频团队。我们现在生产大量视频，每周都有几百条。这些视频都通过网络和移动终端传播，虽不像CBS那样多，但在互联网上很受欢迎，就像您说的随时随地获得视频新闻，那里有很大的市场需求。因此，我们也极重视通过社交媒体如Facebook传播视频产品，以增强用户黏性。

卡拉韦说的视频数量之多，打开《今日美国》官方网站即可验证。其新闻频道及其子栏目"国内""国际""政治"的主页面，每页都有30多个视频，其中半数以上为当日发布；在体育及其24个子栏目、生活及其5个子栏目、财经及其4个子栏目、科技及其2个子栏目、旅游及其4个子栏目的各个主页，也都至少有10个以上视频，皆多为当日或前一日发布。此外还有

“最受欢迎”和“目击”（“Have You Seen”，以宠物、趣闻为主）两大受众参与的视频栏目。如此算下来，每天发布的视频就有数百个，当然并非都是原创。有统计表明，2016年该报连同其网络集团内所有频道，平均每月发布4000多个视频，2015年全年视频观众数量高达8.66亿人次[1]。

2017年8月22日《今日美国》网站新闻主页的视频新闻（网站截屏）

2014年起，该报开始联合专业公司共同开发360°新闻、3D新闻和VR新闻。同年9月21日，该报与母公司旗下的《得梅因记录报》（*Des Moines Register*）推出第一个VR系列专题纪录片，成为第一家用 VR 技术报道新闻的全国大报。该纪录片题为“变化的收成”（Harvest of Change），副标题为“国家转型中的农场家庭境遇”（Farm Families Confront a Nation in Transition），讲述的是有“美国大粮仓”之称的艾奥瓦州若干家庭农场在农业收成上的发展变化及经济大环境对其影响。影片可通过Facebook的Oculus头显观看，同时也有裸眼观看的2D 版本，用于普通网络传播。该纪录片画面生动，人物真切，读者可以获得亲临其境、与农场环境和采访对象无缝对接的现场感，对制作媒体和受众而言都是一次独特的经历，在业界广受好评。受此鼓舞，今日美国网络集团于2015年1月11日推出第二部VR系列新闻故事《科罗拉多州威尔城滑雪锦标赛》（*The Vail Colorado Ski Championships*），以独特的叙事手法将滑雪胜地威尔小城的雪山赛事表现得栩栩如生且惊心动魄。而且这个VR产品的互动性更强，读者可以根据自己的喜好，任意选择跟随哪个教练或观看哪个赛道。两个月后，第三部 VR 片

[1] Benjamin Mullin.How USA Today Network plans to double down on video.www.poynter.org. September 15, 2016.

《塞尔玛》（*Selma*）问世，纪录片记叙亚拉巴马州塞尔玛市人们纪念当地选举权运动爆发50周年而发生的抗议活动。笔者注意到，截至撰写本章，该报最新的VR作品是2017年6月28日上线的《艾森豪威尔号核动力航母》（*USS Eisenhower*），由该报一位资深军事记者领衔，用360° 和VR 互动技术讲述该航母上飞机起降及对抗训练等活动。

2016年5月31日，《今日美国》正式推出iOS版的VR客户端“USA Today VR Stories”，从而实现了VR报道的日常化和经常化。用户每天打开该客户端，都可看到近30个VR 新闻，题材也十分多元，且大多数是人们较难到达现场的有趣景象。以笔者完成本章的时间2017年8月24日为例，当日该客户端共上传27个VR视频，内容包括：在荒原用美国老爷汽车模仿英国史前巨石阵“Stonehenge”的“Carhenge”；澳大利亚的骑士绝技；对巨型海龟的手术救治；探寻世界最古老树种；跟随B-29战略轰炸机飞行；世界最大蝙蝠群落：数百万只的聚集；神奇地下溶洞；横跨南加利福尼亚州的惊险飞行；首次见到狮子在高山觅食；亲历坎昆（墨西哥）滑伞运动；岩洞里的世界最大乐器；多条关于航母的报道等。同年10月20日，该报又与 YouTube 和丰田公司合作，推出每周一辑的VR 视频集*VRtually There*。2016年11月17日，该报又推出Google Daydream 版的VR 客户端。加上最早与Facebook的Oculus平台合作，该报的VR产品已通过 Google、Facebook 和 YouTube 三大视频社交平台抵达最广大的受众，为今日美国网络集团月独立访客突破1亿做出了重要贡献。

由上可知，尽管就专门的客户端而论，《今日美国》的VR Stories比《纽约时报》的 NYT VR 迟了约半年，但前者发布的数量更多，也更加常态化。现在该报拥有一支15人的VR制作团队，并在今日美国网络集团50个编辑部配备了360° 摄像机，VR新闻基本上每天都在发布。因此，美国业界仍将《今日美国》奉为报业VR的Leader（领导者）。卡拉韦曾应邀在世界报业协会2015年年会上发表演讲，他在此前接受记者采访时曾专门谈到该报的视频生产及大力发展VR的必要性。

卡拉韦：我认为 VR 产品有助于人们更好地理解新闻。它是讲述新闻、教育民众和提供娱乐的另一种呈现方式。《今日美国》每天制作很多视频，包括 VR 产品。我们有一个专门团队，他们就在编辑部的中心部位工作，人们可以看到制作的过程。人们会发现这样讲述新闻是非常有趣的新途径。它不仅是画面，还包含游戏或智力测验。它对年轻受众很有吸引力，也已成为传播信息的另一种渠道。

视频现在成为所有报纸都投入其中的热门产品，其中一个原因就是视频中放置的广告价格明显高于非视频产品，于是人们都在制作视频新闻。而VR新闻将会成为另一大热门，其特点是不仅仅告知读者发生了什么，而是将读者带到现场。因此，当编辑部都在制作视频产品时，向VR发展便是合乎逻辑的走向。而且我相信，在读者兴趣和技术发展的共同推动下，明年（指2016年）VR就会成为主要的趋势。

在设备方面，无论是Facebook的Oculus头显还是谷歌眼镜（Google Glass）都还不能满足广泛的消费者需求。现在还没人发明出像iPhone那样普及的观看 VR 的设备，但人们最终会设法将此类观看变为常态[1]。

重视客户端　无意付费墙

上面提到的3种VR客户端只是《今日美国》众多移动App中的少数具有特殊功能的类型。该报除了主客户端 USA Today外，更多的是针对特殊兴趣人群的垂直客户端，如体育、财经等。其他还有穿戴类的如 Apple Watch（苹果手表）等，其各种客户端相加多达27个，目前的实际数量为美国四大全国报纸之最。

卡拉韦与笔者在编辑部交谈（朱琪 摄）

[1] Angelique Lu.USA Today's David Callaway on gaming the news.Blog.wan-ifra.org.April 7, 2015.

辜：我查阅资料发现，《今日美国》运营着很多客户端，我指移动App。

卡拉韦：是的。

辜：多达27个？能告诉我，这些客户端主要是针对不同的人群吗？

卡拉韦：很难说是针对某个特殊人群。我们只是根据对某类内容的用户需求去制作发布相关的客户端，而将这类内容集中到某个客户端上。例如我们有多个体育客户端，有若干娱乐客户端，还有一些政治类客户端。因为读者的兴趣多种多样，而且他们主要通过手机阅读，我们为了扩大受众规模，就设计了这些移动客户端。移动人群是我们最大的受众来源。

辜：所以你们还是想满足专业或特殊兴趣受众的需要。

卡拉韦：是的。

辜：您可能不知道，在我们中国对客户端是否有用一直是有争议的。反对者认为，人们愿意在手机上下载的新闻客户端数量并不多，经常打开使用的更少，寥寥几个，因而竞争非常激烈。所以对地方报纸或影响不太大的报纸而言，客户端毫无用处。他们宁肯在中国的一种叫作WeChat（微信）的社交媒体上发布新闻。

卡拉韦：您说的也有道理。我觉得，一方面，很多人现在并不从客户端获取新闻，他们只通过社交媒体读新闻。因此，你如果有一个Facebook或Twitter 的客户端，你几乎可以获得所有来自《今日美国》或《南华早报》或《纽约每日新闻》的新闻。所以你不需要下载来自几百个新闻媒体的客户端。另一方面，你建立的品牌仍对受众有吸引力，特别是当你的内容做得足够好的时候，人们还是会向你靠拢。例如我们的视频就很受欢迎，我们的客户端上有大量视频。而且人们也不可能从社交媒体上集中获取某个方面的信息。所以我们仍有27个客户端，虽然人们不可能同时下载这么多，但各自会根据兴趣从中挑选几个。

卡拉韦提到的体育类客户端，的确是《今日美国》垂直类客户端中的主打类型，这与该报印刷版重视体育是一致的，也符合该报的读者构成。在诸多体育客户端中，其体育主客户端（USA Today Sports）内容最为庞大，且覆盖iOS、安卓、Windows 10等各平台。该客户端在首页主界面就将内容一分为二：NEWS（新闻）、SCORES（得分）。想看过程的可选择新闻，急于知道结果的可选择得分，也可两者兼得，颇符合球迷胃口。除了综合体育，更多的是分类体育客户端，有的并不冠以“USA Today”字样，如MMA Junkie（格斗体育）已成为知名品牌。在2016年奥运会（巴西）举行的8月，该报17天的体育报道就带来1.14亿的流量，300个体育视频产生3800万次观看量，较2012年伦敦奥运会期间增长了2400%[1]。该报甚至还像《纽约时报》那样开发了填字游戏客户端，试图与该种游戏领军者《纽约时报》争夺读者。2016年11月，该报客户端的下载量已超过2330万。

最新的情况是，经过较长时间的测试和用户体验调查，《今日美国》对涉及多个客户端的移动网站进行全面改版，从页面到功能都吸取了Facebook的长处。自2017年4月投入使用至8月，其移动端每篇文章的平均阅读时长由改版前的25秒大幅增加至45秒，增幅达75%[2]。对当前以增强用户黏性为重要目标的数字媒体而言，这是非常可观的进步。

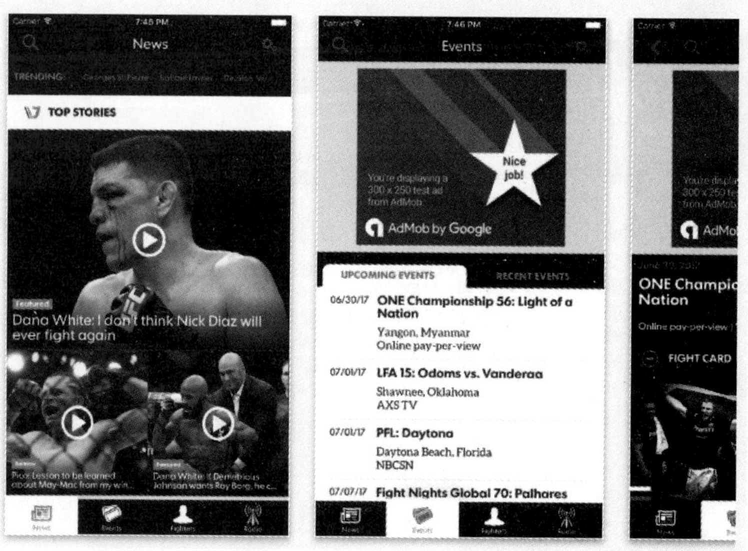

《今日美国》格斗体育客户端（2017年8月24日截屏图）

[1] Gannett Co's（GCI）CEO Bob Dickey on Q3 2016 Results−Earnings Call Transcript. Seekingalpha.com.October 27, 2016.
[2] Ross Benes.USA Today's Facebook−like mobile site increased time spent per article by 75%. Digiday.com.August 30, 2017.

接着，我与卡拉韦谈起付费墙，即数字端的内容变现策略。长期以来有个奇怪的现象，即《今日美国》的母公司甘尼特是付费墙策略积极而有效的践行者，其旗下报纸实施此策略者超过七成且有继续扩大的趋势。但作为甘尼特公司旗舰报纸的《今日美国》却在付费墙上犹豫不决，迄今无实际行动。曾一度传说该报已有计划建立付费墙，但后来又遭高层否认。2012年，担任该报总裁兼发行人不久的克莱默就向外界表示，暂不会采纳网络收费策略。他说："我眼下并不想向网上读者收费。我并不认为收费是正确的选择。提供全国新闻的媒体很多，我们还没有独特到可以收费的地步。如果我们这样做，可能失去的比得到的多。我觉得最重要的工作是改变编辑部的员工结构和文化，以便确保数字平台的优先地位，然后才是印刷报纸。"[1]一年后的2013年9月，他表示正在研究付费墙策略，甚至透露价格可能是纸媒的三分之一。当年，该报的发行收入下降了12%，而另外两家全国大报《华尔街日报》和《纽约时报》却因实施付费墙而发行收入保持正增长。但此后该报便再未提及建墙事宜。

幸：你们打算建立付费墙吗？若干年前我读到过一篇报道，说你们正在考虑建立付费墙，但随后迟迟没有动静。

卡拉韦：（笑）我们一直在议论这一政策，但到今天也没有一个确切的计划。

幸：为什么？原因在哪儿？我想很多人可能都像我一样好奇。

卡拉韦：我们现在已有了新的管理团队（指克莱默2015年6月因甘尼特公司拆分纸媒而选择退休），我并不方便说这些。按我个人的看法，主要是我们现在数字受众的结构让我们难以下决心这样做。您知道的，我们建立了以《今日美国》为核心、全国众多报纸参与的网络集团。我们通过这个网络抵达非常广泛的人群，这是我们的优势。我们向各地合作报纸提供的内容基本上是免费的，实施付费墙会打破这一格局。我们从这因免费而扩大的受众中获得了广告收益。我们不想让数字收费与广告打架，进而破坏现在形成的有利局面。

[1] Meranda Adams.USA Today Publisher: Paper Not "Unique Enough" For Paywall.www.adweek.com.November 28, 2012.

辜：我懂了，如果你们向读者收费，你们可能失去读者进而影响广告，因为你们已经与各地报纸形成网络联盟。所以你们一直实行免费政策。

卡拉韦：是的，这就是我能解释的原因。

看来，《今日美国》将作为四大全国报纸中的唯一例外，继续走免费路线。

编前会议题结构的变迁

谈话中，卡拉韦多次被手机中的短信息打断，而不得不暂停谈话去处理手机。看得出来，都是工作上的事。在此后的编前会上即知，编辑部一上午都在处理关于比利时恐怖袭击的后续报道。我说，看你这么忙我颇有罪过感，他忙说完全不是这样，他很愿意与我交谈。不知不觉，我们的谈话已经过了1个小时，到了下午开编前会的时间。我应邀参加了编前会，卡拉韦答应会后可以继续谈一会儿。

编前会就在编辑部综合编辑中心那张环形大桌召开，由卡拉韦总编主持，若干执行副总编、副总编和主要部门的负责人参加。外面还坐了一圈七八人，有一位干脆站着开会。从开会的过程看，外围多为各部门负责人或责任编辑，因为他们随时要回答坐在圆桌旁的人的提问。环形编辑中心的上方，是一圈电视屏幕，最大的屏幕是网络数据监测显示器，上面即时显示着报纸在各数字平台及社交网站的受众数据和互动表现，包括访问数量、文章浏览数量、浏览量排序等（这是此次访美注意到的最重要的编辑部工具，将留待第四章“华盛顿邮报”中详细介绍）。监测屏两侧10多个屏幕则显示着该报驻美国国内及国外记者站所在城市的新闻，都是国内外重要城市，其中包括北京新闻的画面。

《今日美国》编前会现场（辜晓进 摄）

综合编辑中心的各地电视新闻——北京画面（幸晓进 摄）

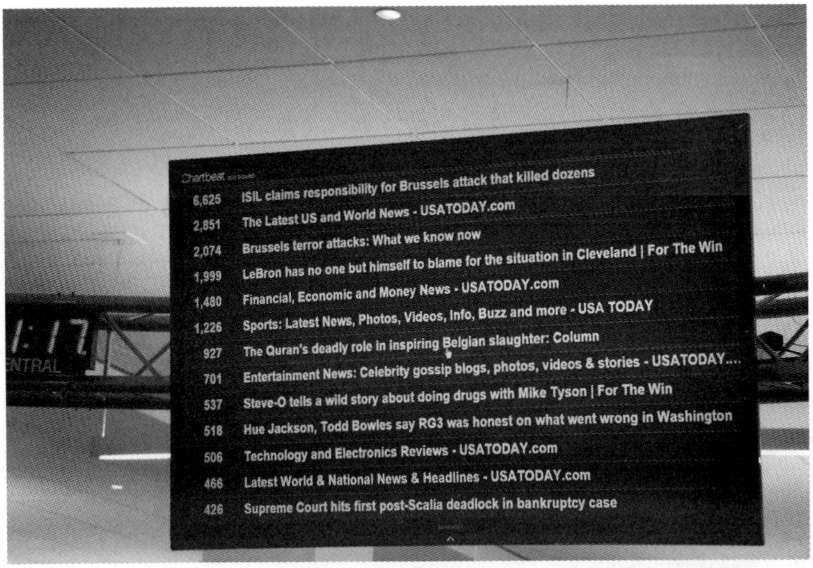

编辑部的网络数据监测屏，此刻显示的是该报文章在网络上的阅读量排序，排第一的是《伊斯兰国组织宣布对布鲁塞尔杀死20多人的恐袭事件负责》，已有6625人阅读（幸晓进 摄）

编前会首先讨论当天要报道的重要新闻选题，且都是数字平台的内容。由于在笔者到访该报前两天，比利时首都布鲁塞尔的国际机场发生了震惊世界的爆炸恐怖袭击事件，最终造成32人遇难、81人受伤的重大伤亡，为近年来欧洲恐怖袭击之最，所以围绕该事件的报道成为各报最重要的议题。选题依次主要有：布鲁塞尔恐怖袭击案后续报道、美国安全问题（例如纽约和华盛顿特区机场或火车站的安全）；苹果公司（就编写监控软件事项）反诉联邦调查局；奥巴马访问古巴；总统候选人对布鲁塞尔恐怖袭击事件的反应；总统选举活动；体育赛事、高尔夫比赛、大学篮球联赛等。这些问题讨论结束后，随即进入下一类选题，即次日报纸头版的主要选题，包括比利时恐怖袭击案中的6个嫌疑人情况；被朝鲜拘留的美国公民会见媒体；明尼苏达州火车出轨现场发生巨大爆炸等。布鲁塞尔恐怖袭击中6个嫌疑人的最新情况被立即确定为次日纸媒的头条稿件。

这个编前会的讨论顺序和重点均体现了数字优先原则，且数字平台已经发表的重要报道及其受众反馈也被纳入讨论。上面提到的选题多被确定置于网站首页。会议大约40分钟便结束了。结束后我和卡拉韦总编回到他的办公室又简单聊了几句并拍了照，便匆匆离开。因为接着要访问同在一幢大厦的甘尼特公司，约定的3点钟快要到了。下到大堂，一位亚洲面孔的女士迎面相见并热情问候，随即攀谈几句。原来她叫安吉莉娅（Andria），是《今日美国》印刷版的头版编辑并负责整个A叠的协调，原籍广东，在美国出生，在该报工作已满10年。

《今日美国》头版编辑安吉莉娅与笔者合影（朱琪摄）

2015年5月，《今日美国》的母公司甘尼特公司出现重大组织变化：将纸媒拆分经营（详见第三章）。受此影响，克莱默总裁的位置也被调整为甘尼特公司首席内容官（CCO）。克莱默婉拒了这个安排，选择退出，不久便获邀担任财经网站The Street,Inc.的董事长兼CEO。甘尼特公司新设立的职位CCO后来被曾担任《华尔街日报》执行总编（该报历来第一位女性总编）的乔安妮·李普曼（Joanne Lipman）担任。这就是卡拉韦在访谈中提到的管理层已经改变。在接受笔者访谈后三个多月的2016年7月1日，卡拉韦响应前老板的邀请，辞去该报总编辑职务，担任The Street,Inc.的CEO。

《今日美国》网站在宣布这一消息时对卡拉韦给予了高度评价：

在卡拉韦的领导下，《今日美国》发生了巨大的变化。受益于在"市场观察"和彭博通讯社记者的工作背景，卡拉韦将报纸的内容迅速推向网络，并在数字优先观念的指导下加快了报纸转型的步伐。视频、音频、社交、移动等团队被很好地融入了编辑部的工作流程，数字受众实现大幅增长。他配合克莱默启动了"蝴蝶战略"，使得《今日美国》的内容作为独立的版块延伸至甘尼特旗下报纸及其他报纸。他还高度关注全国性机构的建设，进而创立"今日美国网络集团"。

李普曼在给员工的信中也表示："过去的4年里，卡拉韦令《今日美国》东山再起（resurgence）。我们会极其怀念他的，但同时也热烈祝贺他荣任新职。从个人讲，我也很珍惜与他的友谊以及他受到编辑部员工拥戴的冷静而坚定的工作作风。"[1] 该报总编辑虚位一年后的2017年3月，李普曼接任《今日美国》总编辑。

不由得想起，2001年11月底访问该报后仅两年多，被访问的总编辑朱金森女士就因发生记者造假丑闻而引咎辞职。巧合乎？

[1] Roger Yu.USA Today editor Callaway leaving to become TheStreet CEO.www.usatoday.com. June 9, 2016.

第三章

甘尼特公司：“转型完成”与任重道远

高级副总裁兼首席产品官语录

拆分重组后的新甘尼特公司
逆势收购纸媒只为继续做大
100+媒体形成的规模优势
“甘尼特CMS是伟大的创意”
数字优先与内容变现
“活动”成为第三收入来源
广电发展与财务现状

高级副总裁兼首席产品官语录

甘尼特公司首席产品官丹尼尔·伯纳德（辜晓进 摄）

由纸媒向数字端的转型，在我们集团已基本完成。是的，包括所有报纸。大家都已转向数字思维，只不过现在要在数字和纸媒之间保持一种平衡关系（从经营方面考虑）。数字优先是毫无疑问的，有了新闻后，首先用数字发布，发布到网上，同时对新闻做进一步加工完善和在数字平台更新，直至纸媒出版。而纸媒出版的最后内容同时又在数字端发布。现在基本上所有新闻都这样处理，当然主要指较为重要的新闻，如突发新闻和重要的优质新闻等。在这数字时代，我们更注重优质内容的生产。我认为优质内容特别重要，必须保持优质内容的活力，因为那是我们这类媒体安身立命的依据。我们必须发布最接近真相、最值得信任、民众可以依赖的信息。我们要确保这些优质内容通过各个平台发布到最广泛的人群中去。

——丹尼尔·伯纳德（Daniel Bernard）

甘尼特公司总部大厦（辜晓进 摄）

能有幸访问美国最大报业集团（也是世界最大报业集团）甘尼特公司并与其高管深入访谈，全拜国际新闻媒体协会（INMA）CEO 厄尔·威尔金森（Earl Wilkinson）先生热情相助。经他引荐，我联系上甘尼特公司战略发展高级副总裁米歇尔·克朗斯（Michelle Krans）女士，并由她安排了这次访谈。且因距华盛顿特区路途较远（近40公里），她根据我访问《今日美国》总部大厦的行程，将访谈时间安排在当天我访问该报之后，为我省了一趟路程。她当时告知我，我在华盛顿期间，公司总裁兼CEO 罗伯特·迪基（Robert Dickey）正好外出，所以邀请负责纸媒和数字产品管理的高级副总裁兼首席产品官（CPO）丹尼尔·伯纳德接受我访谈。"他比我分量重，更适合回答您的问题。"她在邮件中谦虚地说。

甘尼特公司目前在全国拥有109种日报、近500种非日报和46个电视台，并在英国拥有一个地方报业集团。其位于北弗吉尼亚州的总部大厦以全玻璃、双塔楼为特色，是2001年启用的，当时我第一次访问该公司。此次重新来到这里，该大厦仍然簇新靓丽，且由于正值春天花季，其庭院景色看上去更加优美（当年我来访时是11月）。所不同的是两个塔楼上的Logo有了变化：总部这侧换成了TEGNA（原为 GANNETT），重组后的新公司；另一侧仍是 USA Today。从《今日美国》总部大厦出来时，该报员工已帮我们联系上总部相关人员，我们按指引穿过宽敞的大堂来到大厦的另一侧。工作人员将我们领到一间小会议室，几分钟后，CPO 丹尼尔·伯纳德便走进会议室，大步上前自我介绍并与我握手。他英俊、热情、爽朗且语速极快，是那种很容易就和别人拉近距离的人。我也像遇到老熟人那样自然就与他进入谈话状态。他说克朗斯还在开会，稍晚会过来。

拆分重组后的新甘尼特公司

我先赞美了甘尼特大厦仍然那么壮观，但他马上就告诉我一个令我吃惊的消息：这座曾获得多个建筑奖、院子占地25英亩、建筑占地8英亩的总部大厦已经被卖掉了！是2015年公司重组后出售的，买主是英国伦敦一家当时成立仅25年的私营投资公司Tarmares，其主要对房地产进行长期投资。成交额为2.7亿美元。我为之感到惋惜，伯纳德倒十分坦然。他说："我们现在反过来租用这大楼作为办公室，与过去没有什么区别。其实这样比自己经营和保养一座大楼更合算，所以我们没觉得有什么不正常。"真的比自己拥有物业合算？我脑子一下子算不过来这个账，话题暂搁置。

伯纳德到甘尼特任职时间并不长，他是2015年12月才到任的。此前他在道琼斯旗下的《华尔街日报》工作过8年，先后担任市场副总裁、网站总经理和首席产品官（CPO），再早前担任路透传媒（Reuters Media）产品设计与广告发展全球负责人。作为传媒领域数字产品的资深运营管理者，伯纳德对媒体转型的痛点有深切感受。我们的话题将主要围绕这方面展开。不过，我还是想先了解一下与出售大楼有关的公司重组问题。美国大型报业集团拆分纸媒成为前两年一大风景，甘尼特公司也是其中的积极推动者。

辜：你们去年（指2015年）最大的事件就是完成对纸媒的拆分和公司重组。能谈谈具体情况吗？

伯纳德：是的，公司分成了两大部分，成为两个不同的独立公司。其中一个是Tegna，是我们的广播电视和数字产品的运营公司；另一个沿用甘尼特名称，就是印刷和传媒公司。虽然这个公司以报纸为主，但我们并不认为我们还是一个报业公司。我们实际上是在多平台发布内容的内容创意公司和媒体公司。印刷版当然还存在，但我们同样通过桌面电脑、平板电脑、智能手机、电视和虚拟现实等渠道进行数字化传播。我们一直在寻找抵达读者的最好渠道和最好方式。所以，我们创造内容，用一切可能用到的平台，然后竭力与用户建立联系。

辛：那么，拆分以后，报业这头仍在这座楼里办公，广电等变成另一个公司。它们今后会搬出去吗？

伯纳德：也可能搬出去。它们现在是重组后成立的另一个公司，有很多电视台，还有其他一些数字媒体，我们叫它Tegna。

辛：为何叫这名字？它有什么意义吗？

伯纳德：（笑）没什么意义，它其实是甘尼特（Gannett）这几个字母重新组合而成的，删除重复的字母，就成了Tegna。原来7个字母，删去多余的N和 T。它表明来自甘尼特，或者说两者是一回事，只不过换了个名字。

辛：而报纸出版这边就保留了甘尼特公司的名称？

伯纳德：是的，我们现在用这名称。

辛：我有时看到人们用甘尼特出版集团（Gannett Publishing），而不再用甘尼特公司（Gannett Company）。

伯纳德：都一样，其实更多人用"新甘尼特"来称呼现在的公司。

辛：能说说这次重组给甘尼特公司带来哪些重要变化吗？特别是在运营方面。

伯纳德：重组前的旧公司，我们旗下的媒体都是在一个控股公司下独立运作的，大家各管各的事。不过即便在旧公司，情况也开始有变化。到新公司成立后，我们发生了巨大的变化。我们成为甘尼特旗帜下的一个整体，并为这个共同目标而一起工作，我们清除了影响互相合作的藩篱，打破了一些壁垒，让所有人走到一起。因此，至少从管理层的角度看，我们现在经常谈论怎样一起工作，怎样分享信息，怎样改善传播方法，怎样通过分工合作实现工作目标等。例如我们现在能够通过合作产出我前面提到的波及

伯纳德与笔者在深度访谈（朱琪 摄）

全国的伟大新闻，更加容易扩大受众群。这些实践对我们的思维方式也产生了很大影响。所以，这些经历是很有趣的。我们很享受这些巨大的变化。我感觉到现在公司正充满着兴奋的情绪，我们充满动力，随时行动。

说起甘尼特公司这次重大重组，有必要交代一下美国大型报业集团近年来以拆分纸媒为主要表现的重组背景。首先，此类重组涉及美国大部分拥有众多报刊的大型报业集团或出版集团，而甘尼特并非最早尝试者。

较早行动者之一是媒体综合公司（Media General Inc.）。这家有70年历史的报业集团，于2012年5月17日将旗下所有报纸共63家一次性全部卖给了沃伦·巴菲特（Warren Buffett）旗下保险企业伯克希尔·哈撒韦公司（Berkshire Hathaway）的媒体公司。此次交易从两个相反方向引起全球关注：一是靠报业起家、曾拥有日报超过百家的媒体综合公司居然如此决绝地告别纸媒，令报业更加沮丧；二是曾高调看淡传统报业的股神巴菲特突然垂青报业资产，又给报人以信心。紧随其后的是默多克的新闻集团（News Corp.），其于同年6月宣布，计划将旗下在美国、英国、澳大利亚等地的报业资产拆分组建新的媒体公司。该重组计划已于2013年6月完成，原新闻集团更名为21世纪福克斯公司（21st Century Fox），纸媒公司沿用原新闻集团名称，老默多克则兼任纸媒公司董事长。

一年后的2013年3月，全球排名第三的媒体娱乐集团时代华纳公司（Time Warner Inc.）宣布，拟将旗下包括《时代》《人物》《财富》《体育画报》等著名期刊在内的所有杂志拆分成独立的期刊上市公司（这项计划于2014年6月宣告完成）。同年7月，美国第二大报业集团论坛传媒集团（Tribune Media）也宣布了拆分纸媒的计划，并已于2014年8月完成，旗下报纸被打包为论坛出版集团（Tribune Publishing）独立上市，原有公司总部则重点运营广电和数字资产。

甘尼特公司的重组计划，正是在论坛传媒集团完成重组的第二天（2014年8月5日）宣布的，后于2015年6月29日宣布完成重组，这期间还收购了美国第二大汽车销售网站 Cars.com。正如伯纳德所说，重组后一分为二，原有公司（更名Tegna）经营广电和数字资产（包括Cars.com），报业媒体沿用公司原名。名称的使用，似乎在二者间刻意保持了某种平衡。2014年7月30

日，两家老牌报业集团斯克利普斯公司（E.W.Scripps Co.，1922年创办）和日报传播公司（Journal Communication Inc.，1882年创办）宣布，将合并两公司的广电资产，同时将两公司的报业资产拆分组建成一个独立公司。重组完成后，广电资产将交由斯克利普斯公司运营，报业资产归入日报传播公司，后者更名为"日报传媒集团"（Journal Media Group）。

美国大型报业集团热衷拆分纸媒的重要原因之一，是都看好广电资产，而对报业资产则多少有甩包袱之嫌。虽然广播电视也是传统媒体，但在美国一直较为稳定，仍保持着强大的盈利能力，各项指标远远高于纸媒，因而至少在媒体动荡变化的今天能暂时起到避风港的作用。在2004年至2013年的10年中，美国电视产业的广告收入一直保持着平稳而略有上升的水平，其年广告总额从2004年的472亿美元发展到2013年的478.8亿美元。中间除金融危机之后的2009年、2010年出现明显下降外，其余年份均在459亿美元（2005年）和497亿美元（2012年）间波动。据皮尤研究中心（PRC）引述的数据，美国有线新闻网络2013年总体上继续保持微弱增长，三大有线新闻网中，CNN增长2%，Fox News Channel增长5%，MSNBC下降2%。而同一时期的报业广告收入（印刷版）就惨了，10年中跌去了一大半。2004年，美国报业（印刷版）的广告收入为467.03亿美元，与电视广告相差无几。到了2013年，竟只剩173亿美元，只相当于电视业的三分之一。从微观看，广电资产也给美国大型媒体集团带来了甜头。2014年7月22日，甘尼特公司公布当年第二季度业绩报告称，公司该季度的总收入"大幅上升84%，击败分析家预

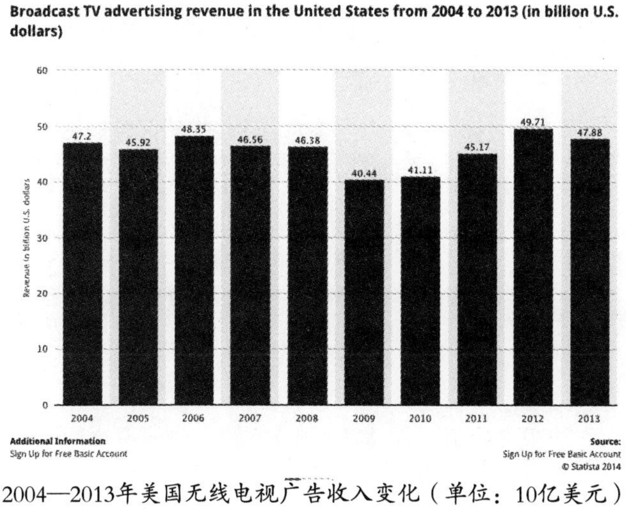

2004—2013年美国无线电视广告收入变化（单位：10亿美元）

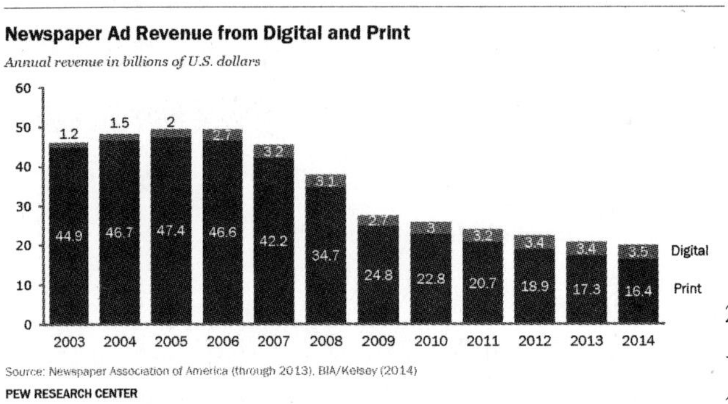

2003—2014年美国报业广告收入变化（单位：10亿美元）

测”，而收入增长的源头主要来自广播电视资产。论坛传媒第二季度的报告也相当靓丽，总收入较上年同期增长23%，达8.95亿美元。报告承认，这一增长主要归功于近期大量收购的广电资产。广电部分的收入较同期增长了63%，其中尽管电视广告下降了2.2%，电视转播收入却猛增了78%。

在此背景下，报业集团似乎都在扩充广电资产。甘尼特公司早已移情广电产业，早在15年前就已拥有23家电视台且一直经营不错。2013年12月23日，甘尼特宣布已完成并购比罗集团（A.H.Belo Cor.）的计划，耗资22亿美元，看中的就是比罗集团旗下的20多家电视台。此次交易的完成，令甘尼特公司的电视台增至46个，并成为25个城市中最大的电视连锁企业。背负沉重债务的论坛传媒集团是大型报业集团中最早亲近广播电视的公司，其早在1924年就创办了芝加哥第一个广播电台。在随后近一个世纪的发展中，集团通过兼并或自办的方式使广电资产不断增多。2012年从破产危机中解脱出来后，论坛传媒似乎痛定思痛，下决心甩掉报业包袱，进一步向广电产业转型。仅2013年，该集团就先后收购数字电视网络公司This TV 50%的股份和Local TV旗下19个电视台（耗资27.3亿美元），令集团电视台的数量增至42个，仅次于甘尼特公司。媒体综合公司早在售尽报业之前就已经大踏步地向广电和数字产业转型。2011年，广播电视占公司所有现金流的77%，2012年第一季度更上升至87%[1]。

[1] 以上数据均转引自辜晓进：《美国报业集团缘何热衷纸媒拆分？》，《传媒评论》2014年第9期。

当然，拆分重组的态度不尽相同。新闻集团和甘尼特公司等对纸媒采取减免债务轻装上阵甚至提供巨额资金予以扶持的政策。论坛传媒集团和时代华纳公司等则明显想甩包袱，论坛甚至打算将拆分后的论坛报业集团出售，导致前景各异。

逆势收购纸媒只为继续做大

对甘尼特公司而言，纸媒拆分之后，确实呈现更加活跃且发展壮大的态势。特别是近两年来，公司还逆势大规模兼并收购报业集团，并借助其数字平台的整合成果，大有继续做大的势头。

辜：我注意到，在当前纸媒较为困难的时候，甘尼特仍在兼并报纸。例如，贵公司去年居然收购了组建不久的日报传媒集团（Journal Media Group，简称JMG）。

伯纳德：是的，这项收购还在进行当中，尚未完成呢。一旦完成，就会令我们的日报数量超过100种。你可以想象我们如何将那么多不同的媒体整合在一个体系中，然后发挥各自的优势互相扶持，这是很有意思的。

辜：您能告诉我你们现在一共有多少日报和非日报吗？有这个数据吗？

伯纳德：我想应是100+。

辜：有准确的数据吗？

伯纳德：我需要确认一下，晚点给您数据好吗？我想在完成对JMG的收购后，我们的日报会明显超过100种。

伯纳德副总裁所说的尚未完成的收购，在笔者访问该公司后不久就完成了。2016年4月，该公司完成了对日报传媒集团的收购，耗资2.61亿美元。该集团在美国9个州的15个城市拥有主流日报。2016年7月，甘尼特公司还以3930万美元完成对北泽西传媒集团（North Jersey Media Group）的兼并。而在2015年6月，甘尼特公司以2180万美元收购了得克萨斯州—新墨西哥州报业联合公司（Texas-New Mexico Newspapers Partnership），后者在得克萨斯州、新墨西哥州和宾州拥有11个媒体机构。同年5月，该公司还收购了位于英国的罗

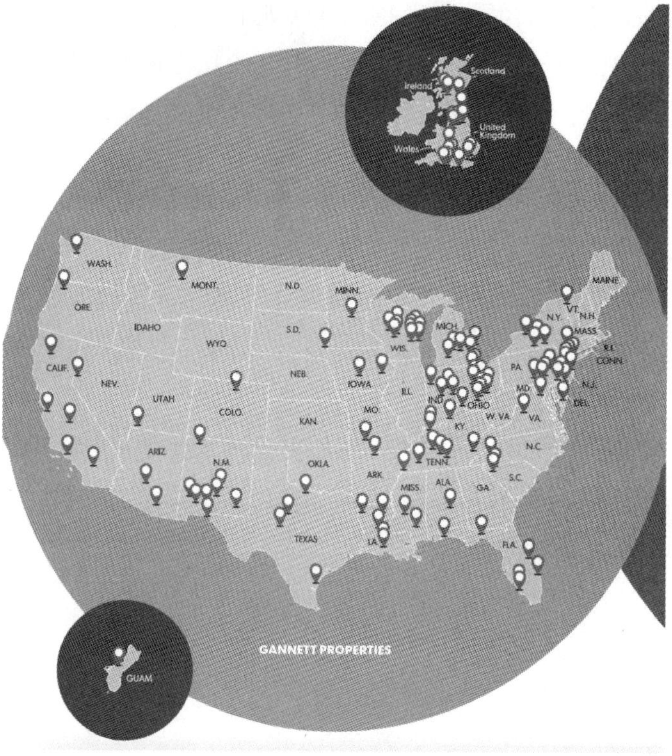

甘尼特公司全球报业分布图，上小图为英国，下小图为关岛
（来源：Gannett 2016 Annual Report）

曼尼斯传媒集团（Romanes Media Group），后者拥有1种日报和28种周报[1]。

甘尼特公司如此大规模、高密度收购纸媒资产，并非简单地扩张，而是顺应数字时代以受众规模取胜的市场规则。报业经过多年来不断的转型探索，新的发展路径和经营模式逐渐显现，如以paywall为主要形式的内容变现模式、以open free为主要形式的受众换广告模式、以digital first为主要形式的去纸媒化模式等。然而，从目前已知的转型效果看，数字平台的受众规模才是这些模式成功的决定性因素。这一点与互联网公司的生存逻辑也是完全一致的。“强者恒强”已成为数字平台的丛林法则。也正因此，目前包括中国在内的全球报业转型的佼佼者，无不因致力于扩大数字受众规模而取得卓

[1] Gannett 2016 Annual Report.www.gannett.com.May 20, 2017.

著成效。本书第四章将提到的《华盛顿邮报》和第九章将提到的《纽约时报》，以及英国的《金融时报》（*Financial Times*）、《每日邮报》（*Daily Mail*），德国的斯普林格集团（Axel Springer SE，欧洲最大报业集团），挪威的施博史泰德传媒集团（Schibsted Media Group，北欧最大报业集团），中国的人民日报报业集团和上海报业集团等，都是典型案例。

这种对规模的极力追求与传统纸媒过去追求发行量是不同的。在纸质发行的物理空间，除了日本之外，各国最著名报纸的发行量最多以百万计。但到了数字平台，脱离了地域空间的限制，受众量得以大规模增长，不仅如《今日美国》和《纽约时报》符合"媒体发行量审计联盟"（AAM）统计标准的数字发行量已数倍于其纸质版发行量，作为数字平台最能体现受众规模的月独立访客量，两报于2016年1月也分别达到11,211.6万和7304.4万。英国综合性报纸中转型最成功的报纸之一《每日邮报》，其2016年年末纸质版发行量为151万份，2016年1月数字端独立访客却高达6670.5万。中国的报纸可以《东方早报》为例，该报在停刊之前的发行量有多种说法，笔者采信2012年7月发行12万份的数字。两年后的2014年7月，该报客户端"澎湃新闻"上线，半年就突破1000万的下载量，2017年2月已接近6900万[1]。此外还有经营模式方面的因素。在非数字化时代，报纸要想有好的经济效益，不仅要有较大的发行量，还要看覆盖密度，包括人口密度和地理密度。在发行量相近的条件下，密度往往成为最关键因素。因为广告商重视读者的集中度。而到了数字平台，失去空间壁垒，发行成本大为降低，竞争更加激烈，数字端的订阅收费（假如实施

甘尼特总部大厦一楼大堂（辜晓进 摄）

[1] 以上数据转引自辜晓进《规模优势：报业融合转型的丛林法则》，《新闻记者》2017年第8期。

付费墙的话）和广告刊例价都大大低于纸质媒体，因而广种薄收就成了数字平台最常见的经营策略。

正因为上述原因，甘尼特公司在收购报业资产方面显示出越来越激进的倾向，其突出的表现是：就在笔者访问该公司后仅20天，该公司的上一个兼并项目（兼并日报传媒集团）刚刚完成，就发起了对美国第二大报业集团论坛报业集团（Tribune Publishing）的兼并进攻。论坛报业集团是论坛传媒集团2014年重组拆分出来的以纸媒为主的上市公司，旗下日报数量虽不多，却个个是重量级，如《芝加哥论坛报》（*Chicago Tribune*）、《洛杉矶时报》（*Los Angeles Times*）（前两者均列美国报业发行量前10名）、《巴尔的摩太阳报》（*The Baltimore Sun*，马里兰州最大报纸）、《哈特福德日报》（*Hartford Courant*，康涅狄格州最大报纸）、《奥兰多前哨报》（*Orlando Sentinel*，佛罗里达州第三大报纸）等。2014年重组完成后，该集团也收购了一些小型报纸，如芝加哥郊区32种日报和周报、马里兰州的一些报纸，以强化集团在相关市场的垄断地位。但一心发展广电和数字产业的该集团母公司论坛传媒集团对这一纸媒分支机构似乎已兴趣不大，在宣布重组后不久就将报业员工裁撤700人，重组完成后内部更屡屡透露要将其出售的信息。2016年4月12日，甘尼特公司在确认相关信息属实（虽尚未正式公布）后，派代表向论坛报业提出8.15亿美元的兼并邀约。10天后，论坛方面指派财务顾问介入此事，双方CEO首次接触，并向外界公开。在一次采访中，甘尼特公司CEO 迪基表示，其兼并论坛报业集团的目的是将其旗下的《芝加哥论坛报》《洛杉矶时报》和《巴尔的摩太阳报》发展为自己全国报业格局中的区域支柱。在随后的谈判中，甘尼特公司将价码上调至8.64亿美元，但论坛报业集团表现出犹豫而拖延不决的态度。志在必得的甘尼特公司甚至发表公开信敦促论坛报业集团的股东尽快促成这“利在双方”的交易。8月26日，双方母公司的董事长利用参加美国报业协会（Newspaper Association of America）年会的机会，亲自见面商谈。但就在外界普遍认为交易将很快达成时，双方却再未披露进一步消息，直至当年11月甘尼特公司宣布取消兼并邀约[1]。

[1] Benjamin Mullin.A timeline of the messy newspaper war between Gannett and Tronc.www.poynter.org.May 20, 2016.

虽然兼并失败，但旷日持久的谈判也足以证明甘尼特公司做大纸媒规模的决心。而论坛报业集团似乎也打算重新振作，不再考虑出售问题（甚至一度有消息指论坛报业集团打算反收购甘尼特公司）。2016年6月2日，该集团居然放弃已沿用一个多世纪的公司关键词Tribune，而从"论坛在线内容"（Tribune Online Content）选择首字母，更名为Tronc。不过，新名称因放弃知名报业品牌而广受诟病，不知《芝加哥论坛报》的员工有何感想，150多年前正是在这份报纸的基础上，成立了集团化的论坛公司（Tribune Company）。2018年2月，论坛报业集团将旗下最大报纸《洛杉矶时报》以5亿美元卖给了加利福尼亚州当地华裔富商黄馨祥。

100+媒体形成的规模优势

众所周知，纸媒面临之困难居所有类型传统媒体之最。何况甘尼特公司如此大规模收购的纸媒都是地方性的中小型报纸，这类报纸在数字转型的过程中总体处于劣势，甘尼特公司的勇气来自何方？读过第二章的读者应该知道，该集团已经形成一个很好的机制，通过"今日美国网络集团"的形式将旗下100多种日报有机地联合起来，成为一个互相依存、共同做强、携手转型的报业共同体。而我特别感兴趣的是，如何从母公司甘尼特的角度阐释这一重大创新。于是，与伯纳德高级副总裁的谈话重点，很快便转到这个话题上来。

辛：在纸媒这么困难的情况下收购这么多报纸，不会给经营带来压力吗？

伯纳德：我们有此信心，是因为我们已经把旗下报纸整合起来了，特别是去年（2015年）12月，我们创立了今日美国网络集团。这是一个核心平台，由《今日美国》加上甘尼特公司各地方媒体构建成一个整体，这令我们的触角可以伸向全国无数个社区，这一点是"超级重要的"（extremely important）。在这个平台上，我们可以看到我们创造的所有内容，包括《今日美国》的和集团在全国各地报纸的，并将这些内容通过CMS系统向集团内全体成员显示。因此集团内任何一家报纸都可以即时浏览到其他成员的内容。例如亚利桑那成员生产的内容，可以同时让佛罗里达的成员享用，当然《今日美国》也可以采用。他们是同时的，无须等待报纸第二天见报后，可以同时见报。有了这样一个系统和合作机制，岂不是成员越多越好？

辜：这相当于一个内容的大水池，大家都可以根据自身需要从中捞取。那么他们是免费获取的，是吗？

伯纳德：是的，完全正确。我们同步地生产大量新闻稿件，并让它们跨越所有媒体实现流动。我给您举一个例子。我们最近制作了两则很有影响力的调查报道：一则是关于教师丑闻的，另一则是弗林特市水危机事件。我们把这两个系列报道放在网络集团的平台上，各成员纷纷在各自的印刷版和数字版上跟进报道。令人特别兴奋的是，他们都从当地的角度找到了各自不同的报道入口，将这两条轰动全国的新闻与当地社区联系起来，然后又反馈到平台来，继而滚动成为涉及全国很多地区的重大新闻，导致其他媒体纷纷跟进报道。我要特别强调我们在各成员报纸数字平台的传播力量，因为我们已经从上到下成为数字导向的新闻媒体，我们所有编辑部都实现了数字优先。我们的新闻产品是在数字优先的流程中生产出来的。所以，我们是在数字速度的基础上思考，这样做也反过来强化了纸媒的品牌影响力。

记叙到这里，笔者需要暂时打住，介绍一下伯纳德举的这两个例子，因为事例很典型，又是新近发生的，而且他在后面的谈话中反复提到它们。这是两组影响全国的系列调查报道。

第一组是关于教师丑闻，当时的最新报道是2016年2月刊发的。这是今日美国网络集团成立后第一个集体合作的调查报道。报道揭露，美国有大量犯有对学生性侵或暴力侵犯等严重过失而受到处罚甚至开除的教师，在其他学校或幼儿园又重新进入教师岗位，而一个全国性的针对行为不端教师的记录跟踪系统却对此疏于防范，这为很多学校带来新的安全隐患。这组耗时近一年的系列调查报道，首先在《今日美国》及其“蝴蝶战略”（详见第二章）合作报纸实施，今日美国网络集团成立后扩展至更多报纸。经过滚雪球似的连续调查和报道，展现出来的事实触目惊心：至少有9000名因性侵或暴力殴打学生等不端行为被处罚的教师，从唯一的全国性记录跟踪行为不端教师的系统“纳斯泰克数据交换中心”（NASDTEC Clearinghouse）中消失，其中至少有1400名教师已经被永久取消教师资格，却有20多个州的学校或幼儿园重新录用了这其中部分教师。该报道是甘尼特公司旗下报纸合作完成全国性调查报道的经典之作,《今日美国》及其网络集团旗下当时92种日报的印刷版和数字版都参与了报道。《今日美国》的数据团队参与了对全国50个州相关数据的挖掘并呈现于网络。美国其他主流媒体，包括三大广播公司、CNN和各地主流日报也都加入进来，且不断有新的事实被揭露，相关报道一直持续到2017年。后续报道中最引人瞩目的是《纽约时报》2017年4月13日的报道：美国位于康涅狄格州的乔特·罗斯玛丽寄宿学校（Choate-Rosemary Hall School）承认，有12位教师在过去47年内有性侵学生的行为，受害学生多达数十名[1]。涉事学校可是肯尼迪总统和当今美国"第一女儿"伊万卡就读过的名校。

美国哥伦比亚广播公司电视台2016年2月16日转发今日美国网络集团的报道（来源：CBS News 官网）

[1] Sexual abuse choate Connecticut school, www.nyttimes.com.April 13, 2017.

第二组报道是关于弗林特市水危机事件，影响也很深远。美国密西根州的弗林特市政府从2014年起，为节省政府公共开支，放弃了长期从底特律供水系统引水的做法，改从当地的弗林特河取水。但由于弗林特河的河水没有经过充分处理，当地输水铅管遭腐蚀，而有关官员在水质监测中采用“提前冲洗取样”等作弊方法令问题被掩盖或被低估，最终导致当地10万居民饮用的自来水含铅量严重超标。此事先由甘尼特公司旗下在密西根的最大报纸《底特律自由报》（*The Detroit Free Press*）披露，《今日美国》随即跟进，其他全国性主流媒体也纷纷介入，顿时引起轰动。2016年1月，美国司法部介入调查，奥巴马总统赶赴当地发表讲话，称已动用国民警卫队前往协助，并启动联邦资金500万美元予以支援。3名涉事官员随后因在水污染事件中涉嫌篡改证据等遭刑事起诉。精彩之处在于，就像伯纳德所介绍的那样，《今日美国》的报道在其网络集团平台上得到各地成员报社“对号入座”式的配合挖掘，继而发现弗林特市水危机事件并非个案。他们发现，在全国50个州至少有2000多个社区存在饮用水铅污染超标的现象。对此，今日美国网络集团的很多地方报纸都提供了数据。2016年2月，美国环保局公布了防范此类监测弊端的新规定。此事在笔者访问甘尼特公司之后仍在发酵。英国《卫报》（*The Guardian*）派记者前往调查后于当年6月6日发表报道称，美国至少有17个州的33座城市在水质监测中使用了类似的“作弊”方法。

合作成功的例子当然不止伯纳德提到的这两个。他们在有关特朗普的报道上也采用了这种合作模式，包括选举期间和当选总统后。例如美国很多媒体都说特朗普是个好讼者，但没有一家媒体用具体的数据来说明特朗普怎样喜欢打官司。今日美国网络集团在很多成员的合作下做了大量调查，于2016年2月推出令人震惊的数据新闻：《特朗普之30年：打了4095桩官司》。报道以可视化互动图表详细分析了这些官司的类型、诉讼对象、标的等数据，显示很多是琐碎小讼，有不少官司的对象是油漆工、管道工、木匠等底层民众[1]。后来发生的造成50人死亡的奥兰多枪击案也是很有说服力的报道案例。虽然甘尼特在佛罗里达州当地已有多家报纸介入报道，《今日美国》仍

[1] Donald Trump: Three decades 4,095 lawsuits.www.usatoday.com.July 7, 2016.

派了20名记者前往配合，在案件发生的24小时内发出了约100篇图文报道，在网络平台分享。

我们接着谈。

辛：你们这个网络平台确实是个很大的创新，其他报业集团似乎还没见过这样的合作形式。那么，这个平台由谁来主持呢？《今日美国》还是甘尼特公司？

伯纳德：甘尼特公司是所有这些媒体品牌的拥有者。我们的责任是领导《今日美国》这样的全国品牌，把它作为我们的旗舰报纸，将其与各地的地方媒体品牌联合起来，组成我前面提到的今日美国网络集团。我们让它们作为一个整体，与用户和市场对接，并通过形成的合力提升我们的产品质量。例如有的报纸规模很小，很多地方的人并不知道它，但它提出的一个选题可能很有意思，经大家合作会产生很有影响力的报道。有的小报社技术力量不够，我们的数据团队也会帮助其完善报道。我们第一个 VR 报道就是《今日美国》和一家地方报纸合作的产物。在这个层面上，主要是今日美国网络集团的负责人主持日常工作，其总编辑也是《今日美国》的总编辑，我们集团还有一个首席内容官（CCO）负责协调这方面的工作。

根据访谈后获得的数据，甘尼特公司在完成对日报传媒集团的兼并后，除了《今日美国》，还在全美国各地拥有109种日报以及约500种非日报，记者总数约4000名，触角伸向全美国各地。这些报纸全部被纳入今日美国网络集团的运转体系。经此整合，地方中小报纸在转型中的劣势得到最大限度的克服，而聚合而成的规模优势则得到极大发挥。其获取全国新闻的能力，在一定程度上已超过美联社这类顶级通讯社。更重要的是，甘尼特公司旗下这些报纸都分散在不同的市场（城市），几乎没有重叠，因而内容可以实现最大化共享。总之，在这个超级平台上，对100多家区域和地方报纸而言，可以第一时间（与《今日美国》同步）获取《今日美国》的国际、国内、体育、娱乐、财经等只有大型媒体才能完成的优质新闻；《今日美国》则可通过这些分布广泛的地方媒体获得稍纵即逝的新闻线索，以及实施过去即便大型传媒机构也难以完成的全美国范围内的调查报道。这种大规模的整合传播，在报业史上可谓前所未有。其展示的图景是：甘尼特公司这样的庞然大物，正带领一大帮小兄弟，沿着数字化转型的遥远道路快速奔跑。

“甘尼特CMS是伟大的创意”

伯纳德在上述谈话中提到“CMS”系统，称其在今日美国网络集团的平台运作中发挥了极大作用。在后面的谈话中，他至少4次提到这个系统。CMS 是“内容管理系统”（Content Management System）的缩写，是当前数字媒体常用系列软件之一，国际上有专门的开发供应商。那么，伯纳德津津乐道的这个CMS究竟有何特别之处呢？

辜：您前面提到的CMS 似乎对平台的运作产生了很大影响？

伯纳德：从数字传播的角度看，这是我们高效实现报业转型的重要工具，它把印刷版和数字版的内容都整合起来，把《今日美国》和各地媒体也整合起来。我们那么多报纸，大家都共用一个单一的CMS，这是最大的创新。它是数字的，在我们的网站（内部系统）运营，全国联网。现在我们集团产生的所有新闻都通过后台进入这个CMS，集团内任何报社或电视台都可以在 CMS 上采用。这个系统是数字优先的，数字优先是整个体系的一部分，包括纸媒在内的整个生产体系现在处于同样的生态环境。这个环境的核心流程就是CMS。我们为这个系统开展了覆盖全集团的培训，并保持对新来者的培训力度。我觉得现在所有人都适应了这个系统，人人都善于利用它。

辜：你们花了多长时间建立这个系统？

伯纳德：我们用了好几年，幸亏我们还有这个时间来思考和建设（笑）。要把原来各自独立的内容管理系统统合成一个系统，让来自全国的不同媒体都在同一个生产线工作，使用同一个工具。这完全是重新建构，挑战是巨大的，有大量工作要做。我觉得甘尼特管理团队这个创意真的很伟大，因为这个系统极大地促进了报业的转型。在建构的过程中，我们搜集了大量来自各个媒体的反馈意见，邀请编辑部的各类人员参与软件的开发工作，不断完善这个系统。由于这套系统对转型超级重要，我们总是非常积极地通过教育和加强理解来推动各编辑部参与运行。

我在访问期间了解到，甘尼特公司这套独特的CMS确实经过多年的开发和完善，才取得了现在这样的效果。早在2011年，该公司就针对其100多家日报和电视台在数字平台上各自为政、互不关联的现状产生了建立一个统一的内容管理系统的想法。当时的CMS五花八门：广播电视媒体大多使用Newsmaker，而很多报纸使用Saxotech，《亚利桑那共和报》等区域报纸使用Enigma，《得梅因纪事报》使用WordPress，《今日美国》的系统就叫作CMS，不一而足。在数字时代，如此分散的媒体结构，虽然在所有权上同属一个集团，在运作方面却毫无优势可言，很多小报纸成了弱势媒体。公司高层于是决心建立一个统一而有强大互动功能的管理系统，用以取代当时所有正在使用的相关软件。

曾有媒体专家跟踪甘尼特这一创意进行个案研究，认为甘尼特的新CMS是迄今最大规模的内容管理系统，是里程碑似的创举。该研究引述甘尼特公司当时的数字产品副总裁米奇·格尔曼（Mitch Gelman）的话说："我们甘尼特正在做的这项工作是前所未有的。我们的目标就是要建立一种过去从未有过的工作通道。"[1] 全新的开发设计并不仅限于后台，而是包含用户界面和跨屏传播（PC、智能手机、平板电脑）在内的综合系统。以用户界面为例，该系统强化了所有终端上图片、图表和标题的导航作用，即便在PC端也可体验类似平板电脑那样的"可滑动"（swipeable）感受。而作为该CMS核心部分的后台运营系统，设计专家被要求打通集团内所有媒体的分享通道，从《今日美国》这样的全国大报到员工很少的地方小报，从区域性电视台到地方电视台，从文字到视

甘尼特总部大厦一楼玻璃墙（辜晓进 摄）

[1] Adam Hochberg.Case Study: Gannett's monumental task–A content management system for all. www.poynter.org.July 3, 2014.

频，全程无障碍。同时，也要让各种类型的广告能随时随地方便嵌入各个节点。此外，这套系统还必须能与外界渠道的通用软件兼容，如美联社的ENPS软件、著名软件公司CCI 的Newsgate等。

这套被甘尼特人称作“Presto”的CMS系统，还全程邀请报社和电视台的采编人员参与设计和反馈。例如早期的设计对突发新闻的处理较为滞后，通常要等到所有稿件和图片都完成才统一发布，而忽略了网络特别是移动平台的碎片化抢先发布的需求。经采编人员建议，改进的系统在记者写第一句话或上传第一幅图片就开始运作，以确保随时将最新信息以最快的速度发布出去。2012年9月15日，《今日美国》率先进入新系统，在与旧系统并行两周后关闭旧系统。但甘尼特旗下132家报社和电视台用两年多时间才完成系统的转换，其间甘尼特的团队深入各报社、电视台进行了大量培训，具体到标题制作、图片和视频粘贴、内容分类、编辑发布等所有环节。新系统的启用带来了数字受众的增量。到2014年3月，30%的报社和电视台完成转换时，与上年比较，甘尼特的流量增长了37%，独立访客量增长了16%，数字收入增长了15%[1]。

但直到此时，甘尼特这套系统并未真正完成，内容分享功能还未达到预期目标。例如成员间的内容分享还要通过自上而下的渠道，各地报纸之间的内容直接获取尚未实现。又经过约一年的改进设计，才在今日美国网络集团成立之际彻底完成，进而成为伯纳德口中“伟大的创意”。

数字优先与内容变现

伯纳德在前述谈话中，多次提到数字优先，并将其作为报业转型成功的一个标志。而我对这话题也很感兴趣，因为数字优先的概念在美国报业确实已经深入人心，但也仍有分歧。而从伯纳德的角度看，似乎数字优先的实现就意味着转型完成。

[1] Adam Hochberg.Case Study: Gannett’s monumental task–A content management system for all. www.poynter.org.July 3, 2014.

幸：您前面多次提到"数字优先"，那么是否意味着，报纸无须将重要新闻留着等待印刷版出版呢？

伯纳德：完全不需要？当然不。新闻一旦完成并需要发布时，就会立即发布。例如突发新闻、国际新闻、国内新闻、地方新闻等，人们都希望及时获知，我们都会立即发布，绝不会等到印刷版出版。但有些我们自己经营的独家调查报道，就像我前面提到的关于问题教师的调查报道，处理上会稍有不同。

幸：您是指深度报道？它们需要为印刷版而保留吗？

伯纳德：也不需要，但也不会立即发布。我们会协调数字平台和印刷平台，掌握好一定的节奏，会尽量让数字版与印刷版的发布时间靠近些。例如，我们会今天在数字平台发布，而明天出现在报纸上。这样做是为取得更好的传播效果，但我们绝不会真正为纸媒而"hold"住新闻，退回到纸媒优先。数字优先是毫无疑问的，有了新闻后，首先用数字发布，发布到网上，同时对新闻做进一步加工完善和在数字平台更新，直至纸媒出版。而纸媒出版的最后内容同时又在数字端发布。现在基本上所有新闻都这样处理，当然主要指较为重要的新闻，如突发新闻和重要的优质新闻等。

幸：这样做会不会影响纸媒的发行？

伯纳德：这个我倒不太清楚。但我想，我们现在身处的现实世界是移动传播的世界。用户越来越多地通过他们的智能手机来获取新闻，所有人都是移动传播的接受者。如果我们为纸媒保留新闻而放慢移动端的传播，就会失去受众，因为他们当中很多人不会等着你出版报纸再了解新闻。因此我们的策略就是，我们要在拥有伟大的报纸的同时，也拥有伟大的数字产品，而后者总是以快取胜的。我们的目标是确保为我们的用户提供所有可能的解决方案。用户获取新闻也是较为随意的。以我自己为例，我也会阅读印刷产品，但同时也用这个（指他的手机），这取决于我的习惯、喜好甚至心情。我早晨一睁眼，会打开手机查看一下邮件和世界上昨夜发生了什么。早餐和喝咖啡时，会打开报纸快速浏览一下，看哪些是我感兴趣的内容。然后在坐火车去上班（他住华盛顿特区，距离公司较远）的路上，我会在手机上找到这些文章，把它们读完。到了周末，我会做些"慢阅读"（lazy read），它们很多是纸媒提供的。所以，对我们来说，我们要为用户着想，了解什么是他们的需求，并用不同的平台去满足他们的需求。因此，我不觉得人为地把新闻留给纸媒出版是正确的做法。我们要做的是强化用户对我们产品的依赖，即所谓黏度（engagement）。他们有的喜欢用桌面电脑，有的喜欢用移动设备，有的喜欢读印刷版，很多人是同时喜欢多种渠道。我们的责任就是通过这多种渠道把信息交到他们手上。

幸：说得好，我很赞成。那么在数字优先的环境下，新闻生产应当注意些什么？或者说什么是比较重要的，需要优先考虑的？

伯纳德：内容。在这数字时代，我们更注重优质内容的生产。我认为优质内容特别重要，必须保持优质内容的活力，因为那是我们这类媒体安身立命的依据。我们必须发布最接近真相、最值得信任、民众可以依赖的信息。我们要确保把这些优质内容通过各个平台发布到最广泛的人群中去。

幸：你们是在什么程度上推动旗下报纸由纸媒向数字端转型的？

伯纳德：由纸媒向数字端的转型，在我们集团已基本完成。是的，包括所有报纸。大家都已转向数字思维，只不过现在要在数字和纸媒之间保持一种平衡关系（从经营方面考虑）。正如我前面说过的，人们都从数字的角度考虑新闻生产。

幸：我听到您说甘尼特公司的报业转型已经完成，还是有点吃惊。您能详细解释一下吗？例如你们有没有什么指标来表示转型已经完成？

笔者在甘尼特公司室外留影（朱琪 摄）

伯纳德：我们现在所有新闻都进入数字端，数字端的产量远远大于纸媒，所有人都在使用我前面提到的单一的CMS，并实现数字优先，我们不再为纸媒保留新闻……这些都是转型完成的标志。

辜：那么在转型的过程中，总会有先有后，哪些报纸是走在前面的？能举些例子吗？

伯纳德：一些大型报纸走在前面。《今日美国》当然是领头羊。《亚利桑那共和报》也很积极。在那里，他们有多种平台，现在都整合在一起了。如他们的核心网站“亚利桑那中心”（AZ Central），与报纸共同覆盖亚利桑那的所有新闻，他们较早实现了数字传播的常规化。

看来，伯纳德高级副总裁所说的转型完成，主要以贯穿全部媒体的数字化CMS系统和数字优先的全面实施为指标。这和我心目中报业转型的结果，即新型盈利模式的建立，尚有一定距离。接着，我们谈到付费墙。甘尼特公司是美国大型报业集团中最早也是最全面实施付费墙战略的，且从目前情况看，效果较好。

辜：可以谈谈付费墙吗？目前有多少报纸建立了付费墙？

伯纳德：从技术上说，《今日美国》尚未建立付费墙，但大多数地方媒体都建立了各种类型的付费墙。现在最常见的是计量模式（metered model），即如果我是用户，我来到建有付费墙的网站，可以免费阅读若干文章。我也可能通过搜索引擎或Facebook、Twitter等社交媒体找到文章所在的网站，然后被允许在一定时间内，如一个月，免费阅读若干文章。这个数量取决于媒体和所在市场的规模。当我达到规定的免费限额，就会被告知，今后阅读就要付费订阅了。媒体也会评估我是否可能成为订户，当我接近限额时会建议或鼓励我订阅。以AZ Central为例，我如果经常跟踪文章来到这里，并觉得这里总有我感兴趣的内容而其他地方得不到，我就会考虑付费订阅了。所以，对我们来说，计量模式的付费墙给了用户试用和评估我们内容的机会，也是对用户体验和内容质量的检验。我们必须利用这机会与用户建立联系，逐步引导他们从用户变成订户。

辜：这也是增强黏性的方法。

伯纳德：完全正确。因此，我们做的大量工作，从产品方面看，就是如何让我们的数字终端更具黏性，如何加强与用户的联系，如何让他们更加经常地回来，如何利用社交媒体将内容凸显在用户眼前，如何确保我们采用了正确的SEO（“搜索引擎最佳化”的英文缩写）改善在 Google上的呈现。我们必须向用户承诺建立伟大的用户体验，多用图片和视频的方式讲述故事，让用户满意并产生黏性。我们还鼓励他们订阅新闻简讯（newsletter）。所有这些，对建立用户关系都是超级重要的，也是将用户转为订户的希望所在。

辜：具体有多少报纸已经建立付费墙？

伯纳德：我只能说是大部分。

辜：大部分？超过70%？

伯纳德：对，肯定超过70%。

辜：你们打算将付费墙战略覆盖所有报纸吗，除了《今日美国》？

伯纳德：呃，我想我们会根据具体媒体的情况区别对待，采取对社区和经营都有利的方式。您知道的，有很多因素会影响决策。但只要我们发现对当地媒体发展是有利的，就会推进付费墙。我们总是在试探新生事物，然后做出正确的决定。

辜：依您看，哪种类型的报纸更适合建立付费墙，大型报纸还是小型报纸？

伯纳德：具体情况要等会儿给您更多信息。我要说的是，这个要视用户对媒体价值的判断而变化。例如，对一些地方媒体而言，如果他们有很多垂直的专门兴趣化（niche）的内容，而这些内容在其他媒体是得不到的，这就增加了用户订阅的可能性。所以，我认为最关键的问题还是内容价值。你提供了高价值的内容，人们也看到了其价值所在，他们就可能订阅。因此，付费墙与媒体的规模并无直接关系，关键还是要看你内容的价值和你的创意，要看你能否通过提供最有价值的内容去吸引订户。这需要不断地尝试，尝试不同的呈现方式，尝试不同的内容，尝试不同的传播渠道，看哪一种最能引起用户兴趣。

采访结束后，笔者未再向伯纳德索要他答应给的关于该集团实施付费墙报纸数量的“更多的信息”，而是在2017年《哥伦比亚新闻评论》的一篇文章中找到了间接答案。该文称：《底特律自由报》是甘尼特旗下109种日报（不含《今日美国》）中唯一未采用任何形式付费墙的报纸[1]。这表明，甘尼特公司旗下地方日报的付费墙采用率已接近百分之百。

"活动"成为第三收入来源

访谈的后期，我把话题转到经营方面。现在美国报业都还在困难时期，涉及收入的经营话题总是敏感的，但又是我很想知道的。报业转型的关键，不就是要建立新的盈利模式吗？所以还是要尽量问。

辜：你们现在的收入结构是怎样的？

伯纳德：我们有广告收入，有发行收入。发行收入包括印刷报纸和数字报纸。正如上面所说，我们大多数地方报纸都建立了付费墙，这意味着数字订阅方面的收入越来越重要。我们有一种"全覆盖"（all access）服务，即你付费订阅后，可获得包括纸媒和各种数字平台的所有产品。当然这也是最贵的一种订阅形式。

辜：现在广告和发行，哪一种在收入中占比最大？

伯纳德：我认为两种都很重要。因为从某种程度上说，广告是认可新闻质量的一种方式，它还可以冲抵报纸的发行成本。如果没有广告，订阅的价格会非常高。所以它们（指发行和广告）是互相支撑的。发行好了，广告也会好。我们必须要考虑如何掌握好两者之间的平衡。特别是在数字平台上，因为涉及用户体验，广告的投放与安置是很讲究的。如何建立一种正确的模式，是我们总在考虑的问题。

辜：你们除了广告和发行，还从其他方面获得收入吗？

伯纳德：广告和发行是最重要的收入来源。此外我们还有一些其他收入，如内容许可收入，即我们向其他媒体集团出售内容。

[1] Ariel Stulberg.In paywall age, free content remains king for newspaper sites.www.cjr.org.September 22, 2017.

幸：您是指通过蝴蝶战略向其他媒体有偿提供新闻？

伯纳德：对，有一些参与该计划的是不属于甘尼特的媒体，对此我们会收费。但我说的不止这些，例如我们有一个体育媒体集团（Sports Media Group），他们向其他媒体集团出售图片、视频等产品，而且挺赚钱的。总之，我们的优质内容可以为我们带来收入。

幸：这些还是属于内容变现，和发行收入是接近的。在广告和内容之外，你们还有其他收入来源吗？

伯纳德：那就是通过组织活动（event）获得收入，这部分有增长的趋势。我们和一些大型数字公司合作，甚至也有中国的公司，共同组织区域性或全国性的活动。您知道的，我们的优势是遍布全国的媒体，活动的效果都很好，收入也可观。

幸：能举些例子吗？例如近年最大的活动是什么？您刚才提到的中国公司是哪家？

伯纳德：这些具体情况要查阅资料后才能告诉您。让我稍后反馈给您吧。

其实，关于甘尼特利用其覆盖全国的媒体网络开展活动的情况，我在美国期间已有耳闻。最近若干年里，该集团每年都举办各种活动，数量有增无减，有的局限在某个城市，有的是跨区域的，有的是全国性的，其合作的对象包括耐克、Facebook、塔克全国协会（National Taco Association）等。例如，甘尼特已连续多年协办著名的塔克狂欢节（Taco Festival）。塔克本是一种裹着各种食物的玉米饼，属墨西哥传统美食，因在美国颇受欢迎而形成塔克美食节，进而发展为影响广泛的大众狂欢活动，内容包括美食、购物、大型表演、娱乐赛事等，于每年夏秋季节在各地举行。

2011年《今日美国》刊登的塔克狂欢节推广广告
（来源：www.eateraz.com）

有报道称，得益于这些狂欢活动，美国人每年吃掉45亿个塔克饼，平均每人约15个。甘尼特近年每年都深度参与该活动的推广和营销，且利用其在各地的分支机构，取得了很好的效果。

以最近两年为例，塔克狂欢节的主要举办地为亚利桑那州的弗拉格斯塔夫市、俄亥俄州的辛辛那提市、密西根州的底特律市、田纳西州的纳什维尔市、加利福尼亚州的拉斐特和得梅因两市、得克萨斯州的厄尔巴索市，共7个地区，而这些地方正是甘尼特旗下报纸或电视台的驻地。公司通过今日美国网络集团及相关地区的传统和数字媒体，将活动信息传播到各个社区，使得家喻户晓。此类活动至少为甘尼特带来三大好处：一是增加经营收入，主要是门票提成和广告收入。通常一张普通塔克狂欢节的门票为12美元，VIP门票为450美元（可享受多种特殊项目，包括面见著名业界领袖）。全国算下来，应当是较为可观的，只可惜笔者拿不到具体数据。而由于成为活动的主要支持媒体，在活动期间会有很多广告商刊登广告。二是拓展用户。由于狂欢节的影响和甘尼特媒体的深度参与，每年的活动都会吸引更多受众成为甘尼特的用户。甘尼特公司首席营销官（CMO）安迪·亚斯特（Andy Yost）曾以底特律的狂欢节为例，当地每年的参与者中都有很多过去并非甘尼特旗下任何媒体的用户，而且他们都很年轻，三分之二参与者的年龄在35岁以下[1]。这些人中相当一部分通过狂欢节活动而认识甘尼特并成为其当地媒体的用户。三是强化了对社区的服务，而这正是甘尼特各地媒体对用户的承诺。如伯纳德所说，用户关系是该公司特别重视的日常工作，关系到媒体的发展存亡。据亚斯特介绍，甘尼特公司2017年将举办或参与500场以上各类活动。

美国报业在广告收入不断下降的严峻形势下，正在向传统的广告和发行以外的渠道寻求其他收入来源。但与中国一些报纸涉足房地产、零售业等"三产"行业不同的是，他们主要依靠举办活动来扩大收入和影响。说到底，这还是围绕传媒主业展开的经营活动，其范围仍属媒体的优势领域。这一点，读者诸君可从后面的章节中进一步感受到。

[1] Max Willens.How Gannett is growing its events business.Digiday.com.August 31, 2017.

广电发展与财务现状

甘尼特公司由弗兰克·甘尼特（Frank Gannett）创办于1906年，并于1923年在纽约州首府罗切斯特市建立总部公司，此后就通过不断兼并报纸而发展壮大，于1967年成为最早上市的美国报业集团（交易代码 GCI）。至1979年，该公司已在33个州拥有78种日报，同年通过收购7个电视台和13个广播电台而加快了进军广电领域的步伐。1995年，公司再兼并5个电视台、2个广播电台和2个有线电视台。1997年，甘尼特公司将所有广播电台售出，从此退出电台业而专注电视产业。

近年最大的广电兼并交易发生在2013年。当年6月，甘尼特宣布将以15亿美元兼并位于达拉斯的比罗集团旗下的20个电视台。但由于其中位于圣路易斯市的电视台因甘尼特在该市拥有报纸而违反美国反垄断法中媒体在同一市场不能同时拥有报纸和电视台的规定，惊动司法部，最后由联邦通讯委员会做出裁决，甘尼特遂放弃对该电视台的收购。虽如此，甘尼特仍继续扩大广电规模，于2014年以2.15亿美元兼并位于得克萨斯州的伦敦广播公司（London Broadcasting Company）旗下的6个电视台。2015年公司拆分为两家上市公司后，非纸媒的广电和数字产业归入Tegna公司（原上市代码GCI留给了纸媒集团）。目前，Tegna旗下共有46个电视台，覆盖东、西两岸38个大中城市，抵达全国三分之一的电视家庭。此外，还拥有2个有线电视网以及Cars.com、Career Builder 等数字媒体。其中，Cars.com.作为美国第二大汽车交易网站拥有广阔市场，于2017年6月被Tegna拆分重组后独立上市[1]。

重组后，Tegna在发展电视和数字产业的同时，致力于广电产业的数字化转型。除了前述与甘尼特报业共用一个CMS实现整合传播外，该公司通过网站、客户端、社交媒体等各类数字平台扩大受众规模。2017年7月，其电视台的成人收视量达5000万，数字用户达3200万，社交媒体的粉丝量达2000万[2]。

[1] 上述数据分别来自Gannett和Tegna官网。
[2] 据Tegna官网。

至于甘尼特公司的财务等主要数据，访问中未能获得，却可以在2017年5月发布的长达112页的2016年财报中看到。公司除了在美国及关岛拥有109种日报外，还在英国拥有160多种地方报纸。2016年11月，公司通过今日美国网络集团获得1.22亿独立访客。《今日美国》客户端的下载量超过2330万，地方报纸客户端下载量为440万。其在英国的地方报业集团 Newsquest，周读者量为550万，数字端月独立访客量也达到2500万，较上年增长20%。数字方面，2016年的移动流量增长了25%，移动独立访客量增长了7%。2016年12月，今日美国网络集团的独立访客量居新闻业全国第一；页面浏览量达17亿，居全国第三；视频新闻在各平台的收视量达1.13亿次，较上年增长53%。

2016年，甘尼特公司的广告收入为16亿美元（零售广告8.69亿美元，占比超过半数），占公司总收入的55%，与上年持平，其中数字广告为3.96亿美元。发行收入为11亿美元，占总收入39%。商务印刷和其他（活动）为2.10亿美元，占总收入的6%。总营业收入为30.47亿美元，较上年的28.85亿美元，保持了正增长，增幅近6%。但净收入只有5271万美元，较2015年1.46亿美元大幅下降，主要原因是兼并媒体增加了支出。2016年12月，公司的员工总数为1.71万人[1]。

在我们谈话快要结束时，本章开头提到的高级副总裁克朗斯女士来了，大家高兴地互致问候。克朗斯说伯纳德过一会儿还要去参加一个会议，我一看时间也差不多了，忙问他最后一个问题，一个我几乎要对每位老总提的问题。克朗斯也加入了谈话。

辜：作为世界级报业集团的领导人，您对报业的未来怎么看？

伯纳德：我对未来还是充满信心的。报业正在完成向数字方向的转型，现在新闻信息的形态已经发生变化，它们可以从多种渠道到达社区。对我们而言，超级重要的是构建一种能确保优质新闻信息广泛传播并且能够产生收入的体系。当今世界不断发生大量事件，向人们提供可信任、可依赖的新闻

[1] 2016 Annual Report.www.gannett.com.May 20, 2017.

笔者与甘尼特公司 CPO丹尼尔·伯纳德（右）和高级副总裁米歇尔·克朗斯（中）合影（朱琪 摄）

信息显得比过去任何时候都更加重要。人们需要我们在这里每天做出决策，帮助他们更好地理解世界。我们有大量工作要做，但我觉得这是个引人入胜的挑战。我觉得，甘尼特公司有许多人都相信这一点，都抱有为此工作的热情，都在为建设未来而努力。

克朗斯：是的，我们的客户也相信这一点。我负责我们公司所有市场的地方客户工作，他们一直在阅读我们的产品，他们相信我们，他们支持我们。我想这是很好的现象。

伯纳德：是啊，这是很重要的环节。我们要理解他们的需求，他们也理解我们的工作。

克朗斯：我的意思是，现在地方媒体的记者已经在思想上紧跟用户的需求，这才促使我们的转型富有效率。

辜：非常感谢两位精彩的谈话，也很抱歉占用伯纳德先生这么长的时间。

结束时，克朗斯还送了我两本书：《制造报章：〈今日美国〉幕后故事》（*The Making Of Mcpaper:The Inside Story Of USA Today*）和《〈今日美国〉25年：构成我们民族的新闻》（*25 Years of USA Today:The Stories That*

Shape Our Nation）。我很喜欢。后者是一本印制精美的影集，都是《今日美国》创刊25年以来的新闻图片。我翻看时注意到，有2000年特朗普参加拍摄的电视剧《学徒》（*The Apprentice*）获得艾美奖的照片，那时的特朗普看上去年轻多了。

我也回赠她一盒苏州丝巾，同时送给伯纳德一盒纸扇。我告诉他，这扇子上的画，是我一位同事画的（扇子做得颇简陋，但确实是深圳大学传播学院陈琼贵老师手绘的）。他很好奇，连声称谢。

第四章

《华盛顿邮报》：精英的坚守与贝佐斯的救赎

总编辑语录

《华盛顿邮报》总编辑 马丁·巴伦
（朱琪 摄）

我们极为重视数字传播。我们尝试用与以往不同的方式讲述新闻故事。这种方式不但不同于纸媒报道，也不同于您从广播、电视上听到或看到的方式。我们采用更加自然、随意（casual）的方式，更加富有对话性的方式来讲述新闻，就好比我们在和读者交谈。这种方式与那种过于注重结构、过于注重形式以及报纸上的经验式写作有很大区别。有时一篇在线新闻带来的读者量，远远超出纸媒整个报纸的读者量。这就是新叙事方式的重要性所在。想想看，广播出现以后的叙事方式、电视出现以后的叙事方式，都完全不同于报纸。即便是现在报纸普遍采用的旁白式叙事方式，50年前也是很稀罕的。所以我们用了囊中所有工具来传播新闻，用大量的视频，用音频，用推特之类的社交媒体，用互动图表，用原创纪录片，等等。所以说，我们用了现有的一切工具，传播的方式互动性很强，即便是较为严肃的题材。

——马丁·巴伦（Martin Baron）

执行总编辑语录

《华盛顿邮报》执行总编辑艾米里欧·加西亚–瑞兹（朱琪 摄）

关于主要的数字化创新，我们的做法其实很简单，即尽我们所能，用最好的技术，做最好的新闻。也就是说，记者完成了伟大的新闻后，技术上要保证用新的有效工具去向受众讲述。这两者结合好了，就达到创新目标了，可是这么做是非常不容易的。为何？因为大多数编辑部并不同时具备伟大的技术和伟大的记者。幸运的是我们两者得兼，这为我们创造了极有利的机会。这里面的技术任务，就是由媒体工程师来完成的。他们就在编辑部工作，并分配到各部门，与一些记者深度合作，在每个新闻故事中合作。

——艾米里欧·加西亚–瑞兹（Emilio Garcia-Ruiz）

直至踏入美国本土并完成了对《基督教科学箴言报》的访问后，我仍未收到《华盛顿邮报》方面的任何回音，这太出乎我意料了。2015年12月，我给该报写第一封邮件时还信心满满，因为我与该报现任总编辑马丁·巴伦（Martin Baron）先生勉强算是老朋友了。17年前的2001年，他刚从迈阿密调任《波士顿环球报》总编辑时我就采访过他。

后来证明与他联系异常困难。我有他当年的名片，但已是废纸一张。美国媒体人的职业名片只有公司电话和公司邮箱，一旦离开，所有信息便彻底中断，而如今的《华盛顿邮报》网站并无任何高管或公关、行政办公室等联系信息。我按当年采访过的《华盛顿邮报》原总编辑小唐尼（Leonard Downie Jr.）名片上的邮箱地址给巴伦写了多封邮件，皆石沉大海；按名片上的电话打过去，永远无人接听；按该报网站的“Letter to Editor”去信，得到的总是机器回复。又给当年《波士顿环球报》一位记者写信询问巴伦的联系方式，得到的也是毫无有用信息的自动回复。世界新闻媒体协会（INMA）CEO厄尔·威尔金森（Earl Wilkinson）给了我他在该报一位朋友、该报总裁兼总经理史蒂文·希尔斯（Stephen Hills）的联系方式，但邮件得到的自动回复是他已退休，此后再无回音。威尔金森说他也没有希尔斯的私人联系方式。

到美国后，我继续从该报网站上寻找一些部门的电话试着联系，即便打通了也都是语音留言。3月18日是值得记住的日子，这一天该报国内部的电话终于有人接听了。我仿佛抓住了救命稻草，求对方千万别着急挂电话，容我把话说完。对方耐心听完后总算同意将电话转给总编辑的秘书。秘书安吉拉·王（Angela Wong）

《华盛顿邮报》所在的富兰克林广场1号大厦（辜晓进 摄）

一楼大堂通往《华盛顿邮报》的门禁和电梯间（辜晓进 摄）

听完我的诉求，立即帮我联系上总编辑巴伦，进而取得了此次访问的关键性突破。结果是，巴伦欣然接受，约定3月24日下午面谈。热情的安吉拉还帮我联系了执行总编辑艾米里欧·加西亚–瑞兹（Emilio Garcia–Ruiz），并得到其同意。

“新闻是历史的第一张草图”

3月24日下午2点多，按安吉拉女士给的地址，我在临时助手朱琪的陪同下，开车驶入富兰克林广场1号大厦（另一个门牌号码是1301 K Street NW）的地下停车场，才发现这里已不是我17年前到访该报时的地址。安吉拉说他们3个多月前才全部搬进了新的办公大楼（准确地说是2015年12月14日完成了搬迁），距原办公地点只间隔两三个街区，仍处于首都市中心，离国会大厦和白宫等都不算远。我嘀咕了一句：难怪我在中国打电话都没人接。她听见了，解释说，大多数原有电话号码都继续使用，但可能搬迁

总编辑秘书安吉拉·王（右）对此次访问帮助很大（朱琪 摄）

过程中会受影响。

《华盛顿邮报》在这座12层大厦中只占据7、8两层楼，但当我从楼的一端进入有该报标识的大堂时，却觉得整座楼都是它的：外墙上该报的Logo，大门上的立体报纸名称，大堂内大理石门框上有一人高的报纸版面实时电子屏幕，该报专用的前台、门禁、电梯间等。前台工作人员与内部电话核实后，便为我贴上印有我姓名的胸牌。不一会儿，一位身材高挑、棕色皮肤的金发女士便从电梯间出来，热情寒暄。她就是安吉拉，看上去有南美血统（当时忘了问她，她姓Wong 是否与华人有血缘关系）。她先领我参观报社，我的目光很快便被无处不在的语录和箴言吸引。

这些语录中最先映入我眼帘的是一条来自该报现东家杰夫·贝佐斯（Jeff Bezos）的话语：What's dangerous is not to evolve.（不进化才是最大危险。）蓝底金字，连同署名分三行布局，占据整整一面墙。在融合转型成为报业生存自救唯一出路的今天，这句箴言振聋发聩。但大多数语录都是原东家或原核心骨干的"至理名言"。

如同样占据一面墙、同为蓝底金字的名言：Journalism is the first rough draft of history.（新闻是历史的第一张草图。）落款是Phil Graham（菲利普·格雷厄姆）。菲利普·格雷厄姆于1946年从曾任美国联邦储备银行主席、时任世界银行首任行长的岳父尤金·迈耶（Eugene Meyer）手中继承该报，先后

杰夫·贝佐斯语录："不进化才是最大的危险。"（辜晓进 摄）

担任该报的总裁、发行人和董事长，并通过兼并对手报纸而做大。1963年4月，他在伦敦会见《新闻周刊》（该刊当时已被该报收购）海外记者时说："让我们今天背负难以推卸的重大使命，每周去绘制历史的第一张草图，尽管关于世界的这草图我们永远不会完成也永远不会真正读懂……"[1] 他虽于同年8月因病自杀身亡（报纸由妻子凯瑟琳·格雷厄姆接替掌管），但其生前这一名言广为流传，后来还被刻在美国新闻博物馆的墙上。

菲利普·格雷厄姆语录："新闻是历史的第一张草图。"（辜晓进 摄）

[1] Jack Shafer.Who Said It First? www.slate.com.August 30, 2010.

接着，我便看到《华盛顿邮报》前总编辑本杰明·布雷德利（Benjamin Bradlee）直触痛点的语录，一段立体镶嵌在墙上、上下有银色金属条装饰的话语：The truth, no matter how bad, is never as dangerous as a lie in the long run.（从长远看，真相无论怎样不好，都永远不如谎言危险。）这句话被放置在贯穿两层楼面的中心墙上，十分醒目。2014年去世的布雷德利曾连续担任23年总编辑，也是“五角大楼文件”和“水门事件”报道的主要操盘手，在美国报界享有很高声誉。于是，7楼有一个房间被命名为“本·布雷德利会议室”（Ben Bradlee Conference Room）也就不奇怪了。该会议室门口的玻璃隔墙上印有他的照片和生平，最后一句话是：“他在领导方面的天赋和魅力，为他吸纳了一支才华横溢的团队，也令他成为那个时代最著名的总编辑。”

本杰明·布雷德利语录：“从长远看，真相无论怎样不好，都永远不如谎言危险。”（辜晓进 摄）

我看到的第三幅占据整面墙的蓝底金字语录，来自该报的前董事长兼发行人凯瑟琳·格雷厄姆（Katharine Graham）的长子Donald Graham（唐纳德·格雷厄姆）。唐纳德·格雷厄姆从2000年起就一直担任华盛顿邮报公司的董事长，格雷厄姆家族的这份报纸正是在他手上卖给贝佐斯的。语录云：There is only one good reason to enter journalism: when we do our job,we make a difference.（加入新闻业的恰当理由只有一个：当我们工作时，我们也在改变世界。）这是我在该报总部见到的最长语录，后来也在新闻博物馆再次见到。

还有一条黑底银字的语录也占了一面墙：Journalism is now a conversation, and often a conversation on multiple platforms with multiple players.（如今的新闻业就是一种对话，特别是在不同平台与不同玩家之间的对话。）署名Katharine Weymouth（凯瑟琳·威茅斯）。威茅斯是凯瑟琳·格雷厄姆的外孙女，曾任《华盛顿邮报》发行人和华盛顿邮报媒体集团（Washington Post Media）CEO，直至2014年9月辞去这些职务。

现在的《华盛顿邮报》已经是贝佐斯的天下，但当我们走进这家报纸的编辑部，仍发现到处都是前东家及其老总编们的话语，完全看不出改换门庭的痕迹。是贝佐斯借此向这家声名卓著的报纸表达敬意，抑或想保留一种新闻专业主义的职业精神和媒体文化？

大屏统治下的报纸编辑部

在《华盛顿邮报》编辑部参观，还有一个深刻印象，即到处都是屏幕，仿佛来到了电视台的编辑部。屏幕分两大类：一类是电视和放大了的电脑网页，目测都在50英寸以上，分布在走廊、编辑部、办公室、会议室墙壁、立柱等几乎任何目力所及的平面，有横有竖，总数不下50个。而且，这类大屏的展示从一楼大堂就开始了。这些屏幕24小时显示着CNN等主要电视台的新闻及本报和门户网站的主页新闻。安吉拉说，目的是让员工随时注意外界正在发生的事情。

遍布编辑部的电视屏幕（辜晓进 摄）

走廊上也是大屏幕
（辜晓进 摄）

另一类是在线实时数据监测屏幕，这是我要介绍的重点。屏幕上24小时显示着本报各类数字平台的内容发布、传播情况、访问流量、受众反馈等即时信息。这是我此前访问其他报社时已经注意到的现象，且后来的访问也一再验证了我的感觉，即此类即时呈现数字平台终端数据的监测系统已在美国报社广泛普及，或者说已成为有志转型报社的标配。这也是我此次访美最新鲜的发现，因为此前并未听闻任何访美者提及此事。

后来了解到，美国此类监测平台目前主要有三种类型：一是Chartbeat，涵盖大多数有用数据，简便直观，性价比高，每台设备每月付费仅9.95美元；二是HootSuite，是三者中最早应用的系统，主要针对社交媒体，价格也是三者中最低，每台设备每月付费5.99美元；三是Parse.ly Dash，最专业，数据最详尽，甚至可根据监测数据对新闻选题提出建议，但不太直观，较为烦琐，价格也最贵，每月付费500美元。在这三种系统投放市场前，人们普遍采用“谷歌分析”（Google Analytics）进行相关的监测统计。供职于数据网站Mashable的科技记者劳伦·霍金森（Lauren Hockenson）认为，“谷歌分析”虽然强大，但仍缺乏很多有用数据。例如，当“谷歌分析”有效跟踪某个页面浏览量时，却无法分解出这些浏览在社交媒体的分享或转发数据，而这对新闻机构来说是非常重要的。他们想要知道，为何自己网站某个页面会突然获得较大的流量，谷歌却给不出答案，而只会告知你这些流量来自脸书[1]。

[1] Lauren Hockenson.3 Slick Analytics Dashboards to Monitor your Business Website.Mashable.com. April 23, 2012.

笔者此次访美看到的绝大多数报社，都选用了Chartbeat，未见后两种。Chartbeat由同名网络公司于2009年开发成功，2010年后投入市场，主要为在数字平台从事内容生产的机构媒体服务，新闻网站、报刊、广播电视等是其主要客户，其独特的优越性正被大多数新闻机构采用，包括欧洲很多国家的机构媒体。据该公司 CEO 托尼·海勒（Tony Haile）在2012年获得B轮950万美元融资后介绍说，Chartbeat 在开发之初就设定了为用户提供更强大数据分析系统的目标。借助这一设备，出版商们可以随时了解到何人、何时在与自己生产的新闻内容互动，这些数据可以具体到单一页面或单个作者。当 Google Analytics 或 Omiture等分析工具将主要精力用于页面浏览量及其他基于页面数据的统计时，Chartbeat却为内容创造者提供更加颗粒状的浏览数据（granular view），如哪些读者在看这些新闻，并一直保持实时跟踪。所以包括体育节目网ESPN和《纽约时报》在内的大量主流新闻媒体都在使用这一系统。从系统屏幕上，报社员工可轻易看到某个博客的上传，某个新闻正在抵达推特、脸书等社交平台，某个新闻正被读者通过搜索引擎获取或直接登录网站阅读，等等。他们还可以实时看到，这些用户来自哪里、在页面停留的时间长度、用户是否一直看到页面底端或并不滚动页面便离开。海勒还表示，与“谷歌分析”等最大的区别在于，这些工具只在页面被打开时计算1次，而Chartbeat却可以每隔数秒钟持续观察这些页面是否仍然处于打开状态，从而更加准确地判断哪些页面产生了用户黏性，或哪些页面用户并不感兴趣。这在广告商已不太在意浏览量而更加关注内容黏性的时代，对新闻机构就显得极为重要。还有一项新功能也备受出版商欢迎，即 Chartbeat还可以对比其他新闻机构关于用户黏性或社交媒体分享方面的数据[1]。

从上述内容不难看出，在线数据监测统计平台对新闻机构在数字端发布内容、扩大受众具有多么重要的作用。笔者注意到，《华盛顿邮报》每篇新闻文章在数字端的读者数量都会被显示，只不过由于屏幕尺寸有限，只能显示排行靠前的部分新闻，且这些数据随时间推移在不断变化。不同类型数据

[1] Mathew Ingram.Chartbeat raises $9.5M to give publishers better radar.Gigaom.com.April 16, 2012.

页面则一直依次切换着。例如，笔者看到并拍摄下来的一个页面显示：左上方是用指针标示的“当前用户量”（active users now），总数是84,311。其下方是今天、昨天、上周的独立访客量和页面浏览量，分别是：59,333,340和19,360,792；7,675,902和25,602,046；6,023,791和20,422,158。左下方赫然用指针显示，数据是当前本站网速，标示为2851。其下方是今天、昨天和上周的桌面电脑和移动端的网速（略）。在中间和右侧的较大面积里，上方显示的是数字端的“表现”（performance），用图表动态地标示从今晨零点到现在（当时是下午3点）每个整点时间的独立访客数量，可以看到峰顶到峰谷变化曲线，并用4种颜色的线条代表今天、昨天、上周、上月的独立访客数量，用以进行对比。下方则是“顶级内容”（top content），逐条排列当前阅读访问量最大的10条新闻或站点，也是动态显示。当时排第一、第二位的分别是该报网站主页和区域网站主页，其余为新闻标题。第一条新闻当时有3913人在阅读（详见下图）。

需要特别指出的是，《华盛顿邮报》并未采用Chartbeat，而是自己开发的名为Loxodo Analytics的独特系统。半个月后，笔者在纽约出席“媒体大数据大会”（Big Data for Media Conference）时见到该报数字运营部高级主任杰

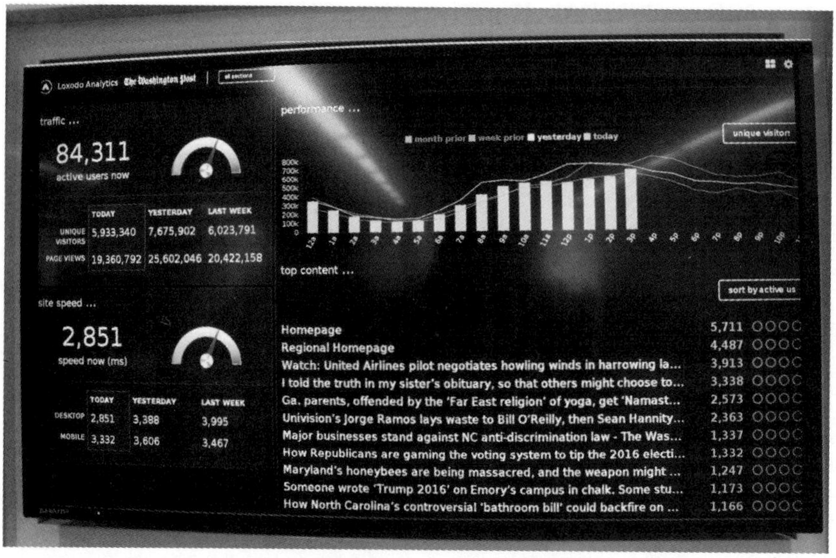

《华盛顿邮报》编辑部的在线数据监测平台（辜晓进 摄）

编辑抬头便能看到这类数据平台（辜晓进 摄）

夫·巴吉特（Jeff Burkett），他确认，这套系统确实是该报联合科技公司，根据各部门需求专为本报开发的独立系统。他解释说，这套系统和其他报纸采用的Chartbeat等不同，其更注重用大数据引导线上表现，帮助记者和编辑在线实时地跨越多个数字平台，到达多个数字节点，进而改进读者体验，强化读者黏性。关于该报技术创新方面的表现，容后详述。

惊动好莱坞的“现象级”总编辑

下午3点多，安吉拉领我来到总编辑马丁·巴伦的办公室。这间屋子比《今日美国》总编辑戴维·卡拉韦的办公室略大，沿走廊用玻璃做墙，外面可以清楚看到老总的一举一动。

大概是秘书此前的转述帮他回忆起17年前我在波士顿对他的采访，他像老朋友似的热情与我握手，一边自叹“老了”。我说我也老了，还不知我俩谁大呢。他说他今年61岁，我说那我得认你为哥，但也仅小你一岁。他还是当年那样留着络腮胡子，只不过胡子已经全白，当年一头棕色头发现在也是白多棕少。2001年8月24日，我在《波士顿环球报》采访过他，当时他由《迈阿密先驱报》总编辑调任该报总编辑还不到一个月，却是我当年采访过的老总中唯一能精确说出编辑部员工总数的总编辑。

《华盛顿邮报》总编辑马丁·巴伦与笔者深度访谈（朱琪 摄）

我是在香港至美国的国际航班上观看《聚焦》（*Spotlight*）的，看完方知，当年采访他时，他已经带领部下开始酝酿一个惊动全美的调查报道：涉及近百名神父的波士顿天主教会神父娈童丑闻。“Spotlight”本是该报深度报道组的名称，由该团队完成的这一历时数月的艰苦卓绝的新闻调查，不仅获得了普利策新闻奖，还于2015年被拍成故事片。巴伦以真实姓名成为剧中主角之一，甚至扮演巴伦的演员的长相、头发、络腮胡子等都酷似当年的巴伦。看到最后记者们克服万难完成的报道终于顶住巨大压力见报，社会反响热烈，记者们于周末接听读者电话疲于奔命、激动万分的场景时，泪点并不低的我不禁热泪盈眶。新闻记者的使命感、正义感、成就感，在那一瞬间得到完美的阐释和广泛的认可。做记者这行追求的不就是这些吗？它确实感动了我这个老新闻工作者，我后来建议新闻系学生都看看这部影片。此片于2016年2月获得“最佳影片”和“最佳原创剧本”两项奥斯卡奖，顿时大热，巴伦也跨界成为好莱坞名人。

我到访时，他风头正健，已有很多媒体采访过他，我们的谈话便先从《聚焦》开始。我简单谈了对此片的感受后，他问，这电影在中国放映了吗？我说还没有，但我相信以后会有机会放映的。他将信将疑：真的会吗？我说希望会。

幸：您当时新来乍到，怎么会想到做这个题材？

巴伦：你知道的，我到《波士顿环球报》时不认识报社里的任何人，我也不认识这座城市里的任何人。在我正式到任并开展工作的前一天，我读到该报一篇专栏文章，是一位叫作玛拉（Mara）的女士写的。文章提到一个案子，说有一位神父被指控虐待多达80名儿童，为儿童们辩护的律师称此类丑闻在多个教区都有发生。但文章又说，为教会辩护的律师称这些都不是事实。这律师是为教会服务的，当然这样说。作者在文章结尾处透露，真相恐怕永远也不会为人所知了，因为有可能披露真相的教会内部文件已经被法院封存，外界不可能得到。事实上此事被披露很久，新闻界也无人跟进。我却对此很感兴趣，上班第一天就投入对此事的研究。第二天上午，在我到任该报主持的第一次例会上，当大家都就下一步工作希望我这个新总编提出建议时，我就建议跟进这个案子。但大家对此众说纷纭，分歧很大。有人指出，相关文件都被法院封存了，怎么下手啊？这些我当然知道。我问，是否有可能设法解封这些文件呢？我说，我不太熟悉马萨诸塞州的法律，但如果在佛罗里达州，我们会直接向法院申请，要求解密这些文件。听闻我这话，似乎所有人都感到吃惊，屋里一时鸦雀无声。我便说，这样吧，把会先开完，这个问题相关者会后留下来专门讨论。在后来的讨论中，大家提到了各种可能性。最后我们决定，“Spotlight”组放下手头的题材，全力以赴调查这个本该去做的案件。

这就是一位资深总编辑可贵的新闻敏感。巴伦自1976年入职佛罗里达州著名报纸《迈阿密先驱报》（后担任该报总编辑）后，又在《纽约时报》《洛杉矶时报》《波士顿环球报》当过编辑部高管，新闻职业生涯长达40年。在他担任总编或高级副总编（《纽约时报》）期间，这4家报纸共获得11个普利策新闻奖。在美国报界，这是绝大多数人难以企及的成就和荣誉。

幸：整个调查期间，你们遇到的最大困难是什么？

巴伦：我觉得，法律问题是最大的困难，因为那是所有挑战中最难应付的。马萨诸塞州的法律对教会有所保护，教会聘用的律师与一些受害人家属有过协议，一些历史决定得到法院认可，教会内部文件被封存有明确的法律依

《聚焦》电影海报，右二络腮胡子者为影片中的巴伦

据，天主教在当地德高望重等等。但如果不能真正获得那些教会的内部文件，这组调查报道无论怎么努力都不会产生大的社会影响。不过，也正因为这件事有可能引起社会关注，我们可以通过在报纸或网上披露一些事实而向法院施加压力。我们会将调查获得的部分真相透露给有关方面。例如，我们告诉他们，民众会发现教会负责人曾对受害儿童的家长讲过的原话，会知道他们曾经向家长们保证将有问题的神父调离教会系统以确保不再对任何儿童造成伤害。而事实上，我们的调查表明，这些神父或主教并未离开教会系统，而只是被安排到另外的教区继续担任神职，其中一些还继续侵害儿童。教会并未就此事告知任何人，没有告知任何教区，更没有告知任何信徒，伤害仍在暗中继续。我们警告说，我们有能力向社会揭示真相，有能力告知社会有多少教会是知道娈童事件的，有能力告知社会这些丑闻可能对信众对天主教的忠诚带来多大伤害。我们的努力最后奏效了，我们千方百计拿到了那些文件。

辜：这个报道必然引起很大反响。

巴伦：这个调查报道抵达了最大的人群，是《波士顿环球报》产生最大国际影响的新闻。阅读这一故事的读者比报纸的发行量多了很多倍。那时，该报主要面向本地发行，因为那时互联网还不发达，主要是纸质版读者。但我们第一篇调查报道发表后，读者就是世界范围的。

《聚焦》生动翔实地再现了这一过程，但由当年的掌舵者亲口说出，感受还是很不一样。我脱口赞了一句："I really admire your persistence."（我真的非常钦佩您的执着和坚韧。）

危机中被变卖

巴伦是2013年1月获聘担任《华盛顿邮报》总编辑的。彼时，该报正处于经济亏损不断扩大的困境中。在他到任前，外界对其抱有较大期待。历史悠久的《新共和》（*New Republic*）杂志甚至刊出文章《马丁·巴伦计划拯救〈华盛顿邮报〉》[1]。事实上，对经济困境，一个总编辑是无力回天的。7个月后，该报连同网站等其他纸媒资产乃至在查尔斯郡的一块23英亩未开发土地，被亚马逊创始人杰夫·贝佐斯以个人名义全资收购。收购价为2.5亿美元，这被外界普遍视为一次贱卖。而事实上，贝佐斯收购时，该报虽不像唐纳德·格雷厄姆的外公1933年收购时那样濒临破产，却也已危机四伏。

在巴伦到任之前，该报和美国大多数主流报纸一样，已经衰退多年，但该报的衰退似乎比其他顶级报纸更加严重，2012年的数据尤其难看。这一年，报纸的平均发行量比10年前跌了38%。当年10月至2013年3月的纸媒平均发行量为44.7万份，较1993年的83.2万份跌了近一半。与此同时，该报在数字端的订阅数更加可怜，平均仅有42,313个，而《纽约时报》和《华尔街日报》都是它的20倍以上[2]。这个数字甚至低于《芝加哥论坛报》《洛杉矶

[1] Paul Starobin.Martin Baron's Plan to Save The Washington Post.www.newrepublic.com.December 17, 2012.
[2] Felix Richter.The Gradual Decline of The Washington Post.www.statita.com.August 6, 2013.

时报》《纽约每日新闻》《丹佛邮报》等大中城市报纸。

更严重的是，收入的持续大幅下降造成巨额亏损：2009年亏损1.635亿美元（这一年有金融危机因素），2010年亏损980万美元，2011年亏损2120万美元，2012年亏损5370万美元。2012年，在华盛顿邮报公司的总体市场价值中，纸媒早已丧失早年的垄断地位，只占区区14%[1]。在此财务背景下，编辑部员工数量一减再减，出现内容生产的恶性循环。

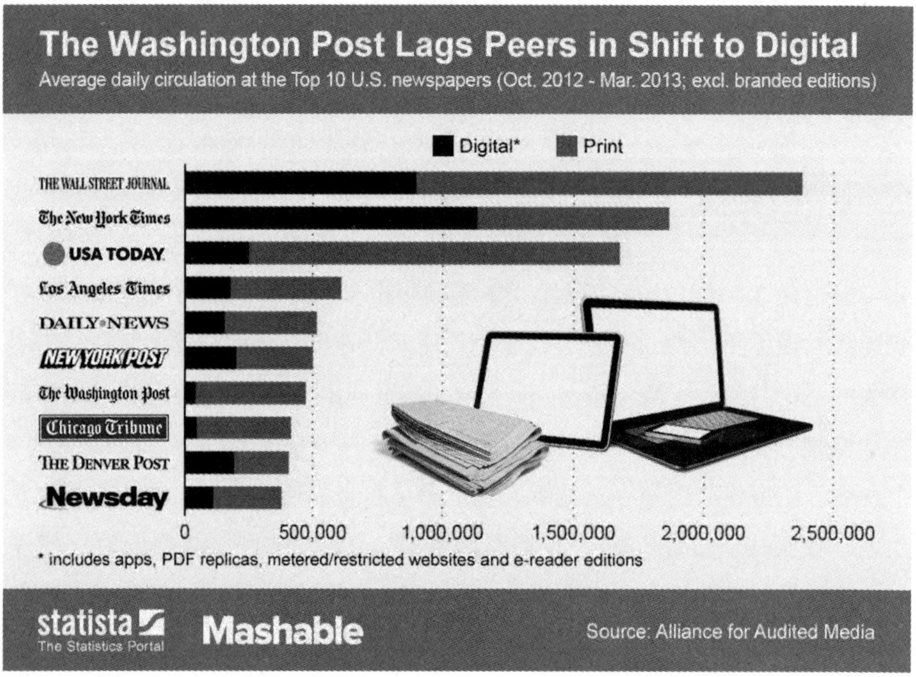

美国发行量前10名报纸（2012年10月—2013年3月），《华盛顿邮报》数字端垫底（黑色部分）（来源：Statista，2013年8月6日）

[1] Amy Mitchell, Mark Jurkowitz and Emily Guskin.The Washington Post: By The Numbers.www.journalism.org.August 7, 2013.

学界总是拿该报与其他几家全国大报比较，因而认定该报对报业巨变应对乏力，特别是在数字转型方面反应相当滞后。外界有所不知的是，该报对新的信息技术并非无动于衷。华盛顿邮报公司长期的老板、董事长兼CEO唐纳德·格雷厄姆作为毕业于哈佛的报业精英，对技术还是颇有兴趣的。例如他曾将很大精力花在“邮报实验室”（WaPo Labs）项目上，该项目邀请亚马逊一位前高管负责，旨在寻找和开发可支撑报业发展的数字科技。实验室于2011年开发上线的客户端“社交读者”（Social Reader），在脸书上获得2500万的下载量。老董事长这一兴趣，与他最后坚持将报纸低价卖给贝佐斯似不无关系。

该报和美国很多报纸一样，触网较早，却在一些关键节点上犹豫摇摆，从而丧失不少机会。据该报资深记者史蒂文·穆夫森（Steven Mufson）采访格雷厄姆家族多位成员及报社前高管后披露，早在网络和个人电脑尚未普及的1992年，该报执行总编罗伯特·凯撒（Robert G.Kaiser）先后赴硅谷和日本参加了关于未来数字媒体的会议。他在回来的飞机上便给CEO唐纳德·格雷厄姆等高管写信，颇有预见性地指出：“世界正在发生令人惊异的变化，我们需要特别关注正在发生的事情……在我们这个产业里，虽然还没有人开发出真正成功的电子产品，但一定会有人去做。《华盛顿邮报》必须超前考虑这些问题。我们只有采用那些电子竞争者的玩法，才可能打败他们。”[1]这一建议受到高层重视。1993年，该报就推出在线产品 Digital Ink（直译“数字墨水”），并通过美国电话电报公司（AT&T）的数据平台进行有偿订阅，订户曾高达3万人，遥遥领先其他很多报纸。到了1995年，在网络出现明显的大众化倾向，读者开始向便捷、快速的互联网聚拢时，该报却放弃数字收费模式而转向寻求广告支持的免费模式。不过，该报作为美国最早开发互联网产品的报纸之一，在网络上的努力并未停止。唐纳德·格雷厄姆被董事会授权负责网络事宜，为此投入大量资金。但他将网站放在郊区的阿灵顿，与报纸编辑部分开运营，造成内容上的重复投资和运营中的矛盾冲突。直到

[1] Steven Mufson.As Jeff Bezos prepares to take over, a look at forces that shaped The Washington Post sale.www.washingtonpost.com.September 27, 2013.

2009年，该报的在线项目才和纸媒产品合并运营。现在看来考虑更加不周的是，当时该报的技术开发多依赖兼职技术权威，而在聘用自己的技术专家和工程师方面迟缓而犹豫，这导致该报很多应用软件速度缓慢、障碍重重，严重损害了用户体验，在以分秒计算的网络竞争中屈居下风。唐纳德·格雷厄姆后来在一次被采访中也承认："我个人觉得，这是我们的核心失误之一。"[1]

《华盛顿邮报》在数字收费方面也相当犹豫，在这一内容变现模式已被《华尔街时报》《纽约时报》《金融时报》等同类顶级报纸实施并获得成功后，该报仍迟滞不前。该报也因此被媒体专家批评。格雷厄姆对此模式始终犹豫，就像他当年放弃Digital Ink一样。他认为数字收入难以抵消广告收入的流失，尽管该报发行人威茅斯和总裁史蒂文·希尔斯（Stephen Hills，即本章开头提到的刚退休的希尔斯）一直在推动此事。两人告知格雷厄姆，内容变现模式有可能建立新的、稳定的收入来源，减缓纸媒订户向免费网站的迁移。他们做了个方案呈交格雷厄姆，但被束之高阁数个星期。此事于2012年年底被知情者透露给《华尔街日报》，格雷厄姆非常恼火。他在2013年4月接受采访时表示："这事如果做好了，对《华盛顿邮报》应当会有正面作用。史蒂文和凯瑟琳（威茅斯）确实认真考虑过这事，他们正在让方案尽量符合我们的实际。方案也许会成功，但我并不认为它会带来很大变化。"[2]

这段时间还有一次重大机会被擦肩而过。2005年，对技术较为敏感的格雷厄姆打算投资新创立不久的Facebook，并通过报社一位高管的女儿联系撮合。那位女儿和 Facebook 创始人之一的马克·扎克伯格（Mark Zuckerberg）是哈佛校友，实际上当时21岁的扎克伯格也和格雷厄姆是校友，只是隔了好几届，互相不熟而已。那次双方交谈融洽，格雷厄姆当即表示愿意投资600万美元占Facebook 10%的股份。但扎克伯格后来还是放弃了与《华盛顿邮报》的合作，转而接受出价更高的硅谷一家科技公司Accel。很多《华盛

[1] Steven Mufson.As Jeff Bezos prepares to take over, a look at forces that shaped The Washington Post sale.www.washingtonpost.com.September 27, 2013.

[2] Steven Mufson.As Jeff Bezos prepares to take over, a look at forces that shaped The Washington Post sale.www.washingtonpost.com.September 27, 2013.

顿邮报》人迄今对此次失之交臂的合作甚感惋惜，因为若按2017年第一季度Facebook 4406亿美元市值计算，10%就是440多亿美元，《华盛顿邮报》岂不成为全球最富有的报纸？尽管没合作成，格雷厄姆与扎克伯格结成莫逆之交，格雷厄姆迄今仍是Facebook的股东。而与 Facebook 相比，亚马逊同期市值还是略高一筹：4524.68亿美元[1]。

2008年，也就是该报获得6个普利策新闻奖的第二年，该报一次性大幅裁员231人，并为这些员工支付7980万美元买断工龄，令本已脆弱的经济雪上加霜，导致该报上市37年来首次全面亏损。第二年又关闭了一间使用仅11年的投资高昂的印刷厂。2010年卖掉了著名新闻期刊《新闻周刊》。但这种战略收缩并未减缓经济下降的步伐，令掌门人格雷厄姆几乎看不到希望，出售的念头随之产生。他某次接受采访时说："像《纽约时报》和《华盛顿邮报》这类从事高质量采编活动的新闻机构，究竟还有没有胜出的机会？我相信答案是肯定的，但我们不知在哪里。"他接着说，"如果有人愿意告诉我出路，但要以从现在开始每年亏损1亿美元、连续亏损5年为代价，我也会毫不犹豫地马上和他签约。"[2]

格雷厄姆开始暗暗地寻找买家，基本条件是没有政治图谋，懂得管理报纸，钱袋子足够大——大到足以承受任何亏损。最后一点最为重要，当年该报以1美元的象征价格外加4700万美元债务卖掉《新闻周刊》即是教训。当时的买主是年逾九旬的广播先驱悉尼·哈尔曼（Sidney Harman），但由于老先生钱袋子还不够大，加上他本人已风烛残年（第二年4月去世），杂志不到半年就被并入网络公司The Daily Beast。后又数次被转卖，2013年停止印刷版。2014年新公司又恢复印刷版，但发行量只剩10多万份，而当年的竞争对手《时代》周刊仍保持300多万份的发行量。一份全球赫赫有名的新闻期刊就此淡出人们的视线。

根据史蒂文·穆夫森的调查，潜在买家有多位，如风头正健的政治媒体Politico的老板罗伯特·奥尔布里顿（Robert Allbritton），彭博通讯社的创始

[1] 885财经：2017年Facebook第一季度财报公布的市值是多少.www.885.com.2017年 5月4日。
[2] Steven Mufson.As Jeff Bezos prepares to take over, a look at forces that shaped The Washington Post sale.www.washingtonpost.com.September 27, 2013.

人迈克尔·布隆伯格（Michael R.Bloomberg），曾在谷歌担任10年CEO 的埃里克·施密特（Eric Schmidt）等，最高出价达6亿美元。促使格雷厄姆下决心的还有投资大鳄沃伦·巴菲特（Warren Buffett）。巴菲特是《华盛顿邮报》长达26年的董事和财务顾问，与格雷厄姆的母亲凯瑟琳的交往时间更久，并且是《华盛顿邮报》家族之外的最大股东（拥有27.68%股份）。巴菲特支持格雷厄姆出售报纸。

最终，报纸卖给了贝佐斯，准确地说，是卖给了他个人拥有的一个公司，作价2.5亿美元。格雷厄姆没有卖给他的，是该报仍在赚钱的教育媒体和广电资产，后者打包成为“格雷厄姆控股公司”（Graham Holdings Company），格雷厄姆任董事长。成交当天，他在致全体员工的信中说：

当报纸经营不断地给我们带来新问题而我们又找不到答案时，凯瑟琳和我开始自问，我们这样一个小小的上市公司还是这份报纸最好的安身之处吗？我们的经营收入已经连续7年下跌。我们有过创新，而且以我挑剔的眼光看，我们的创新在质量方面和获取受众方面都是相当成功的，但这些创新并未抵消收入的下跌。我们曾经把降低成本作为应对手法，但作用十分有限。我们确信报纸在我们拥有下会存活下来，但我们希望它活得更好。我们希望它更成功[1]。

贝佐斯带来的巨变之一：抛弃本地战略　奔向广阔市场

尽管两年后英国《金融时报》以13.2亿美元被《日本经济新闻》收购，再次凸显了《华盛顿邮报》交易的低价，但人们很快就发现，贝佐斯是对《华盛顿邮报》未来最有利的买家。他用的是不受亚马逊公司股东制约的个人资金且资金充裕，更重要的是他拥有报业转型最需要的数字头脑和技术。后来的事实证明，他还有面向未来的开阔视野。正如格雷厄姆所说：“我并

[1] Donald Graham.Letter from Donald Graham on sale of The Post.www.washingtonpost.com.August 5, 2013.

不只关注买家的技术背景。我要找的是那些能为《华盛顿邮报》带来一些我们所没有的东西的人。杰夫（贝佐斯）是在所有方面非常好、非常好的买家，甚至比我期盼的还要好。”[1]

回到与巴伦的访谈。

杰夫·贝佐斯与《华盛顿邮报》（网络拼图）

幸：能否谈谈贝佐斯收购报纸后带来的最大变化？

巴伦：变化是很多的。比方说，他来之后，我们改变了长期坚持的本地化战略。《华盛顿邮报》一直专注于华盛顿特区和大华盛顿都市的报道和经营，因此属于区域报纸而非全国报纸。贝佐斯来了后说，他希望报纸成为全国性的新闻机构，只有这样才能为报纸带来大规模的受众，还会带来更加年轻的受众，因为《华盛顿邮报》过去在开发年轻受众资源方面乏善可陈。他认为，离开全国化或国际化，《华盛顿邮报》就不可能获得大量的读者，在转型中也就不可能有胜出的机会。贝佐斯的这一建议，我认为是至关重要的，它带来了很大的改变。此后，我们就围绕这一建议开发了很多旨在扩大受众群的项目，将《华盛顿邮报》从本地化转向全国化，并且明显奏效了。

[1] Staci D.Kramer.Don Graham on the sale of The Washington Post, Jeff Bezos, and the pace of newsroom innovation.www.niemanlab.org.August 6, 2013.

尽管我在14年前的《走进美国大报》中谈到《华盛顿邮报》的本地化倾向，恐怕国内仍有很多读者会以为该报和《纽约时报》《华尔街日报》等一样，是全国性的报纸。当时的总编辑小伦纳德·唐尼（Leonard Downie Jr.）接受笔者采访时就断然否定我关于该报为全国报纸之一的判断，说："我们完全是一家地方报纸。我们的发行范围主要在华盛顿特区内和附近地区。人们在外地订阅我们的报纸，都是通过邮局发行的，因此全国大多数城市无法及时收到我们的报纸……我们之所以刊登很多全国新闻，只不过因为我们是首都报纸，而且我们报道大量地方新闻。"[1] 事实上，本地化战略是作为格雷厄姆家族的遗训被逐代传承的，而这样做的理由一直很充分。在非数字化时代，报纸想要有好的经济效益，不仅要有较大的发行量，还要看覆盖密度，包括人口密度和地理密度。在发行量相近的条件下，密度往往成为最关键因素。因为广告商重视读者的集中度。读者能否在目标市场相对集中，是广告商首先要考虑的。而且，发行投递的范围太大、链条太长、读者过于稀薄，会直接加大发行成本。这就是在中国报纸的黄金发展期，全国或全省性报纸的广告收入普遍比不上大中城市报纸的原因，尽管它们当中有些报纸的发行量远远超过城市报纸，如《参考消息》和《人民日报》。《华盛顿邮报》就是在此环境下充分享受到本地化的好处，积累了大量财富的。但到了数字时代，这一战略遭遇强大挑战：一方面，无疆界的数字传播环境令本地信息的价值大打折扣；另一方面，数字平台需要拥有比纸媒发行量大很多的读者规模，才可能建构可持续的盈利模式。展望全球，报业转型也确实呈现出一种强者恒强的态势，即占有全国市场的转型者正在获得更大的受众资源，而地方报纸因数字市场太小而在转型上困难重重。

《华盛顿邮报》内部也早有人意识到这一问题。该报2003年在马里兰州东部一个海滨酒店召开的管理层会议上，执行总编史蒂夫·考尔（Steve Coll）曾建议，扩大报纸在全美国和国际的影响，将更多资源用于把报纸官方网站建成数字世界的顶级新闻网站。他认为，大城市报纸就像行走在峭壁上的旅鼠，弱者走在前面，强者走在后面。《华盛顿邮报》虽属于强者，但

[1] 辜晓进著：《走进美国大报》，广州：南方日报出版社2002年版，第98页。

也在朝着那个危险方向走。他后来在接受采访时说："在通往峭壁边缘的路线上行走，危险是确定和可预测的，唯一不太确定的就是时间问题。其他路线是往回走，或者是冒险投资重建报纸和它的新闻体系。"格雷厄姆在会上的回应是："这些都不值一提。"他重申自己的主张，说《华盛顿邮报》过去、今后还将继续专注于地方生意，因为我们仍然拥有渗透很深的地方市场和地方广告。即便地方广告在减少，它们仍是报纸的最重要收入来源，而且它们也形成了一定数量的数字广告[1]。考尔后来辞职去哥伦比亚大学新闻学院当了院长。

格雷厄姆虽然也支持网站扩张，但一直坚持报纸的本地经营模式。当《纽约时报》不断加强其国内、国际分社或记者站时，《华盛顿邮报》却在削减国际记者数量和关闭华盛顿以外所有的外地记者站。2009年，该报关闭了最后一批国内记者站，即位于纽约、芝加哥、洛杉矶的记者站，此前已陆续关闭位于丹佛、迈阿密、奥斯丁等地的记者站。关闭外地记者站虽然省了钱，但流失一批对当地社会有较充分认识并已积累深厚人脉的记者，这是短时间很难用金钱补回来的。可见如果不是贝佐斯，该报的本地策略还会在格雷厄姆管理下长期保留下去，其受众规模的显著扩大也就无从谈起。这大概就是巴伦称这改变"至关重要"的原因所在。

正在召开的项目讨论会（辜晓进 摄）

正如巴伦所说，贝佐斯的建议得到报社高层的积极拥护，一些卓有成效的措施也很快出台。例如，不但停止裁员，而且立即扩充编辑部员工，在收购不到9个月里新增了50名采编人员（截至2016年3月，该报已新聘采编

[1] Steven Mufson.As Jeff Bezos prepares to take over, a look at forces that shaped The Washington Post sale.www.washingtonpost.com.September 27, 2013.

人员202名、工程技术人员95名[1]）；上线包括新闻博客Storyline（新闻在线）、Morning Mix（每日早新闻）、Post Everything（《华盛顿邮报》万事通，以各类言论为主）等新的内容输出平台；扩大星期天刊（即便在数字时代，美国人阅读星期天刊的热情并未明显降低，各报星期天刊是所有报纸中唯一在种类、发行量、广告量上都减少最缓的品种）；推出24页的四开本全国版，随《新闻日报》《达拉斯晨报》等大都市报纸的星期天刊发行；拓展国际渠道，在英国伦敦建立扩大国际受众的团队；等等。而行动最迅速、最引人关注也最具创新意义的举动，则是推出所谓数字伙伴项目（Digital Partnership Program）。

该项目是2014年3月宣布的，此时距贝佐斯收购该报仅半年多。于同年5月正式实施的该项目内容是，与全国各主要大城市的报纸合作，允许其读者通过该报的数字平台免费进入《华盛顿邮报》的新闻客户端，在线享用《华盛顿邮报》的优质内容，特别是该报的独家全国报道。首批合作伙伴包括《达拉斯晨报》、《檀香山明星广告人报》（*Honolulu Star-Advertiser*）、《明尼阿波利斯论坛星报》（*Minneapolis Star Tribune*）、《匹茨堡邮报》（*Pittsburgh Post-Gazette*）等6家主流日报。该报总裁希尔斯表示："《华盛顿邮报》长期以来都是全国新闻的优质第一手资源。此项目创造了一种模式，让我们能够与全国范围内的地方报纸及其他纸质或数字新闻媒体携手合作，在为地方报纸提升内容质量、扩大订户的同时，也将《华盛顿邮报》推向过去从未抵达的更为广阔的受众面前。"[2]显然，这项旨在拓展《华盛顿邮报》数字受众的项目，也是一项双赢的计划，因此很快就受到地方报纸的欢迎。笔者后来访问到的《达拉斯晨报》发行人兼CEO吉米·莫洛尼（Jim Moroney）当时也说："我们非常高兴能成为《华盛顿邮报》这一项目的合作伙伴。《华盛顿邮报》这样的全球报业品牌与《达拉斯晨报》这类地方媒体公司的合作实验，意义非凡。"[3]

---

[1] 据2016年4月14日该报杰夫·巴吉特的演讲PPT。

[2] WashPostPR.Washington Post pilots new partner program, expanding access to Post digital content. www.washingtonpost.com.March 18, 2014.

[3] WashPostPR.Washington Post pilots new partner program, expanding access to Post digital content. www.washingtonpost.com.March 18, 2014.

看得出来，这一创意与《今日美国》的“蝴蝶战略”有相似之处。只不过，《今日美国》后来扩展为今日美国网络集团，各报在统一的运行平台上运作，更成体系化，是一个有机的整体。《华盛顿邮报》的数字伙伴项目相对来说较为松散。

《达拉斯晨报》客户端上的《华盛顿邮报》端口
（来源：Nieman Lab）

但这一合作项目的成效也是极为显著的，引发很多报纸纷纷主动要求加入。推出2个月后，该报数字端流量就创历史新高。截至2014年年底，参与的报纸已有120多种。至2015年3月，项目推出仅10个月，已有245种报纸成为合作伙伴，并先后拓展到《读卖新闻》等国外报纸。2015年2月，该报的独立访客数量达4830万，较上年同期大幅增长63% [1]。2015年10月，独立访客量竟高达6690万，甚至首次超越美国报业流量老大《纽约时报》；同时，页面浏览量也突破7.7亿，较上年同期增长95% [2]。截至2017年5月的最新数据是，月独立访客量7870万[3]。

[1] 综合哈佛尼曼新闻实验室网站及其他美国媒体研究数据。
[2] WashPostPR.The Washington Post shatters previous traffic record, soaring to 66.9 million users in October.www.washingtonpost.com.November 13, 2015.
[3] Yuki Noguchi.At Washington Post, Tech Is Increasingly Boosting Financial Performance.www.npr.org.June 13, 2017.

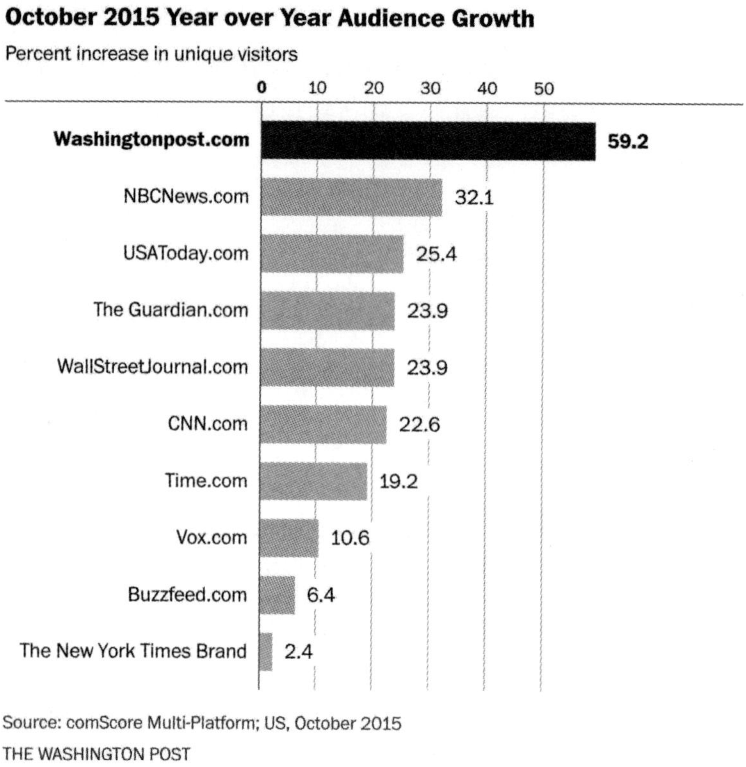

《华盛顿邮报》数字受众增长率居各大媒体之首（2015年10月）
（来源：comScore Multi-platform US,October 2015）

贝佐斯带来的巨变之二：掀起一场技术革命

当然，数字受众爆发式增长并非完全源于本地化向全国化的转变和新产品的推出，技术创新及技术背后的财务支持也发挥着极其关键的作用，而技术和财务正是贝佐斯的强项。交谈中，巴伦也特别强调这一点。我当时曾提到该报独立访客量于2015年10月略超《纽约时报》。

辜：我注意到你们的数字受众最近曾超越《纽约时报》，而在若干年前贵报这方面还相当落后。

巴伦：是的，您说得没错，我们去年10月超过了他们。但这指的是在美国的受众，如果全球统计，我们并未超越。而且即便在国内超越，超出的数量也很小，而且上个月《纽约时报》又反超我们了，不过我们也只是落后一点点。所以总体来说，我们两家报纸现在是非常接近的。就我们自己而言，我们已经在数字转型方面取得了巨大的进步，我们为此感到骄傲。我认为我们会很快成为一家数字新闻机构。

辜：所以贵报去年获得了最佳创新媒体奖。

巴伦：您指的是Fast Company Magazine颁发的奖？那是全球性的创新媒体大奖，有10家公司获奖，包括Digiday、Buzzfeed等著名数字新闻机构，所以我们引以为豪。（这是关于全球媒体创新的年度奖项，由总部在美国的科技期刊Fast Company Magazine等主办，2015年获奖的十大媒体中，《华盛顿邮报》排名第一，也是获奖中的两大纸媒之一，另一家是英国《卫报》——笔者注）

辜：你们获得这样的进步有何秘密武器吗？

巴伦：（笑）秘密武器倒是没有。我觉得主要还是编辑部运营方式发生了根本的改变。我们极为重视数字传播。我们尝试用与以往不同的方式讲述新闻故事。这种方式不但不同于纸媒报道，也不同于您从广播、电视上听到或看到的方式。我们采用更加自然、随意（casual）的方式，更加富有对话性的方式来讲述新闻，就好比我们在和读者交谈。这种方式与那种过于注重结构、过于注重形式以及报纸上的经验式写作有很大区别。有时一篇在线新闻带来的读者量，远远超出纸媒整个报纸的读者量。这就是新叙事方式的重要性所在。想想看，广播出现以后的叙事方式、电视出现以后的叙事方式，都完全不同于报纸。即便是现在报纸普遍采用的旁白式叙事方式，50年前也是很稀罕的。所以我们用了囊中所有工具来传播新闻，用大量视频，用音频，用推特之类的社交媒体，用互动图表，用原创纪录片，等等。所以说，我们用了现有的一切工具，传播的方式互动性很强，即便是较为严肃的题材。

我们编辑部新招聘了100多人，都放在新的岗位上。这些人对网络有直觉，掌握当今信息传播的基本方法，懂得怎样利用工具强化传播效果。以上种种，都需要在技术上投资，向编辑部投资，以装备上面所说的这些工具技术。这方面我们也推出了很多技术方面的项目。技术投资的目标是用科技来强化我们的长处。例如，有一种技术可以向读者推荐相关新闻，或者向正在阅读某个新闻的读者推荐其他有可能引起他们兴趣的新闻。我们用大数据来完成这些推荐。我们用技术尝试主页的不同呈现方式，以从不同的用户体验中选取最优者。这种呈现方式包括不同的标题形式、不同的图片编排、不同的索引提示等。我们通过大数据去发现哪些能获得最好的用户体验。一旦筛选出最好的呈现方式，我们很快就会发现用户在增长，而用户增长正是取得成功的重要标志。我们在技术创新基础上改变的新闻传播方式，看上去更有可能导向成功。

巴伦已经把话说得很清楚了，技术正在深刻地改变该报的传播方式，而贝佐斯对技术的投资不遗余力。2014年3月，贝佐斯在纽约建立了一个软件开发实验室，用于改进网站技术和发展新的数字广告产品。实验室在积极探索原生广告（native advertising）在移动端发展的同时，首先开发出了一种名为“Infinity”的软件，可以让整页的广告在桌面电脑、智能手机、平板电脑之间自动切换而无须广告商改变设计。该报还开发了一种新的CMS（内容管理系统），可以对数据进行即时自动分析，以便采编人员在工作的同时获得信息支持和数据指导。创办亚马逊出身且一直奉行用户至上的贝佐斯，对用户体验和传播速度十分敏感，收购该报后不久就对该报网站进行大规模的改造，重点是改进文章阅读体验、提高图片清晰度、令网页更加洁净、提高呈现速度。例如，页面文章因与谷歌Ad Choices匹配而下载缓慢，要4—5秒，贝佐斯要求降至2—3秒。

有个故事表明贝佐斯对速度的高要求。2015年某日，他收到一封来自《华盛顿邮报》读者的邮件，邮件抱怨该报客户端的下载速度太慢。他立刻把邮件转发给该报的首席信息官（CIO）夏利希·普拉喀什（Shailesh Prakash）。普拉喀什研究一阵后，报告贝佐斯，说他可以争取将下载时间降低至2秒左右。贝佐斯不同意，回复邮件说“我要求降至以毫秒为单位”。他后来建议先把图片的像素调小点，再来解决图片问题。不久，用户反映的问题果然圆满解决[1]。

由于《华盛顿邮报》七成流量来自移动端，通过移动端进入邮报网站

[1] Eugene Kim.This anecdote about The Washington Post shows Jeff bezos'scary obsession with customer service.www.businessinsider.com.December 21, 2015.

的速度就成为用户体验的关键。该报对此孜孜以求，于2016年9月宣布要建立“雷电快速”（lightning-fast）移动网站。这个建立在谷歌Progressive Web Apps基础上的新网站，平均页面下载速度不到1秒，大大快于当前3秒的平均速度。这个已投入使用的移动网站因此成为全美报业最快的移动数字平台。普拉喀什说：“我们的目标就是要建设尽可能快的移动新闻网站。很多报纸花费大量时间提高客户端的速度，但移动网站的流量增长更快，包括社交媒体在内的很多用户行为都会导向这里。”[1] 鉴于编辑部员工和外界客户都对数字端广告的下载速度屡有抱怨，该报还实施名为“宙斯”（Zeus）的提速工程，并于2017年4月正式对外宣布：该报所有数字平台的广告下载时间都压缩在2秒以内[2]。

外界一直在猜测，日理万机的亚马逊老板究竟会在多大程度上介入《华盛顿邮报》事务，特别是当他一再表示不干预编辑事务、不影响采编独立等态度后。从巴伦的介绍中得知，贝佐斯每两周到报社开一小时的会，每次都准备充分，且准时开始和准时结束，非常有规矩。报社高管每年还去位于西雅图的亚马逊总部开两次会，每次都是从中午开到晚上6点，然后请吃一顿饭。而对于具体的职能部门负责人而言，他们则更能体会到新老板有多操心。乔伊·马伯格（Joey Marburger）是贝佐斯接管该报后任命的数字产品与设计部主任，他在2015年2月11日的一连串推特中也透露出贝佐斯在技术上的精确指导以及自己对贝佐斯的由衷佩服：“他（贝佐斯）告诉我的第一件事，就是我们必须开发自己喜欢的产品。他要和我谈平板电脑事宜。于是‘彩虹项目’应运而生。”“我的团队和其他相关人员讨论研究出20多个设计思想，杰夫（贝佐斯）只从中选了半个。”“这一决定令我对贝佐斯充满信任。他所选择的设计思想，正是大家今天所用的我们客户端的核心理念。”“在（短短一年多）这段时间里，我们聘用了100多人，上线15个垂直客户

[1] Jack Marshall.Washington Post Unveils ‘Lightning-Fast’ Mobile Website.www.wsj.com.September 6, 2016.
[2] Lauren Johnson.The Washington Post Guarantees That All of Its Online Ads Will Load in Under 2 Seconds.www.adweek.com.April 24, 2017.

端。”[1] 上面所说的“彩虹项目”是指《华盛顿邮报》基于亚马逊Kindle Fire平台的新客户端，巴伦称之为2014年最大的创新，其可以提前下载并带来崭新和具有良好视觉效果的用户体验。该报已将该客户端的功能向其他移动应用拓展。

现在，“《华盛顿邮报》编辑部或销售团队采用的几乎所有应用工具，都是自己开发的”，马伯格说。它们与实际工作非常契合，也引起了其他报社的关注。迄今该报已向包括《洛杉矶时报》《芝加哥论坛报》以及加拿大全国报纸《环球邮报》（*The Globe and Mail*）等22家大报社出售这些软件，乃至成为一种新的收入来源。目前，该报每年来自数字端的收入已超过1亿美元，三年内翻了一番[2]。笔者2016年4月14日在纽约参加“媒体大数据大会”时见到《华盛顿邮报》运营部高级主任杰夫·巴吉特，他在介绍该报的数字发展时说，该报自贝佐斯收购之后开发了很多类似机器人的自动程序，总体上领先于其他报纸。他举了多个例子。第一个就是本章前面提到的监测统计平台Loxodo。它具备很多“谷歌分析”或Chartbeat等不具备的功能，诸如根据各部门需要提供的订制服务和更快的速度等。Websked是对《华盛顿邮报》网站最新内容的监测记录，同时也作为记者截稿时间的在线提醒。有趣的是，该报将提醒的图标设计为总编辑马丁·巴伦的头像，程序名也用其昵称“马蒂”，叫作“马蒂机器人”（Martybot）。于是，记者电脑里就常会出现他的图标，图标下面是“以下稿件快到截稿时间了，某某稿件（标题或主题）还剩10分钟”等字样。Break Fast Alerts是一种特殊的新闻报警装置，专门用于将《华盛顿邮报》与《纽约时报》《华尔街日报》《今日美国》《赫芬顿邮报》和有线电视新闻网（CNN）这五大竞争对手进行比较，即时显示六大媒体在发布新闻时间、重大新闻覆盖、垃圾信息占比等方面的数据，并随时更新排名。技术和人事部门将根据排名结果加以改进。

还有一些工具，如Bandito、Clavis等，都是很有用的内容推广或选题筛

[1] 转引自Joshua Benton.How involved has Jeff Bezos been at The Washington Post? Here’s one data point.www.niemanlab.org.February 11, 2015.

[2] Yuki Noguchi.At Washington Post, Tech Is Increasingly Boosting Financial Performance.www.npr.org.June 13, 2017.

选的自动程序。据介绍，其中的Bandito是一种测试题材敏感度进而优选报道方式的工具，在笔者访问该报前一个月才投入使用。它将同一报道的不同标题放在各种数字平台，实时监测同一时段不同地区各类读者对标题的追逐程度，然后对标题和内容进行改进。最终目的都是扩大数字受众。

巴吉特最后引用了贝佐斯的一句话："我们今天所要做的只是一件事：拓展受众。"贝佐斯显然是懂得如何在数字平台拓展受众的人。当年他在收购该报后不久被问到为何收购时，他就说过："对报纸业务我一无所知，但我对互联网确实是有认知的。这一认知加上我的财务能力，就是我购买该报的理由。"[1]

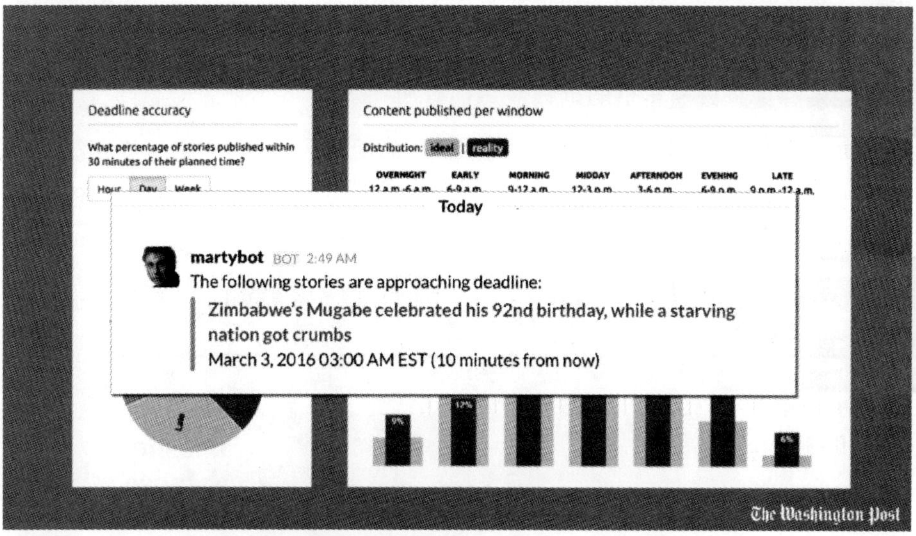

《华盛顿邮报》的截稿提醒机器人Websked
（来源：杰夫·巴吉特在2016年4月14日的演讲PPT）

不过，因此就断定贝佐斯只懂技术显然是不公平的。他虽然不干预编辑事务，但在报纸发展的全局上一直发挥着导向的作用，也包括办报理念的引领。一个突出的例子是，就在笔者访问该报后不久，他一改《华盛顿邮

[1] 转引自Eugene Kim.How Amazon CEO Jeff Bezos reinvented The Washington Post, the 140-year-old newspaper he bought for $250 million.www.businessinsider.com.May 15, 2016.

报》在其140年的历史中从未于报头制作标语箴言的惯例（《纽约时报》等一直都有），决定选择一句话永远地放上去。员工们集思广益、头脑风暴，从500个候选词中苦苦筛选，最后还是贝佐斯一锤定音：“民主死于黑暗”（Democracy Dies in Darkness）。

此言于2017年2月24日出现在报头上，立刻引发媒体热议，很多人猜测是针对特朗普总统。但该报很快予以澄清，称该箴言的确定早在特朗普当选总统之前。2016年5月，贝佐斯在接受该报总编辑巴伦的采访时说：“我认为，我们当中的很多人都坚信，民主会死于黑暗。在此情况下，确保光明就显得极其重要。”[1] 这句话也非他首创，而是借鉴水门事件记者鲍勃·伍德沃德（Bob Woodward）的一段演讲，后者则引自当年参与审判此案的美国第六巡回上诉法庭的一位法官的一句判词，意指：将一切暴露于阳光之下，民主才能生存。贝佐斯重拾旧语，显然话有所指。

此言如今已被印在T恤衫等衣物上，广为流行。

The Washington Post

Windy 51/35 • Tomorrow: Mostly sunny 51/33 B6

Democracy Dies in Darkness

SATURDAY, MARCH 3, 2018 · $2

'Jared has faded': Kushner in descent

28 days of tumult that left the White House adviser diminished

BY PHILIP RUCKER, ASHLEY PARKER AND JOSH DAWSEY

They were the ascendant young couples of the Trump White House: Jared Kushner and Ivanka Trump, and Rob Porter and Hope Hicks. They enjoyed rarefied access to the president and special privileges in the West Wing. Glamorous and well-connected, they projected an air of power and invincibility. They even double-dated once.

But an unlikely cascade of events — set in motion by paparazzi photos of Porter and

Shift in missile defense policy

U.S. EYES RUSSIA, CHINA THREATS

Review comes as Putin unveils new weaponry

BY PAUL SONNE

The Trump administration is working on an expanded U.S. missile defense policy that would address certain threats from Russia and China, departing from a previous strategy that focused nearly exclusively on rogue nations such as North Korea and Iran.

The new policy will still call for bolstered technology against rogue states, with a particular

《华盛顿邮报》报头下的新箴言“民主死于黑暗”
（截于2018年3月3日该报头版）

[1] Paul Farhi.The Washington Post’s new slogan turns out to be an old saying.www.washingtonpost.com.February 24, 2017.

媒体工程师：做与众不同的新闻

《华盛顿邮报》近年来在新闻呈现方面颇多革新，并与《纽约时报》形成你追我赶、争先恐后之势。例如，《纽约时报》于2015年11月推出虚拟现实版的客户端NYT VR，实现新闻报道的一次飞跃，并以Displaced（无家可归）等5部360°虚拟现实纪录片引发关注。仅时隔两个月，《华盛顿邮报》推出多机位跟踪报道中东难民涉险从土耳其海岸偷渡到希腊岛的全过程的直播互动纪录片《危途》（*The Waypoint*）。2016年5月，该报采用比VR更先进的AR（增强现实）技术报道巴尔的摩一位非洲裔美国人被捕后死亡引发骚乱的事件，以3D的图像、地图和音频等形式还原现场，更好地解释案件的复杂性。

再如，由于人工处理网络评论的能力有限，《纽约时报》近年来只对10%的新闻开放评论，即便如此，每天也要由14位编辑处理1.2万条评论。该报于2017年6月宣布，将大力拓展自动化技术以向读者评论开放更多文章，即利用与Google母公司阿尔法特共同开发的“主持人”（Moderator）系统，将处理评论的速度比人工速度提高1600万倍，以尽快实现对全部新闻开放评论。几乎与此同时，《华盛顿邮报》也开始对每月超过100万的评论量进行智能化追踪和管理。该报新设计的自动工具ModBot可以与人工管理配合，按某种标准过滤新评论，还能够将这些评论分解归类，并标示有违该报讨论政策的程度。目前，这类机器人已开始介入对评论的审核，决定其是否可以通过。

一切变化都是为了满足数字平台受众的新需求，而这些变化后面发挥关键作用的，是一支被称作“Media Engineer”（媒体工程师）的“特种部队”。我在事先的“功课”里了解到这一情况后，便将此列为访谈的重要议题之一。

辜：我听说你们建立了一支媒体工程师团队，而且近年来发展很快。我对此很感兴趣，能谈谈这方面的情况吗？例如该团队的主要任务是什么？

巴伦：工程技术方面的事务不归我管，它们由首席技术官（CTO）负责。但有一部分工程师，大约有47人是在编辑部工作的，他们大概就是你说的“媒体工程师”。编辑部里这个工程师团队在贝佐斯收购报纸之前就有了，但那时仅有4人。贝佐斯来之后，大大扩充了这支队伍，增加到现在的47人。他们与记者和编辑并肩合作，其使命是让所有人都能顺畅地阅读《华盛顿邮报》（指数字版），同时也在很多方面协助我工作，诸如怎样更好地讲述新闻、怎样强化内容对读者的黏合力、怎样加快内容的传播速度等。总之，你知道的，我们通过各种平台传播新闻，而媒体工程师就是要解决所有平台的一切呈现和传播问题。

辛：这么说，媒体工程师既要管版面设计，也要管技术创新？

巴伦：他们不管纸媒版面。他们主要负责数字平台上的新产品和新闻叙事的新方式。他们与记者建立合作关系的核心任务，就是实现《华盛顿邮报》新闻传播方式的创新。

关于媒体工程师，巴伦谈得不多。我转而在与该报执行总编辑加西亚-瑞兹的访谈中再次提到此事。加西亚-瑞兹也是一位老报人，其于1983年从马里兰大学毕业后先在一家地方报纸工作4年，随后便加盟《华盛顿邮报》，在体育部当夜班编辑。1990年后到《洛杉矶时报》等报纸工作，直到2001年回到《华盛顿邮报》。在《华盛顿邮报》先后担任体育部主编、地方新闻主编、战略项目主编等职，2013年5月至今担任主管数字传播的执行总编辑，负责数字开发与运营、视频、图片与图标设计、多媒体平台编辑等工作，几乎囊括数字传播的所有岗位。他和巴伦一样，都是在贝佐斯到来之前就担任现职的资深报人。这也体现了贝佐斯对原编辑部班子的尊重。而加西亚-瑞兹作为分管数字传播的传统老报人，对报业传播的变革有深刻的感受。

辛：在编辑部的日常工作中怎样体现数字创新？

加西亚-瑞兹：关于主要的数字化创新，我们的做法其实很简单，即尽我们所能，用最好的技术，做最好的新闻。也就是说，记者完成了伟大的新闻后，技术上要保证用新的有效工具去向受众讲述。这两者结合好了，就达到创新目标了，可是这么做是非常不容易的。为何？因为大多数编辑部并不同时具备伟大的技术和伟大的记者。幸运的是我们两者得兼，这为我们创造了极有利的机会。这里面的技术任务，就是由媒体工程师来完成的。他们就在编辑部工作，并分配到各部门，与一些记者深度合作，在每个新闻故事中合作。

我给你举个例子吧。5个月前，我们可视部门（Graphic Department）的一位编辑说，我想做一个关于欧洲移民危机的新闻。他的老板（指他的部门主任）告诉他，现在各家报纸都在做这个题材，你如果想做，必须用过去没人做过的全新方式去制作，否则就别碰它。这位编辑觉得，这既然是本年度最重要的新闻之一，还是想尝试一下。于是他带了媒体工程师，带了图表设计师，带了摄影记者，带了摄像记者，来到莱兹波斯岛（Lesbos，希腊爱琴海上的岛屿，靠近土耳其）。他们考察一番后回来说，决定做这个新闻，用实况跟踪的方式直播整个故事。随后他们又通力合作设计了通过智能手机进行移动状态的现场转播方式，且通过各种通信技术保障其不会中断。这是一种前所未有的采访体验，此前在报道欧洲难民危机时也从无媒体这样尝试过。最后终于成功了，我们做了与众不同的新闻。你看这里（他让我看他的手机），你滑一下视频就出来了，你要看这个场景里的其他画面，按一下键钮……

这些媒体工程师分布在我们总共两层楼的各个部门。例如，政治新闻部有2人，体育新闻部有2人，视频团队中包含了一支工程师团队。可以这么说，如果没有这些工程师，没有伟大的技术创新，你不可能在转型中取胜。那些推行数字优先的媒体公司如《赫芬顿邮报》，他们都拥有伟大的技术，但是他们只考虑数字空间问题，只考虑怎样在数字平台取胜。

辜：你们的媒体工程师数量是美国媒体中最多的吗？

加西亚-瑞兹：最多倒不一定，但我们的数量算很多了。他们（媒体工程师）和记者们一道工作，而且深受各部门欢迎。如果我问各部门是否需要更多工程师，他们个个都会说需要。我们很幸运能在这方面进行充分的投资。

辜：把部分工程技术人员从技术部门调到编辑部工作，你们这样做一定有充分的理由。

加西亚-瑞兹：理由是很多的，其中之一就是工程师在当今已成为内容生产的重要成员。我们回到刚才的移民危机报道。在可视部门，我们有10至14名工程技术人员。他们可以做前端开发，也可以做后期制作。有3位工程师是全天候工作的。所有工程师都参与报道策划或制作。他们从报道的最初阶段就开始介入，并与记者共同考虑如何呈现和传播。你如果看到他们的工作情景，就能完全理解为何这样的合作方式会改变一切。这样的思维碰撞会创造一种多维传播的氛围。我们很多新闻都是这样产生的。在难民危机的报道中，我们采用了更多的技术，这要看你设想要做什么样的报道。你要想到读者在手机上阅读报道时的需要。（他再次让我看手机上的视频报道）你看，这就是工程师要做的。没有他们，你不可能完成。那么你只能像过去那样进行传统形式的报道。

辜：你们的媒体工程师都是技术出身吗？

加西亚–瑞兹：不一定。1998年数字就开始流行了，数字并不是什么新东西。2001年或2002年毕业于新闻院校然后去网络工作的人，他们从未做过报纸，却已掌握了网络技术，对数字非常敏感，甚至已经拥有了自己的受众，在Facebook或Twitter 上拥有大量粉丝，这些人我们会录用。他们有的还会带来受众。

《华盛顿邮报》执行总编艾米里欧·加西亚–瑞兹与笔者深度访谈（朱琪 摄）

《华盛顿邮报》执行总编艾米里欧·加西亚–瑞兹向笔者展示手机上关于欧洲难民危机的创新报道（朱琪 摄）

加西亚–瑞兹执行总编所举的例子，正是前述报道中东难民涉险偷渡的直播互动纪录片《危途》（*The Waypoint*）。制作团队经充分准备，从2015年11月开始，选择从土耳其偷渡的多个典型中东家庭，跟踪记录他们从与“蛇头”接触、偷偷交易、家庭纠结到冒险出海、超载漂洋（承载20人的船上了40人）、落水被救以及上岸后饱受煎熬等“移民”全过程。整个纪录片动用了现场跟拍、无人机追拍及VR互动技术，多角度、多机位生动地同步传播了难民们险象环生的偷渡过程和长期的心理挫折，除了少许字幕外，几

《危途》主要制作团队
（来源：www.worldpressphoto.org）

乎没有旁白，全部靠信息丰富而有说服力的当事人谈话、现场图像和各种图表讲述故事。偷渡难民既有底层民众，也有知识精英；既有成功获得难民证的，也有历经苦难而被遣返的。大量受众通过各种数字平台在线跟随这些连制作团队也不知最后结局的故事。《华盛顿邮报》也因此开创了一种全新的报道模式，在新闻界和学界备受好评。而制作团队的核心人物之一，就是一位媒体工程师。

加西亚–瑞兹说的那位编辑可能就是该报视频新闻主任迈卡·格尔曼（Micah Gelman）。他后来接受采访时说："我们在过去的一年半里都在筹划怎样让视频成为新闻报道整体中的有机成分而不是孤立的画面切入。因此我们让视频与图片、图表、字幕等融为一体来为《华盛顿邮报》讲好故事。我们不会生硬地将视频插入也许并不合适的新闻报道中。"[1]

接着媒体工程师这一话题，我继续向加西亚–瑞兹这位分管数字传播的老总了解该报的技术问题。

[1] Jilean Kearney.The Long-form Storytelling Originators: Journalism Examples for Content Marketing Inspiration.www.scribblelive.com.October 26, 2016.

辜：除了媒体工程师，您能再谈谈你们在转型方面的其他创新工作吗？

加西亚-瑞兹：如果你在美国或欧洲的报纸工作，你一定感受到大幅滑坡的痛苦。大量同事被裁员，编辑部在萎缩。你会意识到，如果不改变，只有死路一条。我相信在世界很多地方的报社员工，都会脱口而出，上帝啊，我们不能再像过去那样工作了。不论融合发展有多麻烦，它都是要放在第一位去做的。如果你的领导是真正决心要向数字方向转变，编辑部其他人员都会跟随的。但如果位居高层的人优柔寡断（wishy-washy），那一切都完了。因为那些习惯于做熟悉的事而拒绝陌生领域的人，会坐井观天地认为自己无须尝试新事物。他们会觉得，既然领导不要你创新，那就一切照旧吧。从这个意义上讲，马丁（巴伦）是伟大的。他作为总编辑一直很清晰、明确、坚定地告诉大家，数字是我们最大的优先选项。

辜：您能描述一下你们怎样开发移动产品吗？

加西亚-瑞兹：两年前我们开始注意到，受众正快速地向移动端转移，同时报业出版商正在失去对内容传播的控制权。五年前，我会告诉你Washingtonpost.com（该报网站）的主页是最重要的事项，因为我们的大多数受众都上网阅读。他们习惯于输入该网址然后到主页查找自己感兴趣的内容。现在不同了，流量都跑到社交网站上去了，如Twitter、Facebook、Instagram等。Facebook 的手机客户端变得非常强大。我们借助这一趋势，利用社交媒体。例如我们与 Facebook合作。人们到Facebook上点击想要的文章，自然就转到我们的移动网站上来了。现在我们60%的流量都来自移动端。我们有伟大的移动网站，它们已经创新完毕。除了移动网站，我们还有很多客户端，专门为那些想要直接消费我们内容的受众服务。

视频和大数据颠覆传统报道模式

《华盛顿邮报》能吸引大规模数字受众的另一个原因是内容的极大丰富。该报现在每天生产1200多篇“内容”，其中大多数与印刷版无关。我用“内容”替代“文章”，是因为它们并不都是文章，而包括了视频、音频等内容形式。而视频正是该报目前关注的重点领域之一。于是我接着与加西亚-瑞兹谈起视频新闻。该报的视频内容当时已经很多，除了VR、AR等特殊视频纪录片，每周还常规生产近200条视频新闻，几乎所有重要新闻中都嵌入视频内容。

辜：您相信视频会成为未来新闻报道的主要形式吗？

加西亚–瑞兹：那一定是的，毫无疑问。我觉得视频主导新闻有多个理由。例如她这一代（指协助我访问的毕业于深圳大学新闻系的乔治–华盛顿大学研究生朱琪）就已习惯用视频沟通联系。我有两个女儿，一个17岁，一个19岁，她们和朋友们聊天时，总是通过Snapchat视频进行。这已成为整个传播行为中的主要范式（paradigms），用视频形式传播将成为主流。当年轻一代建立起基本的传播行为规范时，就会影响全人类。

加西亚–瑞兹的话让我想起与《基督教科学箴言报》总编辑英格沃森的交谈，他女儿也整天通过视频从朋友处获得新闻并交流看法。而在与巴伦总编辑访谈时，我也问起过该报的视频报道，因为视频团队似乎正是在巴伦任职后建立起来的。

辜：我从贵报的客户端上看到很多视频报道，每天都有，数量挺大的。看得出来，你们在视频上下了很大功夫。能谈谈你们在视频方面的操作方式吗？

巴伦：我们在视频方面确实很努力，也挣扎过。从我第一次到这里，也就是3年多以前，我们就建立了视频生产的队伍。我们这样做是因为我们要做在线的视频报道，特别是政治视频报道。

辜：视频团队是您当总编后建立的吗？

巴伦：原来有个别的视频节目，但扩建为团队是我来之后的事。从那时起，我们开始进行常规化的视频生产。但那时的视频都是独立的类似电视节目的“视频秀”，所以并不成功，因为人们并不习惯盯住桌面电脑看视频秀，这就是为什么我前面说我们也挣扎过。那时移动传播也不像现在这样普遍。于是我们改变过去的做法，将视频嵌入各类新闻中，并让它们普遍化。我们要求在可能的条件下，确保每条新闻都附有与新闻相关的视频内容。这些视频内容会提供文本新闻所难以提供的鲜活信息，它们会帮助你更好地理解新闻。所以我们非常努力地寻找视频的切入点，让它们与文字新闻构成完整的新闻主体。我们也做独立的原创深度视频报道，它们主要由两种优先类型构成：一种是解释性新闻视频，即对那些较为复杂或前景难测的重要新闻进行解释分析，我们通过视频和动画解释新闻事件，这方面我们做得很成功；另一种是较长的纪录片，就像《危途》那样，但目前这类片子做得较少，因为投入较大。

辜：你们的视频团队规模较大，大概多少人？你们每天生产多少视频？

巴伦：我们的视频团队共有40人。至于生产多少视频，天哪。

辜：大概的数量吧。

巴伦：你是指我们生产的原创独立视频数量？

辜：是的。

巴伦：我们每天生产3至4条这类视频片（这里面不包括跟随日常新闻的视频报道——笔者注）。

辜：你们的数字平台也转发其他来源的视频新闻？

巴伦：是的。

就在我访问该报时，该报2015年一组利用大数据进行的系列深度调查报道正被外界交口称赞。这就是以“致命枪击”（Fatal shootings）为主题的关于美国警方在2014年实施致死性枪击事件的调查报道。于是，我向巴伦提及该报大数据报道的运用。

辜：贵报运用数据甚至大数据进行新闻报道做得很成功，你们有专门的大数据部门吗？

巴伦：我们确实有一个大数据部门，我们有一位首席技术官（CTO）或首席信息官（CIO）负责此事。大数据部也与各采编部门发生联系。

辜：你们似乎在很多报道上都开始运用大数据，而且每个采访部门都介入大数据新闻，甚至网上每页都能看到大数据报道。这是事实吗？

巴伦：您说得很对。我们希望大数据报道能够经常化，特别在数字平台，数据新闻的可视化呈现非常受欢迎。我们的警方枪击调查就是这类报道的典型案例。

巴伦提到的警方枪击调查就是“致命枪击”系列报道。该报道在我4月访问哥伦比亚大学新闻学院后的第三天，获得了普利策全国新闻奖，成为大数据报道又一新的经典案例。这里有必要稍作介绍。

2015年春，该报记者韦斯利·洛厄里（Wesley Lowery）惊讶地发现，2014年美国警方因各种原因枪击致死的事件很多，但官方从未公布调查数据，更无对这些事件的整体分析。他建议报社自己来搜集数据并加以分析，以便发现这些枪击事件的某些规律。显然，这是个具有很高新闻价值的题材，他的建议立即受到报社的重视，但挑战在于面上数据的搜集。该报为此组建了一个由记者、编辑、调查员、摄影记者、图表设计师、数据工程师、媒体工程师等人员组成的庞大团队，打算用大数据和可视化的方式，对2015年的此类事件展开全面的新闻调查。

团队先建立了一个数据库，用来搜集来自全国各地警察局的相关数据并不断更新，为每一起枪击案件建立数据档案，累计涉及上万个数据。例如，对每起枪击案，都通过调查搜集到被击者跑动到停止的路程，枪击时周边的环境，被击者是否携带武器以及武器的类型（枪、刀、棍等），被击者反抗的程度（或不反抗），被击者的种族、性别、年龄、家庭情况、所在区域、有无犯罪前科等10多个数据。这些数据远远超过联邦调查局（FBI）和疾病控制中心（CDC）掌握的数据。相关记者则根据已有数据展开追踪报道。从2015年4月11日至同年12月26日，该报连续刊登10组调查报道，并且从第一组报道开始就配发引人注目的图片、视频（监控录像）、可视化图表或动图。例如，5月30日的《全国范围的警方的致命枪击已接近400例》（Fatal police shootings in 2015 approaching 400 nationwide）的报道，其中列举385位被击毙者的情况及种族、性别、是否持有武器等的数据和所占比例以及在全国的地理分布，辅以多个图表，其中未持任何武器或只有玩具手枪的被击者占了六分之一。该报道后面列出了2500条评论（还有很多评论因处理人手不足而未能上传）。8月8日的一组报道在标题上就用数据表明，手无寸铁的黑人遭致命枪击的机会是同样不拿武器的白人的7倍。读者可以随时提取这些报道图表后的全部真实数据并与报道互动。

当年12月26日的最后一组报道《一年回顾：警方致命枪击接近1000起》（A year of reckoning: Police fatally shoot nearly 1000），用4000多字总结了一

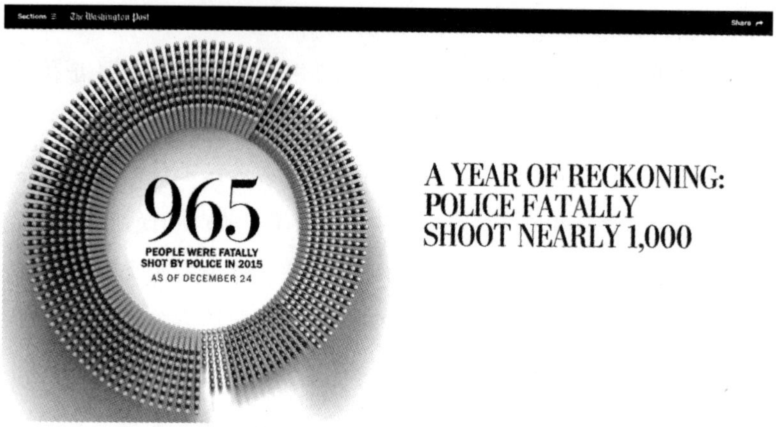

“致命枪击”最后一组报道图表之一
（来源：《华盛顿邮报》官网）

年来的调查结果，得出多个颇具说服力的结论，诸如有色人种比白人更易遭到警方枪击等。报道配发一连串设计精良的图表，所标注的截至12月24日的各种数据触目惊心，如965位美国公民被警方枪击致死，其中564人持有枪械，90人手无寸铁，281人持有刀具类武器，等等[1]。

这组系列报道的最大特点就在于采用了大数据或全数据，通过数据挖掘和对大量数据的客观分析，得出最令人信服的结论，将真相大白于天下。与之相比，以往的传统调查报道，通过抽样、问卷、电话、人工访谈等调查方法得来的数据既不全面，也不客观，且因个人因素（文化、宗教、种族、价值观等）对调查过程的干扰而可能形成偏见。《华盛顿邮报》这一案例，可以说是对传统调查报道的一次颠覆。而事实上，美国很多媒体都开始经常化地在新闻报道中引入数据或大数据方式。这一点在本书第11章将详述。巴伦也认为，在数字环境下，报纸可以依托现代化的信息手段完成更多的调查报道。

辜：现在人们对报纸总体上在调查报道方面的衰退表示担忧，不知像《华盛顿邮报》这样伟大的报纸还能回到过去的调查报道黄金时代吗？

---

[1] 以上数据均据《华盛顿邮报》官方网站：www.washingtonpost.com。

巴伦：我们现在做的调查报道数量并不比过去少，甚至更多。我们做很多调查报道，这是我在《华盛顿邮报》的职责。例如我们去年获得普利策奖的调查报道，揭露了媒体极少触碰的美国特工处（U.S.Secret Service）的种种弊端，导致特工处长下台，也引起全国对国家首脑保卫工作的关注。这是世界上最保密的机构之一，任何人都很难渗透进去，但我们的记者卡罗尔·利奥宁（Carol Leonning）做得很好，竟然能够进入特工处的文件系统获得关键资料。

辜：真好！这样的新闻，读者当然喜欢看。

巴伦：我同意。我认为我们是这样被期待的，他们（读者）希望我们这样去做，他们把这类报道看作是我们使命的一部分，一个重要的部分，甚至是最重要的部分。如果我们不去做，我认为就犯了很大的错误。你知道的，现在人们正在议论媒体的职责。我认为，我们在这方面的任何失职行为，都可能导致报纸影响力的丧失和对公众利益的损害。

巴伦正是这类具有高度使命感的老报人，从他一路走来、经历多家报纸的近40年报业生涯，特别是在《波士顿环球报》力排众议策划的惊天报道，都是人们可以感知到的。而他提到的2015年获普利策全国新闻奖的报道也确实很震撼。记者从白宫夜晚遭半自动步枪多枚子弹袭击的事件着手调查（当时奥巴马总统夫妇恰巧去了圣地亚哥，但其小女儿和米歇尔的妈妈都在屋内，大女儿则随时可能回来），挖掘出负责总统和副总统保卫工作的特工处大量玩忽职守和管理混乱的丑闻，惊动全国。

总编辑们眼里的报纸未来

在4月召开的纽约数据大会的一个Panel上，我向坐在台上的《华盛顿邮报》运营部高级主任杰夫·巴吉特提了一个问题：“贵报数字收入占整个收入的比重为多少？”旁边有与会者回头说“这个问题问得好”。但巴吉特婉拒说：“我们现在已经不是上市公司，我未得到授权披露这些财务数据。”（同在台上的英国《金融时报》一位负责人当时笑着说“我可以告诉你《金融时报》的数据”）。尽管巴吉特未回答我的问题，但仍可通过其他渠道了解到《华盛顿邮报》近年来数字收入的增长情况。

在和巴伦总编访谈中，我小心翼翼地问起该报的经营情况（该报自被贝佐斯个人公司收购后，已经不再是上市公司而成为私营企业，总编辑是更加无权透露财务数据的）。

辛：想问一下付费墙情况。我知道登录贵报网站阅读新闻是要付费的，而且你们似乎没有像《纽约时报》那样设定一定数量的免费阅读指标。您认为付费墙战略是报业转型的可行道路吗?

巴伦：我觉得我们需要收入。我们需要那些愿意付费阅读的忠实用户。但我们也有免费指标，我们让读者每月可以享用不超过5条新闻的阅读权限。我们并不想马上就从付费模式上挣多少钱，财务的成功在于可持续发展。

辛：这么说，你们也实施了“计量式”的付费墙（metered paywall，指开放一定免费数量的付费墙，以区别于全部收费的“硬付费墙”）?

巴伦：对，计量式付费墙。因此当读者每月阅读数量到达5条以上，就会被要求付费订阅。我们近年来在付费订阅数量上发展挺快的，虽然这个数据还不够大。这给我们带来了自信，我相信我们会做得更好。

辛：那么在报纸的收入结构上，来自发行的收入正在扮演更重要的角色?

巴伦：趋势是这样的。在过去，互联网还没兴旺之前，报纸80%的收入来自广告，只有20%的收入来自发行。也有的高达85%：15%，大体上是这样。

辛：现在怎么样呢?

巴伦：现在显然要开始依靠在线广告了。我想经过较长一段时间，我们的在线收入结构会和过去的纸媒收入一样，即广告和发行收入之比是80%：20%。如果出现这样的情况，我不会感到惊讶。

辛：除了传统的广告和发行收入外，包括数字平台的广告和发行，《华盛顿邮报》是否也从其他方面寻找收入?在中国，很多报纸面对广告的流失和发行的下降，都开始涉足其他产业，如零售、房地产等。你们是否也有这样的尝试?

巴伦：您知道的，我们有教育产业，但现在分开了（指贝佐斯收购该报后，原教育部分留给了格雷厄姆）。而且该产业在总收入中所占比重也不

从二楼俯视《华盛顿邮报》编辑部（辜晓进 摄）

大。目前我们的主要收入还是广告和发行，包括数字方面。还有就是前面提到的，我们的软件开发也带来收入。

我没有问具体的收入数据以为难巴伦。好在还有其他线索。2016年9月6日，该报首席财务官（CFO）杰德·哈特曼（Jed Hartman）以内部备忘录的形式透露了部分财务数据，称“我们的收入在增长”。备忘录表示，《华盛顿邮报》的年度数字广告已经达到“9位数”（nine-figure），而整个广告收入也在按年增长，其中数字广告截至8月的一年内增长了48%。哈特曼特别提到，数字收入方面增长最快的是原生广告，上升了275%，其次是卖软件收入增长92%，视频广告收入增长82%。不过，备忘录仍未提到绝对数据。《纽约》杂志前不久估计其数字广告的收入为6000万美元。而《纽约时报》公布同期的数字广告下跌了7%，为4500万美元[1]。

在与两位老总的交谈中，我都问到目前采取的战略和对报纸未来的看法。其中加西亚-瑞兹执行总编对数字优先战略的态度倒是有点出乎我的预料。

[1] Lucia Woses.The Washington Post: “We are a growing business”.Digiday.com.September 7, 2016.

幸：你们现在或未来会实施数字优先战略吗？

加西亚-瑞兹：我们不采纳数字优先。纸媒仍然提供大量金钱，这一点很重要。智能手机、平板电脑也都很重要。我们试图为每个人关注他们想要的东西。过去的10年，人类通信方式发生了巨大变化，已经没人寄信了。我们需要让我们的内容适应这个世界。至于是纸媒优先还是数字优先，我并不在乎。我在乎的是我们必须为各种平台做好产品。不同的人喜欢以不同的方式传播信息。例如，很多人并不想一大早就获得新闻内容，他们喜欢在下午2点通过智能手机获取内容，或下午4点通过平板电脑看我们的报纸，或晚上8点在PC端看新闻。我们需要适应他们。我们要保证，新闻一旦做好就尽快发布出去。

幸：那您相信报纸在将来仍会侥幸存活甚至发展壮大吗？

加西亚-瑞兹：我觉得现在的报纸太多了，整个行业必须压缩。现在有太多报业公司在亏损，他们必须转型，但结果仍有待观察。

与加西亚-瑞兹稍显悲观的看法不同，巴伦对报业转型前景和报业的未来都持谨慎乐观态度。

幸：巴伦先生，您曾在多个大城市的多家著名报纸做过高管，如迈阿密、洛杉矶、纽约、波士顿、华盛顿等地。与过去的岁月相比，那时也有好过和不好过的时候，现在是否到了报纸最困难的年代？

巴伦：你问现在是否最困难？对我来说，是的。现在办报非常艰难，我的意思是我们面临一大堆财务挑战，我们要面对大量竞争者——他们与我们争夺读者，争夺广告，争夺一切。而技术变化飞快，我们永远要实施并适应技术的更迭，因为变化的机器不停地运转着。你刚掌握一样技能，马上又要去学其他东西，虽然我并不认为这就是挑战。我们做一切这样的事情，而财务资源又较为有限。我们疲于奔命地赚钱，不遗余力地想从现状中拯救自己，因而顾不上思考太多未来的事情。

幸：那么您作为一家世界级报纸的领导，对报业的未来是否仍然乐观？

巴伦：我是乐观的。乐观的原因主要在于，我们针对事业的发展做了大量有效的实验，而且我相信，我也必须相信，我们这些实验会为我们找到答

笔者与《华盛顿邮报》总编辑马丁·巴伦在编辑部合影（朱琪 摄）

案。我更相信，人们永远需要新闻。他们依赖新闻来源。他们需要有人为他们的切身利益负责。他们需要新闻来保障自己对社会的认知。他们需要新闻能得到很好的报道。因此，我认为我们的市场是存在的。尽管在现有环境下探索可持续的报业模式是非常非常困难的事，但我觉得通过所有这些实验我们会找到答案，因为所有人都在探索。一旦有人发现了有效的途径，所有人就都会跟随而去。我们需要乐观。那些觉得自己的工作毫无价值的人是不可能成功的。只有相信自己能实现目标的人才可能获得成功。当然，我不认为现在已经找到了答案，但你必须去探索和尝试。

辛：记得去年4月，您曾应邀做过一个关于报业转型和未来发展的很好的演讲，我忘了是在什么地方。

巴伦：是的，我做过，在河滨（Riverside）。我谈了很多，你可以看看。

巴伦是2015年4月8日应邀在加利福尼亚州大学河滨分校（University of California at Riverside）发表演讲，当时演讲题目为“新闻业大转型：纸媒向网络转变中的放弃、坚守和进取”（Journalism’s Big Move: What to Discard, Keep, and Acquire in Moving From Print to Web）。该演讲涉及报业转型的多个方面，特别是观念的转变，确实很精彩。这里不妨翻译摘录部分以飨读者，也算是对此次访谈的一个补充：

技术的浪潮正在侵蚀我们的根基。它威胁到我们传统新闻业的家园。生存的欲望命令我们转型，我们也不得不尽快转型。这就是我所说的“大转型”（big move）。而转型带来的第一个牺牲品，就是情感挫折。

新的工作压力不在乎你想做什么，不在乎你怎样去应付变革，也不在乎你一下子要学到多少东西。它完全不在乎你会增加多少额外工作量。转型必然要发生，而我们只有一种现实的选择：我们必须采取行动去适应它，并且重拾繁荣，如果能够达到理想目的的话。否则，我们只能选择失败。

巴伦接着列举了近10年来数字媒体的发展历程，诸如Google在2004年才上市，如今每天的搜索次数已达30亿；Facebook在2004年才创办，现在的月活跃用户已达13亿（2018年已突破20亿）；YouTube在2005年创办，现在的月访问量为10亿；Twitter在2006年创办，现在有5亿人每天在上面发送图文；Kindle在2007年推出，现在每10个美国人中有3人读这种电子书；iPhone在2007年推出，如今全球20亿人用这种智能手机；WhatsApp在2009年创办，去年以190亿美元卖给了苹果公司；Snapchat在2011年才创办，现在的市值在100亿美元以上。他接着说：

如果如此变化的速度令你感到挫折，并无任何良药可以安慰你。变革只会更快。那些抵制而不是拥抱这一变化的人不会得到宽容，他们的命运将是被撇开或被抛弃。这就是我们面对的残酷现实。新闻业从印刷向数字的转变对我们这些21世纪前在这个领域成长起来的人而言，是很不舒服的，而我们只能去适应它。

我们正在从一种习惯转为另一种习惯，从一个世界走向另一个世界。我们正在远离曾经栖息的家园。我们现在要适应陌生的行为。我们的新邻居年轻而敏捷。他们没有经历过我们那样的焦虑。他们经常说着另一种语言。他们对我们过去所做的事情不屑一顾。我们是移民，他们是原住民。他们对我们所谓的新环境非常熟悉，而我们还在学习如何适应。

我们要摈弃目前在编辑部依然流行的一种观念，即纸媒头版的内容总是更重要和最有价值的，它们比我们网站传播的内容更具权威性。事实上，它们并不特别重要。它们只体现了我们自己定义世界和图解世界的价值观。我

2001年8月24日，笔者采访时任《波士顿环球报》总编辑的马丁·巴伦

们希望把头版做得更好、更有创意，这确实很重要，但并不比在网络传播内容更重要。现在一条在线新闻的读者量，有时会超过整份报纸的读者量。

我们还要摈弃另一种观念，即采编工作可以撇开经营工作（如广告和发行）而独立运营。现在的事实是它们不可能分开。几十年来，我们都在谈论编辑部与所谓经营方面隔着一堵墙。这样做的目的是可以理解的，甚至也是很有价值的。广告商不可以影响他们的新闻报道，更不可以像政治家那样影响报道。新闻必须独立。我们的信誉至关重要，信誉就是金钱。

然而，编辑部与经营部门之间的隔阂增进了相互间的陌生感。编辑部的员工从不理解怎样才能赚钱，而且坦率地说，他们也不在乎这些，因为我们赚了很多钱。而经营部门那头，我也必须说的是，对编辑部也一无所知，因为我们在读者和广告商中的主导地位对他们来说也不值一提。

如今，这些都要在意了。我们需要知道怎样支付账单，特别是新闻采访靠什么来支撑。广告商正在寻找创新性、可监测、更成功的方式去连接潜在的客户。在不放弃报道的独立和诚实原则的前提下，编辑部必须参与能够吸引广告、增加读者、给双方都带来满意结果的产品的创新活动。在《华盛顿邮报》，创新既是前沿，也是核心。

访谈结束后，笔者向巴伦赠送《走进美国大报》修订版，内有当年采访《波士顿环球报》的章节和他的照片（朱琪 摄）

我们同样需要摈弃的是员工数量和组织结构仍应维持原状的观念。它们不可能维持原状。网络有着与印刷媒体完全不同的特性，它需要用不同的方式去生产。所以我们要重新思考资源的配置，重新考虑哪些岗位要安排多少员工。互联网是一种不同于以往的环境，组织机构必须适应这样的环境。

最诡异的部分是怎样实施转型。我们必须一如既往地保持报纸的出版质量，无论是印刷版还是数字版。我们决不能简单地将纸媒内容搬到网上。我们不能滥用我们的声誉，那些忠诚的付费订户是最值得我们去坚守自己声誉的。因此，我们在摈弃一些旧观念的同时，还必须去获取新东西。我前面已经提到一些新的叙事技术。我们需要掌握它们，发展它们。要获取的东西还有很多。总之我们要心甘情愿地去顺应变化。

我个人已经历太多变化与抵触了。编辑部曾对用计算机替代打字机犹豫不决。当我们开始聘用设计师时，人们抱怨我们过于看重外在美学而忽略实质内容。我记得同事们曾对可令报纸更加通俗可读的图表设计表示怀疑。当引入彩色印刷时，有员工觉得这种彩色轻佻虚浮，影响了报纸应有的厚重感。所有变化都或多或少地耗费了不该耗费的时间。不过那时的拖延无伤大雅，因为没人对我们的经营模式构成威胁。但在如今广告商和读者都在离开我们时，我们还对互联网的应用持抵触态度就危险了，因为拖延的结果就是被吞噬。

过去像我们这样的报业公司，我们招聘来的人是要向我们学习的。现在反过来，我们要招聘那些能教我们的员工。数字时代也意味着我们要变成技术型企业。我们不能总是滞后于边缘。当我们赶上去的时候，别人可能在某方面比我们做得更好。

所以我们要实施数字方向的大转型。我们必须聘用更多的技术专家进入我们的机构。在我们的编辑部，必须聘用对技术有悟性的人，而且必须对编辑部现有的所有员工培训他们所不熟悉的技术技能。技术可以监测我们所做的一切。监测我们怎样生产新闻，人们在阅读每篇新闻上花费多少时间，人们阅读新闻的深度如何，他们读完一篇新闻之后是否会接着读另一篇，他们何时再登录我们的网站，他们来自何方，他们的阅读兴趣是什么，等等。

在我们需要抛弃和获取的同时，有不少东西则是需要我们坚守的。我们必须见证发生在我们社区、我们国家、我们世界的新闻事件。足不出户是报道不了新闻的。像《华盛顿邮报》这样声誉卓著的报业机构，需要生产雄心勃勃、富有前瞻性的原创内容，并为公民讨论和公共政策设置议程。这是因为我们在揭露内幕；因为我们带来观察事物的前所未有的视角；因为我们了解新的事实，听取更多民众的声音，查验更多证据；因为我们挖掘得更深；因为我们的目标是对真实性的理解和对真相的披露。这些都不是浮光掠影或靠点击鼠标就能做到的。

去年在我们编辑部的内部会议上，我设了两个目标：我说下一年我们要成为数字转型年，同时也要成为新闻雄心年（year of ambition）。我想我们至少在新闻雄心方面实现了目标。最好的新闻总是关乎发现。这个发现涉及惊讶、好奇、兴奋、新知。我们曾以“水门事件”为标杆，不能让调查报道的肌肉在自己的职业生涯萎缩。特别是现在政府的力量在上升、富豪的影响在膨胀，尤其是那些需要被监督却视媒体力量已不再的人，我们要做好“看门狗”。

第二个需要坚守的是不断改进采写技巧，广义地说就是叙事的技巧。不论是文字、图像还是各种方式的结合，我们都必须确保读者对他们所未知的世界有清晰的了解，对事实有新鲜的认知。在需要伟大的采写的同时，我们也需要伟大的编辑。这意味着我们需要通过组织架构和编辑员工令新闻更加精准。这需要我们在出版之前质疑我们的作品，需要追求公平表达，需要竭尽全力令事实准确。只有这样，我们的诚信和声誉才能得到保障[1]。

[1] WashPostPR.Washington Post Executive Editor Martin Baron on journalism's transition from print to digital.www.washingtonpost.com.April 8, 2015.

第五章

费城媒体集团：
前所未有的所有制改革

集团高级副总裁、总编辑语录
集团高级副总裁、费城网总编辑语录
《费城问讯报》总编辑语录

命途多舛　10年换了6个东家
非营利托管带来重大变革
“纸媒代表纸钞，数字代表硬币”
“开发新收入来源至关重要”
人员合并如何保持编辑独立
一报一网已成历史
有可能重建付费墙
巧遇媒介专家罗森斯蒂尔

集团高级副总裁、总编辑语录

高级副总裁、总编辑斯坦·维茨诺夫斯基（薄青青 摄）

我们正在将《费城问讯报》（The Philadelphia Inquirer）、《费城每日新闻》（The Daily News）和费城网（Philly.com）合并运营。这一决定的目的是确保我们所有资源都得到高效利用。我们要避免重复覆盖，因此不会再派两个人（代表不同媒体）去报道同一题材。我们仍然会出版两种报纸，但我们要面对更多受众。当然，我们不会考虑纸媒优先，在一天当中，纸媒是最后被考虑的。我称之为“内容优先（content first）、用户优先（audience first）”。我们既出版纸媒，更发布数字内容，就是要随时随地满足受众需要，不管他们在哪里，不论他们何时需要，或不论他们希望通过什么渠道获得，我们都要尽量满足他们。

——斯坦·维茨诺夫斯基（Stan Wischnowski）

集团高级副总裁、费城网总编辑语录

高级副总裁、费城网总编辑艾瑞克·卢肯（薄青青 摄）

我们最大的竞争对手并非本地的11种报纸，而是数字大公司。他们是全国性的媒体，是电视台的网站，是在Facebook、Twitter等上面传播的每一条新闻。它们都在与我们争夺人们的注意力。例如，在这个市场（指大费城地区），费城网（Philly.com）是本地信息的最大供应商。但是，这个市场的很多人看Yahoo新闻，看《纽约时报》《今日美国》《华盛顿邮报》等全国媒体的数字新闻，看它们的人多过看我们网站的人。尽管我们是本地市场的老大，但我们仍被隐藏在这些大公司的身后。即便对本地新闻感兴趣的人，也会去那些大玩家（big players） 那里获取国内和国际新闻，或者去电视台获取本地新闻。因此，我们别无他法，只能向人们展示我们自己生产、有价值、独特的新闻，而这些新闻是他们从其他网站得不到的。

——艾瑞克·卢肯（Eric Luken）

《费城问讯报》总编辑语录

《费城问讯报》总编辑比尔·马里莫
（薄青青 摄）

我的感觉是，经过这么多年，越来越多人转向了数字阅读。原因就在于年轻一代都这样做了，甚至像斯坦和我这样的早起者，也开始习惯在报纸送来之前看网上的内容。因此，数字化是不可避免的，尤其是在工作日，印刷报纸会逐渐消失。但我认为在可预见的将来，纸媒还会存在，因为现在纸媒的利润率仍明显高于网络。这是很多代人形成的习惯，他们拿着报纸上交通工具，拿着报纸在方便时阅读。所以我认为，在最近的将来，报纸仍将被需要，而星期六和星期天的报纸则会长期保留下去。

——比尔·马里莫（Bill Marimow）

费城是美国第五大城市，也是美国日报的发源地——美国第一份日报《宾夕法尼亚晚邮报》（*The Pennsylvania Evening Post*）1783年诞生于此。宾州最大报纸《费城问讯报》作为美国第三大古老报纸，获得过20个普利策奖（在地方报纸中名列前茅），并曾因“三里岛”核事件独家报道而享誉全球，一度被列为美国十大最优秀报纸之一，在新闻史上赫赫闻名。然而，费城作为美国最老的工业城市之一，近年来经济持续衰落，也波及文化事业。如曾作为西方第一个大型乐团于“文革”期间访问中国的著名的费城交响乐团，前几年到了申请破产保护的地步，成为美国五大交响乐团的孤例。报业则同时还受到新媒体的巨大冲击，遭遇更惨，与2001年笔者访问该报时的情景有天壤之别。而且，由一家报业集团垄断一个大都市的主要纸媒产业的情况，在中国的上海、深圳、珠海、厦门、宁波、烟台、温州等大中城市也相当普遍。这样的报纸如何转型？这是我再次将其列入访问对象的主要理由。

不知何故，《费城问讯报》及其所在的费城媒体网络集团（Philadelphia Media Network）的官方网站（www.philly.com）在国内早都被block了，直到笔者写此稿的现在仍打不开。所以，与之联系异常困难。从查询网站内容到搜索该集团及相关报纸负责人的联系方式，乃至通过网站尝试与其负责人联系，都是委托在美国学习的女儿从中帮助的。不过还算幸运，在我机票已经买好，准备启程的2016年3月8日，收到了斯坦·维茨诺夫斯基的亲自回邮。他是集团负责全部新闻生产的高级副总裁兼总编辑，是我希望见到的集团最高领导。他说因前段时间不在办公室而未能及时回复并为此表示歉意，但明确表示欢迎我到访且乐意与我交谈。次日，他又来函告知，我预计到访的3月18—19日期间，他正好要外出，如果我的行程难以改变，他可以请其他高级负责人与我交谈。我思忖后回复说：“非常感谢您的安排，但我宁肯改变行程也渴望与您这样的主要决策者交谈。”最后我们商定，待月底我访问华盛顿媒体后再折返费城前往拜访。我16日到达波士顿后，访问日期终于确定在3月29日。

命途多舛　10年换了6个东家

《费城问讯报》及其姊妹刊《费城每日新闻》已经不在我当年访问时的

费城媒体网络集团现在的办公楼（辜晓进 摄）

那个地标性大厦办公。新地址位于市中心的市场街801号，更靠近市政厅。2016年3月28日，我从华盛顿特区乘长途大巴刚到费城，就曾来这里踩点。当时这801号大门紧闭，无人进出。我抬头看着楼上的《费城问讯报》和《费城每日新闻》的标识左右徘徊，不知从何处而入。问了附近百货公司的保安，方知必须转过这个街区，从第8街进入。走过去一看，果然在大厦的另一侧，还有个大大的801号，是这幢占据一个街区的大厦的侧门。

次日上午9点，我再次来到这里，薄青青也已赶到。她也是深圳大学新闻系的学生，2015年毕业，经我推荐考入费城排名第二的德雷塞尔大学（Drexel University）读研，此次应邀做我的临时助手，帮了不少忙。从上午9点到下午2点半，我们在楼内第三层的“费城媒体网络集团”（Philadelphia Media Network，简称PMN）待了大半天。密集的访谈，两次会议，中间只有

被卖掉多年的办公大楼大门上方，仍保留着两报Logo（辜晓进 摄）

《费城问讯报》原大厦（辜晓进 摄）

20分钟匆匆吃个汉堡。访问结束后，青青要赶回学校上课，我则独自步行近半小时，赶去百老街400号，看看我17年前访问过的《费城问讯报》旧址。这座近百年的历史建筑仍然宏伟气派，两家报社的名号仍然铜铸般镶嵌在大门上方。可惜已是人去楼空，情景有如现在的英国舰队街，报业已然成为遗迹。

《费城问讯报》原是美国第三大报业集团（以发行量计则为第二大报业集团）奈特里德报业集团（Knight Ridder）的旗舰报纸。该集团在长期的发展过程中步伐稳健，业绩良好，旗下报纸皆有创新精神，如位于硅谷的《圣何塞信使报》（*San Jose Mercury News*）是美国第一份通过互联网常规发布报纸内容的日报，《费城问讯报》则一直是优质新闻的卓越生产者。2006年3月13日，总部位于加利福尼亚州首府萨克拉门托的麦克拉奇公司（The McClatchy Company）突然宣布以65亿美元兼并奈特里德报业集团，再次上演美国报业的“蛇吞象”戏码（上一次是2000年论坛公司以80亿美元兼并比其体量大得多的时报——镜报公司）。而此刻的奈特里德仍是盈利令人眼馋的报业集团，其盈利水平超过福布斯世界500强中的很多公司。促成这次交易的是奈特里德的三个机构大股东，其主导了投票权而执意将集团卖出。股东们变现拿钱，而一个大型报业集团就此消失，旗下报纸也多有不幸，这对美国报业是一次很大的打击。当报业集团被华尔街股东控制而玩弄资本游戏时，报纸的命运及与其所服务的社区的依存关系是没人关心的。当年论坛公司“蛇吞象”虽创下报业兼并额的历史之最，但一直承受巨大债务压力，于2007年被房地产投资商山姆·泽尔（Sam Zell）以82亿美元收购并实现私有化。泽尔也是拿着银行的钱玩耍，很快便难以支撑，一年后论坛公司申请破产保护。2006年时的麦克拉奇公司比论坛公司当年的实力要小得多，却敢于鲸吞奈特里德，结果是一到手就消化不良，从此重债缠身（关于麦克拉奇公司的发展情况详见第十三章）。《费城问讯报》等的厄运也就此来临。

麦克拉奇公司兼并奈特里德后不久，就把包括《费城问讯报》《费城每日新闻》等在内的12种其认为“赚钱不多”的报纸转手倒卖，其中费城两大报被卖给了费城媒体控股公司（Philadelphia Media Holdings LLC）。在费城控股的管理下，该报的收入大幅下滑，特别是全国广告（相当于我们所说的“异地广告”）跌幅明显，发行量也不断下跌。尽管在短短3年内裁员数百名以压缩成本，主要由该报和《费城每日新闻》构成的费城控股二级公司“费城报业集团”（Philadelphia Newspapers LLC）还是于2009年2月申请破产保护。费城控股正是因为收购这两报而背负了3.9亿美元的债务，再次证明非专业媒体公司并购报业的资本游戏已经玩不下去。2010年4月，原费城控股的一些房地产股东在收购破产公司的竞标中获胜，却未能与报业公会达成协议。在法院的干预下，竞标重新举行，结果仍是原获胜公司中标，出价1.39亿美元。《费城问讯报》等在新东家旗下组成新的集团，名称改用现名：费城媒体网络集团。

在这个新东家手上，著名的《费城问讯报》大厦被出售。这座18层大楼建成于1924年，是当时市政厅北部最高楼，顶层装有四面大钟的钟楼，直到今天看上去仍较为气派。2011年，面积近5万平方米的该大楼被出售，使得该报的价值进一步降低。两年后的2012年，该报及其所在的集团再次面临出售命运。这次最积极的买家仍是一伙非传媒专业的商人，且仅出价5500万美元，相当于2006年两报出售价格5.15亿美元的一成多。这一出价竟导致多家争购甚至引发若干官司，直至其中一方的老板不幸因空难离世，硝烟方才散去，最终于2014年5月由创办过传媒公司和有线电视公司（其有线电视公司于2000年以72亿美元出售）的著名媒体实业家、慈善家、年届84岁的伦费斯特（H.F.Lenfest）以8800万美元中标[1]。伦费斯特作为有线电视的创业先驱，长期向大学、医院、博物馆等机构捐献巨额资金，包括向哥伦比亚大学捐赠1亿美元和向费城柯蒂斯音乐学院（郎朗、王羽佳、张昊晨等当今世界最热门的中国钢琴家皆毕业于该校）捐赠6360万美元以及捐建费城最豪华的

[1]Dave Warner.Philadelphia Inquirer Deal Is Finally Done.www.huffingtonpost.com.June 11, 2014.

音乐厅等。伦费斯特和夫人曾宣布要将其毕生财富全部捐掉。

兼并后，伦费斯特保持原有的费城媒体网络集团名称不变，并给予其多年来难得的宽松环境，集团渐渐回归稳定状态，直至2016年1月伦费斯特将集团无偿捐献。至此，《费城问讯报》等在不到10年内，经历了6次转手，面对7任老板，这在美国大都市报纸的历史上实属罕见。

非营利托管带来重大变革

斯坦·维茨诺夫斯基热情而平易近人。他也是老报人了，1993年就担任《底特律新闻》的新闻部主任，2000年起先后担任《费城问讯报》的新闻部主任、助理执行总编、副执行总编、总编辑，2014年起担任费城媒体网络集团分管新闻的高级副总裁兼总编辑。他的名片上对应“总编辑”的头衔是“Executive Editor”，和《纽约时报》《华盛顿邮报》的做法一样，都是新闻一把手，因为在其下面，依次还有Editor或Managing Editor等职位。美国报业这些头衔并无一定之规，要依他们的实际地位而定，例如此前访问过的《今日美国》和《基督教科学箴言报》的总编辑就是Editor。

维茨诺夫斯基先和我单独交谈。他告诉我，他已安排集团分管技术和费城网的高级副总裁及《费城问讯报》《费城每日新闻》的总编辑先后加入谈话，来的早晚要视其手头工作何时结束。我们便从外界最关心的《费城问讯报》及其母公司的所有权频繁变更说起。前面提到的面对7任老板和公司被无偿捐献等信息，都来自他的谈话。

维茨诺夫斯基要我告诉他深圳在地图上的位置（薄青青 摄）

辜：进入21世纪以来，《费城问讯报》的所有权变动好像非常频繁。你们的报纸在何种程度上受到了影响？目前的所有权结构怎样？

维茨诺夫斯基：我们有过一段非常困难的时期。所有权的频繁更替为报业发展带来阻碍。不过好在我们近两年来总算趋于稳定。我们正在将媒体合并运营，但我们仍有255名采编人员，他们组成的编辑部仍是我们国家最大的新闻编辑部之一（原话如此，估计是指地方报纸——笔者注）。而最新的所有权结构将再次振兴我们的编辑部，我们要抓住这个机会。在数字时代，稳定是极其重要的。

辜：2006年麦克拉奇兼并后的情况如何？

维茨诺夫斯基：麦克拉奇拥有我们公司的时间非常短暂，那是一段梦魇般的日子。我认为他们实际上对小型报纸更有兴趣，所以他们把我们卖掉了。

辜：麦克拉奇与你们过去的母公司奈特里德相比要小得多。所以那次兼并也引起中国人的关注，很多主流报纸都报道了这一消息，因此很多人也知道了《费城问讯报》和麦克拉奇公司。

维茨诺夫斯基：是的，麦克拉奇是一家较为典型的美国新闻机构，虽然像您说的它的规模不太大，但它也有非常值得自豪的历史。

辜：那么现在你们的组织形式是怎样的？运营方面有何新变化？

维茨诺夫斯基：我们的所有权在10年内变化了6次。但现在的所有权结构非常独特，它很可能是美国历史上的第一次，因此我必须向您解释一下。这个变化是最近发生的，即《费城问讯报》和《费城每日新闻》连同费城网于一个多月前一起被捐献给了一家非营利机构，该机构的名称是"新媒体新闻研究院"（Institute for Journalism in New Media）。我们的原所有者（指伦费斯特）将这三个媒体作为一个整体捐献并形成一个非营利的组织架构。这个组织现在拥有我们，但我们仍然独立运营费城媒体网络集团，其包含上述三个媒体，也就是说原集团名称没变，人事也没变。新的母公司向我们提供发展研究方面的资源，并向三个具体媒体提供数字新闻的孵化服务。它将提供资源用以尝试发布新闻的新方法。它还将资助我们开展调查报道。因此，它确实在致力于构建美国历史上没有过的一种媒体组织架构。

辜：听起来这个变化确实很大，而且这种尝试前所未有。

维茨诺夫斯基：是的。而特别让我感到兴奋的是该机构的顾问团队。团队由五所著名大学的新闻学院院长组成。这些大学包括天普大学（Temple University）、哥伦比亚大学、宾州大学、德雷塞尔大学、纽约城市大学（City University in New York）。这五所大学也是董事会成员。该机构目前正在研究的一个重点项目是年轻人消费新闻方式的发展趋势，而我们集团将被作为观测样本深度介入其中。这对我来说是非常值得兴奋的。这一结构还将在多方面协助我们解决目前面临的棘手问题：不仅是新闻生产，还包括经营模式的建立及内容发布等。这是很独特的尝试，你在其他地方不会见到的。这也是此类设想第一次付诸实践。费城将作为一个媒体改革的实验被全美国关注。现在报纸的财务状况面临严峻挑战，所以我们乐见这一实验在我们集团实施。

辜：现在你们的报纸已经受到影响了吗？

维茨诺夫斯基：从各个方面看，我们已经受益。过去我们的战略总是在变化，每换一个老板就改变一次思路，这给经营管理及发展预期带来困难。好消息是，在最近这两年里，我们的老板没有再换，他就是格里·伦费斯特（即前述 H.F.Lenfest，人们习惯叫他 Gerry）。过去这两年间我们已经趋于稳定，现在虽被捐献给公益性机构，董事会主席仍是他，今后会更加平稳。

维茨诺夫斯基在谈起此次组织形态的结构性改革时，兴奋之情溢于言表。他还给我看了捐献后的组织形态图，却只允许我拍照而不让拿走。他指着这图表做的介绍，令我对这一组织架构有了更清楚的了解：

维茨诺夫斯基（左）指着图表向笔者介绍新组织架构（薄青青 摄）

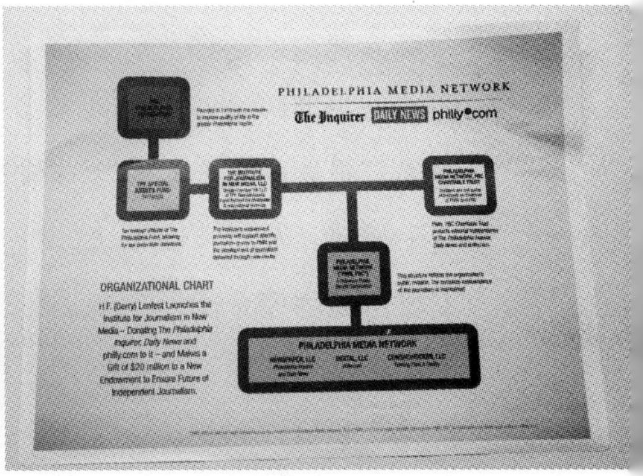

费城媒体网络集团被捐赠给公益组织后的架构图（辜晓进 摄）

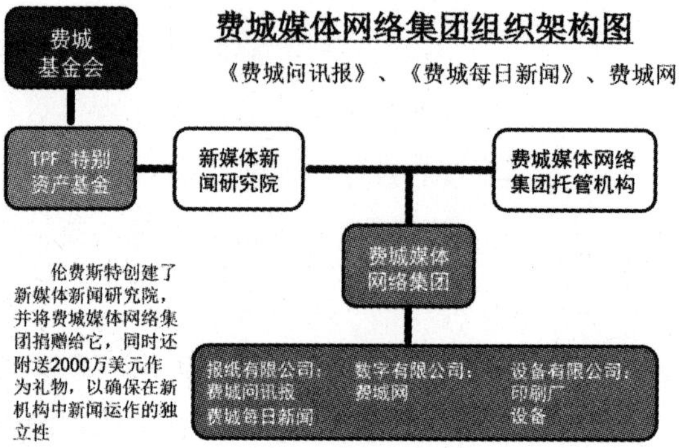

笔者根据照片中架构图翻译制作的费城媒体网络集团组织架构图

费城基金会（The Philadelphia Foundation）成立于1918年，是一个致力于提高和改善大费城地区生活品质的公益组织，历史悠久，实力雄厚。其下面有一个重要分支，即符合美国税法 TPF 501（C）（3）条款的“特别资产基金”（Special Assets Fund）捐赠项目，这些项目可以享受相应税收的减免待遇。伦费斯特就是将费城媒体网络集团捐赠到这个分支里，专门成立了新媒体新闻研究院和费城媒体网络集团托管机构。在研究院和托管机构之下，费城媒体网络集团取得“特拉华公益股份公司”（Delaware Public Benefit Corporation）的非营利企业身份，同时管理《费城问讯报》、《费城每日新闻》、费城网和印刷厂等实体资产。

而且，伦费斯特不仅免费将这笔媒体资产赠送托管，还另外支付2000万美元作为礼金，用以保障这些媒体在新的框架下保持独立性。有这样一位一心为媒体前程考虑的老板，也是费城媒体网络集团的福分了。

该架构的巧妙之处还在于，尽管隶属于非营利机构，但报业、网站乃至印刷厂仍可以商业化运作并盈利，只不过是为公众利益而盈利。也就是说，报纸等媒体的生存、再生产和发展壮大，是有利于公众和社区的，赚的钱不属于任何私营企业或个人。此外，新媒体新闻研究院虽然从技术上将拥有对该媒体集团完全的所有权，但丝毫不能干预其内容的生产——这一权利保留在托管机构，后者由社会产生的理事和顾问组成。这确实是一个非常独特也较复杂的组织形式，令我想起2001年访问《圣彼得堡时报》（现更名《坦帕湾时报》）时曾设法厘清其与波因特新闻学院之间的关系[1]，只不过费城的情况比坦帕湾更加复杂。对此，开山始祖伦费斯特评论说："这是一个事关费城新闻事业之未来的完美组合。这座城市不可能没有新闻事业和每日发布的新闻……我有很多钱，多到超出我过去的想象。但花钱何时是个尽头？要多少房产和游艇？钱其实是一种责任。我现在就是在用钱做正确的事情，最伟大的机遇可能莫过于将这些报纸的所有权加以改变。"[2]

伦费斯特确实深谋远虑，为了费城报业能通过创新找到未来，还收购了名气很大的实验媒体咨询公司（Empirical Media Advisors，简称EMA）。该公司成立于2011年，其使命就是"帮助伟大的新闻业和新闻工作者及其服务的社区创立成功而可持续的经营模式"，重点则是为媒体公司的成长和转型提供咨询服务[3]。公司的咨询团队成员都是近年来在《纽约时报》、《华尔街日报》、《时代》周刊以及美国在线（AOL）等担任过转型运营高管的资深媒体人。公司自成立以来，已先后为媒体综合集团（Media General Group）、路透社、彭博通讯社、论坛报业集团、《达拉斯晨报》以及澳大利亚的《悉尼先驱晨报》（*The Sydney Morning Herald*）和哥伦比亚的《时代报》（*El Tiempo*）等知名媒体提供实操服务，取得积极成效，在媒体圈口碑甚好。伦费斯特将这样一个指向性很强的咨询公司买下来再捐献给新媒体新闻研究院，以便让其更加紧密地为费城媒体网络集团把脉诊治。2016年9月20日，伦费斯特干脆聘请实验媒体咨询公司的创始人兼CEO、曾任道琼斯和《华尔街日报》经营高管的吉姆·弗莱德里奇（Jim Friedlich）担任研究院的首任执行董事和CEO。伦费斯特对弗莱德里奇相当赞赏，称其为"媒体经营界最具天赋的智囊之一"，且"必将帮助我们完成使命。这使命就是：为数字时代的地方和区域公共新闻服务建立有效的发展模式"[4]。

[1]辜晓进著：《走进美国大报》（修订版），广州：南方日报出版社2004年出版。

[2]Tony Abraham.Here's how Philadelphia Media Network's new ownership structure works. Generocity.org.January 12, 2016.

[3]Institute for Journalism in New Media Names Executive Director.www.philafound.org.September 20, 2016.

[4]Institute for Journalism in New Media Names Executive Director.www.philafound.org.September 20, 2016.

据笔者此次在美国调研中所知，费城的这一改革已引起全国媒体的关注，学界和研究机构对此也多有评论。大家似乎都在拭目以待。

“纸媒代表纸钞，数字代表硬币”

此次赴美调研中，对费城报业的转型情况有一个不太积极的印象。《费城问讯报》等所有权的不断折腾和多次大幅度裁员（不少骨干都已流失），使得经济实力大受打击，人员士气似乎也不够高涨，两报合并仍处于过渡期，编辑部也不像我在《华盛顿邮报》和《今日美国》见到的那样“IT”化。该报的视频生产举步不前，客户端数量不多……大概也正因此，2014年接手的老板伦费斯特决定大动干戈，换一种方式来重振费城报业吧。

于是，我和维茨诺夫斯基的谈话也很快转向数字化转型。

合并后的费城媒体网络集团编辑部（辜晓进 摄）

辜：您能介绍一下你们在数字创新和报业转型方面的发展策略吗?

维茨诺夫斯基：关于数字化转型，我之前早些时候也与别人分享过我们的策略，需要将数字平台多元化。现在有那么多国内和国际新闻都是在iPhone等手机上消费的，这种消费趋势变化巨大。我们的策略是，在《费城问讯报》和《费城每日新闻》这些有着我们引以为豪的历史的品牌下，生产和传播最具信任价值的新闻产品。我们有很多获奖记者，对社区的报道深度无人可及。因此我们试图以此为核心，去发展最现代化的便于传播和满足消费者随时随地能够获取的新闻产品。这就是我们的发展策略，但我们还有很长的路要走。就像《华盛顿邮报》《纽约时报》《华尔街日报》和《基督教科学箴言报》一样，我们属于传统起家的新闻机构，我们正以非常戏剧化的态势进入数字世界。然而也别忘了，我们的印刷报纸仍然是非常重要的，它们是我们收入的主要来源。因此，我们不能放弃纸媒，它们实在太重要了。我们不得不在纸媒和数字两个方面保持平衡。

维茨诺夫斯基与笔者交谈中（薄青青 摄）

幸：是的，目前纸媒仍是你们及很多报纸的主要收入来源，而纸媒广告的体量也比在线广告大得多。

维茨诺夫斯基：您说得对。我们面对的挑战就在于，直到今天，纸媒收入仍然远远超过数字收入。我们经常说："纸媒代表纸钞，数字代表硬币。"你不可能用赚来的小小硬币去抵消失去的大额度纸钞。这是美国所有传统媒体都面临的挑战，人们也都在探索如何建立新的盈利模式。这就是我们要盯住Facebook、Twitter等社交媒体的原因。你会发现大量声誉卓著的传统媒体专门建立团队去追逐这些社交媒体，其目的就是确保自己生产的内容能够通过它们抵达尽可能广泛的受众，因为人们都在用社交媒体。这是极大的挑战。

幸：你们除了社交媒体，也开发自己的客户端吧？现在有多少个客户端？

维茨诺夫斯基：我们的客户端不多，有若干体育客户端和社区客户端。

幸：哦，那些都属于niche apps（垂直类客户端）？你们有主客户端吗？

维茨诺夫斯基：是的，niche apps，我们有好几个这类客户端。我们刚刚完成对费城网的重新设计，包括 PC 端和移动端，移动端就是我们的主客户端，目前还在研究完善中。10年换了6个老板的经历，导致我们在数字转型的道路上有所落后，没有跟上步伐。这方面需要很大投入，投入的数额超出我们的预料。不过现在好了，新的所有权结构将有助于我们在数字道路上加快技术创新的步伐。

幸：我完全理解。这个情况和中国很多报纸类似，过去有钱的时候没有在数字方面进行大的投资，现在想投入却没钱了。你们有视频产品吗？

维茨诺夫斯基：我们自己只生产很少的视频产品。我们将会加大这方面的生产数量，这是不得不做的。但我们与其他视频公司合作制作的视频内容还是不少的，包括新闻、体育和财经等内容。我们和那些视频提供者合作的数量远远大于我们自己生产的数量，这也是从降低成本上考虑的。但无论如何，视频绝对是我们必须重点开发的领域，原因你也知道的，现在视频消费是大势所趋。我们绝对认为其是非常重要的。

辜：你们的合作对象也包括当地的广播电视公司吗？

维茨诺夫斯基：是的。我们的主要合作者就是NBC-10。

辜：您是指NBC（全国广播公司）在费城的附属电视台？

维茨诺夫斯基：是的，它是在我们当地的附属电视台，代号WCAU。我们和他们交换，他们提供天气视频，我们提供新闻内容，他们根据我们的内容去拍摄。我们有时也和CBS-3合作，主要也是交换视频和新闻。此外还有 ABC-6。我们与这3家费城最主要的广播电视台都有着很好的合作关系。正如我之前告诉您的，我们正在试图覆盖国内一切重要新闻，同时我们又面临艰难的选择。我们必须放弃一些东西，当我们考虑放弃某些亲力亲为时，相关领域的合作就显得尤为重要。

他说的这3家电视台分别是全国广播公司（NBC）、哥伦比亚广播公司（CBS）和美国广播公司（ABC）在费城的直属直营电视台，不是一般的附属电视台。美国大型全国广播公司都有多至数百个附属台，但大多是各地自己经营的电视台，与其只有节目分享关系而并无产权关系。

我后来上网查了一下，费城媒体网络集团的移动客户端数量也不算太少，特别是按我们中国报人的标准看。除了维茨诺夫斯基所说的Philly sports等若干体育和社区垂直客户端外，费城网、《费城问讯报》和《费城每日新闻》都各有自己的新闻主客户端，其中《费城问讯报》还有一个面对新泽西的新闻客户端（费城位于宾州东北部，靠近新泽西州）。这些客户端也同时采用安卓和iOS系统，有的还有 Kindle版。而在视频生产方面，他们主要通过与当地电视台交换新闻和合作拍摄的方式解决。这是一种省钱的做法，我后来访问的一些地方报纸也都采用这类方法，主要原因都是视频生产的投入较大。但维茨诺夫斯基说了，他们将来一定要加强自产视频，因为“视频消费是大势所趋”。

“开发新收入来源至关重要”

《费城问讯报》作为费城媒体网络集团的旗舰报纸，在美国报业发行量排名中曾长期位居前20名，一度还跻身前10名。但进入21世纪后不久，该报无论是发行量还是广告收入的降幅都位居美国主流大报的前列。在2000—2012年的12年间，其广告年收入从4.66亿美元降至1.13亿美元，发行年收入从1.18亿美元降至0.81亿美元。该报的印刷版发行量则从2002年的373,892份下降至2014年的166,104份。净收入情况也从2000年的盈利1.26亿美元到2012年亏损500万美元[1]。近年来数字收入虽然有所增加，但远远无法抵消传统报业收入的骤减。访问中得知，该集团正力图通过拓展新的收入来源扭转收入颓势。

辜：我注意到，就像大多数美国报纸一样，《费城问讯报》和《费城每日新闻》也面临发行量和广告大幅滑坡的挑战。你们是怎样应对的？

维茨诺夫斯基：我觉得重要的是开发新的收入来源。我们不能只依赖广告。我们现在大多数收入来自发行。你知道的，过去报纸的主要收入是广告，广告与发行的比例差不多是75：25。现在发行收入已经超越广告收入。

辜：哦，大约是什么比例呢？一半对一半，还是60：40？

维茨诺夫斯基：差不多60：40吧，发行多于广告。这也是当今美国报纸的普遍现象，即发行收入超越广告收入。但由于总体上传统收入是下降的，所以对我们来说，在发行和广告之外开发新的收入来源就显得非常重要。例如，我们在费城郊区有一个大型印刷厂（《费城问讯报》的印刷厂曾经是美国报业中最先进的印刷厂之一——笔者注）。我们承接大量外报印刷任务，如《纽约时报》、《洛杉矶时报》、《巴伦周刊》（Barron's，道琼斯旗下

[1]Joel Mathis.The Long Fall of Pilly Newspapers.www.pillymag.com.August 11, 2014.

金融周刊）等一批著名报刊。这些外印生意是我们在广告和发行之外的重要收入。此外就是开展活动。我们每年组织很多可带来收入和影响力的活动。例如就在一个多星期前，我们刚举办了一年一度的费城媒体网络集团就业大会（Philadelphia Media Network Event），这是费城最具影响、声誉最佳的职场活动，有一大批人购票参加，有多个赞助商资助该活动。

辜：你们作为费城最古老的媒体，有无尝试做些房地产方面的经营项目？

维茨诺夫斯基：没有。美国有极少量报纸介入房地产经营，但不是我们。我们还提供市场服务和为企业设计市场解决方案。我们有大量市场资源，有品牌信誉优势。这些都是从传统收入向新收入拓展的路径，我们必须找到新的财务入口以帮助我们在这个领域生存下去。

我和维茨诺夫斯基高级副总裁交谈约45分钟后，《费城问讯报》总编辑比尔·马里莫参与进来。当维茨诺夫斯基向我介绍他时，我立刻回忆起来，他就是我17年前访问《巴尔的摩太阳报》时的总编辑威廉·马里莫（William Marimow）。我知道他多年前已来到费城，但听说早已辞职或被解职，没料到今天会见到他，更没想到他仍是总编辑。我提到当年对他的访问，他说“有印象”，“You look familiarly”（你看上去很面熟）。而关于他的名字为何由“威廉”改为“比尔”，则与美国（或西方人）的昵称习惯有关，比尔是威廉的昵称。比尔·盖茨和比尔·克林顿的大名都是威廉，比尔只是昵称。昵称被叫习惯了，朋友和被叫人都喜欢，就干脆将其作为正式名字。所以17年前马里莫的名片上还是“威廉”，这次就换成“比尔”了。至于为何比尔会对应威廉，我问美国人，回答五花八门，但都和读音有关。有一种解释是：威廉原是德国名字，而德语的W读音是两个V叠加（类似 Double V）。西方人喜欢在姓名中将辅音重读，V就读成了B，威廉的昵称“威尔”就读成“比尔”，历经数百年便渐成习俗。

马里莫的新闻事业起点就在费城，早在1972年就入职《费城问讯报》，并在之后的13年里为该报赢得两块普利策奖牌，是美国著名的调查记者。1993年调任《巴尔的摩太阳报》，先后任都市版主编、执行总编和总编辑。2004年获邀担任美国公共广播电台（National Public Radio，简称NPR）副总裁和CEO。他重返《费城问讯报》颇具戏剧性，先是2006年被从麦克拉奇手

2001年10月23日笔者访问《巴尔的摩太阳报》时与总编辑马里莫（中）合影

2016年3月29日与现任《费城问讯报》总编辑的马里莫重逢（薄青青 摄）

中买回《费城问讯报》的新东家请回担任总编辑，却在2010年在该报所有权再次更迭时被免职（新老板想要一位更懂得新媒体的总编辑）。他于是去亚利桑那州立大学（Arizona State University）任教，领导一个数字新闻项目。2012年4月，他被又一任新老板请回再次担任总编辑。然而不久，他就因不同意大幅裁员而被炒了鱿鱼。我的功课做得不够，确实不知道他会又杀回来。所以，先要求证这件事。

辜：比尔，我真的没想到今天会在这里碰见您。我听到一个传说是您已离开《费城问讯报》了，而离开的原因是你不同意在编辑部大幅度裁员，这是真的吗？

马里莫：（笑）这是2013年的事，当时几个老板正为我们集团所有权的问题激烈竞争，其中一个接管报社的老板决定一次性免除编辑部7位高层老总的职务，我坚决反对，于是他们就把我开了，但老板们自己有分歧。后来所有权的争执闹到法院，决定开除我的老板未能获得认可，而其他老板决定继续任用我，于是我又坐回到这里（众笑）。我是2004年离开巴尔的摩的，后来加入NPR。2006年当地一些企业家从麦克拉奇公司手中买下《费城问讯报》后聘请我当了总编辑。

谈话中，我和马里莫也聊起报纸通过开展活动增加收入的话题：

辜：刚才我和维茨诺夫斯基先生谈到报纸通过开展活动获得收入的情况。我对此挺感兴趣的，最近有什么重要的活动值得介绍一下吗？

马里莫：我们每年确实开展很多活动。前段时间有一个关于癌症研究的活动。我们请来了医学专家，他们来自医院和研究机构，还邀请销售医疗产品的商家，与民众开展对话活动，活动很受欢迎。我们还连续30天组织关于当地非洲裔美国人的报道，每天1篇，共发表了30篇。然后我们和非裔民众共同组织了一场晚会，就系列报道中的一些主题展开讨论，其他族裔的民众也参与进来，有赞助商，效果不错。我们下周还有一个活动，目前报名人数已经很多。

维茨诺夫斯基：我们的活动主题是丰富多样的，除了我之前提到的招聘活动，还有关于有机食品和健康养身的，也有体育方面的。例如我们每年与费城的梦幻橄榄球队（fantasy football team）联合举行梦幻橄榄球之夜，总是有大量球迷参加。您知道的，费城老鹰队（Philadelphia Eagles）名气很大。还发动球迷为球队征集宣传语和为球员命名，在我们的媒体上公布候选名单，让大家投票，如“伟大的阿尚”（Alshon Greats）之类。

辜：民众积极参与是好事啊，说明你们不仅有收入，还强化了读者关系。

马里莫：是的，我们通过活动与他们建立联系。我们有时还会邀请作者参与和民众的交流。例如在阿富汗和伊拉克战争期间，罗伯特·罗斯文（Robert Northwind）为《纽约时报》写了大量报道，并刚出了新书。我们就举办公开活动，让我们负责国际事务的著名记者特鲁迪·拉宾（Trudy Rubin）当着150多人的面采访他，这150多人都是购票参加的。这个活动对我们和罗斯文都有收入，同时也增加了《费城问讯报》的受众，并让人们感受到我们通过纸媒和数字媒体为社区所做的一切都是不可或缺的。我们通过举办活动获得收入，再用这些收入聘用人才，提高内容品质和改进新闻发布的手段。没有钱，我们不可能生产不可或缺的优质内容，而离开这些不可或缺的优质内容，我们的企业经营也会衰落。

马里莫提到的《费城问讯报》女记者拉宾，是该报资深国际记者和专栏作家，曾多次赴中东9个国家采访，并两度获得普利策奖最后提名。两位老总的补充谈话，让我感受到费城媒体网络集团（PMN）举办活动的多样性和经常性。我后来注意到，他们甚至专门为此建立了一个活动网站。而在诸活动中，尤热衷职场招聘。例如当年9月22日就曾举办声势浩大的“2016秋季就业集市”（Fall 2016 Career Fair）。由于大量高端企业驻场招聘，入场券价格最高竟达750美元。活动的宣传语包括：“面见高端企业雇主，他们正在为旗下重要职位寻找本城最具潜力和最有才华的有志之士。”[1]

在该网站2016年的推广页面，赞助商的价格和相应待遇标注得详细而清晰，如咖啡服务、甜品供应、鸡尾酒供应、会议中心、照片打印等区域的Logo等摆放皆收费5000美元，可享受的权益都有7—9项；“礼品包”的赞助价也是5000美元，还附送一次在活动专页上刊登四分之一版彩色广告的优惠；最高赞助价为2.5万美元，赞助者作为合作者出现，可享受更多待遇，包括主办者介绍以及纸媒和数字媒体的广告。其余还有1万美元和1.5万美元不等的多种价格，名目繁多，设计合理。

该网页针对赞助商的宣传语有如下表达：

PMN活动是一种富有经验的交流平台。在这个平台上，各种品牌都可以通过每月举行的活动与我们810万读者的当面互动而强化认知度。

PMN 活动将内容附加值、个性化体验和感性凝聚等作用合为一体，通过线上、线下及亲身参与等多种方式，强化品牌的客户关系。

以我们产品的杠杆作用改进贵公司品牌的大众印象，通过赞助目标市场的活动而提高品牌的威望与信誉，赶紧来体验吧。

人员合并如何保持编辑独立

我到访费城媒体网络集团时，其旗下的《费城问讯报》和《费城每日新闻》正在合并，《费城每日新闻》编辑部已基本搬空，人员开始往空间更加开阔的《费城问讯报》编辑部转移。而《费城问讯报》编辑部虽然早已在新楼办公，格调与我当年访问该报时见到的情景仍有几分相似：柱子林立，场

[1]Fall 2016 Career Fair.pmnenents.philly.com.August 15, 2016.

柱子林立的《费城问讯报》编辑部大厅
（辜晓进 摄）

17年前的《费城问讯报》编辑部
（辜晓进 摄于2001年10月25日）

地宽阔。近10年来该报不断减员，估计也留下不少空桌，消化同样不断减员的《费城每日新闻》的采编人员，应没问题。

问题在于，这两份报纸虽同处一城，编辑方针和服务的读者却有所不同：《费城问讯报》是区域报纸，更加注重国际、国内和本州的主流新闻，以订阅为主；《费城每日新闻》是地方报纸，视点主要在费城市区，以零售为主。这也是美国很多大中城市报纸的典型分工样式，只不过费城这两家报纸长期同属一个公司。虽同属一个公司，编辑部的运作确实一直是相互区隔、各自独立的。如今人员和部门合并起来，按集团高级副总裁维茨诺夫斯基说的可以更高效地利用报社资源，但怎样保证两报不因此而导致内容趋同和市场重叠呢？如果费城的做法能够成功，是否对中国此类城市报纸也有借鉴意义？

辜：你们有两份较为大型的日报，它们在同一座城市发行。你们怎样有区别地发展它们？我的意思是，它们是以不同的内容来服务不同的读者吗？

维茨诺夫斯基：《费城问讯报》是全内容服务的报纸（full service newspaper），共有4叠，覆盖新闻、财经、体育、副刊、国内、国际等所有内容，在所有8个县发行。《费城每日新闻》主要在城区发行，覆盖的内容也主要是市内新闻。它不报道财经新闻，也不报道健康和社区新闻，而是更加侧重城市政治、城市生活、城市体育和城市娱乐。所以，两报的区别在于，《费城每日新闻》是针对城市的偏垂直报纸，而《费城问讯报》是综

《费城每日新闻》的编辑部已基本搬空，指引标牌还留在那里（辜晓进 摄）

合性服务于所有8个县的。我们大部分发行和广告都来自《费城问讯报》。最大的区别在于，我们这个市场中只有很少读者是同时阅读这两份报纸的，大多数人是二选一。我们确实也让两报分享一些内容，就像我之前提到的两报人员合并。例如我们派2位记者负责市政厅新闻，2位记者负责篮球队报道，他们采访的内容可以让两报共享，但各报采用的角度有所不同。

辜：所以，《费城每日新闻》会从更加地方化的角度报道和处理新闻？

维茨诺夫斯基：是的。《费城每日新闻》活跃灵动，无拘无束，有情有趣，贴近城区，更加大众化。《费城问讯报》则较为严肃，题材较庄重，注意满足读者对重大新闻的需求。我为我们拥有两份性格独特并为不同读者提供服务的报纸而感到欣慰。这有利于社区。当消费者来到报摊时，他们可以根据自己的喜好选择严肃或有趣的报纸，这也是为何我们要保持这一报业生态的原因。

辜：这两份报纸的发行量现在大概有多少？我知道以前是很多的，现在肯定不如以前了。

维茨诺夫斯基：《费城问讯报》的星期天刊每期发行42.5万份，包含数字版发行量。其平日刊，即周一至周六，大约17万份。《费城每日新闻》的周末版（周六出版）约3万份，平日刊约4万份。《费城问讯报》的发行量比《费城每日新闻》大得多。

马里莫加入谈话后，我们也谈到同城两报运作的话题。

辜：比尔，您作为《费城问讯报》的总编辑，平时怎样和《费城每日新闻》拉开距离呢？

马里莫：杰弗里（Jeffrey，我的英文名），您还记得您上次来巴尔的摩时，我们曾经有一份《巴尔的摩太阳晚报》（*The Baltimore Evening Sun*）和一份《巴尔的摩太阳晨报》（*The Baltimore Morning Sun*）吗？1993年时，这两份报纸合并为一份报纸了。合并的原因是这两份报纸在文化方面差异不大，只是发行时间不同。您上次来时，我们已经是一份报纸了，那时还有一个网站。而我们现在要做的是保住两份报纸和一个网站，编辑部人员合并在一起，为共同的目标工作。我们有《费城问讯报》《费城每日新闻》和费城网共3个新闻产品，而记者、版面编辑、版式设计等都在一起工作。我们内部之间完全没有竞争。我们的理念是，为这三种新闻产品制作最好的新闻。

维茨诺夫斯基：现在的竞争主要是外部的，不在内部。

辜：外部竞争的情况是怎样的呢？

维茨诺夫斯基：我们有很多竞争者，大多数是数字媒体。在大费城地区，我们周围有11种日报，它们都是小型的地方报纸。我们这里还有几千个新闻网站。所以费城的新闻生态是非常丰富和多元化的。竞争促使我们尽力去做最好的自己。我们现在已经不再试图报道所有内容，我们会更加专业化，更加突出我们的优势和个性，从而力争让我们的产品在市场上成为独一无二的存在。例如，我们的政治报道比任何地方媒体都好，我们的体育报道、调查报道、财经报道、娱乐报道、艺术报道等都比其他媒体做得好，于是我们就在这些方面下更大的功夫。我们过去是有闻必报，覆盖一切，但现在我们更注重题材的选择。

卢肯：我们最大的竞争对手并非本地的11种报纸（维茨诺夫斯基：当然不是），而是数字大公司（维茨诺夫斯基：电视台、网站等）。他们是全国性的媒体，是电视台的网站，是在Facebook、Twitter等上面传播的每一条新闻。它们都在与我们争夺人们的注意力。例如，在这个市场（指大费城地区），费城网（Philly.com）是本地信息的最大供应商。但是，这个市场的很多人看Yahoo新闻，看《纽约时报》《今日美国》《华盛顿邮报》等全国媒体的数字新闻，看它们的人多过看我们网站的人。尽管我们是本地市场的老大，但我们仍被隐藏在这些大公司的身后。即便对本地新闻感兴趣的人，也会去那些大玩家（big players） 那里获取国内和国际新闻，或者去电视台获取本地新闻。因此，我们别无他法，只能向人们展示我们自己生产、有价值、独特的新闻，而这些新闻是他们从其他网站所得不到的。

艾瑞克·卢肯（Eric Luken）是集团负责数字运营的高级副总裁兼费城网总编辑，看上去比其他两位老总年轻许多。他是在我和维茨诺夫斯基交谈约30分钟后加入的。维茨诺夫斯基把我的来意及刚才交谈的内容简单向他介绍后，他便很配合地进入了我预设的话题框架。他还问我之前访问了哪些报社。当我回答已经访问过《基督教科学箴言报》《华盛顿邮报》和《今日美国》等时，他说“好酷啊”。

辜：比尔，今后某一天，你们现在的两份报纸是否也会合并为一份报纸，就像您在巴尔的摩经历的那样？

维茨诺夫斯基：我们暂时还不会出现那样的情况（笑）。

马里莫：巴尔的摩的情况和这里不太一样。除了我刚才说的两份报纸文化差异不大以外，两份报纸的开本也是一样的，都是对开大报。（辜：这里是一份对开报纸，一份四开小报。）（维茨诺夫斯基：是这样的。）而这里，《费城每日新闻》与《费城问讯报》有着完全不同的文化个性。《费城每日新闻》更加城市化，更加生动活泼，而《费城问讯报》更加区域化。费城网则结合了两报最优质的内容和元素。

辜：我明白了。《费城问讯报》主要是一份区域性报纸，而《费城每日新闻》更加本地化。（卢肯：它非常城市化。）对，这是重要区别。

马里莫：您看了昨天的《纽约时报》吗，杰弗里？

辜：还没呢。

马里莫：昨天的报纸有一个特别版块，是由一篇文章构成的，大标题是“拳击”（Boxing）。（维茨诺夫斯基：那是一篇非常精彩的文章。）我带了一份报纸给你，因为对我来说，首先要生产出伟大的作品，无论是印刷版还是数字版作品，然后以线上和线下的方式将这些伟大的作品发送给各地的受众，这才是至关重要的事情。昨天的《纽约时报》首先在数字端发送了这篇文章和漂亮的照片，然后在纸质版精心制作了这叠报道，所有人都读得津津有味。

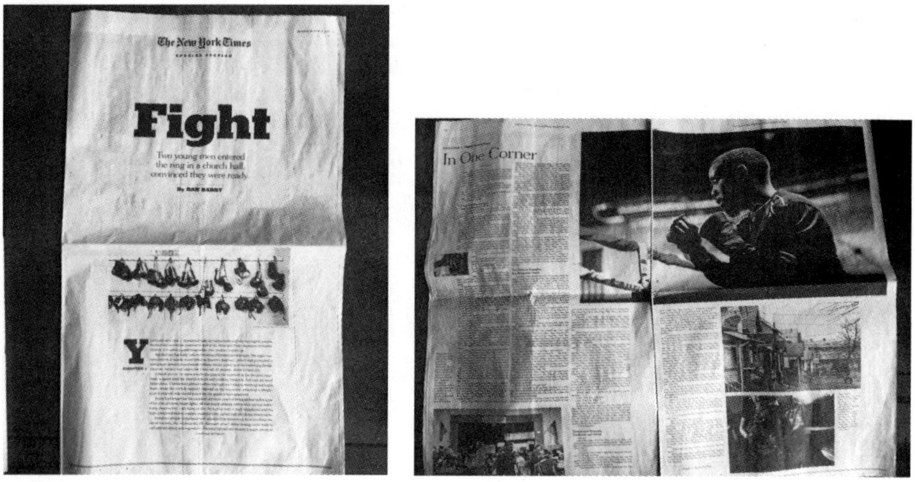

马里莫推荐的《纽约时报》2016年3月28日长篇特稿《格斗》（部分版面）（辜晓进 摄）

辜：太感谢您了，比尔。这仿佛是对我今天访问贵报的一个额外红利（众笑）。

我后来翻阅了马里莫给我的这叠报纸。这是2016年3月28日《纽约时报》的一个“特别版块”（Special Section），标题不是“拳击”而是“格斗”（Fight），马里莫可能记错了，但主题确实是拳击。这篇占据7个整版的长篇特稿，讲的是两个业余拳击手在俄亥俄州小城Youngstown一次职业比赛中首次公开较量的故事。主角是其中一位名叫泰勒的拳击手，24岁，报纸投递员，经过多年的职业培训，首次登场。第二主人公是他的对手阿尔加米（Aljahmi），19岁，一位以拳王阿里为偶像的中东裔年轻人，同样首次参赛。结果在最后一局比赛即将结束时，阿尔加米被重击摔落台下，后不治身亡。此事发生在2015年12月22日，当时已被广泛报道。但《纽约时报》这篇报道以卓越的文字表现，生动而翔实地再现了两位年轻人的成长经历和现场比赛的精彩细节，包括教练及拳手家属和朋友们的现场互动，以及泰勒去医院探望对手的情景，读来欲罢不能，且引人深思。难怪马里莫和维茨诺夫斯基一致叫好并向我推荐。他们认为，即便是数字时代，所有人可能当时就获得消息，但像《纽约时报》这样的报道才是职业记者和专业媒体应当去做的，这是非经职业训练的普通网民难以完成的任务，而大众对此类优质内容永远求之若渴。

一报一网已成历史

卢肯是负责数字业务的副总裁且兼任费城网总编辑，因此他加入谈话后，我便使谈话更加侧重于该集团的数字运营和创新转型。而他关于集团各报由一报一网转向共享一个网的决策过程，引起我较大兴趣。因为在中国，关于集团内各报是否应当建立各自的网站也一直存有争议。费城的做法，可能会给我们一个参考。

辛：卢肯先生，我这次来主要就是想了解费城报业在数字发展方面的策略和创新情况。（维茨诺夫斯基插话：传统媒体转型。）刚才我和维茨诺夫斯基先生谈到两份报纸合并后的运作，网络方面还想多向您请教。

卢肯：我想斯坦已经把目前的情况说了。对我们来说，过去的挑战在于我们有两个报纸编辑部，还有一个数字编辑部（指费城网——笔者注）。现在我们正在将这三个编辑部合并为一个编辑部。合并以后也有挑战，这也是我们这个国家很多报纸面临的挑战，即怎样在继续保持我们在纸媒运营方面成功方式的同时，引导整个媒体组织向数字方面转变，并探寻适合新编辑部运营的有效技术。所以我们一直在对人员进行培训，教他们如何利用社交媒体，如何上传新闻图文，如何制作适应数字传播的标题，等等。除了对现有全职员工进行培训，我们还聘用数字技术方面的专家，这些专家是无法从现有编辑部中培养出来的。这是当前必须做的事情。

维茨诺夫斯基（对卢肯）：你可以谈谈我们每周7天每天24小时不间断的新闻发布以及内容优先、数字优先的情况。

卢肯：好的。我们正在尝试创建一个贯穿整个编辑部的运作团队，它不仅负责印刷版内容，更侧重数字端生产。它每周七天每天24小时不间断运营，目的是在最恰当的时间向受众提供最恰当的内容。因此，它不再是每天一次截稿时间，而是持续向网站、社交媒体、客户端及任何数字平台输送内容。数字端的需求就是我们的截稿时间，因此每时每刻都可能是截稿时间。

辛：那么费城网的主要内容来自哪里？你们仅仅将报纸生产的内容搬到网站上来吗？或者你们的网站自己也生产内容？

卢肯：费城网确实有自己的采访团队，现在与报纸编辑部合并了。现在

笔者与集团高级副总裁维茨诺夫斯基（右二）、费城网总编辑卢肯（左二）和《费城问讯报》总编辑马里莫（左一）在深度访谈（薄青青 摄）

是整个编辑部都在同时为网站和报纸服务。我们的目的不是仅仅将报纸内容放到网站，而是全天候为数字端生产个性化的内容，发布出去后才重新为纸质报纸编辑出版。

辜：记者需要将数字内容重新写作以符合纸媒需要吗？

卢肯：有一些稿件需要重新撰写，但也有很多只须稍加修改。例如，在每天的大部分时段，我们的即时新闻编辑室（Real Time News Desk）有11位编辑在岗，他们主要为数字出版服务，但他们编辑的很多稿件也直接进入报纸。您知道，他们的工作很出色，每天很早就把内容通过数字平台发布出去了，但同样的优质内容为何不放在报纸上发表呢？当然是必要的。我认为，我们在建立数字优先和受众优先机制的同时，不仅要让数字读者受惠，也要让纸质读者得到好处，这才是我们的目标。

辜：除了网站，我相信你们还为其他数字平台生产内容，诸如新闻客户端。

卢肯：是的，还有客户端。在很长一段时间，我们是把各种数字端视为一个综合性数字平台的，因此我们为网站生产的内容也直接进入客户端、时事通讯（Newsletter）和社交媒体。我们现在开始将这些数字端区分为不同的数字平台，让新闻生产尽量适应各平台的不同特点。但也不是都要改变，

费城媒体网络集团将宽阔的电梯间改造为员工休息场所（辜晓进 摄）

例如很多放在网站的内容也是适合客户端的，客户端就相当于一个移动网站，不需要所有内容都改变。

辜：你们现在通过多少个社交媒体账户发布新闻？我只要大概的数字。

卢肯：我们主要依靠的社交媒体是Facebook和Twitter，其次为LinkedIn（领英）。此外，我们还在Instagram和Periscope建有账户，后者是Twitter的视频平台（Periscope是Twitter于2015年3月耗资1亿美元收购的流媒体服务商，专门用于视频和音频的直播发布。该网站经Twitter发布仅10天便获得100万用户，目前是美国内容生产商非常重视的直播社交媒体——笔者注）。但主要还是Facebook和Twitter，它们是我们的社交发布主渠道。社交媒体约占据我们内容流量的20%，其中Facebook就占去10%—15%。可见，Facebook是最重要的，而且它发展得越来越重要了。而PC端网站的流量有下降的趋势。目前我们有2位全职员工负责社交媒体的内容发布，马上会增加到3人，因为从我这个角度看，社交媒体实在是太重要了。

维茨诺夫斯基：我们的记者现在也极重视社交媒体的传播，他们都希望自己的文章能上Facebook和Twitter。我们现在有125个记者建立了自己的社交账户，主要都在这两个平台上，多数使用的是Facebook。

辜：所以你们的数字出版是24小时连轴转？

卢肯：目前还没完全做到24小时。我们的运营时间从早晨5点到次日凌晨2点，有三四个小时无人值守。

辜：数字平台的受众量及流量情况如何?

卢肯：网站方面，我得想想。（维茨诺夫斯基：每月600万独立访客。）那是网站和移动的数量，但没有包括客户端。这里面也包含一些重叠数据。600万人里面，有很多是追着某篇文章来的，然后就再也见不到他们了。有几十万客户会经常访问我们的网站，我们视其为我们的核心受众。还有大量人员是通过社交媒体或搜索引擎来到我们网站的。

辜：我印象中，你们曾经是有3个网站的，除了费城网，《费城问讯报》和《费城每日新闻》也有自己的网站。它们之间的关系如何处理?

卢肯：《费城问讯报》和《费城每日新闻》的网站现在已并入费城网，它们不再单独运营。

维茨诺夫斯基：我们确实曾经有Inquirer.com和Dailynews.com，但后来把它们关闭了。现在我们只有一个网站。

卢肯：是的，我们不再分别运营网站。过去两份报纸的网站是建有付费墙的，但由于付费的受众数量不够多，付费墙的效果也就不明显。于是我们在取消付费墙的同时也关闭了网站，将相应内容并入费城网。费城网是我们集团也是费城报业的核心网站。

辜：你们希望将费城网建成一站制的门户网站?

卢肯：是的，它涵盖了两报所有记者的生产内容，人们从费城网上可以找到他们想要的一切。

辜：你们何时关闭了两报网站？为何不再实行一报一网?

维茨诺夫斯基：我们是2013年为两报建立网站的，2014年就取消了。您可以想象一下，当时我们有2份报纸，却有3个网站，是不是有点怪异？3个网站难分轻重，焦点分散，受众也会迷失方向。现在我们实现一个网站，一个编辑部，集团数字内容中央化。这种中央化也让记者分工更加明确，2名记者报道一个题材，不如让1个记者去完成。当然这也是经济困难和人员精简带来的无奈选择，但确实也提高了效率。

卢肯：我们现在正将更多时间用来关注数字端的数据分析，用以了解用户在寻找什么和想要什么，了解用户的线上行为，进而用分析得来的数据帮助记者进行选题决策，帮助公司进行人员配置。我们今天上线了一个项目，并将在今后3个月里用这项目对我们发布的内容进行分析，测量我们的内容生产与用户需求的匹配程度。我们希望通过这些分析，进一步确保我们生产内容的高价值。

辜：这的确很重要，我看《华盛顿邮报》等也都很重视数据分析。关于网络合并，其实在中国也是有争议的。例如，在我曾经服务过的深圳报业集团，有一个很大的网站叫作Sznews.com（深圳新闻网），有点像你们的Philly.com（费城网）。但同时，集团内各个报纸都有自己的网站，特别是每日发行的报纸。我们有8种日报，它们都有独立的网站。这样做的理由是，深圳新闻网太大了，很难与具体的报纸品牌相联系。人们往往忠于某份报纸，而非一个抽象的综合性网站。报纸的经营是独立的，它们也需要在数字平台强化受众对自己品牌的认知。当然，你们的做法也很有道理，这就是为何我对你们合并网站充满兴趣的原因。但由于各有利弊，在中国，人们的意见还是有很大分歧的。

卢肯：是的。品牌问题确实很有挑战。很多人长期以来忠诚于报纸品牌，而不是另起炉灶的数字网站。因此，在我们国家，大多数在数字转型方面较为成功的大型报业公司，都以其报纸品牌作为网站名，如www.nytimes.com（《纽约时报》网站）、www.usatoday.com（《今日美国》网站）、www.washpost.com（《华盛顿邮报》网站）。但我们的策略有所不同，将3个网站合并，虽然有困难和冲突，但费城网也是有着近20年历史的品牌（维茨诺夫斯基：对的，我们1996年创建费城网），它在市场上有很高的认知度，大量民众将其用作基本的上网空间。我曾经在一所学校做过调查。我问学生，上周有多少人读过《费城问讯报》？举手者寥寥。我又问，上周有多少人读过《费城每日新闻》？无人举手。我接着问，上周有多少人访问过费城网？大多数人把手举了起来。可见，至少在年轻人中，费城网具有极高的认知度和内容价值。这也是因为年轻人不喜欢为内容付费，他们不买报纸，而习惯上网阅读。这对办报人也是挑战。

维茨诺夫斯基：我们不是《华盛顿邮报》（众笑）。

从左至右：费城网总编辑艾瑞克·卢肯、费城媒体网络集团高级副总裁斯坦·维茨诺夫斯基、《费城问讯报》总编辑比尔·马里莫、笔者辜晓进（薄青青 摄）

有可能重建付费墙

既然老总们提到了内容收费问题，我也就顺便询问费城这方面的打算。

辜：这么说，你们的付费墙随着两报网站的关闭就不再实施了。那么现在还通过其他方式向读者收费吗？

卢肯：现在不收费了。（维茨诺夫斯基：我们正在考虑这个问题。）我们以前做过付费墙，也许今后还会做。我们过去做的付费墙结构较为复杂。我们在为《费城问讯报》和《费城每日新闻》创建网站的同时，就为这两份报纸设了付费墙，但费城网是免费的。而费城网包含了大部分来自《费城问讯报》和《费城每日新闻》的内容。［维茨诺夫斯基：那是另一位老板执政时期（笑）。］这就令两报网站的收费失去意义。于是我们就关闭了报纸网站，付费墙也同时取消。我们现在正在改进费城网，改善用户体验，为其增加更高价值的内容。当内容价值提高而人们对它产生一定依赖时，就可以考虑重新收费了。我们打算今年某个时候尝试再建付费墙，这次是费城网。但我们还没有一个确切的方案，我们只是开始筹划。

辜：也就是说，你们的付费墙只实施了不到两年。这倒有点像《纽约时报》2005年首次建付费墙的情景，该报两年后便拆掉了。但到2011年他们又重建了，效果很好，一直坚持到现在。

维茨诺夫斯基：是的，某种程度上与《纽约时报》很像。您知道得克萨斯州的达拉斯吗？他们正在尝试第三次建付费墙。

辜：您是说《达拉斯晨报》？

维茨诺夫斯基：是呀，他们将做第三次尝试。

辜：我已有计划去访问这家报纸。

维茨诺夫斯基：是吗？真好。我有一些朋友在那儿，我们之间有合作关系。

辜：您的朋友是指莫洛尼先生吗？

维茨诺夫斯基：是的，吉姆·莫洛尼。他是个好人，我们经常聊天。现在没有人能预测付费墙究竟是否真正有效。美国大约有400种报纸建立了付费墙，但大多不太成功，仍处于探索阶段。只有《纽约时报》《华尔街日报》等少数几种较为成功，而我们仍然在研究哪一种状态最适合我们，很快会有结果的。

卢肯：杰弗里，中国有多少报纸建立了付费墙？

辜：绝大多数中国报纸都还没有开始向读者收费，我是指在线内容。我觉得最大的问题是人们不愿意为内容付费。（卢肯：和我们这儿一样。）原因在于获取新闻太容易了，免费内容到处都是。特别是一些深度报道，投入挺多，却被免费获取。（卢肯：是啊，最贵的就是深度报道。）在内容方面，报纸是数字公司最有力的支持者，但获利的是他们，报纸白白贡献。所以我最感兴趣的是，你们在最近的将来是否会重新建立付费墙。

卢肯：我相信我们会再做的。只不过现在费城网的受众中只有一小部分人每天来到我们的网站。他们是乐意付费的，我们也很乐意收他们的钱（众笑）。问题在于，这部分人的数量是否足够大，以至可以作为长期可持续的收入来源。我们拥有这些高忠诚度的核心受众，对他们来说，我们的内容价值是明显的，他们为此付费在所不惜。我们要考虑的是，如何令我们的产品有足够的价值吸引更多人成为忠诚用户，哪怕少付点钱也行。我们必须设法与受众建立密切而直接的关系，让越来越多人认识到我们的价值。这时，广告也成了检验读者是否忠诚于你的试金石。因此，当我们对自己的受众信息掌握得非常充分的时候，我们也可以潜在地拓展广告收入。

维茨诺夫斯基：我们曾提到600万独立访客这一数据，有的月达到700万。这是不错的数据。但正如艾瑞克所说，即使其中只有3%、6%或10%是有深度黏性的访客，我们也有钱可赚。问题是我们必须立即确认究竟有多少人愿意付费，然后才能采取果断措施。您还记得我前面提到的我们周边的11种地方报纸吗？在大费城都市区，这些报纸都是不同的替代者，虎视眈眈。如果某报对它的客户说，“你看，他们在收费了，我们全部免费，来我们这儿吧”，这就形成了挑战。你别无他法，就像艾瑞克所说，只有去生产独特、杰出、优质到人们真正愿意付费阅读的产品，才可能建立付费墙。

幸：我明白，这是非常难决策的事。这么说，你们周边11种报纸的网站都是免费的？

维茨诺夫斯基：是的，也有少数收费的。

幸：做付费墙，内容的稀缺性的确很重要。而费城报业过去在调查报道上一直是美国报业的佼佼者，你们现在经过多次裁员，还有调查记者团队吗？

维茨诺夫斯基：有的，这个团队现在依然很活跃。我们在最近5年内获得了3个普利策奖。我们两报合并后的编辑部有123个记者，这个数量在全国排名第八。所以我们一直为自己的调查记者感到自豪。

幸：你们的调查团队有几位记者？

维茨诺夫斯基：5—6人。除了这几个人，我们还有多位擅长调查报道的记者，他们也一直从事深度调查报道。我举个例子吧。2011年，我们做了个关于学校暴力事件的系列调查报道，产生很大影响。而实施该报道的并非调查团队，而是发现这个新闻的记者，他们合力并出色地完成了整个报道。所以最令人欣慰的事就是，调查报道的基因已经在全编辑部生根，人人都有调查意识。不过我们那五六人的调查记者团队仍是最有力的。

从以上谈话不难看出，对于是否建立付费墙，费城报业的老总们内心是坚定的，但决策是犹豫的，因为有太多因素要考虑，何况扩大数字受众规模是当前最重要的任务。但内容质量的提升才是核心，无论是否建立付费墙，离开优质和稀缺的内容，数字转型都难以成功。不过，他们的犹豫并未持续太久。2017年9月5日，他们终于在费城网启动了计量式付费墙。读者每月可

从左至右依次为维茨诺夫斯基、戴斯、笔者辜晓进（薄青青 摄）

以免费享用10篇文章，超出部分就要支付每周2.99美元的订阅费，但最初的4周可以享受总共只交99美分的优惠期。

巧遇媒介专家罗森斯蒂尔

大约上午11:20，在我们的谈话进行了近2小时后，《费城每日新闻》的总编辑迈克尔·戴斯（Michael Days）匆匆赶来。他一边自我介绍一边为迟到表示歉意，说他在编辑部处理事务所以来晚了。由于编前会马上就要开始，所以我和他无暇多谈，寒暄几句后摄影留念。

上午11:30，我应邀参加了集团的编前会。来自集团内三家媒体（《费城问讯报》《费城每日新闻》和费城网）的负责人和主要部门主管共14人参加会议，包括刚才和我谈话的马里莫。会议由《费城问讯报》执行副总编汤姆·麦克纳马拉（Tom McNamara）主持，他热情地邀我坐在他旁边。

不出所料，编前会首先讨论的是费城网选题，并回顾了近24小时内费城网发布内容的外界反应及较受欢迎的新闻内容。会上未涉及社交媒体和客户端，看来费城网作为费城的新闻门户，选题还是最重要的。而社交媒体和客户端内容可根据费城网确定的选题灵活采编发布。然后讨论两报的内容规划，暂未涉及版面安排，主要是讨论布置和跟踪选题。关于费城报业合并后的日常工作流程，包括编前会等安排，我在与3位老总交谈时也曾问及。

费城网络媒体集团编前会，右二为主持会议的《费城问讯报》执行副总编迈克尔·麦克纳马拉（薄青青 摄）

辜：你们在编辑部合并后，日常工作流程有何变化？你们的编前会仍然是每天上午和下午各举行一次，就像我15年前来访时一样吗？

卢肯：我们有所改变。我们的第一次编前会早上8:30就开了，这是过去没有的。这次会议主要针对数字端，是以电话会议的形式开的，参加者是各地分社或记者站负责人、各版块和各频道的负责人以及即时新闻编辑室的值班编辑。讨论的议题主要是网站上午要发布的主要内容，没有其他议题。

辜：参会者无须赶到报社来开会吗？

卢肯：不需要，只是通过电话召开。接下来就是11:30的会议，这是一个综合性编前会，讨论的议题包含网络和报纸，重点是今天午间以后可能发生的重要新闻。各新闻产品的负责人都会参加。会上还会观察数字流量情况以及网络上人们正在追逐什么新闻。下午还会开一次会，这次主要是两报人员参加，主要讨论第二天版面的安排和重要稿件的处理。

维茨诺夫斯基：我们是两个月前才增加了早上8:30的会议。这也是为了适应数字传播的需要，因为一天之内的第一个网络信息消费高峰很快就要到来，必须提前准备。

11:30的会议时间并不长，半个多小时就结束了。结束后，我与会议主持人麦克纳马拉简单聊了几句，就赶紧撤了。因为12:30还要去观摩一个高层培训，我们必须利用仅剩的不到20分钟时间出去吃点东西。我和青青上街在最近的摊点匆匆买了个热狗和一杯饮料，便边吃边回到报社。这期间，我注意到编辑部有一个供员工使用的自主餐厅，装备有微波炉和咖啡机，看上去挺温馨的。

12:30，高层培训准时开始。主题是报业数字化推广发布系统，主讲人是大名鼎鼎的美国媒体研究专家汤姆·罗森斯蒂尔（Tom Rosenstiel）。罗森斯蒂尔曾长期在《洛杉矶时报》和《新闻周刊》等媒体工作，并于1997年创办了位于华盛顿的“卓越新闻项目”（Project for Excellence in Journalism），目前担任美国报业协会（Newspaper Association of America，简称NAA）旗下的美国新闻研究院（The American Press Institute）院长。他还是《新闻的十大基本原则：新闻从业者须知和公众的期待》（*The Elements of Journalism: What Newspeople Should Know and the Public Should Expect*）、《真相：信息超载时代如何知道该相信什么》（*Blur:How to Know What's True in the Age of Information Overload*）等畅销书的作者之一。这两本书的中译本均由中国人民大学新闻学院刘海龙教授等翻译或校订，前者迄今已出了两版，我均有收藏，还曾应出版社编辑邀约为后一本书写过评论。对如此重量级的演讲者，我自然不愿放过机会，要求去旁听。

我注意到，有17人带着笔记本电脑参加培训，据介绍都是集团中层以上干部。这本是一个闭门会议，不对外开放，经参加培训的《费城问讯报》都市版块主编助理戴维·普莱斯顿（David Lee Preston）热情推荐（关于此次会议的信息也是他告诉我的，上午在走廊上预见，我和他曾简短交谈），美国新闻研究院的员工请示了罗森斯蒂尔，我才获准参加。罗森斯蒂尔在演讲前，特别要求不准拍照和录音，甚至当我拿起笔记本打算记录时，也被他婉言阻止。

会上，罗森斯蒂尔就着PPT详细介绍并讲解了这套报业数字发布系统（由于不让记录和拍照，准确的英文名记不得了）的原理和优势，其中也包含了数据测量和效果追踪等功能，听上去是非常有用和先进的工具。他说该项目目前已与美国60多家媒体展开实验性合作。会后，我上前向罗森斯蒂尔自我介绍并交换了名片。我提出采访他的要求，他说最近几天日程安排太

与戴维·普莱斯顿合影
（薄青青 摄）

紧，今后邮件联系吧。后来我曾给他发过邮件，但迄今无回音。

普莱斯顿告诉我，集团对这套系统很感兴趣，正在考虑参与，所以邀请罗森斯蒂尔来为大家演讲。普莱斯顿曾于2005年在北京外国语大学一个国际硕士新闻班任教，对中国充满好感。他说班上既有中国学生也有美国学生。他给了我一篇他写的文章的复印件，记叙了他在北京外国语大学的那段经历，上面还有他和学生们的合影照片。

在办公室员工陪我参观普利策奖陈列走廊时，有一位记者主动前来与我打招呼，说我们正在观看的普利策奖项的获得者是他的合作伙伴，他一定有兴趣与我交谈。我们交换了名片，果然，当晚我便收到对方的邮件。“对方”是狄伦·珀赛尔（Dylan Purcell），2008年普利策奖得主。他邀我参加第二天上午的一个座谈会，说有一组中国记者前来采访，了解“9·11”事件后的美国。他同时把邮件抄送给《费城问讯报》的另一位记者杰夫·甘米奇（Jeff Gammage）。甘米奇也随即给我发来邮件，约我第二天一起喝咖啡或共进晚餐。他说他去过中国，而且写了不少关于中国的文章，他还在中国收养了两个女孩。他现在负责法院报道，每天下午6点就有空了，我只要在费城都可以和他联系。这真是很有意思，两个活动我都很想参加，它们一定会增进我对费城报业的了解。只可惜我的行程已定，第二天飞达拉斯，只好回信表示遗憾。我同时想起，17年前我访问《今日美国》时，遇到一位记者，他也从中国收养了两男一女3个孩子，且把孩子的照片贴在办公桌的隔离板上，喜欢得不行，每天欣赏。“美国记者与中国弃儿”，不也是个有趣的特稿题材吗?

第六章

INMA首席执行官：

四类报纸前途各异

首席执行官语录

报业衰退并非始于金融危机
四木桶理论
两头燃烧的绳索
集约化仍将是趋势
坦帕模式已经过时
关于客户端与社交媒体
“付费墙并不自然导向成功”
饭桌四人长谈之转型模式
饭桌四人长谈之社交媒体
饭桌四人长谈之内容为王

首席执行官语录

国际新闻媒体协会（INMA）CEO 厄尔·威尔金森
（辜晓进 摄）

在我们国家，报纸和杂志等传统纸媒被称为“旧式媒体”（legacy media）。您可以将它们分为四个类别：全球性媒体、全国性媒体、区域媒体集团、地方媒体。过去，所有这些媒体都可以装在一个木桶里，它们属于同一个大家庭。但到了数字时代，它们归属于各自不同的木桶，有着属于它们自己的经历。例如，《纽约时报》《金融时报》《华尔街日报》《卫报》等媒体，越来越国际化，这类公司属于数字类，就像Vice Media（这是传统杂志转型为数字媒体的成功典型——笔者注）一样。现在已经到了将这类公司收归数字木桶的时候。全国媒体，总体上这类品牌也都有扩展为国际化的意愿。区域媒体集团正在寻找自己的发展机会。至于地方媒体，无人能猜测出它们如何才能在数字时代生存下去。但像甘尼特这样的大型报业集团又是另一回事，它下面虽然有很多地方媒体，但该集团的解决方案是收购更多的媒体，进而创建一个更具规模优势、更加中心化的公司。

——厄尔·威尔金森（Earl Wilkinson）

INMA，是国际新闻媒体协会（The International News Media Association）的简称，其前身是国际报业营销协会（The International Newspaper Marketing Association，简称也是 INMA），总部在美国达拉斯。其董事会成员都是世界级媒体大腕，如《国际纽约时报》总编辑、新闻集团澳大利亚公司发行人兼首席运营官、甘尼特公司首席转型官（Chief Transformation Officer）、英国三一报团财务董事等。INMA与总部在巴黎的世界报业协会（WAN-IFRA）并称两大全球性报业团体，其资格比“二战”后成立的世界报业协会更老（创办于1930年）。两大机构每年都会召开全球性的媒体大会，所不同的是：WAN更重视宏观发展和全球趋势，每年发布全球趋势报告（WPT），并具有一定的政治色彩，如每年公布新闻自由指数和颁发较受争议的“金笔奖”（此奖常发给在本国遭受官方排斥的异见记者）；INMA更重视实操层面和业务发展，每天向会员推送全球媒体的最新动态，每月出版关于全球媒体市场的纸质版和电子版杂志Ideas，每年发布全球媒体展望报告News Media Outlook。作为INMA的不定期会员（会员资格取决于你当年是否缴纳年费，进高校后年费不能报销，有时就没交），笔者在获取国际媒体资讯和发展思潮方面受益匪浅。

这次专程从费城飞到达拉斯的目的之一，就是拜访和请教INMA的 CEO厄尔·威尔金森。毕业于华盛顿乔治城大学、记者出身的威尔金森，1992年被INMA董事会任命为CEO，后兼任执行董事，持续至今。他是大忙人，四处演讲，著书立说，撰写研究报告，迄今已在近50个国家做过媒体报告，其观点被《纽约时报》《华尔街日报》《金融时报》和伦敦《每日电讯报》等世界各大媒体频频引用，还是美国多部工具书新闻类词条的撰写者。笔者与他也算是老朋友，我们初识于2005年5月27日，很偶然。

那天，天津日报报业集团做全员培训，邀请两人去讲课，上午是正好来北京公干的威尔金森，下午是我。我上午也去听了他的演讲，结果发生一个小插曲：由于他一开始就说了一些专业术语且语速较快，有些是美国人常用而中国人几乎不碰的词语，如前面提到的“legacy media”以及他不断提及的“go niche”等，翻译在最初的几分钟遇到困难，处境略尴尬，央我“救场”（他与我相识）。我猝不及防勉强替补，好在威尔金森有PPT，总算顶下来。威尔金森似乎根据会场效果对我的翻译较满意，午餐时聊了很多。

我临时动议邀他当晚和我飞去深圳，次日给深圳报业集团讲一次，他虽然行程很紧（次日必须回到北京），居然答应了。那次仍是我做翻译，他竟坚决拒收深圳报业集团给他的讲课费和报销差旅费。此后我们又见过两次，分别是2006年在莫斯科（世界报业大会）和2014年在香港。此次访美，他给了我很大帮助，令我感动。

达拉斯市区（辜晓进 摄）

报业衰退并非始于金融危机

与威尔金森的访谈地点被他定在市中心的五星级“焦耳豪华酒店”（Joule Luxury Hotel）的大堂，而非我想象中的INMA总部办公室，这多少令我感到意外。交谈中方知，INMA采取SOHO式办公，取消总部式集中办公，大量工作都在线进行。可惜大堂到处都是背景音乐，这为我后来整理录音带来较大困难。

约定4月4日上午10点。我提前从郊外旅馆打Uber赶到该酒店，不久威尔金森就来了。他的庞大体魄和器宇轩昂之神气，在人群中有点鹤立鸡群，很远就进入我的视线，且看上去似乎又胖了些。握手，拥抱，落座，他点了茶水，很快进入谈话。谈话进行了近2个小时，他先让我谈谈这趟旅行，然后便转入正题，从我上次访美以来媒体的变化开始。

威尔金森：现在报业的日子比15年前困难多了。15年前，广告在上升，收入在上升，利润在上升。

辜：那时广告达到了顶峰。

威尔金森：不，广告的峰值在2005年，随即开始坍塌。

辜：甚至在金融危机之前就开始坍塌了？

威尔金森：对，在金融危机之前。金融危机真正影响全球是在2009年，但在此前数年，报业广告就开始衰退了。其实这种衰退趋势早已在市场中孕育。

辜：您是指新媒体孕育了报业的衰退？

威尔金森：不是，那时所有行业都已经开始衰退。人们认为是新媒体导致变革，但这并非事实。是衰退导致变革，只不过在我们这个行业里，人们是从另一个房间（lounge）里开始适应这一变化的。商用的万维网出现于1993年，而整个20世纪90年代数字媒体还不知路在何方。2004年，广告下降的征兆已经出现，这时广告商们开始对新媒体另眼相看。他们说，我们宁可向那些可以测量受众的媒体如数字媒体投放广告，也不再想把钱都花在无法检测广告效果的广播、电视、报纸等旧式媒体上。因此，这一趋势出现于2004年，经过2005年、2006年、2007年和2008年的不断加剧，这时金融危机发生，才成为压垮媒体的最后一根稻草。

在此后的7年里，所有因素都开始叠加，从而加剧了新闻业的衰退，出现了受众的大规模转移。分类广告、零售广告、全国广告，统统都朝可测量的媒体或清一色的数字媒体分化。

辜：特别是分类广告，影响最甚。

威尔金森：是的，报纸的分类广告几乎消失了。在我们国家，在美利坚合众国，分类广告在整个报业广告收入中过去一直占据着很大比重（对很多主流报纸而言，分类广告常占了半壁江山，这在《走进美国大报》中有充分体现——笔者注）。2004年时，报纸的售价仍极其低廉。我们在分类广告上投入很大。这个行业的收入中，广告贡献了87%，只有13%来自报纸发行，而那时很多报纸的售价只有50美分。而在欧洲则不是这样，欧洲的报纸价格比我们贵得多，他们当时每份报纸卖2欧元。

辜：欧洲国家很多报纸主要是靠零售的，似乎零售所占比重比美国的高？

威尔金森：在一些国家是这样的，但另一些国家并不是。很难对25+国家的欧洲一概而论。在美国，我们以订阅为基础的发行量确实多些，这也有利于发行收入的稳定。而在欧洲，报业收入的55%—60%来自广告，其余来自读者。因此，欧洲的读者传统上比美国的读者付出更多。在欧洲，一份报纸的钱可以买一杯咖啡，在美国行吗？

威尔金森上述观点在西方是颇具代表性的。记得早在2011年，英国《金融时报》曾罕见地就纸媒的衰落出版了一期包含16个整版的特刊《来自未来的子弹》（*Bulletins from the future*）。这期版面因翔实的数据和漂亮的图表而被我放进了自己已积累上万篇外国媒体文献的数据库。这期特刊指出："技术的更迭对美国报纸的打击更为沉重，原因就在于美国的报纸对广告的依赖性更大。根据OECD（总部位于法国的一个发达国家跨政府机构）的数据，2008年美国报业总收入的87%来自广告，比其他被调查的任何国家都高。正因此，2008—2009年金融危机的爆发对美国报业的打击也最大。2007—2009年的报业总收入增长情况是：法国减少4%，德国减少10%，英国减少21%，美国减少30%。"[1] 也正因为这样，2012年因数字平台订阅《纽约时报》收入大幅增长和纸质广告的持续下跌而导致其发行收入超越广告收入，似乎令人们看到报业盈利模式变革的曙光。

辜：在我访问美国的2001年，美国大多数日报的售价是50美分，只有《纽约时报》等极个别报纸卖1美元，其星期天刊卖1.5美元。现在我注意到，大多数美国报纸的售价都在2美元了。

威尔金森：是的，但您现在花费多了，得到的却少了。15年前，《今日美国》大约卖50美分，现在它卖2美元，报纸却比当年薄很多，页数明显减少了。这就是问题。总之，美国报业的情况与德国、巴西、印度、中国相比，都很不一样，这指的是15年前。可见，美国的报业完全是广告主导的，一

威尔金森在与笔者交谈（酒店服务员 摄）

[1] Bulletins from the future.The Economist.July 9, 2011.

旦广告商开始离开报纸，情形便不堪设想。欧洲对广告商的依赖不像美国这么大，因此其报业的衰退方式也与美国有所不同。我们是从更高的山峰上摔落下来。

趁服务员送咖啡上来，我们闲聊了几句。他提到邮件过滤问题，因为我在此次访美之前，与他联系一度非常困难，发去的邮件总是没有回音。打电话也很少能联系上，只好通过INMA的市场经理转话给他。最后发现，我的邮件都被自动放入垃圾邮件文件夹了。

威尔金森：我觉得很好笑的是，您发给我的邮件都被过滤了。

辜：您的意思是被移至垃圾邮件箱?

威尔金森：是啊，也许和您有关，也许和我有关。您当时在电话里说要查看一下垃圾邮件，我从来不查看垃圾邮件夹，现在我每天查看3遍，为了不漏过您的邮件（笑）。我现在和俄罗斯的邮件常被阻滞，和中国的邮件也常被阻滞，甚至有时与丹麦的邮件也受此待遇。我不明白为何丹麦也这样（两人笑）?

辜：我知道一些国家，某些涉外邮件会被隔离，但不曾想到在美国甚至丹麦也会发生这样的事。

威尔金森：我想这可能和商业有关，某些公司会这样做，因为我们的邮件服务器在他们那儿。我想这是他们对自己的保护措施。现在我知道怎样做才不会漏掉你的邮件了，现在好多了。

辜：我有时接到来自境外的电话时，电信服务商会附加一条短信，提醒我注意防止境外骚扰电话。

威尔金森：您要知道，15年或10年前你曾告诉我说，在中国办报的环境越来越开放了，每隔四五年允许报道的内容就会增加很多。

辜：是的，没错。但有时也取决于不同时期的不同政策，有的政策我宁肯相信只是权宜之计，总体上是要向前走的。

四木桶理论

谈话中，我也叹了些苦经，感慨现在联系大报老总非常困难，并提到不久前访问过的《基督教科学箴言报》是个例外。他们公开了所有高管的联系方式，而且对我的邮件很快给予积极的回应。威尔金森显然并未将该报列入其观察视野。

威尔金森：您提到《基督教科学箴言报》，我甚至不知道它是否还活着。我以为它已经终止运营了呢。

辜：您上次电话里也说过这个感觉，但它是活着和正常运营着的。

威尔金森：但它只是运营网络版，是吗？

辜：是的。这类改革属于数字优先或数字唯一的战略吧？您觉得它可能成为未来趋势吗？

威尔金森：让我想想怎么来讲这件事。在我们国家，报纸和杂志等传统纸媒，被称为“旧式媒体”（legacy media）。您可以将它们分为四个类别：全球性媒体、全国性媒体、区域媒体集团、地方媒体。过去，所有这些媒体都可以装在一个木桶里，它们属于同一个大家庭。但到了数字时代，它们归属于各自不同的木桶，有着属于它们自己的经历。例如，《纽约时报》《金融时报》《华尔街日报》《卫报》等媒体越来越国际化，这类公司属于数字类，就像Vice Media（这是传统杂志转型为数字媒体的成功典型——笔者注）一样。现在已经到了将这类公司收归数字木桶的时候。全国媒体，总体上这类品牌也都有扩展为国际化的意愿。区域媒体集团正在寻找自己的发展机会。至于地方媒体，无人能猜测出它们如何才能在数字时代生存下去。但像甘尼特这样的大型报业集团又是另一回事，它下面虽然有很多地方媒体，但该集团的解决方案是收购更多的媒体，进而创建一个更具规模优势、更加中心化的公司。

辜：甘尼特仍在逆势大量收购报纸，这是很有意思的。

威尔金森：对，他们在收购报纸，巴菲特也在收购报纸。您知道为什么吗？报纸现在太便宜了。德国和英国也出现类似的景象。您明天将访问的公司（指《达拉斯新闻晨报》所在的比罗集团——笔者注）是一个非常好的案例。吉姆（指比罗集团董事长和旗下报纸发行人）是很开放的，对公司的弱点和长处从不隐瞒。他们不隶属甘尼特公司，因此他们需要自己考虑如何生存及如何让地方媒体自我发展。他们的广告收入一直在下滑，因此必须将收入来源多元化。他们想购买广告公司，想创办营销机构，想做很多事以提高收入。他们唯一不想做增量的就是新闻，即新闻媒体。因此，我最重视的问题之一还是四木桶理论里的媒体情况，它们在未来10年里怎样才能生存。在数字化主导的世界，每一木桶里的报纸都将探索不同的道路。

辜：也许您说的是对的。但依您看，哪一类报纸更容易生存下去？全国性媒体、区域媒体集团还是地方媒体？

威尔金森：您听我说。我并不赞同那些关于报纸会因为纸媒式微而消失的观点。报纸不会消失。《基督教科学箴言报》消灭了自己的纸媒，却仍在生产新闻。它有可能成活，尽管不会像以往那样强大。

辜：最有意思的是，当我访问该报时，董事长和总编辑都告诉我，他们的多数收入来自纸质周刊——一份仍在出版的颇受欢迎的杂志。

威尔金森：您应该知道的，即便在今天的纽约，60%—70%的报业收入仍来自纸媒。因此，多数报纸会生存下去，但要看它们如何生存。前两个木桶，即全球性报纸和全国性报纸，生存下去的可能性更大。《纽约时报》没问题，《华尔街日报》没问题，《金融时报》也没问题。

辜：《华盛顿邮报》呢？15年前，该报的总编辑小唐尼告诉我说该报是地方报纸。这次我访问该报，总编辑巴伦说报纸已经是全国性甚至国际化了。这是否也证明您关于走向全国性才更容易成活的观点？

威尔金森：1996年，《纽约时报》的老板小亚瑟·苏兹伯格（Arthur Sulzberger Jr.）说，《纽约时报》的未来在于全国化。于是，他们从那一年开始，由基于大纽约地区的报纸转向全国性的报纸。而在同一时期，《华盛顿邮报》的拥有者却说，不，我们的未来不是全国市场而是地方市场。依我看，《华盛顿邮报》在10年或15年前志在成为伟大的地方报纸。他们在数字方面的巨大投入，无论从经营角度看还是新闻角度看，也都是地方性的。然而，自从贝佐斯收购该报后，其迅速成为全国和国际化的报纸。这也有点像香港的《南华早报》。两年前，马云买下了这份报纸。他说，我们不再仅仅是香港的地方报纸，我们要成为中国的世界窗口。

辜：他们至少想成为东南亚的报纸。

威尔金森：不是，他们希望整个英文世界通过《南华早报》来认识和理解中国。《南华早报》不再是关于东南亚的报纸，而是关于一个真实的中国的报纸。

辜：您和马云谈过吗？

威尔金森：还没有。

辜：将来会和他见面？

威尔金森：会的。贝佐斯说，我们仍然基于本地，但我们是关于美国政治的世界窗口，这是《华盛顿邮报》早在20年前就该做的。《华盛顿邮报》现在有了财力，想成为数字公司。他们明白转型的内容并不仅仅是新闻，还包含很多东西，如科技、受众发展、大数据等。

辜：有趣的是，马云接管《南华早报》后不久，就把该报实施多年的付费墙取消了。

威尔金森：我也听说了。只有亿万富翁能够这样做（笑）。

我猜测，马云在这方面可能和贝佐斯有同样的考虑，就是尽可能地将受众规模做大。互联网巨头们都懂得以大取胜的重要性，用户规模是他们的命根子。

两头燃烧的绳索

辜：厄尔，您作为最知名的媒体专家之一，能否描绘一下美国报业在数字转型上的总体状态？您知道，当甘尼特的首席产品官告诉我说，他们的报纸已经完成数字化的转型时，我是很吃惊的。

威尔金森：我想，美国报业转型的成功案例有3个或4个。甘尼特作为一个报业集团，是最好的。即便如此，他们的转型还在路上。《华盛顿邮报》是个好案例，《纽约时报》也是一个很好的发展中的案例。我要说的是，美国报纸的转型进程是很不平衡的。就像我前面说到的，它们分在四个木桶里，而转型的过程才进行了10年，现在到了2016年。对第一类报纸而言，在努力成为伟大的全国品牌的同时，却要缩小编辑部的规模。旧媒体时期，全国大报都有巨大的编辑部。

辜：就像《纽约时报》。

威尔金森：是的，《纽约时报》有庞大的编辑部，英国的《卫报》也是这样，它们都有过巨大的编辑部。但这是难以支撑的，某些环节已经断裂了。现在的情况有点像两头燃烧的绳索，一头是旧式媒体公司，其收入在持续下降，正探索一切数字的办法希望转型成活，如大数据、程序化（programmatic）、移动化等；另一头是数字公司，它们的年龄都不满10岁，都是由合作资本创办的，正不惜一切代价发展受众规模，它们（其中的很多）也不一定赚钱。

当这条绳子在燃烧时，数字公司试图弄明白：这帮家伙（指传统媒体）怎么赚钱？它们这么小的规模怎么卖广告啊？我的观点是，到2018年、2019年或2020年，绳索将烧到中间，事情总要见分晓。唯一的区别是旧式报纸还会印刷，但可能通过每周出版一期来赚钱，就像《基督教科学箴言报》那样。还有在华盛顿特区的 Politico，您知道这公司吗？

辜：我知道，那是一家政治媒体。

威尔金森：您知道它每周只出版一次或两次？

辜：我只知道它在数字方面表现出色。

威尔金森：非常正确！但他们现在仍然不能从数字端挣钱。这是肮脏的秘密（dirty secret）。再给您一个例子，《赫芬顿邮报》（*The Huffington Post*）。

辜：它做得很成功。

威尔金森：您认为它很成功，对吗？就像我去年和您说的（应为2014年，我们在香港聚会时聊到此事），《赫芬顿邮报》每年挣1.56亿美元，花费也是1.56亿美

2014年9月16日，笔者应约赴香港与来此开会的威尔金森在九龙香格里拉酒店小聚（酒店服务员 摄）

元，因此它的利润是零！因此，您说它很成功，我却说它没有利润。

幸：它得到美国在线的强力支持，它不用为钱发愁。

威尔金森：对的，他们有资本。但在旧式媒体这边没有资本支持，他们是死是活都靠着发行和广告。所以我说，绳索两头都在朝着对方燃烧。

威尔金森提到的Politico，是由华盛顿富商罗伯特·奥尔布里顿（Robert L.Allbritton）投资、《华盛顿邮报》两位资深记者创办于2007年的政治媒体公司。该公司以报纸、杂志、网站等多种媒体起家，发展迅速，获得多轮融资，成为专注于华盛顿政治圈进行深度报道的著名媒体，尤其在数字平台和大数据应用方面成绩显著，目前在欧洲拥有纸媒和数字媒体的分支机构，近年来的收入呈两位数增长态势，现有500多名员工，2016年7月的月独立访客量已达2500万[1]。但威尔金森说该公司的报纸每周只出一二期的情况我确实不知。从Politico数字发展迅猛和去纸媒化动向看，这家从创办时就有互联网基因的媒体机构最终成为纯数字公司，只是早晚的事。

威尔金森：从传统报纸的角度看，转型是非常不容易的事。小型的独立地方报纸在转型方面难有作为。大些的报纸在非常努力地转型，更大的报业集团也竭尽全力。今后您会发现，地方报纸的转型路径会是各种各样的，多数会向垂直化发展。报业集团的转型，关键在于能否发展受众规模和中央化的运作结构，进而探索出经营模式来，要将收入来源多样化。

幸：您刚才说《华盛顿邮报》和《纽约时报》是很好的案例，能详细说说您对这两个案例的看法吗？

威尔金森：好的。您如果回过头去看这些媒体，您会发现有些方面是难以触碰的。我们视《纽约时报》《华盛顿邮报》和甘尼特为转型的成功案例，但问题在于，您无法学习模仿这些案例。《纽约时报》是全国性报纸，如今更是全球性报纸，它有很多付费的数字订户。该报的价值永远是新闻，新闻，新闻。它的这一价值别人很难学到。《华盛顿邮报》是这个世界上唯

[1] Top 15 Most Popular Political Websites, www.ebizmba.com.July 2017.

一坐镇美国政治中心的报纸，这也是它的价值所在。这两份报纸的成功有相似的地方，即都有别人难以效仿的独特价值。我觉得，其他报纸，无论是在拉丁美洲、亚洲还是欧洲，都很难说“我想走国际化道路”。当然，也有个别例外。这是我个人的看法。顺便说一下，您访问过的费城报业是一个奇怪的案例。他们三年换了三个老板，现在隶属一个非传统的信托机构，今后会怎么发展，我不知道。至于甘尼特的案例，其能够以独创的方式将旗下遍布全国的庞大的媒体资产整合利用起来，恐怕深圳报业集团也很难借鉴。这就是尴尬的一面。如果换作我，宁可多关注达拉斯或新奥尔良的报业。如达拉斯的一家报业公司，拥有全市几乎所有地方报纸。深圳也有一家报业公司，拥有多份报纸，与之有相似之处。新奥尔良是一家公司拥有一家报纸，当地最大的报纸。他们将订阅发行的纸质报纸由每周7天压缩至每周3天，试图走数字优先或移动优先的转型道路，能否成功？这是我特别关注的。

集约化仍将是趋势

辜：您说得对，我是将费城、达拉斯、新奥尔良这些城市的媒体环境作为与深圳相似的情况来看待的。这也是我将它们列为此次访问目的地的原因之一。我感兴趣的是，这些在当地很少面临竞争者的报业集团怎样转型为数字化的媒体公司。

威尔金森：谈到媒体转型，您知道这些媒体想干什么吗？他们意识到数字是未来，必须朝这个方向发展，却又不想消灭纸媒，这难以平衡呀。纸媒还在赚钱的时候，是不能将其关闭而发展数字媒体的。80%的收入来自纸媒，怎么能消灭它们？这不合情理嘛。为什么在运作纸媒的同时，又为自己制造了一个数字竞争者？这样只能是给自己的报纸拆台啊。

辜：我认为，未来的报纸将会成为数字巨头们的一个组成部分或一个环节，是大的信息传播闭环中的一节，专门从事内容生产。也许这是它们应有的位置？

威尔金森：我不知道。我只知道 Google、Facebook和Twitter，所有这些数字公司并不想触碰内容生产。直到2016年的今天，它们不想成为任何与内容生产相关的媒体。我觉得，他们认为自己的位置价值是成为地方内容生产商的朋友，他们不会自己去从事内容生产。也许5年后有变化？我不知道。

辛：那我们不谈甘尼特，谈谈麦克拉奇这类报业集团吧。加利福尼亚这家公司2006年吞并了包括《费城问讯报》在内的奈特里德报团，很快又将《费城问讯报》等转手卖出。我觉得那是报业兼并的一个坏案例。

威尔金森：如果将美国报业作为一个整体来看，论坛公司是一个看点。该公司已经在困难中度过了一二十年。他们一会儿私有，一会儿又恢复上市。我曾于12月访问过该集团的 CEO。

辛：去年12月？

威尔金森：是的，几个月前。我问他，他近年工作中最得意的事情是什么？他说："最满意的是建立了数字团队，《洛杉矶时报》《芝加哥论坛报》等地方报纸都与这数字团队展开合作。我们真正开始了数字化转型。"三个月后，这位CEO被炒了。论坛公司不久后来了一位新的董事会主席，他将前CEO引以为豪建立起来的数字团队成员全部解职。这是美国报业不稳定的一个典型写照。数字优先集团（Digital First Media）刚刚在竞购《奥兰治县纪事报》（*The Orange County Register*）中获胜，就是上周的事。该集团让原报社所有高层都下岗了。

辛：哇。我知道这报纸，它挺有名的，在大洛杉矶地区排名第二，仅次于《洛杉矶时报》。

威尔金森：是的，这是份大报纸，一份重要日报。您问我美国报业转型的问题，如此动荡，谈何稳定转型？所以我说，转型是大事，但又很不均衡。李氏集团（Lee Enterprises）于2002年或2003年兼并了《圣路易斯邮讯报》（*The Saint Louis Post-Dispatch*），耗资10亿美元。如今，这份报纸只值8000万美元。

辛：是普利策曾经拥有的那份报纸吗？

威尔金森：是的，您说得对。这就好比您在深圳花30万美元买了一套房子，而一夜之间遭飓风损毁，现在只值4万美元，而您还得为30万美元的购买价支付按揭。李氏集团的情况就是这样。他们现在一方面要面对朝数字方向转型的紧迫任务，另一方面要偿付13年前高价购买该报欠下的巨额贷款。麦克拉奇与之大同小异。加拿大的邮报媒体网络集团（Postmedia Network，加拿大最大的报业集团，旗下拥有发行量最大的全国报纸《全国邮报》和发行量最大的地方报纸《多伦多太阳报》以及加西报业集团等大量平面媒体机构，多年来在兼并报纸方面较为激进。——笔者注）也是如此。这些都是我国报业转型中的故事。外界应当理解美国报业所面临的挑战：背负巨额债务实施数字转型。我的意思是，美国的报业转型是很复杂的故事。

辜：那么您认为对美国报业而言，扩张是否仍是一个有效策略？

威尔金森：我觉得集约化的趋势仍将继续。我认为大型报业公司会继续收购报纸。甘尼特会变得更大。我认为在未来的10年内，前100名报纸中的大多数会掌握在五六个公司手里。Google的净值有多少亿美元？您买下任何一份美国报纸都不会达到Google的净值。规模仍是重要的。所以，我认为集约化可能是唯一可取的路径。还有一个趋势，也许您会感兴趣的，即特别的所有权结构。大多数美国大都市报纸都创刊于19世纪30年代、19世纪40年代或19世纪50年代。当时这些报纸都很便宜，而且是由记者编辑创办并经营的，所有权结构较为单一。报纸发行的大幅增长是20世纪50年代。

辜：从20世纪80年代起开始下降。

威尔金森：是的，但广告是个奇迹。您看看杂货店，利润只有2%。20世纪50年代报业的平均利润是24%。哇！但20世纪40年代至50年代发生了什么？地方报纸开始被当地的千万富翁或亿万富翁拥有。这些富翁赚了钱，也赢得了信誉。

辜：他们也为当地社区提供了较好的服务。

威尔金森：这一成功激励了他们，于是他们开始购买其他报纸，然后又开始到股票市场上市交易。然而，过去的10—15年间，这些上市公司开始恢复私有化，他们不愿再出现在公众交易市场。于是，这些报业资产又开始出售给地方亿万富翁。从现在起到2020年，估计很多报业公司会回到60—70年前的所有权结构。谁会买这些报纸？不是那些越来越大的集团公司，而是地方亿万富翁，他们已不再在意是否赚钱。

辜：我想这对地方报纸来说应是个好消息。

威尔金森：也许是。我觉得报纸还是要赚钱，但别再指望24%的利润。看看《卫报》，看看佛罗里达的报纸，它们现在都被指定的地方基金会拥有。

2006年6月4日，笔者与威尔金森在莫斯科世界报业大会上相遇

威尔金森讲的这个报业地方私有化趋势，此前从未听人说过，但仔细想想，也确实有此苗头。《坦帕湾时报》（*The Tampa Bay Times*，原《圣彼得堡时报》）作为佛罗里达州最大报纸，一直是地方私有的，并以一种特殊的股权结构确保其不被其他报业集团收购。《费城问讯报》被麦克拉奇转卖后，几任接手者都是费城当地富翁或财团，最终也是由当地富翁捐献给地方基金会进行信托式管理。他提到的英国《卫报》，也早已被家族转交给信托公司管理。2018年2月，《洛杉矶时报》被论坛出版集团卖给了加利福尼亚州当地一家华裔富商，使得这家报纸在被全国性报业集团收购18年后，再次回到本地人手中。这也是对威尔金森预言的一个佐证。

至于他说的集约化趋势，倒与我之前的看法稍有不同。美国自麦克拉奇以"蛇吞象"的方式兼并奈特里德报团而深陷银行债务后，大规模的集团化兼并已经明显减少。到21世纪初开启的新媒体时代，纽约时报公司、华盛顿邮报公司、新闻集团等报业集团都在出售旗下平面资产以轻装减负，过去那种依靠银行资金空手套白狼的资本游戏似乎已经走到尽头。只有甘尼特公司仍在继续扩大。但我宁肯相信威尔金森的观点，他毕竟比我懂得美国报业。而且，从甘尼特的情况看，只要有个好的机制和适应数字时代的运行架构，报纸多了确实可以享受到数字平台的规模优势，而单打独斗的地方报纸会困难得多。

坦帕模式已经过时

辛：您刚才提到佛罗里达的报纸。您怎样看待《坦帕论坛报》（*The*

Tampa Tribune）的多媒体融合实践？这种将多种媒体合并运作的模式在中国有很高知名度，现在情况如何？

威尔金森：这已经是10多年前的旧模式了。我要说的是，世界各地的报纸都不会再去坦帕取经了。正如我在您来美国之前和您说的那样，现在有很多更好的典型或模式可以学习效仿（他当时在电话中对我说，何必非来美国不可？欧洲有很多报纸做得更好。我说我就是想看看美国报纸的变化如何）。美国在15年前是世界报业的中心，特别是在经济实力方面，但现在不是了。您可能不同意我的意见。但您看英国的报纸、澳大利亚的报纸、新西兰的报纸，它们在转型方面其实走在了美国的前面。

写到这里，且容我稍稍介绍一下坦帕的情况。坦帕是位于美国佛罗里达州的一座风景如画的海湾城市。《坦帕论坛报》是媒体综合集团（Media General）旗下在当地的日报。2000年，集团出资4000万美元，在当地建了一栋四层楼的“坦帕新闻中心”（News Center），将旗下在当地分散于不同建筑的《坦帕论坛报》、坦帕湾在线（Tampa Bay Online）和坦帕电视台（WFLA-TV）搬进来“合署办公”，并在其中的第二层楼建立了一个“超级编辑室”（Super Desk），让三大新闻机构的编辑们在一起共同处理记者的稿件，并向不同的媒体发送[1]。这就是美国第一个专门建造用于媒介融合的新闻中心，是当时编辑部整合运作的一个典型。2001年，笔者曾专程前往佛罗里达访问，但当时并未听说坦帕这个新闻中心，因而只去坦帕市也是佛罗里达州的最大报纸《圣彼得堡时报》（后改为《坦帕湾时报》），以及报纸所处城市环境与深圳相似的奥兰多市的《奥兰多前哨报》进行了调研访谈。2005年，此事经在美国访学的中国人民大学新闻学院蔡雯教授介绍到国内，引起广泛关注，成为媒介融合的热点案例，一些媒体开始借鉴该中心经验。最突出的是佛山传媒集团，于2005年也建造了一座漂亮小楼，将全市平面媒体、广电媒体和网络媒体集中在一起办公。如今国内流行的“中央厨

[1] Bruce Garrison / Michel Dupagne.A Case Study of Media convergence at Media General’s Tampa Center.Media Convergence, November 8, 2003, p.14.

房”也是一定程度上受坦帕影响的产物。

但事实上，坦帕新闻中心的融合实验在美国只热闹了五六年，从2006年起，相关研究和推介文章便明显减少，到2010年后报业转型进入高潮时期，几乎已无人提起它。随着数字传播的迅速发展，特别是移动平台成为主战场后，“一次采集，多次分发，多点传播”的融合理念开始让位于针对不同数字平台的专业化生产，各报开展了更加个性化的融合实践。由于未能建立起成功的盈利模式，坦帕新闻中心也早已式微。2016年5月3日，我还在美国期间，《坦帕湾时报》将处于亏损状态的《坦帕论坛报》及其网站等媒体资产一举兼并，不久后便将后者永久停刊，从此少了一个竞争对手。《坦帕论坛报》的悲剧在于，其与《坦帕湾时报》是同质竞争，却屈居第二。在“一城一报”已成普遍格局的美国（纽约等特大城市除外），同质而位居第二位的报纸总是处境危险。而该报创立的融合中心是一种兼顾各类媒体、并未体现数字优先的实验，因而也未能在数字受众的开拓上超越《坦帕湾时报》，最终遭遇“灭种”命运。

2016年4月14日，笔者与威尔金森在纽约媒体大数据会议上（大会工作人员 摄）

辜：有点讽刺意味的是，现在报纸仍主要通过纸媒在赚钱，却同时在实行去纸媒化的战略，而数字方面赚钱依然很少。这究竟应当怎样平衡呢？

威尔金森：让我们来看看纽约的Vice Media吧。他们的老板早晨醒来的第一件事就是想：我怎样才能扩大受众规模呢？我怎样去为我的产品和品牌发展有创造性的数字广告解决方案？而传统报纸的发行人每天醒来后就开始纠结：我必须做数字产品，我必须印刷好报纸来支付账单，我怎样才能创立一种能让纸媒和数字协同的广告销售方式？我怎样才能维持编辑部的规模？我怎样才能将纸媒内容更好地在数字空间呈现？您看，传统报纸要思考多少事情？他们在苦苦寻找数字发展的真正机会。这些家伙试图同时做15件事情。他们要移动化，要平板化，要做好纸媒，或要做好网络，或者要将所有这些事情“置顶”（on top）。他们希望移动优先而网站其次。他们放30人在编辑部，放40人去寻求资本合作以获取资金支持。这就是他们每天纠结的事情。有的报纸的编辑部拥有900人，太多了。于是他们想到要改变，将一些人放到这里，另一些人放到那里。这就是燃烧的绳索，我喜欢这样形容。

威尔金森说的Vice Media，是北美洲由传统媒体转向数字媒体的一个成功典型。该机构最初是1994年创办于加拿大蒙特利尔的杂志《蒙特利尔之声》（*Voice of Montreal*），1996年更名Vice，为扩大受众而于1999年转移至美国纽约市，并很快在国际上产生影响。2006年起，公司大踏步向数字端转型，并开发了强大的网络电视频道，又于2013年获得默多克旗下的21世纪福克斯公司7000万美元投资。2014年推出新闻频道Vice News，并以及时报道乌克兰危机而一举成名。此后又推出有线电视，并进军音乐、电影领域，且与Google、Snapchat等合作拓展移动受众。这一过程中获得总值3亿多美元的多轮融资，目前其内容已在80个国家和地区落地。2015年9月，该公司CEO谢恩·史密斯（Shane Smith）宣布其数字频道的月独立访客量已达9600万，每月抵达受众的规模为2.5亿—3亿人[1]。

关于客户端与社交媒体

此次访美，我一直把新闻客户端（App）、社交媒体等移动传播作为调研的重点之一，希望发现美国报业在这方面的经验。与威尔金森的访谈，当然也要把话题往这方面引导。

辜：我知道INMA发表过很多媒体研究报告，其中不少是您亲自执笔

[1]Natalie Jarvey.Vice CEO Shane Smith Touts Digital Growth Stats in New Video.www.hollywoodreporter.com.November 15, 2015.

的。你们有没有做过关于美国报业移动客户端数量的调查？我注意到，包括顶级报纸在内的很多美国主流报纸，都在开发新闻客户端上下足功夫。他们希望通过客户端的内容传播强化品牌黏性。

威尔金森：对此我倒有些不同看法。我觉得美国大约1400种日报中的大多数，并不把移动新闻客户端太当回事。他们在发展客户端上没有计划，没有策略，什么都没有。

辜：真的是这样吗？

威尔金森：全球性报纸，即我说的第一木桶里的报纸，他们是有很好的计划的。全国性报纸也有较好的计划。但其他报纸处于纠结状态。根据相关调查，84%的美国人将所有上网时间耗费在仅仅4个客户端上：其中之一是Facebook，其次是Google。

辜：中国的情况也差不多。

威尔金森：我想《纽约时报》是需要客户端的，《达拉斯晨报》也需要客户端。但依我到目前为止的经验看，很多报纸在客户端上下的功夫是徒劳无用的。人们只用4个客户端，你为何还去做呢？我真的不知道。举一个例子，瑞典的《晚报》（*Aftonbladet*），瑞典发行量最大的报纸，它就没有客户端。我相信多数旧式报纸也会像《晚报》的态度一样对待新闻客户端。当然，你必须利用移动互联网，必须根据读者反馈来好好设计你的网站。到了2016年还不做这件事情，您就还在石器时代。

辜：您说的那4个App都是全国性的。那怎么获取地方信息呢？总不能完全忽略地方报纸通过其客户端传播的本土信息吧？

威尔金森：我下载了很多客户端，而我每天大约使用7个。我上Facebook的次数最多，其次是Instagram。但这并不影响我对地方媒体的关注。您问的问题很好。我不知道在这个星球上，一个孤立、既非全球性也非全国性的地方媒体如何才能转型成功，它们在这个数字时代的价值是什么。

辜：但社区民众怎么办？它们还是关心自己周边的信息的吧？

威尔金森：在旧金山有个媒体公司叫作“邻里”（Next Door，2010年创办的地方社交媒体，近年来扩张至英国、荷兰等欧洲国家，但迄今尚未盈利。——笔者注）。“邻里”是像Facebook那样的地方社交媒体。我下载并关注过它，但不认为它是真正成功的，虽然回过头去看它的发展也挺有意思。地方或区域性报纸现在做什么？你以为他们很喜欢社区新闻吗？他们只希望通过出版新闻赚点钱。即便到了2016年，所有这些地方报纸并不知道自己的读者是谁。而数字公司的想法则大不一样。如果Facebook、Next Door或Google今天要在这里创办一个报业组织，他们会先通过数据分析了解这里的市场情况。他们会说，哦，达拉斯有100万人口，他们家庭收入的百分比如何？有多少人住在城里？多少人住在郊区？这些公司会对达拉斯市场进行精确的数字测量，然后决定创办一份以移动为主还是纸媒为主的报纸，针对的是富人、中产阶段还是底层民众。这又是两头燃烧的绳索。一方面是精确、基于数字的价值创造，另一方面是传统、盲目的价值创造。

辛：还是机器决定一切。

威尔金森：10年前，我还试图弄清楚有多少数字媒体公司被创办，如今已有很多数字公司成功地将人们聚集为自己的受众。Facebook非常成功地聚集了达拉斯、辛辛那提、费城、纽约等地社区的大量受众，但它并没有地方内容。

辛：可能用户会生成地方内容吧？

威尔金森：那只是在一定程度上这样。有趣的是，假如某日Facebook真的在达拉斯创办一个新闻机构，那会怎样？

辛：那对达拉斯的报业是个灾难。

威尔金森：也许是，但我希望《达拉斯晨报》能成活。我更乐意看到Google 到那些失败的报业市场去创办。美国有些城市的报纸真的很失败。如果Facebook到那些城市，或者是甘尼特旗下最糟糕的报纸所在的城市，对那些城市恐怕是件好事。

辛：社交媒体的情况呢？您自己有多少社交账号？它们主要是哪些品牌？

威尔金森：我想想看。我有 Facebook、LinkedIn、Instagram、Twitter。这些都是大品牌，其他较为次要。我注意到我们的会员在WhatsApp上有明显的增长趋势。我还有Snapchat（中国翻译为“阅后即焚”——笔者注），我只有一个朋友开设这账号，他就是我的侄子。

辛：Snapchat好像主要是为年轻人服务的？

威尔金森：您有Snapchat吗？

辛：没有，我只有中国的微信和微博，Snapchat在中国无法使用。

威尔金森：您用过它吗？

辜：没用过。

威尔金森：您现在美国，应当下载一个，就会看到它的特点了。我给您看（他打开手机）。

辜：看上去属于闲聊类型？

威尔金森：不，比闲聊有趣得多。您看，这就是我的侄子。她是谁（指旁边的女孩）？

辜：您侄子的女朋友？

威尔金森：我不知道，但您看他们在干什么？这些孩子在互相传递视频。这些视频发给你，而你点开后只有30秒钟的时间去观看，然后它就自动消失了。这就是孩子们使用社交媒体的一个趋势，用视频。我举这个例子的意思是想告诉你，现在美国很多媒体公司都上了Snapchat。我们来看CNN，它在这里用了完全不同的呈现方式，等一下……找到了。您看这个主页多有趣，我从未见过CNN关注过这类题材，这就是为迎合年轻人的。这会是新闻的未来吗？我相信会的，就是用一种轻松的方式。

辜：这些媒体的目的就是迎合下一代新闻受众。

威尔金森：您再看，这里有广告。

辜：看上去像好莱坞电影啊。

威尔金森：您可以搜索或拖拉这些图标。Yahoo! 曾在Snapchat开设一个频道，但后来被取消了，因为Snapchat 觉得它太枯燥，不适合年轻人。

辜：我就不太喜欢社交媒体上这些垃圾信息，人们进行无意义的闲聊。

威尔金森：您多大岁数了，杰弗里？

辜：今年60了。

威尔金森：我今年50（笑）。但您看上去比我还年轻。

辜：不可能，这不是事实（笑）。

威尔金森：我要说的是，50岁对我来说是个大生日，今年12月就到了。我正在朝60岁迈进，而不是40岁。但我还玩 Snapchat，我痛恨50岁。

辜：您的意思是，我因为太老而不喜欢这类信息？

威尔金森：您如果是20多岁甚至更年轻的话，您会喜欢它们的。我最大的侄子辈是个侄女，今年17岁。她消费信息的方式和我们完全不一样。

辜：她从来不读报纸？

威尔金森：从来不读。您还记得您17岁时的情形吗？我17岁的时候是个年轻的记者。我拿起《华尔街日报》从头读到尾。当时对我来说，所有信息都能在报纸上展示是个奇妙的事情。

辜：也许您侄女通过其他渠道，如Snapchat获取来自报纸的新闻。

威尔金森：绝不，如果新闻不主动找到她，她是不会去读它们的。她永远不会去看报纸、杂志或电视。但她会看Facebook、Snapchat或Instagram推送给她的新闻。如果新闻正好出现在她的社交网站屏幕上，她也会看的，因为她会本能地觉得，出现在她手机屏上的新闻，她的朋友也会喜欢看。所以，Facebook懂得年轻人的心理，它会想办法让新闻出现在她面前，我也不知道是怎么做到的。我50年来养成的信息消费习惯与数字公司向现在年轻人传播信息的方式太不一样了。我很难理解现在的世界，虽然从理性和学术的角度是理解的，但从心里是不易理解的。我只知道这是一个不同的时代。

辜：好吧，让我们回到《纽约时报》吧。因为我此次可能不能进入《纽约时报》编辑部调研，而我又对他们的改革经验特别感兴趣，所以想多听听您的看法。例如，我通过网上搜寻注意到该报至少开发了10多个App，您觉得这么多客户端都有必要吗？

威尔金森：我称这为“App疯狂症”。当2010年iPad问世时，所有人都疯了。人们为所有内容设立App，统计数据很快就表明，App已经过剩。我认为，所有新闻机构都需要一个主客户端（general app），我是指大型新闻机构。客户端是有市场的。但很多客户端都是临时的，他们自生自灭。也许存在着一种市场，我称之为“发烧群”（passion niche）。《纽约时报》试图发现哪些属于该报的“发烧群”。

辜：您说的passion niche是什么意思？是指某些具有共同兴趣的群体吗？

威尔金森：差不多是这样。以《华盛顿邮报》为例，除了在我手机上的综合性客户端，我会加上一个政治方面的垂直客户端，《华盛顿邮报》的App正是为政治发烧群服务的，因为它拥有政治，我就选了它。

辜：该报位于首都，而且靠近那些大政治家。

威尔金森：《纽约时报》也在考虑自己的发烧群会有哪些。它认为传统的报纸读者可能会喜欢烹饪，于是就开发了美食App。

“付费墙并不自然导向成功”

辛：对中国的报人来说，《纽约时报》最成功的地方就是实施了付费墙，建立了可持续的盈利模式，可以从数字发行上赚钱。

威尔金森：从消费者身上赚钱。

辛：对，从信息的消费者那儿赚钱。您能谈谈对付费墙战略的看法吗？我记得上次与您在香港小聚时，您不看好这一转型方式。

威尔金森：前面提到《纽约时报》客户端，其实他们一开始想为这类App建立一个商业模式，而最好的模式似乎就是付费墙。但他们发现，对这类兴趣App，一旦建立付费墙，人们的需求量就减少了，所以他们取消了大多数发烧群App 的付费墙。

辛：是的，有时很难确定究竟能从这些App上收回多少钱。《纽约时报》前两年创办了即时新闻的App——NYT Now，是收费的，现在又取消了。

威尔金森：《纽约时报》总体上是希望通过付费墙来建立数字端的盈利模式的，它现在数字有价订户的数量已经有110万—120万。我最欣赏《纽约时报》的地方是，它从不怕失败。他们过去建立过付费墙，后来觉得不太成功，便取消了。两年后又建立，这回成功了。《卫报》则觉得靠内容变现的方式难以成功，所以转向免费，但也在某些方面适当收费。客户端的经营模式大同小异，所以很多媒体希望简单化地通过付费墙取得成功。其实付费墙并不会自然导向成功。我一直在说四木桶理论的概念：全球性报纸、全国性报纸、区域媒体集团、地方报纸。付费墙对全球化的报纸是很好的模式。这些报纸品牌有刚性需求，有财务实力。《金融时报》和《华尔街日报》都非常适合付费墙模式。他们可以向财经读者收费。《纽约时报》取得了很大的成功。他们的付费内容获得了120万受众，这是很了不起的。这类报纸的共同特点是，有高知名度的品牌，有极丰富的内容，有强大的需求。全国性品牌则在争取取得这类成功。

辛：您说的全国性品牌也包括《华盛顿邮报》吗？

威尔金森：对，他们在同一条高水平线上。例如，哥伦比亚的《时代报》（*El Tiempo*）是全国顶尖报纸，但它不是《金融时报》，不是《纽约时报》，它不属于国际品牌。《卫报》属于国际品牌。全国性媒体必须清楚，它们在国内面临很多竞争者，只有比竞争者做得更好才有可能实施付费战略。而国际品牌并不特别在意必须胜过其他国际品牌。它们互相之间有很大差异，互补性强，各有各的市场。全球化媒体拥有这种差异优势。相对于全球化媒体，区域媒体集团就艰巨得多，他们的价值有时很难体现。

辜：我在费城的时候，费城媒体集团的高管告诉我，《达拉斯晨报》是坚持做实施付费墙战略的最好典型，该报已经第三次建立付费墙了。

威尔金森：但第三次他们也失败了。明天您和吉姆谈话时，他们会告诉您的。我估计他们正在第四次建立付费墙（从后来笔者的访问情况看，《达拉斯晨报》之前失败了两次，正在酝酿第三次建付费墙。威尔金森可能记错了——笔者注）。我很好奇他们最后是否会成功。我昨晚还在读《达拉斯晨报》的内容，但是通过社交媒体阅读的。既然大量社交媒体都能看到这些内容，我凭什么要去付费订阅它？

所以，从全球范围看，付费墙有两种主要模式，而且非常容易理解。一种是计量式付费墙（metered paywall），大多数高质量报纸都采取了这种模式。这种付费墙的优势是可以随时调节它的高度。例如，我设置了一个初始的计量式付费墙，读者进来可以每月免费阅读15篇文章，当想读第16篇文章时，就会感觉到墙的存在，因为被要求付费。《纽约时报》一开始的墙就建得很低，可以免费阅读20篇文章。他们不想一下子建太高的付费墙而把很多读者挡在墙外。然后，他们发现免费阅读的需求量很大，就把墙抬高一些，免费文章减少到15篇。现在，我想它可能已经减少到10篇，今后会继续减少到5篇。这很好，没问题。对《纽约时报》内容的需求量很大。可是，大多数区域性日报不具有这么大的需求量，它们要想建付费墙就困难得多。

辜：但为何甘尼特旗下的报纸，除了《今日美国》之外，都是区域或地方性的报纸，却几乎都建立了付费墙？

威尔金森：这是事实。但所有这些公司都在为受众数据而挣扎。我的家乡是得克萨斯州的一个小城市，那里有一家日报《泰勒电讯晨报》（*Tyler Morning Telegraph*）。它的读者规模较小（笔者查阅后得知，该报2015年时的发行量为2.26万份），需求量也不大。我父亲长期订阅该报。他喜欢其中的体育版块，对财经版块也有点兴趣。

辜：他主要还是喜欢严肃的内容吧？

威尔金森：也许是的。您注意看一下这类地方报纸，其所有版块从头到尾有多少内容是自己的原创？大多数内容都来自电讯社。再看看《纽约时报》，几乎百分百是原创。地方报纸其实就是对自己员工和其他媒体人员工作内容的一种捆绑。在当今数字时代，为什么人们要去订阅这些缺乏原创内容的地方报纸？

辜：在中国目前有一种趋势，即越来越多报业集团在开发聚合性的新闻客户端，从而取代过去单份地方报纸自己开发的客户端。原因之一，就是单份报纸的客户端原创内容十分有限，而报业集团可以聚集集团内资源，将客户端做得非常丰富。我前不久还在国内杂志上发表了一篇文章讨论这一现象。但没人知道这样做是否会成功。

威尔金森：我也不知道。我一直在说4种类型的媒体。你不是《华尔街日报》，不是《纽约时报》。那些案例虽然典型却不好学。还是关注一下那些挣扎着的地方报纸吧，他们的经验对中国可能更有用。再举个例子，也是地方报纸，即加拿大的《新闻日报》（*La Presse*）。

辜：是在魁北克的那份法语日报吗？

威尔金森：正确！我建议您关注这份报纸的原因是，它开发了一个非常好的iPad版。您可以下载看看。这完全是针对下一代年轻人的平板读物。它看上去非常漂亮，简直有点像Snapchat。它的广告和视频内容等都是面向下一代年轻人的。《新闻日报》并不相信纸媒有未来，所以它在数字方面下功夫。它获得了在线广告，很多很好的广告商愿意给它付钱。它的成功也表明，上了年纪的报业领导也很适应这种平板客户端。

我因为出版过《当代中外新闻传媒》，在学校也给研究生上“大众传媒研究”的课程，对包括加拿大在内的世界主要国家的主流媒体有一定了解。《新闻日报》总部在蒙特利尔，是加拿大最大的法语报纸。该报自2001年新总编上任后，便进行了一系列大刀阔斧的改革，包括大量招聘年轻人办报，从内容到形式都改为年轻人喜欢的样式，并渐渐将重点转移至iPad等移动数字平台，深受年轻人欢迎，广告销量也以较大幅度逐年上升。近年来频频传出该报要停止纸媒出版的消息。威尔金森如此推崇它，就是因为它被认为是地方报纸转型成功的一个样板。

威尔金森：另一份加拿大报纸是《多伦多星报》（*Toronto Star*），它与美国的报纸很相似。

辜：这是加拿大最大的报纸之一。

威尔金森：他们也在想，是否可以把这份法语报纸的模式移植到英语报纸上来。它比《新闻日报》强大得多，竟也要学《新闻日报》的模式。

辜：对《新闻日报》来说，现在已经到了转网的时候。

威尔金森：已经到了转到客户端的时候。我想，如果这个模式在魁北克能成功，在佛罗里达、达拉斯等美国城市也有成功的可能。这就是地方报纸的经验。

辜：是的，如果他们已经能在数字广告上赚钱，表明其盈利模式已经建立起来。

威尔金森：然而它是免费的，无须订阅。

辜：您认为这会成为地方报纸转型的趋势吗?

威尔金森：不是的，我只是在思考这种模式。《新闻日报》的平板内容和广告，在蒙特利尔或魁北克都是独一无二的。这一模式完全可以输出到其他市场去。这就是《多伦多星报》要向它学习的原因。您知道吗?《多伦多星报》已经放弃了建立多年的付费墙。他们觉得付费墙作用不大。所以，这是一个巨大的二选一难题。《新闻日报》选择的是免费路线。

2016年4月14日，威尔金森在纽约媒体大数据会议上演讲（辜晓进 摄）

辜：这很像英国《每日邮报》啊。

威尔金森：《每日邮报》是全球化媒体。只要你足够大，总是可以在网站上赚点钱的。但其他报纸很难做到。

幸：它有一个强大的美国版网站。

威尔金森：是的。它们成功的主要方面就是创办了国际化的网站，可以直通美国和澳大利亚等英语国家而无须翻译。

饭桌四人长谈之转型模式

我们的谈话持续到中午12点半，INMA的会员部主任克丽丝·威廉姆斯（Kris Williams）和高级编辑道恩·麦克马伦（Dawn McMullan）依约赶到。威尔金森邀大家转移至酒店餐厅共进午餐，谈话在更轻松的氛围下继续进行。

他笑着和她们谈到2005年和我一起乘坐夜航飞机去深圳的经历。那次从天津飞深圳，天气极恶劣，我们的飞机到了深圳上空，在电闪雷鸣中盘旋很久，窗外四处都是闪电，乘客都很紧张，感觉飞机要出事了。降落后方知，所有飞机都转移降落到广州或其他城市，唯独我们这架深圳航空的飞机胆子大，冒着雷电在深圳降落。我当时甚至想到是自己害了威尔金森。但他此刻谈论的话题是，他在当时的紧张气氛中，突然发现前后乘客都在跟着空姐做动作，空姐嘴里叽里咕噜说普通话，他又听不懂，于是吓住了，不知乘客们要干什么。忙问我，我解释说他们是在空姐带领下做保健操，空姐大概想分散大家的注意力，他这才释然。大家哈哈大笑。

谈话进入正题。

幸：感谢各位拨冗来聚，此前我已经缠了厄尔两个多小时。来一趟不容易，我还想边吃饭边继续向你们请教呢。

麦克马伦：没问题，我们都准备好回答问题了（笑）。

幸：太好了。在我的感觉中，世界上报业的转型大约有三种主要模式：一种是付费模式，就像《纽约时报》；一种是免费模式，就像《卫报》；还有一种是所谓数字优先或数字唯一模式，如《基督教科学箴言报》和《皮卡优恩时报》。究竟哪种更可能是未来趋势？

麦克马伦：这些模式中，究竟哪一种能建立盈利模式，迄今并无明确结论。

威尔金森：在数字空间，你可以采用付费墙而靠内容变现的方式，也可以采用免费而靠广告支撑的方式，或者像密苏里关于按文章数量小额支付的概念，很多荷兰报纸是这样做的。

幸：您曾说过，欧洲一些报纸在转型方面做得很超前。

威廉姆斯：我感兴趣的是，哪一种模式在财务成功方面会好于其他模式。

威尔金森：首先，还是四木桶理论的概念：全球性媒体、全国性媒体、区域媒体集团、地方媒体。取决于你属于哪一木桶，而非某种模式。对全球性媒体而言，付费模式是可行的，因为它们有品牌优势，有基于强大新闻内容的价值优势。《纽约时报》属于这一木桶。全国性报纸如哥伦比亚的《时代报》，可以在付费模式上获得一定的成功。但看看《多伦多星报》，它属于位于地方而有全国影响力的报纸，其付费模式并不成功，或未达到其预期目标。所以他们放弃付费墙，转而学习《新闻日报》。而这里的报纸（指《达拉斯晨报》——笔者注）比它们都更古老，其覆盖5个区，广告资源都在这些区里。我也不知道它的未来在哪儿。大多数情况下，地方报纸实施付费墙是难以成功的，主要是它们很难在数字端形成规模。其次，这些地方报纸的内容价值与全球性或全国性的报纸完全不同。我父亲一直订阅《泰勒电讯晨报》，他今年已经84岁。我问他：为何天天读这报纸？是习惯、玩填字游戏、Quick Gram还是体育版块？他的回答是这些都喜欢，他唯独不太关心的是本地新闻。而《纽约时报》的最大价值恰在于新闻。

威廉姆斯：因为本地新闻做得太烂了。

威尔金森：录音机在这儿呢，我可没这样说啊（众笑）。我想说的是，地方媒体的广告供应水平也较低。所以，很难在数字平台上锁定某个地方媒体，但会锁定全球性媒体、全国性媒体。区域报业集团不一定锁定，但它可以通过收购更多报纸而扩大受众规模。

幸：就以比罗集团旗下的《达拉斯晨报》为例，这类报纸究竟该怎么办呢？

威尔金森：比罗曾经拥有电视台，但近年来它把电视台都卖掉了。它曾经拥有四种日报和一些非日报，大多数也被卖掉了，只剩下旗舰报纸《达拉斯晨报》。现在，比罗就是《达拉斯晨报》，《达拉斯晨报》就是比罗。

幸：美国很多报业集团都通过变卖报纸而缩小规模，如纽约时报公司已经卖掉旗下所有地方报纸，只剩下它自己。您刚才说的比罗集团也是如此。只有甘尼特是个例外。恐怕已经成为趋势了吧？

威尔金森：您说到趋势，这个趋势恰恰相反。报业集团现在都想继续做大，而不是缩小。盖特豪斯媒体集团（Gatehouse Media）在做大，英国的三一报团（Trinity Media）在做大，加拿大的邮报媒体网络集团也在做大。报业集团大多希望变得更大。

麦克马伦：这么说，比罗只是个别的案例？

威尔金森：我想比罗是家族拥有的。《纽约时报》虽然是上市公司，但实际上也是家族控制的。它们不同于真正的公众公司。

辛：您是说，只有家族型媒体集团希望缩小规模？

威尔金森：《纽约时报》卖出去的都是很小的报纸，它从未将其当作重要的媒体资产看待。它现在需要集中精力向全球化发展。那是它的一种策略。事实上，论坛公司也曾经试图做得越来越大。

辛：论坛公司在芝加哥和洛杉矶都有顶级报纸。我此次来美国前，您在电话里说过，论坛公司在数字转型方面做得不是特别好，此次不去访问也没什么。您还记得吗？

威尔金森：（冲着我的录音笔做鬼脸）我可没那样说啊（众笑）。其实

和INMA高层共进工作午餐，从左至右依次为会员主任克丽丝·威廉姆斯、高级编辑道恩·麦克马伦、笔者、威尔金森（酒店员工 摄）

我那样说是有原因的。就像我上午和您讲的那样，他们每次快要形成转型战略时，就高层换人了。转型确实很艰难，美国很多报纸在死亡线上挣扎。

辛：就在我这次来美国之前，我有个在中国清华大学当老师的朋友告诉我，他们去年邀请《洛杉矶时报》原副总裁来演讲，该副总裁说《洛杉矶时报》在数字创新方面不太成功。也许这可以作为您上述看法的一个佐证。

威尔金森：转型是极复杂的工程，但有时也显得很简单。这就是为何有人成功，有人失败。

威廉姆斯：您能解释一下何为复杂、何为简单吗？

威尔金森：这是管理方面的问题，是营销问题。它并非一个包罗万象的问题（holey group question）。《纽约时报》不像那些区域日报，对那些区域报纸，人们不想在上面花太多时间消费信息，觉得那是浪费时间，但他们愿意在《纽约时报》上花时间。前不久我在纽约的时候，有人问我，有必要把纸媒这个现金机器关闭吗？我的回答是完全没有必要。我对数字优先的观点持反对意见。这一模式在全球都还没有成功的先例。《南华早报》的马云和《华盛顿邮报》的贝佐斯，都不会创办一个数字版和自己的纸媒版竞争，让自家一个媒体同时消费另一个媒体。

辛：所以您也不同意前进出版集团（Advance Publishing）的转型实践？它旗下已有8种报纸转为数字优先，它们有可能成为数字转型的好模式吗？

威尔金森：我不知道。我们之前谈过它。这家公司很神秘，所以我对其知之不多（前进出版集团是家族私营报业集团，很少对外公布财务数据——笔者注）。

辛：（对两位女士）我对他说过（指威尔金森），我欠他很多。他是我这次访问美国报业的最大帮助者。上次我访问美国报业时，我几乎被所有联系的报纸接受了，这次情况则大不一样，我被拒绝了无数次。

威廉姆斯：是的，现在他们不想被打扰（笑）。

饭桌四人长谈之社交媒体

辛：视频情况如何？这次来美国，发现各报都在视频生产方面花费很大气力。有专家认为，视频将主导未来的新闻业。

威尔金森：未来的4年内，电视、视频都要在网络上实现融合，有人是这样说的。例如昨晚，我看了摔跤比赛（我访问达拉斯期间，正值第32届世界摔跤比赛Wrestle Mania在这里举行，导致酒店和机票都大幅涨价），觉得未来的趋势可能就是这样。

麦克马伦：可能是，但也不确定。

威尔金森：我看网络上有大量视频报道，及时而丰富，根本不用等电视报道。我今年1月在拉斯维加斯参观世界消费电子产品展（CEA）时也是这样的感觉。你们可以想象一下，今后不是500个电视频道，而是50万个频道，会是什么样的情景？

辜：顺便说一下。我注意到你们公司的名称改变了，虽然简称一样，但由International Newspaper Marketing Association改为International News Media Association。

威尔金森：是的。（辜：何时改的？）2007年。改的原因是很多客户不再做报纸了。他们当中有些虽然还算是报人，却改做其他媒体，不再称自己是报纸出版商。

辜：所以你们扩大了组织的涵盖面？

威尔金森：我们软化了我们的品牌。（辜：使之更加灵活。）我们很高兴有很多数字媒体公司加入进来，例如 Google公司。我相信，在今后三年内，很多报业公司会融合为数字公司。

辜：有趣的是，中国很多报纸也开始做视频，这大概是学美国吧。但我也知道美国有些报纸并不做视频，例如我刚刚访问过的《费城问讯报》。

威尔金森、麦克马伦：他们不做视频？

辜：不做。他们说，他们目前只和地方电视台合作，但自己不直接做，因为那样成本太高。所以我也不知道，这是否会成为一个趋势。

威尔金森：我认为会成为趋势。但报纸尚在为能否适应这个趋势而纠结。近年来费城报业还处于亏损状态，这时视频的概念恐怕还不适合他们。如果你去挪威报业访问，你会发现他们可能在未来三年内不再印刷报纸。因此，他们的核心内容会在移动端呈现，会更多地介入视频生产。现在17岁的孩子根本不看电视，他们只看网络视频（指指手中的手机）。

麦克马伦：真是这样。我的孩子也这样。

辜：您孩子多大了？

麦克马伦：十七八岁了。您的女儿在丹佛，还有其他孩子吗？

辜：没有了。我们这辈的中国人都受到一个孩子的政策影响。

威尔金森：顺便问一句，听说中国现在有一种类似 WhatsApp的社交媒体很受欢迎？

辜：是的，那叫微信，WeChat。

威尔金森：在美国，人们主要通过 WhatsApp进行相互间的通信交流。

辜：是的。年轻一代甚至不用email了。社交媒体是他们相互联系的唯一渠道。这回我女儿利用春假飞到波士顿来和我团聚，她告诉我很多新鲜事，并且说这些信息都是从Facebook上获得的。

威廉姆斯：她也开了Facebook账号？（辜：是的。）这有点像我的大儿子，他19岁了，总是在 Facebook上。但我的小儿子从来不用Facebook，他主要喜欢Instagram和Snapchat。

威尔金森：对他们来说，Facebook是供老年人用的（众笑）。太怪异了吧？

麦克马伦：对高校学生来说，大家都会在Facebook上。所以，年龄与社交媒体的类型有很大的相关性。

威尔金森：我的侄子们开设 Facebook账号的目的就是有时给年纪大的人看（众笑）。15—17岁的孩子都用 Snapchat，而且阅读新闻从不超过30秒。

辜：Twitter 呢？它是年长者用还是年轻者在用？

威尔金森：我不知道年轻人是否喜欢用Twitter。我的侄子们开了Twitter账户，但从不使用。

麦克马伦：Twitter在年轻人中还是挺受欢迎的。我的孩子经常使用它。当然Snapchat更受欢迎，它是年轻人互相交流的基本工具。但他们如果想看新闻，就会去Facebook。

威尔金森：Snapchat上有个核心应用，叫作“发现”（Discover）。它是专门给媒体设立的应用，里面有很多媒体机构，包括CNN。我建议我的侄子看上面的CNN，但他说很无聊。

辜：Snapchat也有点像中国的微信。

麦克马伦：我知道微信。中国人各个年龄层都用微信还是只是年轻人用呢？

辜：各个年纪的人都用微信，不分年龄的。其中一个原因是中国的社交媒体品种太少，人们选择的余地有限，所以未能形成一个细分市场。

威廉姆斯：微信上线有多久了？

辜：五六年吧。你们知道微信是腾讯公司开发的，而腾讯的总部就在深圳吗？深圳是许多中国互联网或软件巨头的诞生地。

麦克马伦：你们平时怎么用微信？

辜：微信有一个较为强大的功能，是人们可以根据需要随时组建各种群。人们喜欢和自己熟悉或有一定关系的人组成群，或者按某种兴趣组合在一起，就是你们说的“niche”，然后在各种封闭的圈子里交流。我给你们看（拿出手机给他们看上面的群），例如我的女儿现在在丹佛，我有个弟弟全家在费城，我爸妈和另一个弟弟在南京，而我在深圳。我们这个大家庭就组成一个群，大家随时交流或通报各自的最新动向，甚至可以在群里用语音谈话，非常方便。我看有些外国朋友到深圳后也喜欢这样用。人们还可以建立谁都可以看到的“公众号”，定期发布文章或照片。例如我此次访美前，就开设了一个“重走美国大报”的公众号，这有点像博客，但人们可以订阅，也可以群发，比博客更容易传播。

麦克马伦：这很有意思。不过，微信这么受欢迎，是否因为人们看不到Facebook？

威尔金森：也许是的。你看（给我看他的手机），这是我在WhatsApp上的聊天记录。我们很多会员都通过WhatsApp与我联系。所以，还有什么理由去用 Email 呢？还需要短信吗？现在有千万种方法进行交流。

辜：所以 WhatsApp更像微信？

威尔金森：我认为是的。

麦克马伦：但除了您刚才说的关于群的功能。

威廉姆斯：我们有些研究是关于人们通过社交平台进行通信交往的。有趣的是，人们早期使用短信（SMS），觉得很方便。后来用各种App，现在则转到社交媒体上来了。

辜：所以你们现在都不用短信了？

麦克马伦：美国人还是用的。

威尔金森：有趣的是，我们曾经做过关于短信使用的调查，是针对20

世纪末的日本的。美国比日本落后，到2006年、2007年才普遍使用短信。原因在于，在美国和其他很多国家，AT&T手机（美国电话电报公司运营的手机——笔者注）一直不能收发短信。后来美国才开始使用短信，比世界先进国家晚了9年。所以我认为，在这方面，美国是落后的。

麦克马伦：我同意。

威廉姆斯：我也同意。

辜：中国人现在还用短信，但越来越少了。估计到Wi-Fi完全覆盖后，短信就不再存在了。

威尔金森：但对我们国家来说，有两个原则：第一，只要有人还喜欢用短信，你就必须给予保障；第二，我们虽然要与时俱进，要保持现代化，但也不能陷入这些信息。我并不想一早醒来就看到13条WhatsApp信息。人们还是需要进行有效交流的。

麦克马伦：我们可以用WhatsApp做年度大会的调查。

饭桌四人长谈之内容为王

辜：在中国，媒体人常常争论以什么为王的问题。做媒体的人过去都信奉内容为王的。但后来有人提出渠道为王、技术为王，这两年又提出用户为王。我是仍然相信内容为王的，因为即便在数字时代，内容仍是最重要的因素。但也有很多人不同意，觉得内容已经不再那么重要，因为人们现在也不怎么在乎内容，何况内容到处都唾手可得。我甚至写文章和别人争论过。不知你们怎么看这个问题。你们能容忍那么多垃圾信息在社交媒体上泛滥成灾而忽略优质信息吗？

麦克马伦：我同意您的观点。平台或渠道如Facebook、Twitter等，离开了内容就什么都不是，或者只有垃圾内容人们也不会去关注。

威尔金森：我认为，从总体上说，内容是非常重要的。但具体到媒体、理论上讲，优质内容只适合高端受众，媒体也可以通过生产优质内容而向高端受众兜售广告和寻求订阅。所以我并不相信什么数字优先、移动优先、纸媒优先或新闻优先。我还是相信受众优先。

辜：这一点我也同意。受众优先意味着你用什么样的内容去服务什么样的受众。

威尔金森：我觉得这是很复杂的。首先要知道谁是你的受众，他们的平均年龄是多少，他们是否经常上线阅读你的内容。我个人对深度报道是很重视的，但从媒体角度看，我并不在意它。我真的无所谓。对我们这一代记者而言，深度新闻就像DNA一样根植于这个行业。但我现在担心地方媒体在数字端难以形成规模，因而也就难以对新闻产生支撑。新闻业事关正义，不管在什么平台上都是这样。但在地方市场，关心它的大概就是3万人。你必须生产其他很多你可能看不上的内容，如娱乐、字谜游戏等杂七杂八的非新闻内容，才有可能吸引20万人。

麦克马伦：媒体还是要具备核心的新闻声望的。

威尔金森：作为当地长期家族的成员，吉姆·莫洛尼（Jim Moroney，《达拉斯晨报》发行人）对新闻一直充满激情，但现在也想放弃了。在一个大的实体公司里面，综合性的新闻媒体总是位居第二的，因为大公司不重视新闻生产。（威廉姆斯：他们重视什么？）（麦克马伦：重视受众。）所以我总是在问，究竟是内容第一还是受众第一。你可能两者都要，但只能专注于一头。10年或20年前，我们都在一个屋子里，各类报纸都在一个屋子里做着同样的事情，那就是新闻，因为新闻创造了20%的利润。如今情况大不相同，互联网肢解了新闻，从经济方面绑架了新闻。

辜：我可以再问最后一个问题吗？

威尔金森：当然可以，不过您要先吃点东西。您一直在不停地提问。

辜：您也要吃点东西，因为您一直在说话，这是我的错（众笑）。我的问题是，总体上说，大多数区域报纸的收入结构现在有没有大的变化？我是指除了广告和发行收入外，他们还有其他主要收入吗？

威尔金森：他们绝对在寻求其他收入来源。这方面，您可以多向《达拉斯晨报》了解，他们做得很不错。他们投资收购了Vein Company，创建了数字化的营销代理公司，开发了很多经营企业。我认为这是他们重塑地方媒体的方法。

傍晚，威尔金森处理完公事，开着崭新的黑色捷豹来接我去郊外兜风，说要让我看看达拉斯的发展有多疯狂。来达拉斯之前，女儿提醒我在得克萨斯州开车要小心，那里的人开车特快。这一点我已经领教过，这里限速70英里/时，是全美最高的。但威尔金森开得更快更猛。也确实奇怪，远离城区三四十公里的地方，仍到处可见巨大的四层次立交桥，甚至有高大的立体停车场，这些在东部城市只在市区可见。还有大片的独栋住宅。他说，10年前这里都是农田和牛群，现在无限制地向外扩张，给城市报纸的经营带来难题。

然后他领我到一家“最经典”的牛排餐馆共进晚餐。这里果然有趣，服务员彬彬有礼，食客温文尔雅，牛排鲜嫩可口。我要的烤蘑菇黑乎乎的很好吃，可惜分量太大，没吃完。我们的话题无所不包，甚至谈到他的初恋。威尔金森属于钻石王老五，至今未娶。他送我到酒店已快晚上11点，第二天上午还要对《达拉斯晨报》四位高层领导的分别访谈做准备，折腾到夜里近2点。

第七章

比罗集团及《达拉斯晨报》：收入多元谋变盈利模式

董事长兼《达拉斯晨报》发行人语录
总编辑语录
高级副总裁语录
高级副总裁兼首席数字官语录

报纸创办者印迹随处可见
收缩的比罗集团：专注核心报业
搬离“真实之石” 进入数字新世界

董事长兼《达拉斯晨报》发行人语录

比罗集团董事长兼《达拉斯晨报》发行人吉姆·莫洛尼（辜晓进 摄）

这些年来，我们实行了较为激进的报纸提价政策。自2009年上涨40%以后，最近这三年来平均每年上涨10%，我们的报纸可能是全美国最贵的报纸之一。我们以最高价格的报纸，为我们最好的客户提供最优质的内容。

纸媒的盈利模式总有一天会结束，所以我们要趁现在多赚点钱，直至我们关闭纸媒。同时，要在大力发展数字媒介的基础上做到三个竭尽全力：竭尽全力多获取移动广告；竭尽全力多获取纯数字订阅收入，这就是我们回到数字收费模式的原因；竭尽全力多获取PC端数字广告。我对我们的员工说，即便如此，在相当长一段时间内，这三方面的收入也不能达到原纸媒的收入。因此，还必须拓展更多收入来源，让我们在退出纸媒后仍然可以生存。

这里面最重要的还是新闻内容的生产，人们花钱订阅的不是纸张而是新闻。等到纸媒消失后，人们还会消费我们的新闻，这是这个行业得以存在下去的主要理由。

——吉姆·莫洛尼（Jim Moromey）

总编辑语录

《达拉斯晨报》总编辑迈克·威尔逊（该报员工 摄）

我们的记者基本上已不再为纸媒写稿，他们只为数字媒体写稿。他们为各个数字平台提供新闻内容，且截稿时间是全天候的。纸媒只是从中挑选最好的内容去编辑付印。

转型是通过人来实施的，人不改变，转型就是一句空话。

内容当然为王。不信奉内容为王的记者不会成为好记者。对从事新闻工作的人来说，写作永远是至关重要的技能。

我认为区域报纸的未来是光明的，因为我们向社区提供的信息服务是不可或缺的。我们现在并没有受众问题（受众比过去还多），也没有新闻采写问题，我们的问题出在经营模式方面。如果我们能解决经营问题以继续支撑新闻报道，我想我们可以为社区再服务130年。

——迈克·威尔逊（Mike Wilson）

高级副总裁语录

《达拉斯晨报》高级副总裁
格兰特·莫伊（辜晓进 摄）

目前我们的经营模式面临的最大挑战是，纸质媒体对利润增长的贡献仍达90%。当我们从挣纸质美元转变为挣数字美元时，实际上是从90%下降到40%。因此，如果放弃纸媒这块而以数字取而代之，我们会更加困难。这是今天纸媒转型面临的最大问题。我们即便现在的收入与过去基本持平，仍然面临成本问题，因为在广告收入方面的利润远没有过去那么高。这就是美国那么多报纸合并经营的原因之一。目前报业经营的成本依然居高不下，这样要保持利润稳定甚至增长是困难的。我觉得再保持5年可能问题不大，但继续下去就难说了。我们都在纠结现在的模式究竟能支撑多少编辑记者。

——格兰特·莫伊（Grant Moise）

高级副总裁兼首席数字官语录

《达拉斯晨报》高级副总裁兼首席数字官妮琪·珀赛尔（辜晓进 摄）

从商业角度看，我们最大的挑战是这么多的收入仍与印刷版捆绑着，很多现金流来自这里。我们经常谈起"数字优先"，但不得不保持一种平衡。我们必须让正在衰落但仍支撑我们这个产业的纸媒的读者满意。而他们并不一定喜欢我们目前在网络上发布的内容。你知道，我们在网络内容方面做得非常好，它们通过病毒式的传播抵达大量数字受众，但这种传播样式也许并不完全符合纸媒读者的口味。这些读者位于不同的地理环境，喜欢阅读深度长篇的内容。他们并不总是追求速度。而在"数字优先"的语境下，必须快速呈现，而产品的体量未必很大，更多是快餐式的。我们不得不在两种读者的服务上找到平衡点，这是"数字优先"的最大挑战。

——妮琪·珀赛尔（Nicki Purcell）

位于得克萨斯州中心的《达拉斯晨报》办公楼（辜晓进 摄）

达拉斯位于得克萨斯州，是个充满活力的城市。我到达该市时，这里正举办第32届世界摔跤大赛（Wrestle Mania），来自美国和全球各地的观赛者和观光者云集该市，导致机票和酒店价格都大幅上涨。而对我来说，这也是个陌生的城市。查资料得知，这是一座后来居上且仍在快速发展的南方城市。2016年，大达拉斯地区（含附近的沃斯堡市，美国的经济排名常按大城市区域统计，如纽约包含长岛，洛杉矶包含长滩，华盛顿包含阿灵顿）的经济总量超越华盛顿特区而位列全国第4名、全球第14名，总额为5116亿美元。这个数字也超过了中国任何城市（上海2016年的地区生产总值为26,688亿元）。达拉斯还是近年来美国就业人口增长最快的城市，其就业规模和空港旅客吞吐量都仅次于纽约、洛杉矶、芝加哥这三个美国特大城市而居全国第四。该市拥有全球500强企业的数量则仅次于纽约和休斯敦，位列全国第三。这些企业包括世界最大的石油公司埃克森美孚国际公司（Exxon Mobil）和世界最大的电信公司美国电话电报公司（AT&T，2008年总部迁至达拉斯）[1]。

报纸创办者印迹随处可见

我对比罗集团（A.H.Belo Corporation）和《达拉斯晨报》（*The Dallas Morning News*）也缺乏感性认知，所以提前两天来到达拉斯，除了与INMA老总访谈外，还主要想从地理上先踏勘一番。出乎我意料的是，这座城市到

[1] 综合自Bureau of Economic Analysis 及其他来源数据。

处都是比罗家族及其接任者的印迹：比罗故居、比罗花园、比罗大厦、迪利塑像、迪利广场……这些场所都位于市中心或市区繁华地段。有人说，“就像埃菲尔铁塔之于巴黎、自由女神像之于纽约、CN高塔之于多伦多那样，达拉斯也有这样的标志性建筑，即三条古老而繁忙的街道在市中心的交会处，肯尼迪总统在此被暗杀”[1]。而此处最重要的建筑，便是为纪念对这座城市而做出卓越贡献的《达拉斯晨报》前发行人乔治·迪利（George Bannerman Dealey）而命名的“迪利广场”。当年的凶手正是在广场的6楼用步枪射杀了肯尼迪总统。如今这里成为游客必到的“六楼博物馆”（Sixth Floor Museum）。附近不远处的繁忙街道旁，是与肯尼迪塑像并排矗立的迪利全身铜像。

《达拉斯晨报》实际创始人乔治·迪利位于市中心的全身铜像（辜晓进 摄）

《达拉斯晨报》是美国著名区域性报纸之一，早在1999年就被《哥伦比亚新闻评论》（*The Columbia Journalism Review*）评价为美国五大最佳报纸之一。与其一同上榜的是《纽约时报》《华尔街日报》《洛杉矶时报》和《华盛顿邮报》。那时该报的编辑部人员多达600人，也是美国除《纽约时报》和《洛杉矶时报》之外最大的报纸编辑部之一。进入21世纪以来，面对新媒体的挑战与冲击，该报又成为地方报业数字化转型的杰出代表之一。2004年，曾有美国传播学者将该报与《坦帕论坛报》（*The Tampa Tribune*）、《萨拉索塔先驱论坛报》（*Sarasota Herald-Tribune*）和《劳伦斯世界日报》（*Lawrence Journal-World*）列为四大媒体融合的典型，而该报近年来的探索在美国引起了更多的关注，因此我很早就将其列入调研对象。

[1] Jerry Organ.Dallas to Dealey.Mcadams.posc.mu.edu.2000.

此次对该报的调研得以成功，全仗INMA的CEO威尔金森帮忙。他与报社发行人吉姆·莫洛尼是好友，经他引荐，我不仅获得该报的接纳，还得到令我非常满意的行程安排：莫洛尼在我启程赴美前的3月15日，就亲自来信说将安排3位核心高管分别与我交谈，并邀我当天中午与他共进午餐；10天后，他又来信说，约定的4月5日中午他应邀与市长午餐商讨问题，建议将他与我的谈话改为当天下午。3月31日，他发来我访问当日的详细日程：上午10:30—11:30采访负责报社经营的高级副总裁莫伊；中午12:00与总编辑威尔逊午餐并访谈；下午他从市政厅赶回，并于下午2:00—3:00亲自与我交谈；下午3:00—3:45与负责技术改造的高级副总裁兼首席数字官珀赛尔谈话，下午4:00结束访问。我和他邮件来往共6次，中间并无秘书介入，似乎一切都由他这位比罗集团和《达拉斯晨报》的一把手亲自安排。

收缩的比罗集团：专注核心报业

到达位于市中心、占地面积较大、看上去有点老旧的《达拉斯晨报》大楼时，是2016年4月5日上午10:00。这座位于Young Street 508号的大楼，后面原来是印刷厂，现不知作何用途。大楼正门上方的高墙镌刻着该报实际创始人迪利的一段没有标点而用分行断句的语录："将新闻建立在真实之石和正义基础之上；将新闻生产置于公平与正义的基线之上；让民众从报纸中获得关于一切重要议题的正反两面事实。"（Build the news upon the Rock of Truth and righteousness; Conduct it always upon the lines of fairness and integrity; Acknowledge the right of the people to get from the newspaper both sides of every important question.）也因为这段话，这座楼被称为"真实之石"（Rock of

《达拉斯晨报》正门之上的"真实之石"箴言（辜晓进 摄）

Truth）。报社二楼大厅中央，摆放着迪利用过的老式办公桌。上方是他的大幅油画肖像。肖像旁的一个镜框里是一张发黄的旧报纸，通栏标题写着“迪利以272.5万美元买下《达拉斯晨报》”，出版日期是1926年3月13日。

比罗集团（A.H.Belo Corporation）是个家族控制的媒体企业，由阿尔弗雷德·H.比罗（Alfred Horatio Belo，1839—1901）创办于1881年，其前身是威拉德·理查森（Willard Richardson）于1842年创办的《加尔维斯敦每日新闻》（*Galveston Daily News*）。比罗年轻时因参加美国南北战争而多次负伤，后升任北卡罗来纳第五十五团指挥官，获上校军衔，战后加盟理查森的报业公司。公司遂用理查森和比罗两人的名字命名。《加尔维斯敦每日新闻》是得克萨斯州第一份报纸，也是美国最早通过铁路向全国发行的报纸之一。理查森去世后，比罗获得公司全部股权，并于1881年将公司改为现名。1885年，比罗派自己的助手乔治·B.迪利（George Bannerman Dealey，1859—1946）前往达拉斯创办《加尔维斯敦每日新闻》的姊妹报纸《达拉斯晨报》（*The Dallas Morning News*），后者于当年10月1日创刊。

比罗终因战伤未愈而于1901年4月19日去世，集团所有事务皆由迪利打理。迪利于1926年买下包括《达拉斯晨报》在内的比罗家族大部分资产，企业由比罗家族传到迪利家族，但一直沿用原集团名称以纪念比罗对媒体的贡献。由于达拉斯开发较迟，迪利及其管理的《达拉斯晨报》成为早期城市建设的中坚力量。迪利于20世纪初身兼美国城市规划署（American City Planning Institute）理事会成员、全国城市联盟（National Municipal League）副主席等职，是达拉斯城市建设联盟的创始人，参与了达拉斯早期公路、铁路、高校、医院的规划与建设，并于1923年当选为美联社第二副主席。达拉斯市中心的迪利广场便是以他名字命名的公共建筑之一。

在迪利的领导下，《达拉斯晨报》于1922年创办了得克萨斯州第一个由报纸拥有的广播电台，这可视为比罗集团后来进军广电事业的先声。20世纪后半叶，特别是80年代以来，比罗集团陆续购入近30个无线电视台和7个有线电视台。加上此前兼并的一些地方报纸，比罗集团发展成为拥有多种媒体和物业资产的大型媒体集团。其电视覆盖了美国三分之一的家庭，报纸也分布在多个州，比罗集团因此在美国享有较高的知名度，拥有较广泛的影响力。

集团在21世纪后的第一次较大变故出现在2008年。这一年，迪利家族第

已被变卖的位于市中心的比罗大厦
（辜晓进 摄）

三代传人、1973年开始在比罗集团任职、1987年起担任集团董事长兼 CEO的罗伯特·戴克德（Robert W.Decherd）将广电资产与报业资产分离，组建两个不同公司。其中，广电资产留在原来的比罗集团（Belo Corp.），报业资产沿用历史上的集团名称A.H.比罗集团（A.H.Belo Corp.）。这两个名称外界很难分清楚，因为A.H.Belo Corp.是集团沿用了一个多世纪的名称。直到2001年，比罗前面的“A.H.”才被取消。后来在与集团现任董事长兼CEO（同时也是《达拉斯晨报》发行人和总裁）的莫洛尼交谈时，他一再强调比罗集团是美国第一个将纸媒拆分的报业集团。事实也确实如此，美国报业集团掀起拆分纸媒的风潮时，已经至少是5年之后。甘尼特公司、论坛传媒集团、新闻集团（News Corp.）、时代华纳集团（Times Warner）、斯克里普斯公司（E.W.Scripps Company）等老牌媒体集团都是在2013年之后陆续拆分纸媒的。

此后的另一次变故发生在2013年，仍由老掌门人戴克德主导实施。这年6月，甘尼特公司宣布：已与迪利家族达成协议，将以22亿美元的价格收购比罗集团及其20个电视台，包括位于达拉斯市中心的17层比罗大厦。此举将令甘尼特公司电视台的数量由23个猛增至43个，两家集团在一些电视市场的激烈竞争关系也就此解除。对比罗集团而言，此次售卖也是个合算的交易。该集团较早意识到电视市场的增长潜力，以相对低价陆续收购了一批电视台，其中最大一笔交易是1983年一次性购入6个电视台，耗资6.06亿美元。广电媒体为比罗集团带来了持续多年的盈利，20世纪90年代至21世纪初已陆续变卖一些电视台，此次又以很高的溢价将最后一批电视台变现，迪利家族和其他股东及股票市场投资人都进账可观。

这笔交易基本落实后（2013年12月完成交易），戴克德于同年9月宣布退休，接替他的正是莫洛尼——迪利家族的第四代传人、迪利的曾外孙。莫洛尼从2001年起就担任《达拉斯晨报》的发行人兼总裁。他在后来的谈话中告诉笔者，比罗集团将广电资产全部卖出，旨在将更多的资源发展集团的核心媒体产业——报业，为其转型创造条件。集团后来得以不断购买数字企业和进行大规模的数字化改造，均受益于这次售卖后的资金支持。

以广电资产为核心的比罗集团被甘尼特收购后，已不复存在。所以，本章今后提到的比罗集团，仍指以报业资产为核心的A.H.Belo Corp.。甘尼特公司本身也于2015年进行拆分，其广电资产所在的甘尼特公司更名为Tegna，甘尼特的报业资产仍沿用甘尼特名称。比罗原旗下的电视台如今都在Tegna名下运作。2014年，原比罗集团所在的比罗大厦转售给一家国际投资公司。规模大为收缩后的比罗集团也搬入《达拉斯晨报》大楼办公。

以下部分，笔者将按访谈的先后顺序叙述：第一位是高级副总裁格兰特·莫伊，第二位是总编辑迈克·威尔逊，第三位是比罗集团和《达拉斯晨报》的一把手吉姆·莫洛尼，第四位是首席数字官妮琪·珀赛尔。

第一部分　高级副总裁莫伊访谈录

格兰特·莫伊的名片上显示，他是负责企业经营和垂直产品开发的高级副总裁，因而在《达拉斯晨报》的地位举足轻重。2017年2月13日出版的《达拉斯晨报》以“《达拉斯晨报》提升格兰特·莫伊至关键领导岗位”为题，传递了他被提拔至母公司比罗集团执行高级副总裁（Executive Vice President）的消息。消息称，此次提升令他成为仅次于集团总裁莫洛尼的第二号领导[1]。而《达拉斯晨报》近年来引起业界关注的收购和自建多家数字公司的行为，也主要由莫伊操刀完成。

[1] Karen Robinson-Jacobs.Dallas Morning News promotes Grant Moise to key leadership role.www.dallasnews.com.February 13, 2017.

一、购买数字企业重塑收入结构

莫伊有着新闻学本科和营销方向MBA的教育背景，2004年加入《达拉斯晨报》，2013年升任高级副总裁。近年来主导实施了对多家数字企业的收购进而明显改变了报纸的收入结构，令数字收入增加迅速，在总收入中占比也越来越大。2016年，数字收入较上年增长了30.1%，占公司全部收入的36.6%。在此次提拔前，其个人年总收入为62.8万美元[1]，提拔后应有较大幅度增长，暂不详。我们的谈话在一间小会议室进行，40岁的他坦诚地回答了我所有问题，包括关于公司收入和发行量下降等敏感事项。在回应我的提问前，他先描述了自己的工作：

高级副总裁格兰特·莫伊与笔者访谈中（该报员工 摄）

莫伊：关于我的岗位，可以向你简单介绍一下。我12年前来到公司后一直从事广告等经营工作，负责全国和地方的经营销售。后来我创建并负责《快报》（*Briefing*），这是《达拉斯晨报》的免费速读版报纸，进而负责跨平台的数字产品运营。

辜：所有平台的数字产品？

莫伊：是的，所有平台。近年来的工作则扩大到对企业的兼并。可以说与经营有关的一切部门，包括销售部门以及收购和自建的企业都由我负责。

辜：能从您的工作角度，谈谈公司向数字方面发展的变化情况吗？

[1]Karen Robinson-Jacobs.Dallas Morning News promotes Grant Moise to key leadership role.www.dallasnews.com.February.13, 2017.

莫伊：当我5年前开始将重点转向数字领域时，我问我的老板吉姆（莫洛尼），我做到什么程度才算成功？他的回答是，你在今后的3年内，要让数字收入每年增长30%。我努力了，但最初2年并未实现30%的增长目标，而吉姆要我继续朝这个目标努力。眼看仅仅依靠报纸内容在数字端的经营很难有大突破，我们便开始创建或收购数字企业。四年半前，我们创办了自己的数字企业Speakeasy，这是一种用于内容营销的社交媒体。我们又在去年（2015年）1月收购了3家数字公司，分别是Distribion、Vertical Nerve和Marketing FX。Distribion是一个email营销平台。Vertical Nerve是高端的SCM和SCO搜索营销系统。Marketing FX是一种数字广告开发系统。我们这样做是因为意识到，单靠原有的传统媒体很难在数字收入上取得突破。我们需要收购有潜力的数字企业以保持较快速度的增长，这样才能抵消纸媒下滑产生的亏空。我们不能完全依靠自己创建数字公司，还要购买现成的成功企业，这样才能有足够快的发展。迄今为止，我们自建了3个企业，收购了3个企业，共有6个数字平台，它们已经成为我们公司新的收入来源。我们深知，传统报业的机体里不会自然生长出数字公司，所以要购买那些有发展潜力的现成的数字公司，实现收入的增长。

辜：这是个好主意。传统报纸在数字时代的发展，必须多找几条路试试。

莫伊：是的。有些公司也许觉得我们自己也能创建，但太慢了。我们必须快，所以与其自己探索不如购买现成的。买这些有潜力的数字公司，就是买收入，就是买增长。例如Vertical Nerve之所以被我们称为“高端”服务，是因为我们并不直接与客户合作，而是与Google合作实现搜索营销。我们每个月交给 Google 1万美元。我们是 Google 认证的合作机构。购买的这3家公司目前每年为我们创造1400万美元的收入，而且还在增长中。而我们自己创建的 Speakeasy今年将带来500万美元的收入。我们还创建了另一个数字公司，吉姆可能会和你谈到这公司。我们还创办了一个第三方公司Proven Performance Media。现在我们有3个自己创办的公司以及3个买来的公司。在创办Speakeasy之前，我们卖掉了一个与赫斯特集团（Hearst Corporation）合作的公司Five Way Digital。那是6年前创办的为小企业服务的二次销售公司，但我们已于2012年9月把它停掉。停办的原因是太琐碎而利润很低。我们帮助小企业通过搜索、电子邮件、视频等渠道实现二次销售，都是些很小的生意。

辜：你们做大量工作却只是赚些小钱。

莫伊：正是这样，我们称之为“钞票堆里的小硬币”（Stacking pennies in the stack dollars），做得辛苦，回报很少。

辜：你们公司现在的收入情况怎样？

莫伊：我们上个月才公布比罗集团2015年的年度报告。我们的总收入与上年基本持平，甚至与2000—2014年的平均数也基本持平。（笔者查阅过该集团2015年的报告，《达拉斯晨报》当年总收入为2.721亿美元，2014年的总收入为2.728亿美元。）这在整个美国报业中是相当不错了。这在很大程度上得力于我们购买和创建的企业所发挥的作用。不过，看上去我们正在克服挑战，其实并不是。今年（2016年）第一季度，我们的收入再次下跌了2%—3%。所以我们仍处于艰难阶段，特别是广告。去年我们的广告收入大约是1.3亿美元，但其中9000万美元来自纸媒。因此，尽管数字广告增长了22%—23%，仍不能弥补纸媒广告下跌7%带来的损失。

辜：我确实在网上查看过比罗集团的年度报告，但仍然不清楚《达拉斯晨报》在比罗集团总体收入中所占的比重，70%还是80%？

莫伊：让我想想看怎么解释。我们集团公司的总收入大约2.4亿美元（原话如此），其中8200万美元来自《达拉斯晨报》的发行收入，纸媒广告1亿美元，两者相加为1.82亿美元，占总收入的65%。也就是说，大约三分之二的收入来自《达拉斯晨报》，其他的收入则来自我们购买的数字公司的广告收入以及代印和代发行《华尔街日报》《今日美国》等其他报纸的收入。

辜：那么所有这些收入，包括纸媒收入以及数字收入，都主要来自《达拉斯晨报》，而非比罗集团？

莫伊：是的，你说得对。

莫伊的上述谈话有两点引起我的注意：第一，比罗集团自从售空广电资产和大部分报纸后（这一点后面还会提到），其核心媒体资产主要就剩下《达拉斯晨报》了，导致旗舰报纸与母公司基本上合二为一；第二，通过购买有发展潜力的数字媒体来改变传统报业的收入结构，加速报业公司转变为数字公司，已成为西方报业集团转型的重要路径之一。以比罗集团为例，其2015年1月一次性购买的3家数字企业已经成为集团较为强劲的新增长点。据集团2017年3月公布的2016年年报，这3家新购入的公司组成的DMV数字控股公司（DMV Digital Holdings Co.）继续迅速增长，较上年增长86.6%，基本填补了纸媒的下跌亏空[1]。这方面，不独美国一些报纸这样做，欧洲很多有实力的报业集团也在这样做。例如欧洲最大的报业集团、总部在德国的斯普林格集团（Axel Springer SE），近年来就不断购买顶尖的专业化数字媒体以改变自己的营收结构。该集团目前最大的收入来源是分类广告，这就得力于其收购多家大型数字分类广告公司，成为全球最大的分类广告门户。集团于2015年耗资4.5亿美元收购的美国财经数字媒体Business Insider也为其2016年的靓丽表现做出了重要贡献。该集团2016年的数字收入已占总收入的67.4%[2]。

二、率先拆分媒体资产

莫伊关于比罗集团与《达拉斯晨报》几乎合二为一的表述，令我对公司的架构产生了好奇心。

辜：既然几乎所有收入都来自《达拉斯晨报》，那么母公司比罗集团主要做什么呢？

莫伊：比罗集团……还有一些其他媒体。集团曾经拥有3种报纸。8年前，我们曾经拥有29个电视台和4种报纸。但8年前我们将媒体资产拆分了，即将广电资产与纸媒资产分离成两个集团公司。我们比甘尼特和论坛公司都早这样做，我们比美国国内所有媒体集团做得都早。那时集团的领导层和CEO团队做得非常聪明，因为这让报纸得以放手发展，同时也获得了后来收购数字企业等的投资资金，从而有助于报业的稳固和转型发展。但你是否知道，2013年12月，甘尼特把我们的广电资产都买去了？

辜：他们是否同时也把比罗大厦买了？

莫伊：是的，他们把街对面的比罗大厦也收购了。

---

[1]A.H.Belo Corporation Announces Fourth Quarter and Full Year 2016 Financial Results. Globenewswire.com.March 3, 2017.

[2] Axel Springer Annual Report 2016.www.axelspringer.de March 9, 2017.

辜：这个结果我知道。但集团的其他报纸呢？

莫伊：我们把《普罗维登斯日报》（美国罗得岛州最大报纸）卖给了媒体综合集团（Media General）。

辜：媒体综合集团的总部在丹佛？

莫伊：不是吧？我相信它是在宾州，宾州的东北部。我们在南加利福尼亚州河滨市的《企业日报》（*The Press-Enterprise*）也卖给了阿龙·库什纳（Arron Kushner），可惜他经营不善，那份报纸现在已申请破产。[笔者后来查阅资料得知，这份《企业日报》先于2013年以2700万美元卖给库什纳旗下的报业集团"自由通信公司"（Freedom Communications），在申请破产后又于2016年3月被"数字优先媒体集团"（Digital First Media）收购。]

辜：比罗将报纸卖给不同的公司，最后只保留了2种日报？

莫伊：是的。所以，我们的目的是卖掉一部分报纸，获得的收入用来购买数字公司。这就是为什么我们还有8000万美元的现金在手里。我们还卖掉了汽车销售网站Cars.com的股份。（辜：这是个大战略。）这是我们的战略，即卖掉我们称之为非核心的报纸，然后重新投资有发展潜力的企业。从地理上讲，我们也不再进行面向全国的多元化投资，所以把外地的报纸都卖掉了，以便集中在得克萨斯州发展。

辜：现在看来，收入的最主要来源仍然是纸媒广告。

莫伊：是的。2.4亿美元中有约1亿美元来自纸媒广告，占比约42%。发行收入占比35%，其他占比23%，包括数字收入、代印外报收入等。

辜：发行收入也包括数字订阅收入？

莫伊：是的。现在数字发行收入还非常少，但我们两周内就会建立计量式付费墙，届时这部分收入会有所增加。

辜：两周内？你们有过付费墙的。

莫伊：我们建立过付费墙，但作用不大。5年前也是在我的主导下建立付费墙，当时付费用户很快上升至7000人，但也很快就停止上升。我们的最高数量停留在7073位付费用户上。

辜：这是你们取消付费墙的主要原因？

莫伊：我们取消付费墙，是因为在数字端的广告流失量大于我们从付费用户那儿赚来的钱。

辜：那为何你们又要重建付费墙？

莫伊：我们现在采用另外一种不同的模式。原来的模式是，你一旦来到我们的网站打算阅读，你就得付费。现在我们采用计量式，并有免费额度。你可以免费阅读10篇文章。当想阅读第11篇文章时，你才需要付费。

辜：这和《纽约时报》的办法一样。

莫伊：对的，完全一样。我们过去的办法则更像《华尔街日报》。

辜：《华尔街日报》的模式是你付了费才能阅读，不付费就靠边站。

莫伊：正是如此。要理解我们为何重建付费墙的一个简单途径就是，我们目睹很多报纸建立了付费墙，并在计量模式下取得了成效。我们和他们进行多次交流，分享了这方面的经验和教训。现在我们测算过，用新的模式不但不会对广告产生明显影响，每年还可以获得300万—400万美元的数字订阅收入。而数字平台的订阅收入成本是很小的，利润率很高。

三、广告构成的变化

辜：在广告方面，你们的结构怎样？例如全国广告、零售广告、分类广告以及数字广告等所占的比重。你们有原生广告吗？

莫伊：好的。我们先回过头去看看广告商的规模。首先是全国广告（national advertising，相当于中国所说的“异地广告”），这是非常不稳定的广告品种，而且下滑很厉害，都流失了（over the boarder）。过去一些顶级的全国通信企业都是我们的全国广告大客户。5年前，像AT&T、Verizon、T-Mobile这几家大公司，每年花在我们报纸上的广告都超过1000万美元。去年，全部全美国广告加起来，只有100万美元，都跑掉了。

辜：它们跑哪儿去了？

莫伊：这些公司仍在大把花费广告，但大多投放到电视台和网络公司那儿，或者投放到体育活动中。你知道吧，AT&T是达拉斯牛仔队（Dallas Cowboy，当地的职业棒球队）的主要赞助商，而那些赞助广告都进入了电视。再看零售广告（retail advertising，这是美国报业最重要的广告类别之一）。沃尔玛、Target等很多大型零售商仍是我们零售广告的主要客户，但它们的投放量也在持续减少。这个广告类别中也有增加的，增量来自我们所说的“大型地方广告商”（large local advertisers）。它们包括大型家具商店、杂货连锁店等，都很稳定。医疗门诊方面的广告是新的增长点，原因是很多执业医师现在开始做广告了。过去，这部分人是从来不做广告的。所以，我们现在把工作重点放在为本地广告商提供服务上，像高等院校、健康保险机构、医院、汽车零售商、家具商等，都是我们关注的重点。相反我们对全国性的品牌零售商不是特别关注。原因是，这些全国零售商是全国一盘棋，对达拉斯的广告投放在全国占的比例基本上是不变的。例如沃尔玛，根据达拉斯的人口特点和城市消费能力，投放广告占全国的5%。这个计划基本上是稳定的。而对于本地广告商来说，达拉斯这座城市就是它们的一切，我们也愿意在他们身上花费更多的时间和精力。

辜：分类广告的情况怎样？

莫伊：分类广告中，汽车销售分类广告在纸媒上早已不再增长，而且下降得很快，但在数字端有增长。房地产分类广告还较为强劲，但也是在数字端而不是纸媒。分类广告的另一大块是招聘广告，这部分也主要来自我们的monster.com网站。我们在这个网站上获得的招聘广告远远大于纸媒上获得的同类广告。现在人们几乎不到报纸上寻找招聘信息，取而代之的是网络招聘信息。因此，我们报纸的分类广告收入减少明显。唯一乐观的是，这些分类广告在我们的数字平台持续增长。（辜：人们都通过手机获得招聘信息。）正是这样。

辜：除了广告和发行以及您前面提到的代印报纸这三大块，你们还有没有其他收入来源，例如活动收入？

莫伊：我们是把活动以及购买的数字公司获得的收入都算在广告收入里的。例如我们的Crowd Source公司，去年收入400万美元，其中就包括门票收入、广告赞助收入以及其他活动组织收入。

辜：我看达拉斯城市发展很快，房地产也很活跃。你们自己做房地产生意吗？

莫伊：你是说不仅做房地产广告，而且实际销售房子甚至建设房子？我们从来不做。我们现在所做的所有生意、进入的所有领域，都是我们核心产业的一部分，即与媒体有关的产业。这就是为什么我们创建或购买的企业仍然属于数字传播或数字营销领域。我们不做房地产等任何与我们核心产业无关的生意。

幸：你们的做法和中国一些报纸很不同。你们始终专注于传媒产业，这一点值得我们敬佩。

莫伊：在美国，也有一些家族报业，如佐治亚州的莫里斯传媒（Morris Communications）。他们这周就在做房地产销售。莫里斯家族自己拥有一些房地产，通过销售赚钱，但也仅此而已。而我们是百分百地专注于媒体和相关市场的解决方案。我们自己的房产都是用来办公的楼宇，如前几年卖掉的比罗大厦。我们不会专门去建房和卖房。

四、关闭全部社区报

幸：昨天INMA的威尔金森先生开车带我在达拉斯逛了一下，我发现达拉斯的城区非常大，而且还在往外蔓延。这对你们的报纸投递有影响吗？你们是否与第三方合作发行报纸？

莫伊：我们有14个独立签约投递人。这14人都有各自的运输投递团队，主要是车队司机，每个团队的规模约75人。所以我们总共有大约1000名汽车司机帮我们发行报纸。他们按照分工负责不同的地域，每位签约人覆盖约50万人的区域。他们每周都按同样的路线工作。我们还有6个投递中心，而印刷厂在北部30英里外的小城普莱诺（Plano）。报纸从那里运到投递中心，再分发下去，直至送至千家万户。

幸：你们只有一个印刷厂吗？

莫伊：我们只有一个印刷厂，但有6个分装点。报纸印出后运到这些点进行分装，再运出去。

幸：所以纸媒的生产、运送和投递是很大的成本。

莫伊：是的，这是很大的支出。

幸：你们现在还有其他什么传媒产品？我听说你们有不少社区报纸。

莫伊：我们曾经有一批社区报纸，但今年1月我们把它们全都关闭了。

幸：为什么要关闭它们？

莫伊：其实它们现在并不亏损，甚至还有点盈利，但非常少。我们关闭它们的部分原因是，广告商过去会通过这些社区报纸做小额的广告，但现在他们把预算都放到数字平台去了，而同时我们自己也在开发数字广告。在这种情况下，社区报纸的广告收入下跌得非常快且不可能回升，所以我们决定关闭它们。今年1月我们还关闭了2种杂志，都是为达拉斯的富人服务的高端生活杂志。这类杂志制作成本高，对奢侈品广告依赖性大，如今广告减少了就很难继续盈利，所以决定放弃。

莫伊：我们现在还保留的另一份纸质报纸是西班牙语报纸*Al Dia*，其创刊于2003年，是北得克萨斯州最大的西班牙语报纸。创办该报的原因是达拉斯讲西班牙语的移民越来越多，增长迅猛。有机构预测，到2030年，以西班牙语为第一语言的这部分人将占达拉斯总人口的40%。达拉斯有很多人是从墨西哥过来的。

比罗集团在达拉斯的三大对开纸质报纸：《达拉斯晨报》（中）、《快报》（左）、*Al Dia*（右）（辜晓进 摄）

辜：难怪达拉斯到处都在盖房子。

莫伊：是的，可见这对经济是有好处的，他们还填补了很多工作岗位，同时也带来很多工作机会。这里有些人不喜欢他们，但我喜欢，办报人喜欢。（笑）我们还有一份速读版的《快报》。《达拉斯晨报》平均每天80版，《快报》只有20版。

辜：它收费吗？是小开本报纸？

莫伊：它是免费的，是对开版报纸。该报是为像我这样的人服务的。我有3个孩子，孩子还小，我没时间每天读大型报纸，这种20分钟可以读完的报纸就受到我们欢迎。

辜：有点像欧洲的《20分钟报》，专为繁忙人士创办。

莫伊：正是这样。忙人没时间看厚报，也不会在这上面（指手机）读报纸，所以这压缩版的报纸还是比较受欢迎的。这样我们主要有3种主流纸质报纸，《达拉斯晨报》每周出版7天，《快报》每周出版4天，西班牙报纸每周出版2天——但它的网络版是每天出的。

辜：我查过资料，你们在登顿（Denton）不是还有一份日报吗？也卖掉了？

莫伊：是的，我们仍拥有《登顿记录—纪事报》（*Denton Record-Chronical*），每周出版7天的日报，但也属于社区报。登顿是个小镇，离这里40英里。我们20年前买下这份报纸，这是我们唯一还保留的社区报纸。社区报纸的下跌比《达拉斯晨报》这样的大型报纸要滞后几年，所以这份社区报还保持着微利，而登顿的人还希望能读到这份报纸，我们也就没有关闭它。地方小报受数字影响相对较小，这也是巴菲特喜欢买这类报纸的原因。

辜：你们会把《登顿记录—纪事报》卖掉吗？

莫伊：现在暂时不会，它毕竟还盈利。我觉得它还会盈利3—5年，所以我们会保留它。

辜：那么您能否告诉我，你们曾经总共拥有多少报纸？

莫伊：在被关闭之前，我们共有17种报纸。被关闭的社区报纸其实都是免费发行的。《登顿记录—纪事报》是唯一需要付费订阅的社区报纸，这也是它还能盈利的原因之一。

辜：为何你们不是出售报纸而是直接把它们关闭掉？

莫伊：这是因为，第一，它们也不值多少钱；第二，它们的存在可能会成为与我们争夺地方受众和广告的竞争对手。

辜：这些报纸被关闭后，你们怎么服务那些距离城区较远的县区呢？

莫伊：这是很好的问题。目前我们的困难是缺乏覆盖各地信息的员工。我们的社区记者比去年减少了，比10年前减少得更多，因此对所有社区的服务是难以为继的。我的意思是，我们现在只能保持对达拉斯市内的社区及弗里斯克（Frisco）、阿灵顿（Arlington）等较大的周边社区的信息服务，而对那些少于10万人的周边小社区只好付诸阙如了，尽管过去我们是包含它们的。目前的经营模式无法支撑我们继续过去的服务。

莫伊讲的情况，在一定程度上验证了INMA负责人威尔金森的观点，即在数字时代，地方小型报纸困难重重，较难靠转型胜出。它们面对纸质报纸难以挽回的下降趋势，又不能在数字平台获得规模化的效益。正是这种境况导致《达拉斯晨报》或比罗集团一次性将20多年来苦心经营的几乎所有社区报纸关闭，只剩一个《登顿记录—纪事报》。按莫伊的说法，这份社区报似乎还可维持三五年。然而，笔者完成此书前不久，便从《美国新闻与世界报道》（*U.S.News & World Report*）官网得知，比罗集团已于2017年10月31日宣布将出售《登顿记录—纪事报》，买主仍是当初拥有该报的帕特森家族（Bill Patterson）。至此，比罗集团旗下的社区报纸终于归结为零。这对长期扎根当地市县镇的区域报纸来说，大概也是一种不得已的选择吧。

五、数字营销艰巨而复杂

关于数字平台的运作，我是从该报的目前发行量谈起的。顺着上述社区报纸的关闭和纸质媒体在困境中前行的话题，我想了解一下《达拉斯晨报》的最新发行数据，这在网上是查不到的。我的目的是，由纸质版的困境引入数字营销话题。

辜：莫伊先生，现在《达拉斯晨报》的发行量有多少？我上网只查到2013年的数据，当时的情况应该还是不错的，纸质发行量有30多万份。

莫伊：那时是这样的。今年我们纸质报纸的发行量，平日刊只有14万多份，星期天刊只有22万多份，都不如从前了。去年（2015年）还要多一些。今年（2016年）比去年下跌了7%—8%。当然，这与全国纸质报纸的发行量相比，还算是较为稳定的。

辜：但我知道你们的数字发行量一直在增长。

莫伊：在线读者是在持续增长，但由于我们没有实施在线付费模式，这部分的增长除了对广告有好处，并不能带来发行收入，也不能计入发行量。这就是我们重新设计实施计量式付费墙的原因。

辜：虽然现在尚未实施付费模式，但读者需要注册吗？我指的是免费注册模式。

莫伊：目前是不需要的。等我们实施付费墙后会全面启动注册模式。

辜：那你们的在线受众规模怎样？例如页面浏览量和独立访客量等。

莫伊：我们有多个数字端口。就《达拉斯晨报》的官方网站Dallas.com

而言，我们每月有1200万独立访客和6000万页面浏览量。但这1200万访问者中，只有400万是达拉斯和北得克萨斯州地区的，其余800万主要来自得克萨斯州以外的地区。这使得我们的受众集中度不够理想。

辜：你们怎么营销你们的数字产品，怎么拓展在线广告？

莫伊：广告方面，我们有一个内容营销团队。

辜：您是指与编辑部合作吗？

莫伊：不是，我说的是广告内容的开发与营销，与新闻无关。这个团队会帮助广告商撰写能在数字平台引起关注的广告内容。例如，我们会帮医生设计一个在线演示，以吸引病人到他们的诊所来。我们有时会为那些有广告潜力的商家先免费设计部分推介信息，但留的联系方式是我们的。一旦有客户想了解进一步的信息，我们的销售人员就会根据潜在客户的数量与商家联系，进而达成广告协议。更多的时候是销售人员主动与潜在广告商联系，了解需求后便交由内容团队创作。这种方式会为我们带来较多的新广告客户。

辜：你们这广告内容团队的规模有多大？有多少人组成？

莫伊：内容团队有5人。你知道的，数字平台的传播很多是在搜索环节被获知的。因此我们的内容团队都会在关键词、标题、导语等方面下功夫。其实现在做新闻也是要这样的，必须让新闻内容更容易被搜索到。我知道你下面会和迈克·威尔逊（总编辑）共进午餐并谈话，他一定会和你谈到这方面内容。他们编辑部通过社交媒体做很多新闻推广工作，比过去多得多。

辜：可见，数字平台的营销与过去单纯纸媒的营销有很大不同。过去仅仅是纸质发行和广告，简单许多。现在变得很复杂，需要更多创意。您能告诉我现在的营销与过去的营销主要有哪些不同吗？

莫伊：最大的不同或者说是最大的困难之一，是现在的团队要营销的产品五花八门，客户的要求不断提高。现在客户要求获得服务的产品平均有三四种。15年前，他们只购买纸质报纸的广告，如今他们不仅要求纸质广告，还要加上社交媒体推广，加上搜索引擎呈现，加上email营销。而这些都令我们的生意变得十分复杂，因为所有要求都伴随着数字媒体营销的相关解决方案。因此，客户购买广告后，他们随即想知道各个平台的广告表现与回馈情况，这都带来很多工作量。过去做广告可不像这样，销售员外出找客户拿到广告，报纸一登便完事。现在广告到手后，客户想知道怎样呈现和分布广告，怎样获得更好的广告效果，员工怎样跟进广告，有多少人看你的广告，广告投资能否尽快收回。所以，我们的员工争取一单广告后，会面临没完没了的工作。这只是广告方面的不同。

辛：是的，可以想象。你们的员工需要跟进服务，获取反馈。

莫伊：因此，我们一旦接到广告，就会开会商量营销策略。我们的销售员为一单广告平均每周要和客户探讨3次。广告到手后总是有一大堆事项需要与客户沟通。这在10年前是不可能发生的事。

辛：不像10年前，只需电话营销即可奏效。那么你们日常工作平均每天要开几次会议来推动工作?

莫伊：对我个人来说，值得庆幸的事就是技术帮了大忙。我们不需要像过去那样面对面开很多会，通信软件发挥着重要作用。销售员获得广告后，我们团队的大多数成员都在电脑上沟通，不断更新与客户交流的进度。大家通过电脑和技术，都处于同一个“页面”。大家都清楚知道自己的任务和职责。尽管如此，每个团队至少每周要和客户见面商谈一次。我呢，必须每周与各个经营团队当面商讨一次，以了解当前的状况与进展，工作效果如何。

辛：你们在达拉斯的主要竞争对手是谁?

莫伊：我们有很多竞争对手，如电视台、广播机构等。纸媒方面，在附近的沃斯堡市（Fort Worth，是达拉斯的近邻，通常被归入大达拉斯地区——笔者注）有一份报纸叫作《明星电信报》（*Star-Telegram*），是我们的竞争对手。此外还有我们称之为“数字玩家”（digital pure players）的数字服务公司。现在越来越多数字公司进驻达拉斯开展新媒体业务，有的甚至专门做移动广告业务。我感到每个月都会出现新竞争者。

辛：《达拉斯晨报》也覆盖沃斯堡市吗?

莫伊：数字方面，我们在沃斯堡有大量受众。但纸质报纸在那里的发行量不太大。我们与《明星电信报》有默契，它覆盖沃斯堡那一半，我们覆盖沃斯堡这一半。

辛：这么说，那份报纸对你们并不形成很大竞争力?

莫伊：是的。我们主要在数字广告方面竞争，纸媒相安无事。

辛：你们和《明星电信报》之间有一条默契线。

莫伊：我们之间有相当的默契。实际上吉姆和我与该报的团队和领导关系很好。我们也希望他们能够成功，我们都希望看到报纸能够健康地生存下去。

幸：那您怎样描述《达拉斯晨报》目前的状况呢？它似乎在数字方面发展得相当不错。

莫伊：目前我们的经营模式面临的最大挑战是，纸质媒体对利润增长的贡献仍达90%。当我们从挣纸质美元转变为挣数字美元时，实际上是从90%下降到40%。因此，如果放弃纸媒这块而以数字取而代之，我们会更加困难。这是今天纸媒转型面临的最大问题。我们即便现在的收入与过去基本持平，仍然面临成本问题，因为我们在广告收入方面的利润远没有过去那么高。这就是美国那么多报纸合并经营的原因之一。目前报业经营的成本依然居高不下，这样要保持利润稳定甚至增长是困难的。我觉得再保持5年可能问题不大，但继续下去就难说了。我们都在纠结现在的模式究竟能支撑多少编辑记者。

幸：我想这也是美国其他很多报纸面临的共同挑战。（莫伊：非常困难。）问最后一个问题：既然经营方面最大的挑战是同时要售卖多个产品并在跟进服务上耗费苦心。你们有没有找到解决办法？我知道这暂时可能是无解的，但有没有接近目标的方案？

莫伊：我们的解决方案是改变员工结构和招聘模式。现在需要的才能和过去很不一样了。和5年前相比，我们现在最理想的员工类型是那些在广告公司工作过的人员。现在有很多营销策略，有很多策略专家。我们需要对营销策略有更深理解的员工。我们需要那些能将产品整合和恰当分类进行营销的员工。我们近年来最为成功的方面就是改变员工的类型，即逐步减少那些只懂销售而不知跟进服务的员工，同时不断增加那些知道如何开发正确广告解决方案的员工，而后者中很多都具有广告代理公司的职业背景。这样做就会渐渐改变我们的内部文化，让它更适应数字时代的广告营销。

幸：这样的人好找吗？你们现在还从高等院校招人吗？

莫伊：现在招聘有这样才能的年轻人并不容易，因为他们对报业的生存能力和经济稳定性缺乏信心。他们很多人不愿和我们一起工作，因为他们担心今后5年报业的经营状况。但在达拉斯，我们目前做得很好。我们成功吸引了一批有专业才能和天资的人加盟我们公司，招聘到一些理想的员工，尽管做起来很艰难。

第二部分　总编辑威尔逊访谈录

与高级副总裁莫伊谈完，已是中午。我们的谈话内容很丰富，我很感激他用了将近2小时与我交谈。他把我送到总编辑迈克·威尔逊的办公室。威尔逊看上去50来岁，身穿考究的西装，打着领带（他是我见到的该报唯一扎领带的男性高管），和蔼而内敛，颇具绅士风度，是典型的职业报人。但我在一个视频上曾看到他在《坦帕湾时报》的编辑部里带着花头巾跳现代舞，仿佛换了一个人。

他是《达拉斯晨报》35年来第一次聘用的来自外地的总编辑，也是该报编辑部第一位从非报业机构聘用的总编辑。但其实他是老报人，曾在佛罗里达州的《迈阿密先驱报》工作，并因一则调查报道获得普利策奖的最后提名。后又在佛罗里达州最大报纸《坦帕湾时报》工作18年，担任执行总编辑。2013年12月，他被“538网络公司”（Five Thirty Eight.com）聘为执行总编。538是创办于2008年的著名网络政治媒体，在政治报道上获得很多全国大奖。在这里的工作，为威尔逊积累了宝贵的数字媒体管理经验，这大概是致力于数字转型的比罗集团看中他的最主要原因。2014年12月，威尔逊任职《达拉斯晨报》。这月的18日，报社总裁莫洛尼对同事们说：

我一直在寻找拥有丰富经验而能带领传统报纸转型进入数字环境的人，也在寻找具有好奇心和勇气并能以开创精神领导一个纯数字新闻平台的人。这两个角色，我在迈克（威尔逊）一人身上找到了。更重要的是，迈克具有为优质新闻叙事忘我工作的激情。我现在唯一能确定的就是，只有能激发阅读兴趣的新闻，才是获取跨平台、跨频道受众的真正因素。这也可能是技术更新时代唯一不变的新闻内核。……迈克在记者、作家、数字和纸质编辑部领导以及高质量新闻叙事等诸多方面有出色的履历。近年来他成为538的执行总编，而这是ESPN旗下唯一的非体育数字原创平台[1]。

[1]Benjamin Mullin.Mike Wilson named editor of The Dallas Morning News.www.poynter.org. December 18, 2014.

可见，报社老板对他十分看好。原以为我们就在报社内部或附近餐厅吃饭，不料威尔逊径直领我上了他的小车，一阵风似的开了出去。一路上，他不断向我介绍四周情况。到了“第六楼”旁边的马路上，他放慢了速度，告诉我这就是当年肯尼迪总统遇刺的路段。我注意到仍有游客在这里照相留念。车行10多分钟才到达餐馆，该餐馆的最大特色是包括立柱、横梁在内的所有墙体都布满了手绘的文体明星的头像。我们在灯光昏暗的一张小桌旁落座，点餐后随即开始访谈。

威尔逊与笔者就餐的餐厅，所有墙面都是手绘的文体明星的头像（辜晓进 摄）

一、数字优先是最大的变化

我开门见山地告诉他，希望通过这次谈话了解报业转型过程中编辑部是如何运作的，以及编辑部遇到了哪些困难，又是怎样克服的。

辜：在传统报纸的编辑部里，创新是比较困难的，因惯性太大。您作为横跨纸媒和数字媒体的老报人，一定有很多经验，可以说给我听听吗？

威尔逊：当然可以。我想我之所以被邀请到这里来当总编辑，是因为我在别的地方积累了一些数字经验。《达拉斯晨报》主要是纸媒产品，以印刷报纸为主。吉姆（总裁）曾经向我咨询，报纸如何转型为数字新闻机构。我自己在印刷媒体做了很多年。我在佛罗里达当执行总编，做了30年的采编工作，因此我主要是做纸媒的。后来我应聘到纽约一家叫作“538”的新闻机构工作，职务是执行总编。这是一家政治网站，纯数字的，没有纸质产品。我主要负责政治和体育内容，因为538后来被ESPN（美国最大的体育电视网络公司）兼并了。我在那里与创办人一起负责编辑部事务，招聘员工，创办二级网站，学到了很多数字媒体的经营管理经验。在那里很开心地做了一年多，但收到吉姆的诚恳邀请，我还是来到《达拉斯晨报》了。

幸：这是很宝贵的经验。像您这样，有长期办报经验，又添加了数字背景，正是报业转型所需要的高管。

威尔逊：是的。因此我来这里后，首先就是要建立一个更加高效、更符合数字传播规律的官方网站。尽管我们的纸媒还在运行，我们今后还会办好它们，但要确保抵达更多的数字受众，因为这是媒体发展的趋势。我在538工作体会最深的一点就是，受众就在外面，他们不会等到明天，也不会等到今天晚些时候。及时向他们提供新闻，并在接下来的时间与他们进行对话和互动，是数字新闻的基本工作。数字受众对新闻的即时需求是对我办报习惯的最大改变。长期以来，报纸总是将纸媒上的内容放在自己的网站，然后就说这是数字新闻了。其实，数字新闻和纸媒上的新闻是完全不同的。受众在数字平台的需求是不一样的。他们需要更加数字化的内容、更加迅速的发布、更加多样化的呈现。现在大多数人是通过手机获取新闻的，屏幕小，内容也短小，你必须设想一种适合手机传播的内容形态。这就是我来这里一年多以来做的主要事情。

总编辑迈克·威尔逊在编辑部与笔者合影（报社员工 摄）

幸：您在多个媒体目睹了报业的巨大变化，在报纸编辑部这边最大的变化是什么？

威尔逊：首先是编辑部的流程发生了变化。在过去单纯纸媒时代，编辑部的每个人都为下午6—7点的截稿时间而努力工作。记者要赶在截稿时间前写完稿件，编辑要在付印前处理好版面。现在一直到深夜，每时每刻都是截稿时间，记者和编辑整天都在忙着。稿件都是限时限刻地等待发布。

幸：是的，你们还得满足网络峰值时间对内容的集中需求。

威尔逊：也可以说我们没有截稿时间。很多人现在是在电脑前工作的，他们一边工作一边瞥一下电脑看发生了什么，所以我们的内容供应是持续进行的。但也会尽量满足峰值期的受众需求。

辛：你们的峰值期是每天的什么时候？

威尔逊：主要有两大峰值时间，第一段时间为中午12点至下午2点；第二段时间是晚上人们下班回家直至上床睡觉。人们会在晚上看一下今天发生了什么事，然后读几篇新闻，就休息。

辛：所以晚上的峰值是从6点开始？

威尔逊：会在晚饭后，7点或8点开始。

辛：在纸媒这边，截稿时间是几点？怎么处理纸媒和网站内容之间的关系？

威尔逊：这要依据当天的新闻情况定。通常纸媒头版的截稿时间是晚上11—12点。但我们大多数编辑部人员不受这截稿时间限制，而是围绕具体的新闻而确定截稿时间。我们的记者基本上已不再为纸媒写稿，他们只为数字媒体写稿，纸媒只是从中挑选最好的内容拿去编辑付印。

辛：这意味着你们已经做到数字优先，不再为纸媒保留重要新闻了。

威尔逊：绝对不。那样的日子一去不复返了，我们不再为纸媒保留新闻。这对我们来说是重要的变化。过去，当互联网刚出现时，我们会说，把报上的稿件放一些到互联网去吧，让读者偶尔到网上看看。现在我们意识到，网上的读者才是主要读者。我们曾经担心不能把最好的内容留给纸媒读者，现在我们的观念改变了。我们知道数字读者是最好的读者，他们理应第一时间获得我们生产的内容。

辛：但纸质报纸会不会受到影响，特别是纸质发行量？纸质读者会说，我已经免费从网上读到这些内容，那我还要买报纸吗？他们不需要订报纸了。

威尔逊：这也许是事实。但你要知道，现在人们获取新闻的来源很多。如果我们不及时提供数字新闻，人们就会从其他来源获取，这样我们就会失去读者。如果我们提供的是其他来源没有的内容，如我们对北达拉斯的独家报道，我们的大量体育新闻等，读者就会对我们的品牌产生好感，进而形成忠诚度。我们决不能冒险把新闻留给明天早上出版的报纸，而把数字读者都赶到别人那里去。何况还有很多对手如电视、社交媒体等，我们必须尽可能快地发布新闻，而不是刻意拖延。

辜：除了流程，其他还有什么变化吗？

威尔逊：还有就是产品形式变了。当我刚入这个行业时，我们无非是做记者、编辑、摄影记者或版面设计等工作。今天涌现出很多新岗位，例如视频记者。

辜：你们自己生产视频？

威尔逊：是的。

辜：每天或每周生产多少？

威尔逊：我们每年生产几百个视频，平均每天生产好几个。

辜：你们都是自己生产，还是与广播电视机构合作？

威尔逊：我们每天自己至少生产2—3个视频，同时也和电视台合作。我们还从警察局和其他公共服务机构获取视频。因此，视频新闻对我们这个行业来说，就是新的产品形式。我们加强了数字新闻，向受众呈现大量数字新闻，并在数字平台实现与受众的互动。例如，学生要了解得克萨斯州或周边最好的大学是什么，我们就会在数字平台提供地图，他们一点击就看到各类大学的排名及所处位置，以及与自己的家乡相距多远等。这种类型的新闻产品是我们过去从未想到过的。

辜：如此大量的视频生产，你们的视频记者从哪儿来？

威尔逊：我们现在仍然有摄影部，但很多摄影记者都学会了视频摄影。他们很多人入行时还没有视频摄影这一说，现在则必须掌握这门技术。不仅是摄影记者，我们要求所有文字记者也学会做视频。他们每人都有视频拍摄工具，一旦遇到新闻就能够随时拍摄。

辜：你们为每个记者都装备摄像设备？

威尔逊：不是的，大多数记者用手机拍摄。但对专业的视频摄影记者，我们提供非常先进的设备，如Tripod Lightning（一种新型便携摄影设备）。但我们扩大了培训范围，希望所有记者都能胜任视频拍摄的任务。

二、总编辑清单上的工作技能

在访谈前的功课中，我已了解到威尔逊对员工培训极为重视。在报纸的数字转型中，他认为大换血是不可能的，必须加强对现有员工的技能培训。

幸：您刚才说到通过培训让每个记者都能生产视频新闻。你们一定还培训其他技能吧？

威尔逊：是的，培训是我来到《达拉斯晨报》后最重要的工作之一，一直到现在都是这样。转型是通过人来实施的，人不改变，转型就是一句空话。我们编辑部有来自各平台和各部门的9个负责人，我每周召集大家开一次会，内容就是计划和组织培训事项。我们的培训也引起新闻学院的注意。有院长问我需要什么样的新闻学生，我就给他们开了长长的清单。

楼道里展示的9个普利策奖作品（幸晓进 摄）

幸：清单上有哪些技能？

威尔逊：首先是写作。作为总编辑，我对员工的要求总是从写作开始。做新闻的要会叙事。我们开了两个工作坊，一个在楼内，另一个在外面。我们结合实例和员工探讨写作、故事建构、编辑等事项。我认为，对从事新闻工作的人来说，写作永远是至关重要的技能。然后就是一些新技能，包括：在我们的digital CMS（数字内容管理系统）设计和发布数字新闻的能力；用各种方式与读者建立联系的能力；利用社交媒体进行新闻推广，如在Facebook Lives增加粉丝的能力，我们尤其欢迎已经拥有较多社交粉丝的学生；会用监测系统，现在我们有了数字平台的监测系统，可以了解受众的表现，对产生很大影响的新闻或只有很少受众关注的新闻，都要学会去了解原因，进而改进工作；数据分析，要训练员工理解和操作数据的能力，我们要求所有人都学习，但会组建核心团队在数据新闻上做得更好；SEO（搜索引擎最佳化）和标题制作；还有对《信息自由法》（*Freedom of Information Act*）的利用等。

幸：我也觉得写作十分重要。但在数字时代做新闻传播，似乎门槛大大降低，很多人因此不再重视写作了。

威尔逊：我对记者的第一要求永远是写作能力。无论你是给Twitter写

140个字的新闻，还是写长篇的调查报道，过硬的写作本领是必需的。我的儿子22岁，是个有志气的年轻记者。我对他的要求就是，在不断提高写作和叙事能力的基础上，熟练掌握社交媒体工具，善于用现场的方式发布新闻，强化与读者沟通的能力。当然，上述要求主要都是针对记者的。

辜：对编辑有无特别的技能要求?

威尔逊：当然有。编辑最需要掌握图像编辑和视频编辑的技能，还有些属于软技能（soft skill），如团队合作的技能。我们对此也有工作坊，还有一个长达一年的领导培训项目，让大家学会营造领导能干、员工称职、富有创意的编辑部门。现在最大的挑战还是如何让传统编辑融入数字生产。他们都愿意这样做，也努力在做，但困难还是比较大的。

辜：这对编辑部的工作环境和流程也必然产生影响。这方面有哪些亮点可以介绍一下吗?

威尔逊：编辑部较为成功的改变是，我们创立了一个融合性的突发新闻编辑室，我们称其为“通用编辑室”（Universal Desk）。其带来的直接效果就是，对新闻的反应速度明显加快，数字传播的效果明显改善，有些新闻获得非常好的用户反馈。

辜：这个编辑室是不是有点像很多年前的“坦帕新闻中心”？

威尔逊：我不太清楚那个新闻中心。您说说看他们是怎么做的?

辜：2001年，《坦帕论坛报》及其网站与母公司旗下的广播电台、电视台合并在一个编辑部办公，向不同平台分发内容。中国新闻界很多人都知道这个融合案例。

威尔逊：抱歉我不太了解它，但我们的“通用编辑室”具有您所说的一些功能。这个编辑室由16位编辑记者组成，并与摄影部、视频部的负责人以及包括社交媒体编辑在内的用户发展部门紧密合作，旨在对新发生的新闻以最快速度进行跨平台发布。即便是非突发新闻，如深度和专题报道及一些副刊内容，也会有推广团队和数字编辑参与，进行新闻内容的跟踪服务，以实现受众最大化。

辜：您刚才提到“数字编辑”，你们有多少人专门为数字传播工作?

威尔逊：我刚来时，报社有一个被称为数字团队的小组，大约由12人组成。他们的任务就是为网络生产新闻，属于编辑部的组成部分。问题在于，当新闻发生时，有时是这个团队付诸行动，有时是编辑部其他人员去处理，有时互相依赖而谁都没去做。那时大多数人都没有数字的概念。现在，新闻发生时，所有人都知道该怎么做，都知道要立刻进行数字发布，每个人都是数字记者。

幸：这些数字记者有多少人呢？

威尔逊：在员工总数不变的情况下，我们现在大约有200位数字采编人员。也就是说，除了60人仍然为印刷版报纸工作外，其余所有人的主要工作都是数字采编和发布。以数字为中心已经成为编辑部的共识。

幸：这实际上就是所谓重建编辑部了。

威尔逊：是的。从去年起直到现在，我们的主要任务就是重建编辑部。我曾指定一个小组调查三个问题：①我们主要应致力于覆盖哪些内容？哪些跑线分工可以合并以及哪些领域必须独立应对？②如何通过机构调整将过去纸媒优先的习惯做法改造为数字优先的工作流程？③目前编辑部在适应数字传播方面的能力如何？哪些需要加强而哪些需要放弃？我们正是通过内部的调查研究，创立了新的编辑部，营造了适合数字传播的内部文化。我们现在有了较充足的掌握新技术的人力资源，他们能够胜任视频生产、数据新闻、在线创造性传播等工作。这一变化令编辑部的数字传播能力大大增强，很多岗位是旧编辑部所没有的。

幸：重建后部门的设置有什么变化？

威尔逊：基本的部门还是那些，如新闻、财经、体育、娱乐、生活方式等。但我们有一个打通各部门的共享平台，每个人，包括图片、视频、品牌营销等都可以跨部门展开合作。

幸：与部门相关的就是报纸的几大版块或几叠。美国很多地方报纸都是四叠，你们也是吗？

威尔逊：我们有五叠：A叠主要是要闻和国内、国际新闻；B叠是本地新闻；然后是财经、艺术、生活方式各一叠。艺术有时也会被美食、健康等取代。

幸：你们会为重要的活动专做一叠特刊吗？例如现在正进行的世界摔跤大赛？

威尔逊：不。像摔跤大赛这样的活动，我们会在头版占用较大的版面，并在内页进行专题报道，但不会占用一个版块。

辜：你们有专做深度调查的部门吗？

威尔逊：没有。但我们有五六位记者主要从事调查报道和深度报道的采写。同时，其他新闻部门的记者也随时可以写调查新闻。

上述谈话表明，自威尔逊来到该报后，以数字为中心的工作方式已成为编辑部的日常工作基础。这对《达拉斯晨报》这样的地方传统报纸来说，变化是深刻的。有意思的是，当我在涉及融合编辑部的话题时故意提到“坦帕新闻中心”的融合模式，这位在坦帕湾头号报纸工作了18年的老报人竟然毫无印象。这也从一个侧面证明，媒介融合的坦帕模式已退出江湖很多年。而该报现在建立的所谓通用编辑室（Universal Desk），实际是多家美国主流报纸曾经采用的一种融合编辑部架构。例如《华盛顿邮报》多年前就建立了Universal News Desk（通用新闻编辑室），其功能就是将新闻、图片、视频、图表等集中编辑、打包，向包括纸媒和数字在内的各类平台发送，以最大限度地吸引读者阅读本报内容。但现在已被更符合数字运作的组织形式取代。

为何被取代？Universal Desk实际上仍受坦帕新闻中心“一次采集，多次分发”模式的影响，但这模式并不符合后来数字传播发展的需求。《今日美国》早在2010年就取消了尝试5年的Universal Desk。当时该报的发行人戴夫·亨克（Dave Hunke）对此的解释是：Universal Desk作为过渡期的融合编辑部（Newsroom Integration）的尝试，是有意义和有价值的，但现在必须用以平台为分野的编辑部“系统化重建”（Radical Restructuring）取而代之。因为，如果没有针对移动平台和平板电脑等数字终端的个性化的编辑与设计而仅对同一内容简单分发，是不可能满足各类数字平台的受众需求的。也只有进行“系统化重建”，才可能同时专注于平台和题材的增长机会，进而持续而有效地以最契合新媒体的方式，将纸质媒体的生产向移动平台转移[1]。

[1]Rick Edmonds.USA Today's "Radical Restructuring" Means End of Newsroom Integration, Universal Desk.www.poyner.ort October 20, 2010.

《今日美国》的做法在美国报业是有代表性的，“一鱼多吃”的模式已被“各个击破”的策略取代。

但根据威尔逊的讲述，《达拉斯晨报》的Universal Desk并未简单套用“一鱼多吃”做法，只不过沿用了这一名称。在后来我访问的《丹佛邮报》，情况与之相仿，也是在Universal Desk下以新的操作思维行事。

三、“不信奉内容为王的记者不会成为好记者”

辜：您在《达拉斯晨报》这一系列重建编辑部的做法，是否也借鉴了美国一些转型较为先进的报纸，例如《纽约时报》？

威尔逊：《纽约时报》是美国很多报纸的榜样，甚至也是整个世界很多报纸的榜样。他们的探索是非常有价值的。

辜：您觉得《纽约时报》哪些做法是最值得借鉴的？

威尔逊：《纽约时报》在三四年前做了一个非常重要的新闻，叫作《雪崩》（Snowfall，一个多媒体融合报道的特稿典型，于2013年获得普利策奖——笔者注）。《雪崩》让我们看到了数字新闻叙事的多种可能性。现在他们又在发展VR（虚拟现实）叙事，我们虽然还没做，但我们会学习他们开展这方面的实践。总之，数字新闻方面的叙事创新是报业转型非常重要的环节。

辜：在中国，人们更重视《纽约时报》通过建立付费墙实现内容变现的经验，特别是该报几年前的发行收入就已超越广告收入，令人看到报纸盈利模式变化的前景。

威尔逊：对我们来说挑战在于，你知道的，《纽约时报》是全国报纸，而我们是区域报纸。《纽约时报》的忠实读者遍布从纽约到加利福尼亚的广大地区，从东海岸到西海岸，有广泛的影响力。而《达拉斯晨报》的读者只在达拉斯及附近地区。像我们这样的区域报纸，永远不可能拥有从波士顿到佛罗里达的读者，哪怕这只是东海岸。我们不可能达到《纽约时报》那样的读者规模。因此，在线付费阅读也很难达到它那样的效果。

辜：但你们现在也正考虑再次建立付费墙呢。

威尔逊：关于付费墙的情况，妮琪·珀赛尔（该报首席数字官）会详细告诉你的。我所知道的是，我们第一次建立付费墙时过于仓促，受众还没有准备好，他们还没有意愿为我们的新闻付费。所以我认为我们进入那种模式早了点。第二次建立付费墙，我觉得可能在方式上犯了一些错误，导致其效果不好。这次是第三次建，我们采用的是数百家报纸都采用且已证明行之有效的方法，即计量式付费墙。我们现在比较有信心，新建立的付费墙会为我们带来额外收入。但这收入不会成为拯救我们商业模式的大钱，不会完全弥补我们在分类广告和纸媒发行收入上下跌的收入空缺。它只是收入的补充，可以帮助我们略有增加。

辜：人们对收费模式的争论在于，这样做可能会因为受众的减少而影响广告收入。您有这样的担心吗？

威尔逊：我也确实有点担心。但也不必太担心，很多报纸都处于这一探索过程中。有一项调查显示，付费墙建立之初，读者数量会有所减少，但很快就会回补。当人们意识到他们仍然可以每月免费阅读10篇他们想要的文章，就会回来的。我认为，报业犯的一个普遍错误，就是一开始就让人们免费从网上获取自己创造的内容。

辜：我也认为是，长期来看，通过内容获取收入是报纸未来发展的一个方向。报纸毕竟是靠生产内容来生存的。

威尔逊：是的。报业长期以来是以极便宜的价格把内容卖给读者，却向广告商收取极高的费用。（辜：这一模式难以持续。）不可能持续。广告商现在有很多选择，他们没有必要像过去那样为我们支付高价。

辜：在这种情况下，内容的价值就显得更为重要。您认可“内容为王”吗？

威尔逊：我当然赞成，内容当然为王。我认为，不信奉内容为王的记者不会成为好记者。

辜：在中国，人们为此争论不休。有不少人认为内容虽然重要，但为王的应该是技术，是渠道，是客户……而我的观点是，内容仍然是最重要的，因为报纸毕竟是内容生产商。

威尔逊：我同意。中国的媒体是否也和美国一样面临困难？

辜：中国报业的广告从2012年开始负增长，比美国要迟好几年，但近两年来有加速下跌的趋势。去年（2015年）中国报业的广告收入下跌接近40%，已经超过美国报业的单年跌幅，大家为此忧心忡忡。这也是我要来美国看看的原因之一。

威尔逊：你看到的景象对你有鼓舞吗？或者说，你觉得美国报业的做法能奏效吗？

辜：我认为美国的同行比我们做得好。他们很多做法增添了我对未来的信心。您对报业的未来有信心吗？

威尔逊：我有信心，所以我期待危机尽快过去。我所担心的是，越来越少的广告收入将难以支撑严肃新闻的生产，也难以给新闻的生产者应有的回报。我们面临的挑战仍然十分严峻。我们必须寻找可持续发展的商业模式来支撑新闻业。

辜：在中国，很多报社喜欢提前淘汰老记者、老编辑，多用年轻人。

威尔逊：因为年轻人工资报酬低？

辜：也不完全是。通常认为，年轻人虽然缺乏经验，但对新事物接受快，比较适应数字生产，用户观念也不太一样。你们是怎样对待这一现象的？

威尔逊：这个问题问得好。我们去年提供了一个买断方案，给老员工一笔钱，让他们提前退休。这并不针对特定的个人，是员工自觉自愿的选择。我们这样做的目的，是让那些较难适应数字化转型的老员工有另找出路的机会，因此给的钱也较多。

辜：他们没意见吧？

威尔逊：我觉得他们还是满意的，因为我们没有强制他们提前退休。有的人自己觉得难以适应，前景不看好，就选择了买断方案。去年共有34位采编人员选择提前退休，有的是在这里干了30—35年的富有经验的老资格员工。我们另外招聘了20多人，他们都有数字传播背景。他们并不都是年轻人，也有像我这样年纪的数字高手。他们都善于使用数字工具。

辜：这一做法有助于你们更快地实现转型。

威尔逊：正是。

四、鼓励员工使用社交媒体

辜：你们平时主要使用多少社交媒体？

威尔逊：我们在Facebook和Twitter上都有使用频率极高的账户，包括发布视频新闻。同时我们也在Snapchat上发布娱乐方面的新闻。其次是Pinterest。但到目前为止，我们最大的社交平台仍是Facebook和Twitter。

幸：这么说，除了Facebook和Twitter，你们还较常使用其他两三个社交媒体。你们用Instagram吗？

威尔逊：对了，我们也用Instagram，而且我们几乎将所有软图片新闻或特稿图片新闻都放在上面。

幸：你们有专门的团队运作社交媒体吗？

威尔逊：有的。我们有一位社交新闻编辑，他的职责就是选择我们报纸的重要新闻在社交平台上发布，并为那些新闻建立链接，以便读者访问我们的网站。因此，他要做的事情之一，就是将新闻压缩成适合社交媒体传播的短篇幅文章，并为其配发图片。此外，所有新闻部门也有专人将本部门生产的新闻编辑上传到自己的社交媒体账户。因此，我们有一群人在为社交媒体服务，因为我们有很多社交账户。

幸：你们要求记者自己也向社交媒体发布内容吗？

威尔逊：我们鼓励每位记者将自己的新闻作品发布到社交平台。我们还鼓励记者互相转发和评论自己的新闻作品。例如你是体育部的同事，而我对你写的某条体育新闻颇感兴趣，那你就在社交媒体上转发嘛。目的都是扩大我们在社交平台的受众数量。

幸：你们是鼓励他们做，还是他们必须做？例如世界摔跤大赛的新闻写好了，记者必须向社交媒体发布吗？

威尔逊：所有记者对其报道的内容，都被要求向社交媒体发布。

幸：你们为这额外的工作支付报酬吗？

威尔逊：不支付，那是他们工作的一部分。现在的记者都已习惯这样做，他们也将社交媒体视为分内工作。

幸：在我们那里，有报社记者说，我们为纸媒工作已经够辛苦，为何还要增加更多工作量？

威尔逊：这里的记者也这么说，但他们不会得到额外报酬（笑）。

饭毕，餐馆送了一盒甜点。威尔逊执意要我带走，说这家的甜点做得特别好，一定要尝尝。我致谢，然后和他一起回到报社。威尔逊总编陪我参观了编辑部。编辑部显得拥挤而陈旧，毫无现代化感觉，但在一些墙面和立柱上也可见到多面在线数字监测大屏。另有两点引起我的注意：一是在编辑部中间过道的两侧，一字排开摆满了较大屏幕的电脑，每台电脑都对应着一个顶尖媒体的网站主页，如左侧是《纽约时报》《华盛顿邮报》《华尔街日报》等全国媒体的网站。威尔逊说这是为了让员工随时观察和比较各大媒体对当前新闻的报道情况。二是在拥挤的编辑部大厅，还辟出一块开放的视频摄影棚。我们到达时，一些员工正在摆放摄像设备。威尔逊说马上要拍摄一个访谈节目。由此也可看出一家传统老报纸在转型期的努力。这陈旧的办公室，也为后来搬入现代化的新办公楼提供了充分的理由。

编辑部过道一排电脑对应呈现的美国顶级媒体网站主页（辜晓进 摄）

员工正在编辑部的视频演播室准备拍摄一个访谈节目（辜晓进 摄）

第三部分 董事长莫洛尼访谈录

莫洛尼身兼多职，既是比罗集团的一把手，也是《达拉斯晨报》的一把手。作为迪利家族的第四代传人，莫洛尼从2001年起就担任《达拉斯晨报》的发行人和总裁，2013年接替戴克德成为比罗集团的董事长、CEO 和总裁。他不仅目睹了美国报业由盛转衰的全部过程，还是该报长达10多年转型探索的主要操盘手，这在美国主流报纸中也是十分罕见的。由他来讲述该报的数字化变迁，我相信必有更多收获。

一、厘清集团与主报的关系

莫洛尼爽朗活跃，嗓门洪亮，吐字清晰，与他谈话几乎没有任何语言障碍，我们的沟通十分顺畅。与之前的访谈不同，在我做自我介绍后，他不等我提出问题，马上饶有兴趣地问起我的背景、我曾经工作过的报业集团的情况以及中国报业目前的情景。我一一如实回答。当我谈到中国报业从2012年起开始负增长并在2015年出现广告收入的断崖式下跌时，他奇怪地问为什么。我简单解释后，马上回到采访人的位置，把问题扔向他。我首先还是想让他以集团掌门人的身份，说说目前比罗集团与《达拉斯晨报》之间的实质关系。不过他还是继续问了一个问题。

莫洛尼：我对中国稍微熟悉的一份报纸就是香港的《南华邮报》（*South China Post*），它是中文报纸还是英文报纸？

辜：它的全称是《南华早报》（*South China Morning Post*），是香港最大的英文报纸。我在访问贵报之前，在市区逛了一下，看到很多与你们集团有关的建筑，也间接地感受到你们家族的影响。

莫洛尼；是的。您从这间屋子看出去，比罗大厦就在那儿。再从前面两座楼之间往远处看，迪利广场离这里也不远，那就是肯尼迪总统被枪击的地方，从这里七八分钟就能走到。而我们报纸创始人迪利的塑像也在那附近。迪利广场就是用他的名字命名的。

辜：这广场属于迪利家族吗？

莫洛尼：不属于了。迪利家族把它捐赠给了达拉斯市，包括比罗花园。这座比罗大厦我们也卖掉了。

辜：我知道，你们卖给了甘尼特公司。

莫洛尼：我们卖给了甘尼特公司，他们又卖给了英国的一家公司，该公司随即搬到这里来。本来比罗大厦是比罗集团的广播电视公司大楼，甘尼特剥离报业资产后，我们卖掉的广播电视产业成为甘尼特旗下Tegna的资产。

辜：我听说你们是最先将广电资产与报业资产拆分剥离的。

莫洛尼：是的，我们很可能是第一家这样做的报业集团，8年前就实施了，只不过我们这样做的时候并没有引起很大关注。现在大型报业公司都这样做，就成为一种现象了。

幸：还是请您谈谈《达拉斯晨报》与比罗集团的关系吧，外界似乎弄不清彼此间的区别。

莫洛尼：A.H.比罗集团的前身最早成立于1842年，位于得克萨斯州的加尔维斯敦市。A.H.比罗于1885年创立了现在这个公司，当时通往达拉斯的铁路就在这附近。在此之前，所有贸易都是用船运输的，而加尔维斯敦就是个港口城市。当铁路通往达拉斯后，他觉得达拉斯的发展前景更好，便于1885年派了一位年轻的员工去达拉斯创办《达拉斯晨报》，这人就是G.B.迪利。加尔维斯敦市于1900年被一次巨大的飓风摧毁，这是美国当时有史以来最大的自然灾害，而达拉斯成为一座欣欣向荣的新城。比罗便把加尔维斯敦的报纸卖掉，搬到了达拉斯。所以比罗集团是得克萨斯州最古老的报业公司，从1842年到现在未曾间断过。

比罗集团董事长莫洛尼与笔者交谈中（集团首席数字官珀赛尔 摄）

幸：所以，《达拉斯晨报》是比罗集团的旗舰报纸？

莫洛尼：从1842年起，集团的旗舰报纸一直是《加尔维斯敦每日新闻》，直到1900年，才被《达拉斯晨报》取代。后来比罗上校将集团公司和报纸卖给迪利和其他几位商人，其中迪利家族拥有75%的股份。但公司的名称一直没有变，仍沿用比罗的名字，直到现在。

幸：但你们除了《达拉斯晨报》，还有几份报纸，它们究竟属于集团还是属于《达拉斯晨报》？

莫洛尼：集团自从2013年、2014年把得克萨斯州以外的报纸都卖掉之后，只剩达拉斯及周边几份报纸。这些报纸属于集团资产，实际上也是《达拉斯晨报》在管。坦率地说，现在比罗集团和《达拉斯晨报》几乎就是一体的，外人说到《达拉斯晨报》也等于说到比罗集团，但比罗集团是上市公司。这有点像《纽约时报》与纽约时报公司的关系。

幸：这下我算清楚了，谢谢。

二、将报纸办成数字公司

当我把话题引入企业发展和报纸生存的话题时，莫洛尼马上让同事拿来一叠打印好的PPT演讲稿，放在他与我之间的桌面，他说是为了便于我理解。

幸：我有点好奇的是，在报业衰退之时，你们还在扩张，还在买入公司。

莫洛尼：正因为报业衰退，我们才要购买公司。这样吧，我到墙上画给你看，好不好？

说着，他引导我来到办公室与门相连的一面墙边，墙上有一长条白板，就像学校的教室一样。他拿起一支紫色油笔，边画边说。

莫洛尼：比方说，有一个广告客户。他制订了广告计划，他有很多钱，要投入这个计划。这就是他的计划。（他在左边画了一个大圈，里面写着“Budget”。）在2000年的时候，他这个计划的大多数钱是花在我们报纸上的。但到了2010年，我们只拿到他这个计划的一半，他不愿意再在报纸上花那么多广告。也就是说，从2000年到2010年或2012年，我们的印刷广告损失了一半（他在那个圈上拦腰切断）。

幸：不过你们从数字端获得了一些广告，多少可以弥补纸媒广告的损失。

莫洛尼：不，那远远不够。于是我们想，既然这些广告商把广告从报纸抽出去，放到其他数字媒体上去，我们为何不用数字的方式去分一杯羹？于是我们在2012年创办了一个数字化的内容营销公司，名叫Speakeasy。同年，我们又创办了一个活动营销公司，名叫Crowd Source。（他写下这两个公司，并将箭头指向广告商圆圈中被切去的一半。）这两个公司都是帮客户进行在线营销的数字企业。2015年，我们又收购了3家数字公司，分别是Distribion、Vertical Nerve 和Marketing FX。

莫洛尼在白板前为笔者讲解公司近年发展路线（幸晓进 摄）

幸：我听莫伊说起过这3个公司。

莫洛尼：是的，杰弗里。我们购买这些公司的原因，就是我们在印刷报纸上失去了这些广告。我们的纸媒已经不再为我们赚很多钱，它们赚的钱还不到过去的一半。我需要重建我们的收入架构。重建的手段，就是创造新的渠道，让广告客户能够抵达他们想要抵达的受众，也就是他们的目标受众。于是，我们有了一个内容营销公司、一个活动营销公司，然后又有了我们称作“自动营销平台公司”（Marketing Automation Platform Company）的企业，这是获得 Google白金认证（platinum certified）的公司。

幸：你们与Google合作?

莫洛尼：是的，我现在就告诉你我们是怎样运作的。Platinum certified，我不知道你们中国怎样称呼它。这是一种高级许可，而我们做的是基于Google平台的商业搜索服务。你如果是一个大公司，Google会为你提供这类服务，但前提是你必须足够大。对绝大多数企业来说，需要我们这样的数字公司为其服务，包括一些著名的公司。你知道“必胜客”（Pizza Hut）吧?

幸：当然知道，它在中国开了很多分店。

莫洛尼：必胜客就是我们的客户。他们曾经找过Google，但 Google说：“你们还不够大，你们可以去找获得我们白金认证的公司，这样的公司总共不到30家，都是技术和信誉最好的。这样的公司在达拉斯就有一家（必胜客总部就在前文提到过的达拉斯郊外小城普莱诺，是比罗集团印刷厂所在地）。”这一家就是我们，于是必胜客就找到我们，成为我们的客户。我们为它提供SEO和SEM服务。SEO和SEO分别是“优化搜索引擎”（Search Engine Optimization）和“营销搜索引擎”（Search Engine Marketing）的缩写。我们这样做都是出于一种想法，就是获得在纸媒难以获得的新收入。我们帮助企业在数字平台上与受众对接。为必胜客这类企业提供商业搜索服务，主要就是我们的Vertical Nerve公司做的事。

讲到这里，他领我回到办公桌前坐下，对着PPT书面讲稿继续介绍情况。

莫洛尼：你熟悉“在线程序化购买系统”（Programmatic Inventory Buying Online）吗？这是一种自动进行购买或销售的数字广告系统。

莘：我不熟悉，您说说看。

莫洛尼：Programmatic是个术语，我们另一个公司在做这事。假如你想卖一台丰田汽车，我们就可以提供数据，并运用这个数据在网上搜索，以发现此刻在这个市场中有哪些人想要购买丰田汽车。然后我们向那些有购买丰田汽车意愿的人推送销售广告。所有这些都通过机器完成，包括下载数据、搜索网络、发现目标人群、推送广告等。重要的是，我们做这些事无须通过《达拉斯晨报》的官方网站，我们是通过独立的公司去完成的。

莘：这是通过一种自动配对实现在线交易？

莫洛尼：是的。我们用其他公司的库存目录（inventory）。我再举个例子。你这相机是什么牌子？看上去挺漂亮的。（莘：Husseblad。）哇，确实是很好的相机。如果你是Husseblad（哈苏）的销售商，你要我们公司帮你在2个月内发现1000个有意愿购买既高档又别致相机的人，我们答应去做了。但我们通过自己的网站竭尽全力只找到500人。于是我们到这里（指Vertical Nerve公司），轻而易举地又找到500人，我们通过雅虎、美国在线（AOL）以及其他大型数字平台找到了他们，这实际上是一种延伸搜索。Husseblad则要为我们这项服务付费。但同时，我们也要将利润的一小部分支付给雅虎等，因为我们在他们的网站上租用了广告空间。这样说，你明白了吗？

莘：我大致知道了，你们从广告商那里赚钱，再把其中一小部分分给你们利用的平台。

莫洛尼：是的，我们拿大头。

莘：你们主持这个系统？

莫洛尼：这其实是个自动交易系统，任何人、任何公司都可以上去交易，有点像股票交易系统。系统把买卖双方放在一起，有人想5美元买，有人想6美元卖，然后自动达成交易。

幸：提供这类服务的报纸多吗?

莫洛尼：不多。只有少数大型报纸有能力这样做。他们必须在技术上投资，要有懂得运作的人，还要获得相关软件的使用许可。

幸：例如在你们得克萨斯州，还有一家大型报纸在休斯敦，叫《休斯敦纪事报》（*The Huston Chronicle*）。他们这样做吗?

莫洛尼：他们也做。我们这套系统可以很快找到纽约或加利福尼亚的客户，不论在哪里都行，在北京也行，向全世界开放。这叫作数据驱动（data driven），机器的速度非常快，以毫秒计算。

幸：这就是数字系统的好处。

莫洛尼：所有这些数字公司都实现了我们收入来源多元化的设想。有些公司是与线下结合的，例如这个活动营销公司CrowdSource（他指着演讲稿说）。他们去年（2015年，下同）组织了11次活动，包括大学校园日、啤酒节等，付费参加活动的人有2100多人，免费参加的有5万多人，公司净收入400万美元。我们的内容营销公司 Speakeasy，2012年9月创办，2013年12月就开始盈利了，去年也赚了400万美元。其余三家去年购买的公司也实现了盈利的增长。这几家数字公司合计收入占了2015年总收入的16%，这是净增长所得。它在一定程度上弥补了纸媒广告下跌造成的损失。例如去年纸媒广告由2010年占比的46%降至32%，而我们的数字营收占比则由2010年7%升至16%。这也是在全国大型报业公司我们的经营状况相对良好的原因之一。你看这张图，我们从2010年至2015年的CAGR是−2.5%。你知道CAGR吧？它是复合平均增长率（compound annual growth rate）。虽然它在下降，但从报纸的角度看，这已经是非常好了。再看这张表。

莫洛尼：你先看这张表，这是2015年前1—9月美国主要报业集团的总收入数据。最左边绿色的数据是我们比罗集团的，−0.3%。红色柱子都是其他报业集团的，他们下降的幅度都比我们大很多。

幸：是的，你们的看上去非常稳定，不容易。其他都是哪些公司呢？你没标出来。

莫洛尼：我演讲时不好直接点名，但我现在可以告诉你。左起第一个红

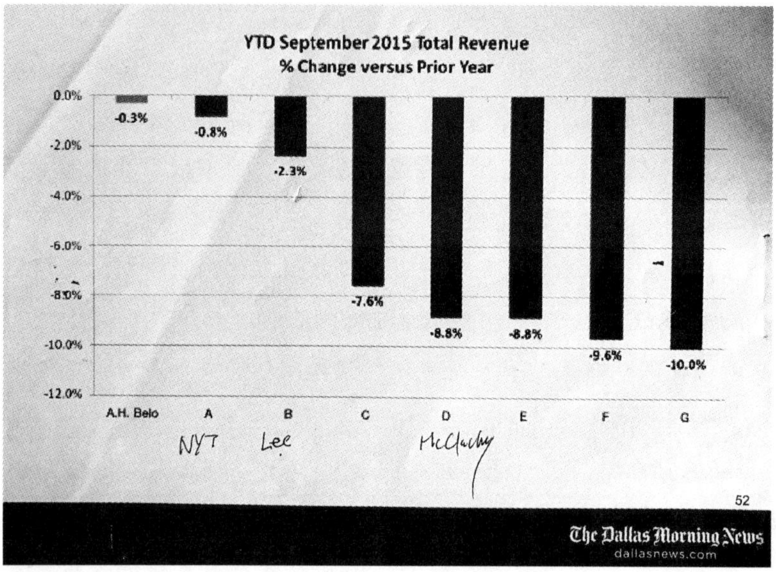

莫洛尼出示的美国主要报业集团2015年前三季度总收入较上年同期增长图（辜晓进 摄）

色柱子最靠近我们，是纽约时报公司的，−0.8%，也很不错了。再下来是李氏集团的，−2.3%。接着是甘尼特公司−7.6%，麦克拉奇公司−8.8%，论坛传媒集团也是−8.8%，还有媒体综合集团−9.6%，等等。你看，都是美国的主要报业集团。大家都在下降，这是我们这个行业的共同问题。我们努力转型为数字公司，就是想争取避开这个下跌通道。

三、报业必须进行“可持续创新”

访问《达拉斯晨报》，我一直对其付费墙的建设充满兴趣。因为在这重要的转型策略上的屡败屡战，必有其内在逻辑。莫洛尼无疑是这一战略的最佳诠释者。但他说这只是他们公司“可持续创新”（sustaining innovation）的一部分。他认为，像报业这样有深厚传统且仍然高度依赖纸媒的产业，不宜做“破坏性创新”（disruptive innovation）。

莫洛尼：对我们来说，“可持续创新”包括对现有产品的改进与延展，同时以实现增值和收入多元化为目的开发新的数字产品。你看（指PPT讲稿上的图表），图中间这部分是我们的主报《达拉斯晨报》。右上方是niche出版物（niche在这里指专业化或针对专门人群），包括《登顿记录—纪事报》、西班牙语报纸Al Dia和免费发行的《快报》等。这份报纸发行20万份，每周出版4天，是专门办给那些时间紧的人看的。很多人说，我们没有足够时间读报，所以这是为他们办的。它们的下面是4种期刊，包括《健康》（*Healthy*）、《理财》（*Your Money*）等，它们跟随《达拉斯晨报》发行。右下角是我们的印务公司代印和代发行的其他报纸。这都是我们的传统产品。这些产品不仅要不断提高品质，还要向数字方向转型，于是我们有了报纸网站、移动平台、客户端等，它们在图的下方和左下角。近年来则创办或购买了我前面提到的数字公司，在这个图的顶端和左侧，如市场配对营销的Distribion、搜索营销的Vertical Nerve、活动（或事件）营销的 CrowdSource、内容营销的Speakeasy、程序化购买的Connect、品牌营销的 MarketingFX，还有主要用来为媒体和广告商扩大并优化客户群的“传播行为验证公司”（Proven Performance Media），后两个公司在图的下方和右下方。

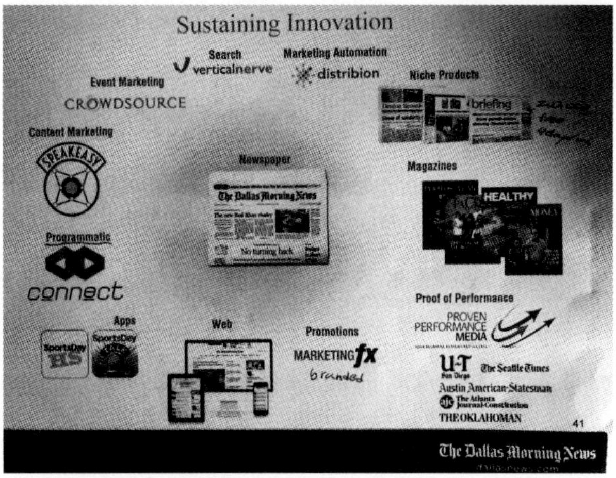

比罗集团“可持续创新”架构图，钢笔标注是莫洛尼做的（辜晓进 摄）

辜：你们现在有多少个移动客户端？就是这图上的2个吗？

莫洛尼：我们有4个，包括《达拉斯晨报》客户端以及高中体育这样的垂直客户端。我们还有一个关于体育的谈话类客户端 Sports Day，是音频的，有点像数字广播，我们与广播电台合作。

辜：您是在哪里发表演讲的（指着桌上的 PPT 讲稿）？

莫洛尼：我已经讲了六七次，是在不同的报业公司或媒体营销机构讲的。我告诉他们我们如何应对纸媒广告流失的挑战，我们正在如何试图去解决问题。

辜：您认识费城媒体网络集团的维茨诺夫斯基先生吧？（莫洛尼：当然认识。）他说你们俩是好朋友。（莫洛尼：对啊。）他认为《达拉斯晨报》是转型的模范典型。

莫洛尼：谢谢他这么说。他们现在也做得不错。您看，我们纸媒广告流失了一半，但发行收入还相对坚挺，仍然占总收入约30%。为什么纸媒发行量减少而发行收入保持稳定呢？因为我们大幅度提高了报纸的价格，我们在这方面做得很大胆。2009年5月1日，这个日子我记得很清楚，我们把报纸售价提高了40%。在接下来的三年里，我们又保持每年10%的上涨。我们一下子成为美国最贵的报纸之一。

辜：读者不会抱怨吗？

莫洛尼：有些人抱怨，也有些人退出订报，但我们的涨价所得大大超过退订报纸带来的损失。我们一直保持对最好客户的高价政策，当然也提供最好的服务。这样做的原因是，我觉得纸媒这种销售模式迟早会消失。我们要在决定停止纸媒生产之前尽可能获得更多的收入。

辜：这也是你们重建付费墙的原因吧？你们要为将来的数字唯一做准备？

莫洛尼：其实我们在大幅度提高报纸价格之后，就想到要建付费墙。因为我们认为，纸媒很贵而网上免费，这对那些订户是不公平的。纸媒读者每年花费400多美元订报纸，为何数字读者就可以免费？因此，我们可能是美国主流报纸中最早建付费墙的，我们2011年2月就建了，甚至比《纽约时报》还早。那时，我们和《纽约时报》都采用了“硬付费墙”（hard paywall）。（他这个说法可能不太准确，《纽约时报》早在2005年在其Tiems Select网站设立硬付费墙，后来取消了。该报2011年重新建立的是计量式付费墙。——笔者注）其实刚开始我们并没有完全想好，只是在尝试，只是希望读者为网上阅读付费，而我们所做的只是动员他们注册订阅。总之，我们失败的原因很多，我也不敢确定哪一个是最主要的原因，反正网络流量受到了影响，于是在2013年就取消了付费墙，回到免费状态。之后我们又尝试了另外一种付费方式，主要是看到移动端受欢迎，我们通过增加视频和叠加其他服务，尝试在移动端建立付费墙，但运营了9个月也没成功，于是在2014年又取消了。但我们现在将实施新的付费墙，即计量式付费墙。

辜：何时实施？

莫洛尼：就是这个月。妮琪（首席数字官珀赛尔）负责这个项目，她会和你谈到这个话题的。两三个星期后我们就要采用这个新付费墙。我们为此已经研究准备近一年的时间。我认为付费墙本身没什么错，过去之所以不成功，是我们自己做得不好。纸媒的消失是迟早的事，而数字广告又受到各种广告过滤技术影响，内容变现必须成为收入来源之一。我对我们的新付费墙抱有信心。

四、大数据与报纸未来

接下来，我们谈到数字转型的其他进展。其中，他也提到大数据的重要性，并在我的顺势提问下，讲了他对报纸未来的看法。

辜：珀赛尔来到贵集团后，你们的数字转型似乎有了飞跃？

莫洛尼：是的。她重新设计了我们的一些网站。你知道“自适应设计”（responsive design）这个术语吗？她把我们的网站都做了这样的重新设计，这样无论你使用PC（个人电脑）还是移动设备，不论屏幕尺寸多大，页面都会自动适应新的屏幕。这就是“自适应设计”。

辜：现在美国这样做的报纸多吗？

莫洛尼：大多数主要报纸都做了。具体你可以问她。我要说的是，去年我们在智能手机和平板电脑上的流量已经超过了PC端的流量。我不知道你们国家是怎样的情况。

辜：我们国家各报之间差异很大。但移动流量赶上并超过PC流量是共同趋势。

莫洛尼：对我们来说，有趣的是，PC流量并未减少，它只是保持了稳定，不再快速发展。但移动流量增长迅速，是这样的（他做了个向上的手势）。它们大大超过了PC端，我们所有增长的流量都来自移动平台，特别是智能手机，较小部分来自平板电脑。

辜：但我觉得桌面电脑或手提电脑还是有优势的，例如作为互联网的基本门户、搜索和阅读方便等。

莫洛尼：但年轻人很少使用电脑，他们几乎完全依靠移动，依靠智能手机。年轻一代不在乎一定要在大屏幕上看东西，他们希望自己的手机解决一切问题。

辜：今后你们在转型上还有什么计划？

莫洛尼：我们的目标是成为更大型的数字营销服务公司，是建立在大数据之上的。我们确实正在建立大数据服务，希望通过大数据提高为客户广告营销服务的质量，帮助他们获得更好的营销效果。

辜：你们有大数据团队吗？

莫洛尼：我们有一个小团队，现在正想把它扩大。我前面提到的Distribion和Vertical Nerve两个公司，都有自己较为强悍的数据团队。其中Distribion可实现多渠道自动销售（multi-channel marketing automation）。这两个公司在我们购买它们时，已经在大数据方面做得比我们好。我们会在它们的基础上扩建大数据团队，妮琪也在负责此事，她可能会与你谈到的。

辜：大数据对数据资源有很高的要求。您对报纸未来的设计很前卫啊。

莫洛尼：是的。就目前我们的报纸发展方向而言，我们的做法即便不是唯一的，也是不同寻常的。虽然别人也在利用大数据去发现优质客户，这方面与我们有竞争，但我们的道路有所不同。我们更重视第一手数据，即我们自己在数字平台搜集的数据。现在有大量受众涌向我们的网站和移动平台，这为我们搜集数据创造了条件。至于第三方数据，任何人都可以利用。有些大公司在生产大数据，你可以向它们购买。我们的区别是更加重视第一手数据，这些数据干净、优质，是强大的数据。

辜：也是非常有用的数据。

莫洛尼：对。对很多公司而言，第一手数据的获得是困难的，甚至也是昂贵的。但我们每天在生产新闻，其中很多信息是受众感兴趣的，他们会获取和传播。我们现在每个月的独立访客数量就有900多万，他们涌向我们的网站、移动端、客户端，每时每刻产生着大量第一手数据。我们并不需要花太多的成本去搜集他们。他们涌过来，我们抓住了，然后变成自己的大数据。

辜：您怎样看报业的未来？

莫洛尼：纸质报纸的读者必然会继续减少，但我也说不准哪一年我们就不用再印刷纸质报纸。也许还有5年或10年吧？但我确信，会有一天，我们不再是纸质报纸的生产商。这一点是确定的。但你看（在纸上画图），这样比较直观，我们现在正尽可能多地从数字订阅、移动广告、数字营销广告三个方面获取收入，这都是去纸媒模式的。但目前这三个渠道合起来也还不能解决纸媒衰退带来的收入减少问题。我们还要进一步实现收入多元化，要在数字订阅和数字广告之外发现新的收入来源。我认为，即便我们退出纸媒，我们这个新闻业仍能成活，因为新闻生产才是这个行业最重要的核心价值。人们购买的是新闻，不是纸。

辛：新闻是这个行业的基因。

莫洛尼：是的，新闻是价值所在。报纸只是一种组合物，它把各种信息拼装在一叠纸里。今后也可以不用纸拼装。这有点像聚酯唱片和CD的关系，里面的音乐才是最重要的。同样，纸不重要，新闻才是最重要的。一旦人们不再需要从纸质报纸上获取新闻，我们就要完全转入数字平台，我们就要建立基于数字平台的商业模式。这个趋势是明显的，所以我们现在就要开始做。

辛：这也是你们关闭那么多社区报纸的原因？

莫洛尼：是的，这类纸媒现在已经不赚钱了。它们仍有收入，但无法支付自身的生产成本，包括编辑、出版、发行等的支出。这些支出超过从广告商那里得到的收入。我们办了10年，现在必须果断停止。喂，妮琪！

这时，首席数字官妮琪·珀赛尔女士出现在门口，莫洛尼叫她进来，她让我们继续谈。我一看表，已经是下午3点10分，超时了，忙表示感谢并就此打住。珀赛尔应莫洛尼的要求拿我的相机为我们拍了照片。莫洛尼开玩笑地指指我身边的甜点盒说："你要小心她啊，她可是嗜甜如命的。"我随即告退，随珀赛尔来到一间小会议室。

第四部分 首席数字官珀赛尔访谈录

妮琪·珀赛尔属于那种热情率直而有亲和力的职场女性，交谈时语速极快而吐字清晰。常常在我的问题还没说完，她就明白我的意思，随即插入我的话语开始回答。作为莫洛尼手下三剑客之一，她负责的是报业转型至为关键的数字开拓部分。珀赛尔本人的自我介绍、莫洛尼的简单描述再加上领英

（LinkedIn）上的个人信息，呈现在我面前的是一位履历完美的数字精英。这里所谓完美，是针对数字变革中的媒体产业而言的。以教育背景论，她是得克萨斯州大学奥斯汀分校新闻与商学的双学位，继而获得苏兹伯格领导项目（Sulzberger Leadership Program）奖学金进哥伦比亚大学新闻学院深造，毕业后又赴哈佛商学院学习数字营销。以工作经历论，她从20世纪90年代末先后在北电网络（Nortel Networks）等公司负责国际品牌营销，从2003年起在诺基亚公司担任销售主任、在线销售经理、北美客户经理等职，直至2013年6月获邀担任《达拉斯晨报》数字发行人，2015年1月被任命为首席数字官和高级副总裁。

一、数字平台大改造

从莫洛尼和莫伊的谈话中可以感受到，《达拉斯晨报》在数字转型方面是较为敏感和积极的，其动作先于很多与其类似的报业公司。但即便如此，在珀赛尔的眼里，很多方面仍需要进行较为彻底的改造，这也是她来该报两年半以来积极推进的工作。

辜：作为数字方面的主要负责人，您能介绍一下最近这两年来您主持的主要工作，以及如何在这样一个传统媒体实现数字优先吗？

珀赛尔：先说说数字优先吧。从商业角度看，我们最大的挑战是这么多的收入仍与印刷版捆绑着，很多现金流来自这里。我们经常谈起数字优先，但不得不保持一种平衡。我们必须让正在衰落但仍支撑我们这个产业的纸媒的读者满意。而他们并不一定喜欢我们目前在网络上发布的内容。你知道，我们在网络内容方面做得非常好，他们通过病毒式的传播抵达了大量数字受众，但这种传播样式也许并不完全适合纸媒读者的口味。这些读者位于不同的地理环境，喜欢阅读深度长篇的内容。他们并不总是追求速度。而在数字优先的语境下，必须快速呈现，而产品的体量未必很大，更多的是快餐式的。我们不得不在两种读者的服务上找到平衡点，这是数字优先的最大挑战。

我两年半前刚到这里时，《达拉斯晨报》有5个相互独立的网站，它们有自己的内容，面向各自的市场，如新闻主网站Dallasinews.com、娱乐网站

Guidlive.com等。同时，我们还有70个社交账户，主要在Twitter、Facebook、Pinterest、Google以及Instagram等。这些社交账户也是各自为政的，如新闻、体育、评论、摄影等都各自有在不同平台的社交网页。此外，我来的时候还有38个移动客户端，这些都可以在苹果商店（App Store）下载。它们关注的内容也五花八门，例如有“最佳汉堡”（Best Burgers），有“狗公园”（Dog Parks）。

辜：真够丰富的。

珀赛尔：我来这里后就在考虑，这么多数字端口，5个网站、70个社交账户、38个App，它们的客户体验如何？页面下载速度如何？有多少人对它们产生了黏性？我来此后的第一年，花了大量时间去逐个监测，梳理各类数据，然后关闭了大部分端口，我们称之为“夕阳行动”（Sunset），因为这些分散、分割的端口在不同的空间耗尽了我们的内容资源，用户也并未因此增多，更重要的是我们无法跟踪用户。所以在我们第一年“夕阳”之后，用户并未减少。

辜：你们希望在更大的用户规模上去跟踪用户。

珀赛尔：正是。过去我们的用户是在不同的口袋里的，那就是各类社交账户和App。我们很难通过那么多端口去跟踪用户，不知道他们在哪儿，他们对什么感兴趣。所以第二年，我就是通过对这些端口的重新设计，建立跨平台的数字渠道。我们从网页浏览器开始着手设计。例如，当你键入“dallasnews.com”后，最先跳出来的是移动端。我们现在甚至已经不是数字优先，是移动优先。因为我们发现，2015年我们的移动流量第一次超过了PC流量，也超过了平板电脑的流量。所以我们的网页浏览器设计是优先移动网站的。我们下决心做的另一件效果显著的事，是重新认识“Dallas News”这个品牌，并将所有内容都置于这个品牌之下，如娱乐、体育、高中教育等。人们即使对某些垂直内容（vertical content）感兴趣，也无须再到其他地方去寻找。因此，当我们重新推出Guidelive和Spots之类网站时，虽然仍用各自的品牌，但有明确的链接表明这是Dallas News提供的产品。用户既可以通过dallasnews.com找到它们，也可以直接从它们自己的网站登录，但它们之间已经整合为相互联通的数字端口。我们可以对各个品牌进行整合营销，也很方便从任何端口跟踪用户。

幸：经过这番整合，你们的社交账户还有多少？

珀赛尔：我们由原来的70个减少到40个左右。我们还减少了一些其他应用，例如我们不再用Google+，只用Pinterest、Instagram、Facebook、Twitter以及Snapchat。每个客户端品牌如 Sport's Day和Guidelive都在上述社交平台拥有各自的账户。

幸：你们有没有一个系统，可以将内容自动上传到不同的社交平台，例如Facebook或Twitter?

珀赛尔：我们确实有一个叫作Whosits的系统，用来计划和规范上传到各社交平台的内容和时间。我们无须全部靠手工来运营这些社交网站，这个系统可以提供有效的帮助。我们还有其他一些工具，例如当发生突发事件时，会抢先在社交平台发布内容。

幸：还有其他数字转型方面的亮点或最成功的方面可以介绍一下吗？

珀赛尔：在我来的这两年来，我们每年的流量都增加了40%，增长部分主要来自移动端。而移动端的增长，在相当大的程度上得力于对网站的重新设计。过去网页的下载速度很慢，经重新设计，下载速度明显提高，人们阅读更加频繁，在页面上停留的时间也明显延长。我们也从内容方面改善阅读体验，例如组织用户体验项目，包括AB标题测试（AB headline testing），以检验同一篇文章的不同标题的传播效果。总之，是多项工作的综合作用，让我们的网页浏览量以每年40%的速度递增。

二、每月生产80个视频

幸：谈到移动端流量大幅增长的原因，是否也包括视频产量的增加？我看到你们有一个视频演播室。

珀赛尔：是的，我们有一个摄影棚，相信会有人领你去看的。我们有很好的绿屏特效背景和全套的视频制作设备，因而每天都可以生产不同的视频内容。目前我们平均每个月生产80多个视频产品，它们都是在这个摄影棚里完成的。摄影棚里的人都装备有链接到他们手机上的客户端。如果记者在野外采访或遇到突发事件，他们随时可以与摄影棚工作人员取得联系，快速将视频信息上传制作，进而发送出去。

幸：所以你们鼓励员工多制作视频……

珀赛尔：当然要鼓励。员工们经过培训都已具备用手机捕捉视频的能力，他们可以对视频进行简单的编辑后上传到我们的视频制作系统。我相信今后视频的生产数量还会大幅度增加。

幸：除了员工生产原创性的视频内容，你们是否也发布UGC（用户生成内容）视频？

珀赛尔：我们有一小部分UGC或PGC（第三方专业制作内容）视频，主要是突发事件发生时而我们的记者不在场，用户会上传他们拍摄的视频。我们还和电视台合作，如NBC5（全国广播公司在当地的电视台）。如果发生警方高速追捕逃犯或哪里出现大面积火灾之类的突发新闻，NBC5因为有直升机而可以获得我们得不到的现场视频，我们就可以合作。当然了，采用UGC内容时我们会取得相关用户的授权。

幸：你们如此重视视频新闻，是因为您认为视频新闻会主导未来的新闻传播吗？

珀赛尔：是的，我这么认为。不过我们也需要观察用户行为，观察视频新闻内容在PC端和移动端被观看的数量。我们注意到的是，很多人观看视频的时间是非常有限的。如果你坐在电脑旁，打开某个视频新闻，你平均会看三到四分钟。如果你在某个杂货店购物或者在十字路口等红绿灯，那么你通过手机观看视频的时间会大大短于在电脑前的时间。因此，我对视频发展唯一感到犹豫的是，你一天中有很多时间是不便观看视频内容的。即便你在排着很长队伍的店面前等候购物，也会意识到周围有很多人，并不方便打开视频观看。因此，你观看视频时，必然会集中注意力，但也要对周围环境做出反应。你在观看视频前必须提前做些准备。你更不可能在开车遇到红灯时观看视频。

现在的视频质量也明显提高了，例如你一定注意到了VR的存在。当你观看视频时，你感觉身临其境，可以转动手机观看想要观看的现场某个角落。我认为这类视频会很快发展起来，视频会随着用户的需求而变得更加精彩。所以我们会生产VR视频。《纽约时报》已经生产了一些。这符合用户的预期。这类视频所传递的信息，已经可以与记者自己观察后用文字写出的信息量相当，却比文字报道更加真实。也正因此，我相信随着VR技术的成熟，人们会花费更多时间去观看视频内容，并对这类内容抱有更大的期待。

辜：您做这么多事，贵报是否有一个较大规模的数字团队归您负责？

珀赛尔：我们有负责各种项目的数字团队，如负责客户端的团队、负责网站的团队以及负责社交媒体的团队。这些负责数字内容生产的团队大都在编辑部工作。我这边的团队主要是纯技术人员，如负责前端发展的工程师，他们需要编程、维护和改进网站工作，为一些人们看得见或看不见的事情负责。还有一些临时项目，如总统选举日的当晚，我们就改变了页面的显示方式，以便及时和突出地展示不断涌入的投票数据。我们希望在选举之夜向用户展现一个特别的页面。我们的员工为这新页面编码，使之焕然一新，与众不同。这些员工也是我的团队。他们总共有10人。

辜：像总统选举日这样的特别活动并不常有，你们需要为此从其他团队调集人员吗？

珀赛尔：不需要。除了这些特殊活动，我们的数字团队主要忙于各平台的改善。你知道，我们从不满意目前的网站服务，因此改善是永无止境的。例如，有的读者在我们的移动端发现了一篇有趣文章而恰好有其他事情而不能继续阅读，怎么办？我们便为这类情况设计了一种书签式的应用，他下次点击一下就会回到上次读到的文章和段落。我们最近的一个改进是，当用户读到文章底端时会出现“跟进阅读”（follow the story）的按钮，你点击按钮并填写email地址后，一旦这篇文章被更新改写，用户就会立即收到附带有该文最新版本的邮件。这在突发和重大事件发生时非常有用，因为信息会不断更新和丰富。我们会不断增添新的功能，以改善用户体验。

三、三次付费墙的策略进步

关于外界特别关注的《达拉斯晨报》重启付费墙一事，该报发行人和总编辑都建议我与珀赛尔详谈，因为她具体负责这一项目。

辜：我在与莫洛尼和威尔逊先生的谈话中都提到了你们即将重新上马的付费墙。他们认为您负责此事，因而更有发言权。可否谈谈您的看法？

珀赛尔：好的。付费墙的实质，是将一部分内容放在墙里面，而将另一部分内容对外开放。因此，我们首先要根据编辑部的生产情况，来决定哪些内容放在墙内而哪些内容放在墙外。例如，有个专栏作家，他的文章极受读者欢迎，我们就会把他放在墙内。读者想要读他的文章，就必须付费入墙。这当然是好事，因为我们把最好的内容放在墙里保护起来，外界不能再免费获取，但通过向付费读者开放可以增加收入。但我们很快就遇到挑战，而且这挑战首先来自报社内部。你知道的，记者的天性就是希望自己写的东西被阅读。当他们看到那些阅读自己文章的独立访客（他们中很多人真的很喜欢这些文章，但又不愿付钱）的数量大幅下降时，他们就会不满，并可能寻求其他方式让这些文章被更多地阅读。例如，他们会把文章上传到社交媒体上，或者在自己的博客中发布，这些都是没有付费墙的。因此，当我来到这个报社时，我发现付费墙并不能带来足够多的收入，却明显减少了我们数字平台的阅读流量。因为信息消费者来到这里而碰到了付费墙，只有很少一部分人付费进入，大多数人却选择离开，而且很可能永远也不来。我看到的是页面浏览量的减少，是整个流量的减少，更是数字广告的减少。

辜：这就是你们当时取消付费墙的主要原因？

珀赛尔：完全如此，因为平均广告收入下降了，却未能获得足够的数字订阅量。我们第一次建付费墙（我们称其为“1号付费墙”），是一个基本的付费墙。而第二次建付费墙（我们称其为“2号付费墙”）时，我们采用了“额外优惠策略”（premium strategy）。在这个策略下，当你来到《达拉斯晨报》的网站时，你可以免费阅读全部内容，但你如果是付费用户，则可以享受一些额外的优惠待遇。例如，我不知道你是否熟悉音乐流媒体Pandora、Spotify以及亚马逊的 Amazon Prime？

辜：我知道它们，Pandora是一种网络音乐电台。我也是亚马逊的客户。它们的一般服务都是免费的，但付费后会得到更多服务，如Amazon Prime。

珀赛尔：是啊，如果你愿意，就可以上亚马逊购物。但如果你是它的Prime会员，就意味着你可以享受免费寄送和更便宜价格的优惠，但你必须支付会费。我们的第二次付费墙就类似这个模式：dallasnews.com是免费的，但我们另外建了一个收费网站，里面除了有dallasnews.com所有内容，还有一些独特的内容，并且很少广告，还有礼品赠送，包括一些会员项目的优惠卡片和忠诚用户的种种特权等。我们为此做了大量工作，千方百计地想让付费用户感受到种种好处，我们同时维护着两个完全不同的网站。为那些数量并不多的付费用户，我们付出很多，还减少了很多广告。这样并不划算，于是我们关闭了2号付费墙。你一定想知道3号付费墙，对吗（笑）？

辜：当然。

珀赛尔：我们正在建立第三个付费墙，但这回与前两个完全不同。

辜：我非常感兴趣这次有何不同。

珀赛尔：我们过去总是说“墙内”“墙外”，也就是在一堵墙的内外如何摆放内容。这次是计量式付费墙，你知道这种形式吗？你可以每月免费阅读10篇文章。

辜：我知道，就像《纽约时报》那样。

珀赛尔：完全正确。系统设置一种咪表似的日历，可以允许用户每月免费阅读10篇文章。当你超过10篇时，系统会说，暂停吧，你必须付费才能继续往下读。这时，有些读者会付费，而有些读者会等候“咪表”重设至下个月的周期再返回来继续阅读。这样做的好处是，对只阅读少量文章的“轻用户”而言，他们感觉不到“墙”的存在；而对已经超过10篇的用户，他们还会回来，哪怕他们永远不愿为此付费。于是，这种付费墙就将对流量的影响降到最低限度，它最终会成为安全的睡床（safe bed）。

辜：你们将要采用的计量式付费墙以10篇为免费额？

珀赛尔：是的。那些付费订阅的用户就成为我们的忠实受众。我们可以建立大数据进一步了解他们的需求，以便自动地为他们提供不同的产品和信息。这就是我们将要推出的付费墙。在最初的几周内，这更像是个咪表，而非“墙”。

辜：您对这个付费墙的未来看来很乐观？

珀赛尔：很乐观。我相信这一设计会在不影响流量和广告的前提下为我们带来额外的收入。我更乐观的是，通过这种方式所收集到的数据会为我们的转型提供帮助。

辜：您是说，用户注册后就成为数据来源？

珀赛尔：对呀。过去，我们对自己的最好客户的情况掌握并不多。我们最好客户的数量相当于纸媒订户的10%—30%，他们同时也上我们的网站阅读。

由于过去我们缺乏充分的理由让他们注册，所以我们对他们的情况知之不多。

辜：你们也因此无法与他们互动。

珀赛尔：是的。所以我对此充满期待。与即将到来的计量式付费墙相关联的就是我们将了解更多用户的情况，哪怕是那些永远不愿付费的读者。我们至少知道他们阅读的次数以及再次到来的概率，以及他们来自哪个市场，是市内某个区还是其他某个城市。我们会获得比今天多得多的用户信息，这将有利于我们的员工改进下一步工作。

在撰写这一章时，由于时常要上《达拉斯晨报》网站看看，又不想受到10篇免费额的限制，笔者决定短暂订阅其数字版。首次订阅可享受优惠，即四周只要交1.99美元，但要完成包括信用卡在内的注册。没想到的是，当我不需要再上该报网站而打算退出时，才发现其注册会员页并无退出键及任何相关选择按钮。不得已，只好向网站提供的会员联系邮箱发邮件，请求帮助退出。谁知发了三次邮件均无回音，而不经意已经过去2个月，网站按每月12美元的会员价扣了我两次钱。眼看会无止境地扣下去，又越洋拨通网站的客服电话，对方答应转给有关部门帮助处理，此后却再无回音。说实话，这个用户体验是非常不好的。无奈之下，只好给曾经访问的董事长兼发行人莫洛尼写信求助，同时向他了解新的付费墙开通以来的实施效果。两天后，收到该报网站发来的主题为“Sorry to see you go!”的邮件，称已为我取消会员资格，不会再继续收费，并附上一个表格，希望我填写退订原因。

四、数字精英的用人之道

珀赛尔学过新闻，但最高学历属于商科，且一直在非媒体单位工作。这令我想起很多年前读过的一本原版书《当MBA掌管编辑部》（*When MBAs Rule the Newsroom*）。书云，随着报业的变迁，仅靠没有商业头脑的采编人员管理报纸的传统将成为历史（大意）。交谈中，珀赛尔的选人用人方式确实有别于报业传统。

辜：在我看来，转型中的报业机构要找到您这样的数字精英并不容易。您的职业背景对报社来说相当难得。

珀赛尔：（笑）我的职业背景都是新闻业之外的，这可能有助于我用不同的视角来解决报业转型遇到的问题。当我回望我的新闻学位和毕业后的去向，我其实走的是一条商业道路。我在国际商业技术公司工作。我曾为诺基亚工作。你知道诺基亚吧？

辜：当然知道诺基亚，我用过诺基亚手机，好像是N97，还是10多年前的事。这是个瑞典公司？

珀赛尔：芬兰公司，我在那儿工作了10年。

辜：它好像被什么公司兼并了。

珀赛尔：被微软收购了，那是我离开6天之后的事情。由于工作性质，我在芬兰和美国都住了很多年。我从诺基亚的工作中积累了很多经验，其中很多都对报业有用，如产品发展的经验，基于用户需求的生产改进经验，以及数字平台的运营经验等。所以我看上去与媒体出身的人有略微不同（笑）。

辜：根据您的经验，您会物色什么样的人为您工作？

珀赛尔：这个问题很有意思！当我致力于重新发展我们的客户端即手机移动客户端时，我想到的是那种在这方面做得好的产业。哪个产业做得好？游戏产业！这个产业善于设计精彩而能让人产生黏性的应用。我有个11岁的儿子，他整天都在iPad上，不断地玩那些游戏。我注意到他对游戏已经到几乎上瘾的程度。当游戏停止于某个阶层时，他会等待，并为其付费，直到更高进阶的出现。也联想到我们报社的客户端，虽然与游戏毫无联系，但我们会设想如何用一种不同的方式留住读者。于是我就向游戏业招手，最终从游戏产业招进了一位客户端策略工程师。我对他说，你这家伙要想办法设计一种能吸引我11岁儿子的应用。他对改进我们的客户端等应用发挥了积极的作用，因为他善于令看似普通的应用更具吸引力。

同样，当我在做留住用户的努力时，我也在寻找这方面的强项产业。我找的是与媒体业、报业相似而用户有着普通选择的商业类型。在这种类型里，人们无须特别在意应用的提供者是谁。他们最终会订阅，会留下或不留下，但也不受协议的约束。在我们国家，对水电等设施的供应没有什么特别限制，例如一些公司对照明或空调系统的维护保障。但过去是有限定的，是一种严格的B2B服务，例如你我服务的公司，其水电油气由什么品牌的什么公司来保障，我们并无决定权，就像你向供电局付费，它保障你的照明一样。但现在我们有选择了，可以决定什么公司来保障我的照明。我现在对灯是否能开亮关心得越来越少，更多地关心要支付多少费用以及与保障公司的关系如何。于是，我也照着这个思路，到这个行业去寻找能够帮助我们留住用户并服务好忠诚客户的专业人士。所以，我在招聘人员时，大部分精力都用在挑选那种能够用于报业的成功商业模式里的专家。我雇用他们，他们就会把自己最好的经验带到我们报业来。

最后，我和她谈到针对手机用户的策略。

辜：在中国，年轻人正严重依赖手机。他们几乎做任何事情特别是进行消费活动前，都习惯性地要查看手机。美国人是否也一样？

珀赛尔：很相似。很多人把手机放在床头或桌边。当他们一觉醒来，第一件事就是抓起手机。他们还没起床就快速地查看信息，特别是社交媒体信息。

辜：是的，去饭店吃饭、制订旅游计划、看电影等等都先上手机查看。你们怎样适应这一趋势呢？

珀赛尔与笔者交谈后合影
（该报员工 摄）

珀赛尔：我想这属于我们之前谈到的数字优先问题，而不完全是手机的过度运用。我们需要了解的是，人们希望通过手机获得的内容是什么。他们在起床前，或如我前面说到的在杂货店前排队和在十字路口等候绿灯，都需要我们提供非常快餐式的内容，包括有吸引力的标题、较快的下载速度、当前正在发生的事情等。当然，较长的深度新闻也会吸引人们回头阅读，也是读者需要的。因此，我们要向手机用户提供两种类型的内容。

搬离"真实之石"　进入数字新世界

就在笔者结束访问该报后不久，获悉该报及其母公司正打算搬离从1949年就开始使用的"真实之石"大楼，而在市中心的另一侧择地办公。莫洛尼称此举是为了"更好地转型为以数字为中心的媒体公司"。他在给员工的信中说："随着我们继续朝数字公司的方向转型，我们需要一个有利于融合与沟通的新的新闻生产空间。为此，我们将考虑搬入达拉斯市中心的新办公场所……我们会创造一个完全数字化的编辑部，我为此感到兴奋。这个21世纪的工作空间将是我们公司新身份的物理体现。"[1] 他还要求员工为新办公场所的设计献计献策，并新设一个题为"转型"的邮箱，以接受大家的建议。总编辑威尔逊也表示，将为未来的办公场所设立数字新闻的高标准编辑部，并为更方便的编辑合作与思想交流而感到高兴。

虽然当时新办公楼的设计尚未开始，但建成一个现代化的融合媒体编辑部的想法已经形成。18个月之后的2017年12月，就在本书即将完稿时，《达拉斯晨报》的新办公楼已经设计装修完成，等待员工搬入。根据该报官方网站的介绍，新办公场所的面积虽比老楼小了不少，但更加实用而紧凑，且有多个亮点。第一，邀请的设计公司Gensler曾是《华盛顿邮报》新办公楼的设计者，设计上借鉴了后者的一些成功元素，编辑部两层楼的开放空间也与《华盛顿邮报》有几分相似；第二，整个编辑部成为以融合生产为中心的数字驱动场所，整个格局都是为数字转型服务的，包括建立视频演播厅；第

[1] Kristen Hare.The Dallas Morning News is exploring a move.www.poynter.org.March 9, 2016.

《达拉斯晨报》新办公楼里的编辑部（来源：该报官方网站）

三，运用人类环境学原理令办公空间更加人性化、舒适化，还建立了一个测试厨房；第四，内部设施更加现代化，大量运用最新的办公技术，如全员采用“软电话”（soft phones），即一种经电脑传播的数字电话，不论你是否在办公室都随时可以接到电话，以保持与外界的联通。老办公楼正门那大字语录“真实之石”放在楼内的主入口处，仍然十分抢眼。

《达拉斯晨报》新办公楼主入口的“真实之石”语录（来源：该报官方网站）

据悉，原办公楼暂不出售，但公司希望贝佐斯年销售额超过50亿美元的亚马逊第二总部能成为新的业主。而新办公楼属于租用，比罗集团首席财务官凯蒂·穆雷（Katy Murray）认为这样每年可以节省100万美元[1]。由此也可看出，《达拉斯晨报》的搬迁也有经济上的考虑。事实上近10年来，位于大都市中心区的美国主流报社都在变卖办公楼，包括前面提到的《费城问讯报》《华盛顿邮报》等。这样做当然与报业经济持续下滑直接相关，但也有其他原因。诸如，随着印刷厂向郊外的搬迁和报业裁员，原有在鼎盛时期建成的办公楼已经超出使用需求；未来以数字为主要传播形式的办报流程，对物理空间的要求已经不如纯纸媒生产那么大；报业实施转型需要大笔资金，而通过卖楼变现是解决资金来源的最可行方案。

美国近年来搬迁的部分报纸一览表

单位：平方英尺

报纸名称	原办公场所面积	新办公场所面积	搬迁时间
亚特兰大宪章报	435,000	130,000	2010年
费城问讯报	525,000	125,000	2012年
迈阿密先驱报	750,000	160,000	2013年
圣何塞信使报	312,000	33,000	2014年
华盛顿邮报	400,000	242,000	2015年
圣地亚哥论坛公报	160,000	60,000	2016年
波士顿环球报	815,000	75,000	2017年
达拉斯晨报	325,000	90,000	2017年

注：①各报新楼面积不含搬到郊外的印刷厂；

②1平方米约等于10平方英尺。

（来源：转引自《达拉斯晨报》官方网站）

[1]Karen Robinson-Jacobs.Moving into a new era.Interactives.dallasnews.com.December 4, 2017.

第八章

诺拉媒体集团：
数字优先的乾坤大挪移

集团总裁语录
内容副总裁兼《皮卡优恩时报》总编辑语录
技术副总裁语录
前内容副总裁兼《皮卡优恩时报》总编辑语录

具有创新勇气的古老报纸
一场飓风成为革命开端
“赴汤蹈火”式的报业改革
母公司布下的全国棋局
变“凌迟至死”为“数字海啸”
失去的分类广告从数字平台捡回来
视频成果获皮博迪大奖
数字与纸媒的分工与合作
社交媒体和客户端
数字优先的未来前景

集团总裁语录

诺拉集团总裁里基·马修斯（辜晓进 摄）

我们的公司，从本质上来说不想走很多美国报纸选择的道路，即被形容为“凌迟至死”的道路，尽管我们也会裁员。那种道路虽然可以调节我们的商业规划，却令我们的媒体公司变得更加弱小。在印刷媒体持续衰退的情况下，我们唯一能做的就是对我们的商业模式和企业文化实施彻底改造。只有这样，才能真正为我们的公司积聚强大的数字能量，我们称这改革为“数字海啸”。现在回望2012年开始的这一大变革，仿佛是在打赌，结果我们赌赢了，我们的思路更加清晰了。我要说的是，这一变革所产生的冲击力和影响力超出了我们的想象。我们的目标，是创建一种新型的新闻媒体，而非其他什么娱乐媒体，我们仍然坚守看门狗的职责。我和马克、詹姆斯守在这个岗位上的理由有千千万万，归根结底是要为美国新闻业找到一个非常特殊的位置，用以维持诞生于美国的优良民主，保护民众须臾不可或缺的专业化的新闻供给。我们希望在探索适用于未来发展的商业模式上，发挥自己的独特作用。

——里基·马修斯（Ricky Mathews）

内容副总裁兼《皮卡优恩时报》总编辑语录

诺拉媒体集团副总裁、《皮卡优恩时报》总编辑马克·洛伦多（韦晓进 摄）

我觉得新闻事业的成功与否并不在于把新闻发布到什么地方，也不关乎报纸、网站或社交媒体，而取决于新闻工作者能否真正与读者建立信息传播的关系，能否与读者建立互动的关系。你必须将自己置于新闻信息的传递过程中，这不一定是报纸业务，也不一定是互联网业务。不论读者在哪里，你都要抵达他们。例如，现在发展社交平台的产品，目的是将读者引诱到你的网站。但读者并不想返回你的网站，他们就想待在社交媒体上，并希望你在Facebook上与他们对话，希望你在Instagram、Snapchat上与他们分享信息。所以，我们必须在任何他们想要的平台上回应他们。如果你不再将自己定义为报人、数字内容的生产者、视频制作者或电视记者，而只是一位新闻工作者，你的位置就找对了。如果你将自己定义为上述某一个狭窄的角色，你很快会发现，受众正迅速离你而去，他们会去别的地方寻找信息，因为他们是冲着信息而来，而不在乎你为哪一类媒体工作。

——马克·洛伦多（Mark Lorando）

技术副总裁语录

诺拉媒体集团副总裁詹姆斯·奥伯恩（辜晓进 摄）

你必须真正融入数字世界，而不是利用它或与它并驾齐驱，不是仅仅把数字当作工具。你必须放弃过去而进入新的世界。当乔布斯发明iPhone后，他自己扼杀了iPod，后者曾经是苹果公司最得意的产品。柯达公司进入数码相机时代后，他们想保持和保护过去的胶片优势，结果他们自己陷入混乱，最终被淘汰出局。因此，你如果自己不能否定自己，别人就会来否定你。所以我认为，最主要的教训就是你必须自己否定自己的过去，并不断保持这种状态。你不改变自己，就会有人来改变你……随着纸媒持续衰退而数字收入开始增长，你必须让受众达到足够的规模，并在此基础上走上正确的盈利轨道。这是一个持续的融合过程、持续的调整过程。你要在所有方面取得平衡，要有能力保持一个持续高效的新闻机构。这就是我们日夜感受到的挑战。

——詹姆斯·奥伯恩（James O'Byrne）

前内容副总裁兼《皮卡优恩时报》总编辑语录

诺拉媒体集团前副总裁、《皮卡优恩时报》总编辑吉姆·阿莫斯（辜晓进 摄）

当卡特里娜飓风（2005年）摧毁整个新奥尔良市时，我们的报纸也瘫痪了，连续五天无法出版，第六天也只在附近城市的姐妹报社恢复印刷，但也只能出版少量版面，而民众急切想要知道飓风期间新奥尔良发生的一切。幸亏我们的记者编辑通过笔记本电脑，将采集到的大量信息和图片发布到我们报纸的官方网站Nola.com上，民众才得以及时获得这场灾难详细而生动的新闻。那些天里，包括转移到得克萨斯州的我家人在内的所有人，都通过Nola.com获取即时新闻。我们的网站平均每天获得1700万页面点击量。也正是在那些特殊日子里，我们的记者编辑突然发现，世界正在改变。他们认识到，纸质报纸固然重要，但对读者来说更重要的是如何保持每周7天每天24小时不间断的信息供给，而只有数字传播能够做到这一点。这一变故改变了编辑部里所有人的思想。对我们来说，数字革命正是始于卡特里娜飓风。

——吉姆·阿莫斯（Jim Amoss）

选择新奥尔良的《皮卡优恩时报》（*The Times-Picayune*）作为此次访美调研的重要一站，对我来说，“蓄谋”已久。对于该报，国内同人恐怕知之甚少，更别说该报所推行的转型改革了。但在美国，该报的改革可谓石破天惊。特别是2014年我从网上搜到一本关于这次改革的书《赴汤蹈火》（*Hell and High Water*）并让女儿从美国购买带回来阅读后，触动更大。从那时起，我就决定，一旦再有机会赴美调研，《皮卡优恩时报》断不可缺。但该报是私营企业，其母公司前进出版集团（Advance Publications）虽然名气很大却一直不肯上市，因此不太愿意接受外界采访，我的联系也一再落空。仍拜INMA的威尔金森先生帮忙（他与该报总裁是好朋友），才获得前往访问的宝贵机会。可惜当我到达新奥尔良时，当年操刀这一改革的总编辑吉姆·阿莫斯已退休半年多，且获聘为母公司的高级数字编辑，一时无法联系到他。而上面提到的《赴汤蹈火》，第一章第一句话就说到阿莫斯。然而又机缘巧合，在我回国后正好一年时，阿莫斯于2017年5月神一般地突然到访中国。蒙美国驻广州总领馆的黎伟佳先生透露信息并牵线联系，我得以赶往广州，在他短暂的停留期间与其深入交谈，补充了很多信息，可谓再圆满不过。

具有创新勇气的古老报纸

我是2016年4月7日上午到访该报的，彼时该报已搬到紧挨密西西比河的市中心一栋最高商业楼的顶楼办公。访谈之前，马修斯总裁先领我参观了编辑部。从编辑部360° 的玻璃窗可以清晰地俯瞰宽阔的密西西比河和新奥尔良市区的繁华景象。那几天正逢当地的爵士节（新奥尔良是爵士乐的发源地），沿河的街头几乎每隔不到100米就有成规模的爵士音乐会在举行。我后来逛街时发现，由数人组成的小乐队演出更是随处可见，乐队的主力几乎都是黑人。

眼光转到室内，一块写着“Content Room”（内容编辑部）的玻璃牌子引起了我的注意。马修斯介绍说，他们之所以不再用“Newsroom”（新闻编辑部），是因为报纸已重组为诺拉媒体集团（Nola Media Group），《皮卡优恩时报》只是这个集团的一部分，传播的内容也不限于新闻。现在所有原创内容都是这个区域的员工完成的，也就是说，该集团的所有记者都在Content

诺拉媒体集团的前台（辜晓进 摄）

诺拉媒体集团的“内容编辑部”（辜晓进 摄）

Room办公。

《皮卡优恩时报》位于路易斯安那州最大城市、美国仅次于纽约的第二大港口城市新奥尔良，创刊于1837年1月25日。在美国发行量排行前25名的报纸中，只有《纽约邮报》的历史早于该报。其时新奥尔良由西班牙人统治，该报名称中的“picayune”便指西班牙的一种小硬币，该报也因每份只卖一个picayune而得名。该报前身是《皮卡优恩报》（*The Picayune*），1914年与《民主党人时报》（*Times-Democrat*）合并后改为现名，1962年被纽豪斯家族的前进出版集团兼并，并在其支持下发展成为路易斯安那州最大的报纸。

历史上，有多位著名作家为该报工作过，如欧·亨利（O.Henry）、威廉·福克纳（William Faulkner，1949年诺贝尔文学奖得主）等都曾担任该报记者。塞缪尔·克莱门斯（Samuel Clemens）在密西西比河当水手时也成为该报的自由撰稿人，其笔名“马克·吐温”（Mark Twain）便首次出现在该报。马克·吐温在1883年出版的笔记体小说《密西西比生活》（*Life on the Mississippi*）中曾描述过这段生活，并说这个名字是船长给起的。他在向《皮卡优恩时报》投稿时首次使用这个笔名，此后再也没用过其他笔名，甚至真名也很少用，以至世人只知马克·吐温而不知塞缪尔·克莱门斯[1]。

[1]Mike Scott.Mark Twain: The Times-Picayune covers 175 years of New Orleans history.www.nola.com.January 29, 2012.

除了有悠久历史，该报还是一家勇于创新的主流媒体。早在19世纪70年代，该报就开始了社会新闻报道，并创办专栏“社会蜜蜂”（Society Bee），继而又推出儿童版、妇女专栏等多个社会新闻专栏或专版，成为美国社会新闻发展史上的重要一页。此后普利策等也相继开辟此类专栏或专版。由于受到读者欢迎，这些专栏或专版后来成为广告商投放广告的重点版面[1]。更重要的是，进入数字时代后，该报在数字转型方面也走在多数报纸的前面。该报于1995年开通了官方网站www.N.O.net，并于1996年在新奥尔良的法国区（French Quarter，该市的老城区，由18世纪的法国殖民者建立）发布了即时新闻图片，被认为是美国最早开展网上直播报道的媒体[2]。该网站后来更名为nolo.com，并发展成为该报数字转型的重要载体。而促成其迈出变革步伐的则是一场巨大的自然灾害。这个故事要请该报原总编辑吉姆·阿莫斯来讲述。

一场飓风成为革命开端

阿莫斯是一位老报人，早年毕业于耶鲁大学，1974年进入当地一家晚报工作。该晚报于1980年并入《皮卡优恩时报》后，他便成为该报的骨干记者，1990年阿莫斯获得哈佛大学尼曼奖学项目后升任总编辑，直至2015年10月退休。在其任上，该报获得了4个普利策奖。正是他，参与并实施了该报历史上最大也最具争议性的变革。笔者在2016年访问新奥尔良时未能见到他，却意外地于2017年5月8日在广州与其深入交谈，促成此事的是美国驻广州总领馆的黎伟佳。他在广州组织了一个只有七八人参加的小型交流会，由阿莫斯主讲，然后大家互动，他还播放了卡特里娜飓风时记者们工作的照片和视频。中午，征得黎伟佳同意，我又单独邀请阿莫斯在附近一家小餐馆共进午餐，与其聊了一个多小时。

[1]Society reporting.en.wiipedia.org.January 4, 2018.
[2]Thoughts on The Lens' role in covering the TP, and a quaint look back.Thelensnola.org.June 8, 2012.

《皮卡优恩时报》前总编辑吉姆·阿莫斯与笔者等于2017年5月8日在广州交流（辜晓进 摄）

阿莫斯：当我1974年在自己的家乡新奥尔良开始记者生涯的时候，报纸的一切与100年前即1874年并无什么不同。那时报纸还是黑白印刷，不重视图片。包括我在内的记者也没有今天那么高的职业标准，只是整天忙于在截稿时间前的最后一分钟完稿，编辑则一直在催促。那时，你要成为一名成功的记者只须做好两件事：第一是要能够把事情写清楚；第二是要会采访，会和别人打交道，不能害羞。这两点做到了，你的职业生涯就是有保障的。

到我1990年当总编辑的时候，情况与我入职初期仍很相似，所有人、所有事情都为了适应印刷报纸的需求。这样的状态又维持了四五年，直至1995年互联网出现。我们这时创办了自己的网站，叫作Nola.com。Nola，是New Orleans Louisiana（路易斯安那的新奥尔良）的缩写。当时网站在另一个屋里办公，我们并未考虑太多，只是将报纸的内容放上网站。这样又持续了大约10年，直至2005年。

2005年发生了什么？这一年的8月29日，一场名为“卡特里娜”的严重飓风袭击了新奥尔良。飓风高达五级，是美国历史上造成损失最严重的飓风之一。它完全摧毁了这座城市，改变了一切，改变了所有人的生活，也改变了新闻业——这才是我接下来要说的。你问死亡人数？大约1800人，包括离新奥尔良1个多小时车程的格尔夫波特市，其中新奥尔良死了1200人。那时新奥尔良市的人口是130万，不过比你们广州要少得多。总之，飓风来袭时，能走的都走了，新奥尔良成为一座空城。我当时和一批员工带着睡袋留在报社工作，我太太和儿子则在我的动员下提前离开了。他们开了六七小时的车，沿途旅馆都满了，最终在得克萨斯州找到了住处。

灾难期间，全国性主流媒体如NBC、ABC、CBS等派出的记者都站在市内相对安全的法国区，因此他们报道的都是眼前那点事，内容都差不多。而实际受灾情况与他们所报道的大相径庭。我们的记者因为占有两大便利条件而报道了大量受灾第一线的消息：一是他们熟悉当地的地理环境，熟悉当地民情；二是他们都用笔记本电脑工作，不受物理距离的限制。当晚停电，我从睡袋里醒来，发现角落里有6位编辑坐在笔记本电脑前通宵工作。各地记者不断把白天采访到的文字和图片发到这里，他们编辑后立即上传到Nola.com网站。我们通过网站第一时间向读者发布关于飓风如何猛烈、水来自哪里、哪里受灾最严重、幸存者情况等新闻和图片。我们有全国最好的摄影记者，看看这些照片（播放照片）。全国的读者都上我们的网站了解情况，我在得克萨斯州的家人也急切地上Nola.com关注这里的灾情。

我们的报纸也瘫痪了，连续五天无法出版，第六天也只在附近城市的姐妹报社恢复印刷，但也只能出版少量版面，而民众急切想知道飓风期间新奥尔良发生的一切。幸亏我们的记者编辑通过笔记本电脑，将采集到的大量信息和图片发布到我们报纸的官方网站Nola.com上，民众才得以及时获得关于这场灾难详细而生动的新闻。那些天里，包括转移到得克萨斯州的我的家人在内的所有人，都通过Nola.com.获取即时新闻。我们的网站平均每天获得1700万页面点击量。（《赴汤蹈火》称，那些日子，Nola.com的流量从飓风之前的每天80万—90万，上升至3000万——笔者注[1]）

也正是在那些特殊日子里，我们的记者编辑突然发现，世界正在改变。他们认识到，纸质报纸固然重要，但对读者来说更重要的是如何保持每周7天每天24小时不间断的信息供给，而只有数字传播能够做到这一点。这一变故改变了编辑部里所有人的思想。对我们来说，数字革命正是始于卡特里娜飓风。

笔者在新奥尔良期间，为节省点住宿费（当时因为爵士节和法国节，酒店费用飙升），选择住在市中心对岸的郊外。每天穿越密西西比河时，这才发现，该河的水位竟然明显高于大部分市区。当地人说，新奥尔良最低洼处

[1]Rebecca Theim.Hell and High Water.Pelican Publishing Company, 2013, p.98.

在海平面以下3米。当时密西西比河决堤，惨状难以言喻，被称为美国史上最大“市政工程灾难”。笔者在通往机场的路上，仍可见到很多当年被水冲垮而尚未得到重建的破损房屋。

根据阿莫斯介绍，飓风过后，《皮卡优恩时报》的员工比以往任何时候都更加重视Nola.com的信息传播。该网站再也不仅仅是报纸内容的翻版，而在新闻发布中渐渐占据主动地位。这为后来进行以数字优先为导向的转型创造了条件。

“赴汤蹈火”式的报业改革

“赴汤蹈火”四字，来自上面提到的那本书的英文书名Hell and High Water。该书名也非原创，而是借鉴了美国20世纪50年代一部关于冷战的同名好莱坞电影。事有凑巧，此书出版3年后的2016年，美国一部犯罪题材影片再次用了这个标题。三者的词源则是一句英文成语Come hell or high water，是不顾一切也要完成某件事的意思。这用在2012年的《皮卡优恩时报》上倒是挺贴切的，尽管作者丽贝卡·赛义姆（Rebecca Theim）女士对这场改革持批评立场。赛义姆曾于1988—1994年在该报担任记者，并在该报2012年改革后组建了一个团体用于“拯救”新奥尔良日报和帮助该报下岗员工。

书云：2012年5月23日晚10点半左右，《纽约时报》专事媒体事务报道的知名记者戴维·卡尔（David Carr）在该报网站的“解码媒体”博客突然披露一则消息。消息称，《皮卡优恩时报》位于纽约的母公司前进出版集团，正将这份报纸投入一场涉及美国新闻业的大胆实验。新奥尔良将因此成为美国不再拥有日报的最大城市，当地最大报纸《皮卡优恩时报》将由每周出版7天骤减为每周出版3天……此后，新奥尔良的日常新闻将由这样一份周三刊报纸及其网站Nola.com来保障。消息还披露，该报将面临大量裁员，而阿莫斯手下的两名长期在该报工作的执行总编将丢掉饭碗。

赛义姆后来了解到的情况是，《皮卡优恩时报》在这条消息发布之前的几个月里，还一直在增员。报社当时知道消息的高层只有两人：连续32年担任发行人的小阿仕顿·菲尔普斯（Ashton Phelps Jr.）和总编辑阿莫斯。而菲尔普斯已被宣布将于下半年退休（菲尔普斯家族从1913年起连续五代负责该报，这次退休意味着该家族彻底脱离该报。而接替者便是现任总裁马修斯，但他还要数月后才能到位），阿莫斯实际担负起报社的主要领导责任。员工们发现，就在《纽约时报》发布消息前的一个多星期里，报社高层碰头开会的次数明显增加，有时数小时，有时甚至一整天。《纽约时报》消息出炉后的第二天一早，员工们聚集报社，“先是惊愕，继而困惑，最后是愤怒”[1]。当天下午，阿莫斯召集部分员工开会，宣布了母公司关于将报纸从日报改为周三刊报纸并大力发展Nola.com的决定，实施时间是9月底。同时决定实施组织重建，成立一个名叫“诺拉媒体集团”的新公司，原有的《皮卡优恩时报》和各网站都是该集团的二级企业。阿莫斯在会上表明了报社将通过大刀阔斧的改革向数字平台转移的决心，但未涉及裁员事项。直到6月12日，报社才正式宣布，伴随这次改革的，是裁减三分之一的报社员工，其中编辑部员工将减少一半。

阿莫斯在当日给员工的信中说：

对很多报社员工来说，今天是痛苦的一天……但我们的目标是在未来为我们的社区提供更好的服务。这意味着，我们将大胆而决绝地踏入数字世界，并同时维持纸质报纸的存在。我们已经有一个深思熟虑的计划。我们将继续履行社区看门狗的新闻职责。我们将通过精悍的员工队伍继续向读者提供他们所期待的高质量新闻。我们将在目前的基础上保持发展，维持区域最庞大的新闻采集团队[2]。

他又在报纸头版的评论中简略讲到进行报业改革的原因：

（广告收入）滑坡的趋势伴随着发行量的下降和报纸印刷成本及每周7天投递费用的大幅上升……而此刻的世界却在另一端发生着变化。读者们不再期待明天获得今天的新闻，而是希望现在就获得现在的新闻[3]。

[1]Rebecca Theim.Hell and High Water.Pelican Publishing Company, 2013, p.24.
[2]Rebecca Theim.Hell and High Water.Pelican Publishing Company, 2013, p.64.
[3]Rebecca Theim.Hell and High Water.Pelican Publishing Company, 2013, pp.52–53.

尽管如此，这一变故仍引起报社很多员工的强烈反对。有55名员工给拥有前进出版集团的纽豪斯家族（Newhouse family）写公开信表达不满，称这份报纸目前还处于盈利状态，与其减少刊期不如将它出售。讽刺的是，正是纽豪斯家族于半个世纪前从别人手中买下《皮卡优恩时报》并将其发展壮大起来的。那些日子，阿莫斯也忙得不可开交。几乎每一个将被裁撤的老员工都要找他理论，他也尽量逐一接受面谈。谈话后，有的表示理解，有的感到委屈，有的依然愤怒。该报被列入裁员名单的摄影部主任杜格·帕克（Doug Parker）2013年在接受赛义姆采访时回忆说，阿莫斯在18年前宣布提拔他为摄影部主任的那间会议室接见了他，但“没有依依不舍，没有表达歉意，甚至也没有表示感谢，他都不直视我的眼睛”。他的妻子也曾在该报工作，但于2009年买断工龄自己创业了。她回忆说，两个正在上高中的女儿获悉爸爸将离职的消息后也感到悲哀，其中大女儿说：“我们以后都别上大学了，爸爸没了工作怎么负担得起我们上学？”而那时，帕克还要照顾癌症晚期住院的父亲。这位“二战”期间的战机飞行员忧心忡忡地对儿子说：“你今后如何养活你的家庭？”[1]

约200名员工在这次改革中失去了报社工作（有部分员工后来转入报社网站或新媒体部门工作）。新奥尔良在长达173年的历史中第一次没有了日报，这也招来新奥尔良很多老读者和社区民众的不满。一些社区居民聚集在报社门口要求取消减少刊期的决定。还有一些有声望的人士组建了“皮卡优恩时报公民团”（The Times-Picayune Citizen Group），旨在迫使前进出版集团收回成命或寻找替代方案。Facebook和Twitter等社交媒体上也是一片哗然。

但前进出版集团和《皮卡优恩时报》高层的改革决心坚定不移。从2012年10月1日起，该报每周三、五、日出版报纸，其余时间没有纸媒发行。与此同时，Nola.com完全取代纸媒执行每日的新闻发布，而且做到多时段发布和即时发布，总发布量大于纸媒时代。考虑到新奥尔良是著名旅游城市，每年的游客数量是城市居民的6倍多（Nola.com.数据：2015年为978万人次），

[1]Rebecca Theim.Hell and High Water.Pelican Publishing Company, 2013, p.68.

诺拉媒体集团从2013年6月24日起，于每周一、二、四出版四开本的小型纸质报纸《皮卡优恩时报街道版》（*TP Street*），以满足游客需求，但只在报摊和零售点发行。

五年后我在广州见到阿莫斯时，曾问他当时怎样解决员工冲突这类棘手问题。

辜：我读过一本由《皮卡优恩时报》前员工写的书《赴汤蹈火》。书中描述裁员期间劳资双方的激烈冲突。我很想知道您当时是怎样处理这一矛盾的？

阿莫斯：我想，任何彻底的变革都会在主导变革的管理层和普通员工之间产生矛盾。普通员工主要包括记者和工人，他们在某种情况下抵制变革或不明白为何要变革。在我们这个案例中，我们不得不做很多事情，包括改变编辑部的文化，将纸媒优先的编辑部改造为数字优先的环境，组建数字团队，尽量安抚去职员工等。当时情况下，有些人会失去工作或改换工作，这些都会产生冲突。我记得很清楚，当时每个人都很痛苦，特别是那些失去工作的人。那是2012年的事了。如今工作在这里的每个人，都充分认识到他们的使命是什么，理解在受众身上发生的变化。我们必须让这个新闻机构有着稳定的未来。

笔者与吉姆·阿莫斯在广州共进午餐（餐厅服务员 摄）

母公司布下的全国棋局

其实，《皮卡优恩时报》“数字优先”式的改革并非孤立行动，而是母公司前进出版集团正在下的一盘大棋中的一部分，只不过该报因其规模、地位及实施效果而在美国产生了最大影响。因此，有必要在这里补充介绍一下前进出版集团及其波及全国的以数字优先为导向的报业改革。

前进出版集团是纽豪斯家族于1922年买下第一份报纸《斯塔滕岛前进报》之后成立的媒体集团公司（该报位于纽约斯塔滕岛区，笔者在《走进美国大报》中曾为之写过一章，也被不少学者、研究生和业界朋友引以为美国社区报的案例）。该公司后来发展成为包括报纸、杂志、有线电视、数字媒体在内的大型多元化媒体集团。其中，杂志产业隶属旗下的康泰纳仕集团，包括《时尚》《魅力》《纽约客》《连线》《康泰纳仕旅行者》《诱惑》等世界知名期刊；报纸产业则在全国30多个城市拥有日报。2014年，该集团被《福布斯》评为美国第44名最大私营企业。2016年，集团总收入为24亿美元[1]。前进集团的报纸长期以来的利润率都在25%—30%，被认为是美国最能赚钱的报业集团之一，但在2012年前的数年内普遍出现较大幅度的经济下滑，包括《皮卡优恩时报》。

这是美国报业的普遍境况，也是数字时代的必然趋势。面对这一趋势，极少数日报放弃了印刷版，如本书第一章讲述的《基督教科学箴言报》和提到的《西雅图邮报》。但前进出版集团谋划的是另一个棋局：实施“数字优先”战略，全力满足数字端的信息供给，同时通过大幅降低出版频率而保持印刷版报纸的有限存在，实现多媒体服务和多元化收入。其实验对象大多为有150年以上历史的老牌报纸，且清一色对开版本。该集团最先选择在因汽车工业衰退而经济遭受重创的密西根下手，即该集团位于密西根州的4种日报。

在美国第一批尝试这一策略的是《弗林特日报》（*The Flint Journal*）、《萨吉诺新闻》（*The Saginaw News*）、《海湾城时报》（*The Bay City*

[1]综合自该集团官网及《福布斯》等媒体数据。

Times）。三报于2009年6月1日起率先实施减版，将每周出版7次减至每周出版3次（但两年后，《弗林特日报》又增加一期，改为每周出版4次）。同年7月23日，创刊于1835年的《安娜堡新闻》（*The Ann Arbor News*）由每周出版7次减为每周出版2次（周四、周日），同时创办新闻网站AnnArbor.com，代替报纸提供日常新闻，部分报社员工转入网站工作。但由于这4种报纸的发行量相对较小（加起来只比《皮卡优恩时报》略多），当时并未产生很大反响，直至《皮卡优恩时报》的改革才弄得沸沸扬扬。

与《皮卡优恩时报》同一天实施数字优先改革的还有前进出版集团在亚拉巴马州的3家报纸：《伯明翰新闻》（*The Birmingham News*）、《莫比尔记录报》（*Press-Register*）和《亨茨维尔时报》（*The Huntsville Times*）。它们同样都由每周出版7天减为每周出版3天，并共同组建为数字优先的区域性亚拉巴马媒体集团（Alabama Media Group）。三报中最古老的报纸《莫比尔记录报》创刊于1813年，比《皮卡优恩时报》还早。亚拉巴马媒体集团官网在“About Us”中这样表达其肩负的使命：

> 我们深信，我们传播的新闻对亚拉巴马人的生活和文化是非常重要的。我们是作为亚拉巴马各地社区的头号新闻网站和我们这个伟大州的原始看门狗（original watchdogs）来履行自己的使命的。作为数字化的市场机构和出版商，我们通过生产具有资讯、娱乐、激励作用的新闻故事，与千百万受众进行日复一日的对话与交融，并帮助我们的社区与外部世界保持联结与沟通[1]。

前进出版集团从2012年起在全国范围推进其改革战略，是因为密西根报业的改革试点取得了“超出预期”的成绩。密西根报业改革三年后，集团董事会主席史蒂文·纽豪斯（Steven Newhouse）于2012年8月3日在波因特新闻学院网站撰文说：

> 我们从2009年开始应对媒体产业的变化，宣布用AnnArbor.com取代每

[1]About Us.www.alabamamediagroup.com.

日出版的《安娜堡新闻》，以及在海湾城、萨吉诺、弗林特三个城市的报纸进行类似减少出版频率和推出全新网站的改革。我们通过这些改革大大加强了对东密西根媒体市场的认知。我们通过扎实的数据认识到了数字传播的力量，以及纸媒在一周内的确定日子对消费者和广告商的价值。AnnArbor.com的受众规模扩展迅速，它超出了我们对受众增长的预期，它在数字收入的增长方面也表现出色。根据媒体审计数据，该网站在地方报业市场的信息消费者渗透力方面持续稳居全国第一（54.9%）。而AnnArbor.com获得强有力的读者支持的原因，正是其高质量的新闻产品。在过去的两年里，该网站在密西根报业新闻联合会（Michigan Associated Press Editorial Association）的新闻写作竞赛中获得了21个奖项，包括调查报道、突发新闻、专栏写作的冠军奖，以及社区服务的亚军奖。2010和2011年取得的这21个奖项，超越了国内任何与该报发行量相似的报纸。2011年10月，我们创办了密西根生活媒体集团（MLive Media Group）。这是一个数字优先的地方新闻与资讯公司，负责我们在密西根的8种日报和2个网站。这样做的目的是通过推进数字媒体的强势增长和维护优质报道的传统，更好地确定我们在数字时代的未来位置……密西根的变化增强了我们在任何地方新闻业赢得未来的信心。在我们知道印刷媒体收入仍将继续下降的同时，我们通过数字增长让数字收入成为未来收入增长的引擎变得更有希望[1]。

有了这样的成绩和自信，前进出版集团继续自己的布局。2013年1月1日，其位于宾州的《爱国者新闻》（*The Patriot-News*）也改为每周出版3次（周二、周四、周日）。接着，位于纽约州的《标准邮报》（*The Post-Standard*）、位于俄亥俄州（克利夫兰市）的《诚实生意人报》（*The Plain Dealer*）以及位于俄勒冈州的《俄勒冈人报》（*The Oregonian*）等报纸投递的次数由每周出版7次改为每周出版3—4次，其余日子的报纸只在报摊和零售店发行，订户可上网看PDF版。虽并未减少出版，但大大降低了发行成

[1]Steve Newhouse.Steve Newhouse explains Michigan transition, Times-Picayune future.www.poynter.org.August 3, 2012.

本，并诱使读者渐渐习惯在数字端阅读，为未来的减版甚至取消纸媒打下了基础。

从目前情况看，尽管报业形势仍不理想，但前进出版集团并未选择一些报业集团出售报纸的老套路，而是希望通过数字优先的转型模式，拯救旗下位于11个州的34种日报。从美国乃至全球范围看，进行类似大范围改革的大型报业集团，只有前进出版集团一家。美国新闻界将该集团的改革模式归纳为以下五个特点[1]：

（1）大规模裁员以降低成本并适应数字化内容生产；

（2）弱化纸媒生产和发行；

（3）剥离旧业态；

（4）通过数字渠道确保日常新闻的供给，而非纸媒；

（5）保持数字平台的免费进入。

变“凌迟至死”为“数字海啸”

回到新奥尔良的访谈现场。在总裁里基·马修斯的召集下，诺拉媒体集团主管内容的副总裁兼《皮卡优恩时报》总编辑马克·洛伦多和主管创新的副总裁詹姆斯·奥伯恩一起来到一间有播放设备的小型会议室，共同与我开始长达近两个小时的交谈。

马修斯是2012年下半年到任诺拉媒体集团的。此前，他先后担任亚拉巴马州的《莫比尔记录报》发行人和前进出版集团在亚拉巴马和密西西比州的分支机构的总裁，同时分管该州的《伯明翰新闻》《亨茨维尔时报》和《密西西比报》（*The Mississippi Press*）。其家乡即阿莫斯前面提到的临近新奥尔良的格尔夫波特（密西西比州），也在卡特里娜飓风中损毁严重，他说自己整个家族的11座房子有9座被摧毁。他当时担任当地的《太阳先驱报》（*The Sun herald*，隶属麦克拉奇公司）发行人，第二年也因成功报道飓风而

[1]Kevin Hamm.Digital First: A Look at Advance Publication’s Strategy.Denvernewspaperguild.org. June 28, 2013.

与《皮卡优恩时报》共同获得普利策的公共服务奖。洛伦多和奥伯恩在2012年时分别担任深度新闻部（Feature desk）的主任和Nola.com的主编。前者擅长优质内容生产，后者专事数字媒体传播，是马修斯的左膀右臂。更重要的是，他们都是2012年那次改革的主要参与者。

辜：感谢各位在百忙中抽空接受我的访问。我首先希望你们能够告诉我，这个大胆的转型改革决定是怎样做出的，当时的背景如何。

马修斯：您看到的我们这个媒体，是一个非常传统的报业公司。可以说，它是美国最传统的报业公司之一。这么多年来，即便在卡特里娜飓风这样的特大灾害期间，这份报纸都经受了考验并保持了真正良好的经济状态。虽然作为私营公司，我不太可能说具体的数据，但报业在服务社区和自我发展各方面都发展得很好。稍稍尴尬的是，卡特里娜飓风发生时我不在这儿，我在离这里一个多小时车程的密西西比州的《太阳先驱报》。我的公司为此获得了普利策奖，这两位也让《皮卡优恩时报》获得了这个奖。你们两位说说改革之前的情况吧。

奥伯恩：当时，很多报纸都在互联网的冲击下挣扎，大家都在考虑怎样转型到互联网世界去。改革前，我负责运营公司的网站，因此一直试图提高整个组织的数字能力和数字容量。但在向数字平台转移的过程中，传统的记者是抵触的，他们非常在意涉及他们切身利益的变化。因此，最后的改革决定实际上是由我们母公司前进出版集团做出的。这个决定导致我们将原有的“纸媒优先”的商业模式转变为“数字驱动”的商业模式。这个改革在我们内部困难重重，在整个报纸产业也是具备开创性的，因此这在当时是一种

笔者与马修斯（右二）、奥伯恩（右一）、洛伦多（左一）在交谈中（《皮卡优恩时报》发行人戴维·弗朗西斯 摄）

革命，尽管时隔三年多后再来看这改革已经不是那么具有革命性，因为现在各地的报纸面对持续的衰退都在采取措施。

马修斯：他说的关键点在于，2012年我们所做的改变是完全具有革命性意义的。但现在，当我们于2016年坐在这里的时候，它已经不再那么具有革命性，因为全国很多报业同行都不得不考虑借鉴我们当时的做法。我们希望他们从我们的实践中获取经验。所以，现在算不上革命，所有人都不得不去做。

辜：但你们现在仍然处于革命的过程中，不是吗？

马修斯：是的，革命是持续进行的。

洛伦多：2012年时，编辑部里的人们确实已经意识到互联网或数字新闻是大家不得不认真去应对的事物。但四年前这里的所有人都觉得报纸是我们的老本行，我们做的所有工作都是围绕报纸展开的，我们不可能摆脱它。所以，当改革突然发生时，大家都很难适应。这四年来我们最花精力去做的，就是改变我们这个组织的文化，让所有人不再认为自己是报纸工作者，而是数字新闻工作者。这些改变我们都已完成。现在你和编辑部里的任何人交谈，他们都会认为自己是在为一个数字新闻机构工作，而这在四年前是不可能的。我们在改变的过程中所克服的困难是巨大的。

马修斯：我们的公司，从本质上来说，不想走很多美国报纸选择的道路，即被形容为“凌迟至死”（death by a thousand cuts）的道路，尽管我们也会裁员。那种道路虽然可以调节我们的商业规划，却令我们的媒体公司变得更加弱小。在印刷媒体持续衰退的情况下，我们唯一能做的就是对我们的商业模式和企业文化实施彻底改造。只有这样，才能真正为我们的公司积聚强大的数字能量，我们称这改革为“数字海啸”。现在回望2012年开始的这一大变革，仿佛是在打赌，结果我们赌赢了，我们的思路更加清晰了。我要说的是，这一变革所产生的冲击力和影响力超出了我们的想象。我们的目标，是创建一种新型的新闻媒体，而非其他什么娱乐媒体，我们仍然坚守看门狗的职责。我和马克、詹姆斯守在这个岗位上的理由有千千万万，归根结底是要为美国新闻业找到一个非常特殊的位置，用以维持诞生于美国的优良民主，保护民众须臾不可或缺的专业化的新闻供给。我们希望在探索适用于未来发展的商业模式上，发挥自己的独特作用。

马修斯这里提到的“凌迟至死”，其实是美国2008年出版的一本畅销书的名字。该书描述了中国古代包括凌迟在内的种种酷刑及其对中国社会乃至欧洲的影响。该书出版后不久，正值全球金融危机爆发，美国报业遭受重创，很多媒体被迫持续、大量裁员。金融危机过后，虽然报业有过短暂的复苏，但很快在新媒体的冲击下继续衰退，不断裁员成为很多报纸压缩成本、应对挑战的基本做法。因为裁员和凌迟的英语里都用到“cut”一词，于是有人借用该书名，形容那些不断裁员又不断萎缩的报纸是“凌迟至死”。

马修斯：乔布斯2007年在一次演讲中首次向人们介绍iPhone时，我们都没想到在此后短短的9年里，智能手机彻底改变了印刷业、唱片业以及整个世界。现在地球上有70亿人口靠数十亿智能手机带来资讯。人们的生活完全被智能手机包裹。随着人们每天打开100—150次智能手机，他们的新闻视野（news eye）也比以往任何时候都更加宽阔。而我们的问题是，如何找到新的、有效的商业模式，我想这也是您来此考察的目的吧。

马修斯：（播放PPT）有趣的是，就在去年（2015年）1月我应邀在一个媒体峰会上演讲时，Nola.com.的受众量破了一个新纪录：我们的月独立访客量突破了600万，这包括本地和外地。马克，我还没看到最近12个月的数据呢，最近6个月我们的最高数值是多少？

洛伦多：我们多平台的每月独立访客量已超过800万了。最近这两年，我们每年的数字受众都大幅增长，他们来自世界各地。今年2月的数值最高。

马修斯：这类数字增长迅猛。2014年初，我注意到我们来自搜索的流量增长了45%，来自社交媒体的流量增长了18%。当时我们网站在Twitter上的粉丝超过14万，在Facebook上的点赞超过46.5万。网站的每月流量超过5400万，比卡特里娜飓风期间的高峰期还增加了50%以上。马克，你知道现在的增长情况吗？

洛伦多：现在社交媒体增长了许多。我们每月来自社交媒体的增长量已达30%。

马修斯：为了让你更好地了解我们2012年的转型改革效果，请允许我还是拿2014年的数据说事。《皮卡优恩时报》尽管已经改为每周出版3天，但其阅读量仍然在全国同等成人人口规模的城市报纸中名列第三，抵达率为

30%。星期天版名列第六，抵达率为39.3%。即便是最近的尼尔森·斯卡布罗数据也与之相似。（辜：这个阅读量包含了数字平台吗？）不包含，仅仅是纸媒。（辜：这很了不起啊。）这意味着，在全国很多报纸的发行量明显下降的情况下，我们的发行量下降得很少，基本保持平稳。你看这张图，我们纸质报纸的有价发行量仍有12.2万（笔者查阅到的数据是，在2012年改革前，该报的发行量为13.2万份）。你再看这张表，我们的网站和报纸电子版的当地受众抵达率在同等规模城市的报纸网站中名列全国第一（笔者注意到，这张表中排在该报之后的竟然包括《华盛顿邮报》《波士顿环球报》《旧金山纪事报》《西雅图时报》《亚利桑那共和报》等，它们的纸媒发行量远远超过该集团的著名报纸。这一情况表明，诺拉媒体集团在新奥尔良的新闻供给方面已处于垄断地位，而上述城市还有若干竞争对手在分摊本地市场）。即便你把全国所有报纸的网站都列进来，我们的当地受众抵达率仍排列第二。由此可见，Nola.com做得非常好了。即便是今天，根据最新的数据统计，我们仍然名列前茅。

马修斯：有一件事我们必须明白，当我环顾四周时，我觉得我们取得如此重大的改变和骄人的成绩的原因之一，就是有一个好的领导团队。这个团队努力营造新的文化，在视频等新领域做正确的投资，为员工带来数字传播的自信心。我带你看的所有房间，不知你有没有注意，到处都是可以书写的白板。那是员工们，无论是内容生产还是广告经营，都把各种创意或想法写出来供大家讨论。我们为公司的发展提供了很多数字解决方案，包括在Nola.com上销售广告的方案。前不久詹姆斯去了一趟纽约，他回来后告诉我很多重要的事情。其中一项就是，那里的媒体人已经不再称我们是数字媒体公司，他们认为我们已经有点像科技公司了。

马修斯显然是那种能力很强且深得母公司高层信任的媒体管理者。2015年6月，前进出版集团将诺拉媒体集团和亚拉巴马媒体集团合并组建东南区域媒体集团（The Southeast Regional Media Group），负责管理母公司旗下在路易斯安那、亚拉巴马和密西西比三个州的媒体，但原来各州的媒体集团仍自主经营，新集团应属于协调机构。马修斯就兼任这个大型区域集团的总裁。

失去的分类广告从数字平台捡回来

报业的数字转型是否成功，取决于其能否实现两大转移效果：一是将主要的读者群由纸媒转移到数字端，并实现数字受众的大幅增长；二是通过建构新的盈利模式，将以纸媒为主要营收来源转向以数字为主要营收来源。笔者2017年与阿莫斯交谈时也曾问及类似问题。

辜：您是否觉得诺拉媒体集团是美国转型最成功的区域性报纸？

阿莫斯：哈哈，这个问题很有挑战性啊（众笑）。我想从两个方面来看待你提的问题。第一，要看是否成功地改变了报纸的文化，也就是记者编辑的新闻文化，他们是否已经用数字化的思维来对待周边世界，是否完全改变了新闻生产的环境。第二，要看能否成功地赚到钱。第一个问题，我们是改变文化的先行者，很多美国报纸都试图追赶我们；我们获得了巨量的数字受众，有一个人人都致力于数字传播的编辑部；因此这方面我们可以说"Yes"。第二个问题，关于成功地赚钱，我们只能说还没那么成功。《纽约时报》声称他们已经成功，但那只是极特殊的个案。没有任何报纸能和《纽约时报》相比，它们有不同的雄心，有不同的模式。而大多数美国的日报都是小型报纸，不会照搬《纽约时报》的经验。

阿莫斯的表述较为婉转，但也是实情。不过从对诺拉媒体集团高层的访谈中不难发现，他们在构建新的盈利模式上不但积极探索，且已有可喜收获。

辜：你们的数字受众增长迅猛，相信也给经营方面带来了正面影响吧？

奥伯恩：我们在广告方面已经建立起较为独特的数字平台。你知道，我们是前进出版集团的一部分，而母公司在广告技术方面的投资非常强悍。我们已经拥有自己的数据经营平台，有自己的自动化、程序化的数字广告系统。我们现在可以在全国各地经营数字广告。例如我们可以像数字化的广告中介一样，在全国代理服装广告，销售到加利福尼亚州等任何其他地方。我甚至觉得我们在这方面有点像是服装经销商。（辜：这个变化够大的。）非常大！我们现在与客户的交往和服务完全是数字化的，同时我们具有用数字的方式获得客户的能力。我们之所以能这样做，是我们搜集到了大量用户数据，并根据这些数据改善广告投放的目标和方式。我们实际上是在做与Google等互联网公司同样的事情。Google不断搜集用户数据，并根据用户行为改进他们的服务，我们也一样。例如，大约一周前我上了一家服装网站，我只是对里面的一条裤子有兴趣而多看几眼，但并未购买就退出了。此后这家网站就开始re-messaging（重复发送信息）给我，还通过电话或电子邮箱发来广告，最后我买了那条裤子。我们面向全国的数字广告营销系统和这差不多，但我们是大面积的。在这样一个科技充分发展的世界里，我们正通过自己的办法让商业公司更加了解顾客的消费行为。过去，这些公司只是单纯地向我们购买广告，希望有一部分受众对这广告有兴趣。现在我们可以在很大程度上知道受众的市场行为，他们对什么商品有兴趣，怎样找到他们。这是一般商家所做不到的。

马修斯：这一点很重要，因为我们公司已经变成这种科技公司。我们如果仅仅是一个数字广告中介公司，就必须雇用有创造力的人、懂得科技的人，并且向第三方购买技术和数据。而我们现在正在提升内在的数字能力和建设自己的平台，因此我们已经能够运用我们自己强大的广告平台开展数字广告业务。我们用自己的第一方数据培育这个平台，让它变得更加强大。你知道的，这对很多与我们竞争的媒体而言是非常困难的。

马修斯在交谈中（辜晓进 摄）

辜：能告诉我你们现在的收入情况或收入结构吗？

马修斯：很遗憾，这个问题总是令人失望，因为我们是私人公司，未经母公司同意，不能向外披露具体的收入数据。让我这样回答你吧。整个报业的收入都是持续下降的，而像我们这类大都市报纸的降幅大于报业的平均降幅。但我们数字收入的增长幅度，远远大于全国各地的同类报纸。尽管我们觉得还不够大，但至少这是朝正确的方向发展。你可以看到纸媒的下降情况，因此数字收入的增长必须能够抵消纸媒的亏空。现在对我们来说，扩大受众群已经不成问题，问题是怎样更加迅速地扩大数字广告商的规模。我们必须转变为强有力的数字机构，才有可能达到这一目标。好在我们的纸媒广告仍然靓丽，特别是分类广告。你知道分类广告吧？就像招聘、房地产等。

辜：我知道分类广告。它曾经是美国报业广告的最主要来源之一，但近十年来这也是衰退最明显的广告品种。我看了你们的报纸，奇怪的是，你们的分类广告仍然很多，比我看到的其他地方报纸都多。

马修斯：我们的纸媒分类广告也在减少，但不像其他报纸减少得那么多。更重要的是，纸媒流失的分类广告，我们从数字平台捡回来了。例如，我们纸媒上的汽车分类广告下滑剧烈，但在过去两年里，汽车分类广告是我们数字广告中增长最快的品种。去年我们的数字汽车广告较上年增长了50%。纸媒的分类广告都去哪里了，不就是被新媒体分流了吗？现在我们自己的数字广告平台很强壮，我们自己就成为分类广告的接盘者。这就是奥伯恩讲到的数字广告系统发挥的作用，它集合了社交媒体和搜索网站的优势。我们去年从一个客户那儿就获得70万美元的数字分类广告。我们的目标是要继续做大。我们已经有能力做大，有很好的管理团队去做大。我要员工们都知道，在这个科技公司里，他们的话语要和我的话语在一个频道上。

辜：我理解私营公司对收入数据的规定。那您能否不谈具体数据，只介绍一下收入结构，例如各收入来源所占的比重？

马修斯：我确实不能说具体的数字。如果你回看四年前，也就是2012年，插页广告在我们的广告收入里占了很大比重，现在却是只减不增。这和数字挑战关系并不大。一方面，直邮广告（Direct Mail）成为我们的主要竞争者；另一方面，广告商本身遇到了困难。插页广告主要来自零售商，现在全国性的零售商日子都不好过，例如梅西百货（Macys），现在经济复苏了，但它仍未缓过来。梅西百货过去是我们主要的零售商客户。我们现在大力开发本地零售商客户，你刚才说的纸媒分类广告比较多，就是我们发展本地广告客户的结果。

辜：你们有没有想过通过建立付费墙从内容上增加收入？

马修斯、洛伦多、奥伯恩：没有。

《皮卡优恩时报》2016年3月20日版，广告数量仍较多（辜晓进 摄）

纸媒上的分类广告也不少（辜晓进 摄）

辜：你们异口同声地说了No，为什么呢？

洛伦多：美国很多建立了付费墙的报纸现在都开始拆除了。

马修斯：这是真的，包括甘尼特、麦克拉奇等大型报业公司。

辜：麦克拉奇好像没有拆除吧？

洛伦多：对，麦克拉奇还在建付费墙。付费墙是为“墙”而设计的，这堵墙并非为网站设计，而是为纸媒设计。付费墙可以保护你的纸媒发行收入。因此，付费墙从来就不是为了扩展数字受众而设立的，而我们认为，从长远看，数字世界的成功关键在于扩大数字受众，尽最大可能扩大受众。有了大规模的受众，你就可以扩大影响，就可以获得数据并利用这些数据增加广告。你可以通过这种方式创造收入。除非你不想要较多的数字受众，否则你不会建付费墙。虽然，建立付费墙可以获得一些发行收入，即向那些愿意向你付费的网络订户收取一些费用，同时保护了那些纸媒订户，慷慨地允许他们免费进入网站，让他们觉得订阅报纸物有所值，这实际上还是纸媒思维、纸媒战略。这种战略是短期的，也就是尽可能通过向读者收费而从内容上获得收入，但长远来看这种战略是难以奏效的。因为受众从来不是为内容付费的，他们只是为报纸的投递到户付费。

马修斯：看看《华尔街日报》，看看《纽约时报》，他们的方式并不适用于《达拉斯晨报》，所以后者取消了付费墙。我们公司从一开始就很清楚这一做法行不通。

辜：但是《达拉斯晨报》正在重建付费墙。

马修斯：他们可能是在尝试一种不同于以往的付费墙。

辜：是的，计量式付费墙。

马修斯：但我们的目标是聚焦于扩大受众，我们从一开始就锁定了这个目标。

辜：但没有付费墙，你就不太容易让读者在你们的数字平台注册，那你们怎么获得第一手的大数据呢？

奥伯恩：有两种办法，甚至有多种办法。第一，很多人已经注册，因为他们要在网上发表评论就必须注册，这也是增强黏性的重要途径；第二，通过你的电子设备的IP地址获取数据；第三，通过用户的ID、设备的ID。所以我们已经有效地收集到很多数据。

辜：你们是否认为，付费墙只适用于全国性的或国际性的大型报纸？

洛伦多、马修斯：是的，我同意。

马修斯：我自己付费订阅《纽约时报》的数字版，因为它对我来说很重要。

洛伦多：我也是，但我不会为任何地方报纸付费。

看来，以“数字优先”为转型模式的诺拉媒体集团及其母公司旗下报纸，都不会走数字收费的道路，其理由就是要尽可能多地扩大受众规模。但就在笔者访问该集团一年多之后，美国报业却出现前进出版集团将采用付费墙策略的传言。由于报纸的数字广告遭受广告拦截软件的阻碍而出现困难，一些媒体分析师都认为前进集团旗下报纸有可能部分放弃免费战略，向付费墙靠拢。甚至前进出版集团高层也在一定程度上证实了这一传言。该集团CEO兰迪·西格尔（Randy Siegel）在2018年2月接受哈佛大学尼曼实验室（Nieman Lab）专家采访时说：“地方前进公司（前进集团的区域性子公司）正在研究数字订阅收入的可能性，包括最近进行的针对新闻简讯（Newsletters）和高中体育（High School Sports）两个移动客户端的收费订阅试验。我们在建立有较高用户黏性的转型模式上已经取得较大成功，这为消费行为转向高品质内容付费打下了基础。我们相信，现在是通过建立内容付费等选项探索收入多元化的恰当时机。我们希望经过数月时间的试验和研究获得更多发现。如果我们决定扩大试验，也只会在一个市场（城市）进行动态计量的方式。最终的决定要在今年很晚时候才能做出。”[1]

关于付费墙的话题，笔者也问过前总编辑阿莫斯。他讲了一段亲身经历，用以说明付费墙在获取收入方面的作用并不大，而扩大受众群和获取大数据才是媒体的根本目的。

阿莫斯：去年（2016年）10月，我的电子邮箱里出现一封来自《华盛顿邮报》的推广邮件，内文给我一项优惠：现在只要交35美元，就可获得6个月的该报数字端进入权限，你可以阅读该报数字平台的任何内容。我很喜欢《华盛顿邮报》，见这么便宜，就赶紧支付了35美元，从此可以每天在手机或Kindle上阅读该报内容。但就在两个月前，我发现自己无法进入该报了，原来6个月已经到期，我忘了续费，而且也没有那么优惠的价格了。正在郁闷而打算按正常价格订阅该报时，我太太获得了该报一封邮件。由于她从未订阅过该报，因此邮件给了她初订者的优惠。邮件对她说：“你可以只花19美元而享受获得一年本报数字版的优惠。不仅如此，你还可以邀请一位朋友免费与你分享这一优惠。”于是她立刻订阅了报纸，同时邀请我加入。于是我们两人总共只花费19美元，就每人获得一年的进入该报数字平台的权限。对我而言，相当于只花9.5美元。我后来想，他们其实并不稀罕我这9.5美元，他们要的是我和我太太两人这个数据。《华盛顿邮报》现在实际上是一个数据公司，其老板是亚马逊的贝佐斯。贝佐斯设想该报的未来是尽可能多地获得读者，千方百计扩大受众规模。在此基础上，他们才可能获得有关受众习惯、购买兴趣、地理位置的大数据。然后，贝佐斯会告诉广告公司他们掌握的受众大数据情况。这会立刻打动广告公司。

[1]Ken Doctor.Newsonomics: Is Tronc due for a crash? And a few other questions about this busy week in the news business.www.niemanlab.org.March 9, 2018.

视频成果获皮博迪大奖

辜：我注意到你们有个摄影棚，一定是用来生产视频新闻的吧？你们每月或每天生产多少视频产品？

洛伦多：就视频数量而言，我们每月大约生产300个，这是去年的平均数。尽管并非每个视频都能集聚很多受众，但我们去年总体上获得了350万个视频观众。视频确实是我们目前非常关注的领域，我们正试图通过视频来显著扩大我们的受众群。

辜：谁来做这些视频？

洛伦多：我们现在每天生产10—15个视频新闻，记者是生产主力。我们每个记者都有iPhone，并且都经过视频拍摄和编辑的训练，因而都具有视频生产的基本条件和技能。他们每个人都有视频任务，每人每周都要拍摄几个视频。

辜：你们鼓励他们做，还是强制他们做？

洛伦多：我们强烈希望他们做视频，实际上他们也不得不做（众笑）。杰弗里，这是戴维·弗朗西斯（David Francis），我们的发行人。他负责管理、市场以及所有报纸的出版。如果有人要抱怨我们的报纸，就找他（众笑）。

发行人戴维·弗朗西斯恰好经过这间会议室，被马修斯要求为我们拍照。洛伦多向我介绍他，笔者与他握手寒暄。拍照完毕，弗朗西斯有事匆匆离开，我们谈话继续。

诺拉媒体集团的摄影棚（辜晓进 摄）

马修斯：在新闻视频方面，我们取得了很好的成效，不仅像马克所说，获得了大量的数字受众，而且也产出了很多视频精品。这两年，我们获得过皮博迪奖，也获得过艾美奖。你了解这些奖项吗？

幸：我知道一些，艾美奖全球瞩目。皮博迪奖好像是电视方面的全国大奖。你们什么产品获得了这些大奖？

马修斯：我们在过去的3年里，每年都获得这些奖，而且我们是与电视台竞争。报业很少有人获得这类奖项。

幸：太棒了，我想这是你们的独特之处。

马修斯：是的，我可以放给你看一点，只是个开头，因为我没那么多时间（播放视频）。

幸：很吸引人啊，这看上去是个专题纪录片？是你们的员工制作的？

马修斯：是的，这是一个深度系列报道，我们成立了一个公司来制作这类较大规模的视频作品。这个系列片的标题为“被赎买的路易斯安那”（Louisiana Purchased），是关于路易斯安那州竞选活动中的非法交易活动，我们与本地电视台合作制作，完成得很出色，最终获得了皮博迪奖。我们和本地电视台有非常好的合作关系，我们今天下午还要和他们开一个会，所以我现在不能介绍太详细。

幸：我明白。其他报纸很少获得这类视频大奖吧？

洛伦多：非常少。我们在新泽西的姊妹报纸也获得过一次。

马修斯：我们不止一次获得皮博迪奖，这是罕见的。

幸：《纽约时报》《华盛顿邮报》也没得过？

马修斯：他们现在得过，但我们获得此奖时他们还没有。我认为我们是第一个获得皮博迪奖的报业公司。

皮博迪奖（Peabody Award）是以美国慈善家乔治·皮博迪（George Peabody）的名字命名的全国性奖项，由美国全国广播业者协会（National Association of Broadcasters）创立于1938年，用以奖励在广播、电视新闻方面做出突出成就的作品，20世纪末延伸至网络作品，目前是美国广播电视界的最高奖。马修斯提到的荣获该奖的作品《被赎买的路易斯安那》，是对2009—2012年路易斯安那州竞选费用的调查报道。据Nola.com介绍，该报道耗费数千小时的工作时间，查阅上百万份文件，采访很多知情者，揭露出与金钱有关的竞选活动中大量非法、可疑或有违伦理的事实，看上去触目惊心。该系列片借用“购买路易斯安那”（Louisiana Purchase）的历史典故

（1803年，美国以5000万法郎，约合1125万美元，从法国人手里买下了路易斯安那州），用大量事实告诉观众，不同于当年用金钱购买土地，如今人们是用金钱购买政治，购买权力。该系列调查报道反响热烈，引起全国的关注，于2014年6月获得皮博迪奖，同时获得多项默罗奖（Edward R. Murrow Award）。爱德华·默罗是哥伦比亚广播公司著名记者，在广播和电视两个领域均做出杰出贡献，该奖项是1977年为纪念他而设的。

艾美奖（Emmy Award）就更厉害了，其在电视界的地位与奥斯卡奖在电影界的地位、格莱美奖在音乐界的地位相当。2014年底，Nola.com和《皮卡优恩时报》包括记者、摄影师、制片人在内的4名工作人员获得了艾美奖，获奖视频作品是关于路易斯安那州某乡村长达30年性侵儿童现象的调查报道。

数字与纸媒的分工与合作

辜：你们的数字转型工作做得很好，纸媒也维持得不错。我想知道两者之间是怎样分工与合作的。

马修斯：詹姆斯（奥伯恩），这方面你可以说说。

奥伯恩：我们数字革命过程中的一个关键性变化是，编辑部的记者不再进入报纸工作系统。他们写好新闻稿后，就直接发到我们网络上的内容管理系统（CMS）。因此，这一过程是纯粹数字化的，是纯粹在数字平台完成的，所以我们称之为“内容编辑部”。我们同时还创建了纸媒实验室（Print Lab），其职能就是将全天获得的最有价值的信息，包括内容管理系统的原创内容以及从美联社等购买的当天新闻，组合成报纸版面。所以，我们的员工分成两大块，一块是原创内容的生产，全部是数字化的；另一块是纸媒实验室，负责报纸内容的编辑和出版。现在我们的纸媒实验室不仅负责《皮卡优恩时报》等新奥尔良报纸的出版，还包括前进出版集团在亚拉巴马州几个城市的报纸，那几份报纸也派出员工在我们的纸媒实验室工作。纸媒实验室不在这座楼里，在新奥尔良另一个地方办公。

辜：离这儿远吗？

奥伯恩：不远，15分钟车程。但实验室的人每时每刻都会关注我们数字内容的生产状况。他们会挑选并不断更新记者采集到的数字内容，将其组装到报纸版面上去。原创内容的生产则都归马克（洛伦多）管。

马修斯：关键一点是，那些纸媒实验室员工，并非为诺拉媒体集团工作，而是为前进东南集团（即前述东南区域媒体集团）工作，那是下辖三个州的大区域集团。

洛伦多：现在的印刷厂已经不在新奥尔良，而是亚拉巴马州。

辜：离这儿很远？

马修斯：不算远，媒体实验室将所有版面做完后，无线发送到亚拉巴马印刷厂，他们印完后再将新奥尔良的报纸运送过来。

辜：你们现在仍然拥有自己的印刷厂？

马修斯：是的，我们在亚拉巴马州的诺威亚拥有4个印刷厂。我要强调的是，你在这里看到的所有记者没有一人是为纸媒工作的。他们是在完全数字化的世界工作，他们所期待的产品都是数字化的。

辜：所以说，纸媒实验室的员工根本不采集新闻，只是编辑新闻。（洛伦多：编辑和设计。）所有内容都来自这座大楼。

洛伦多：是的。即便是在纸媒实验室，所有工作都是数字化的。他们编辑、设计出电子化的版面，发送到实体印刷厂去印刷。

马修斯：纸媒实验室也不限于我们生产的内容。它还有来自《纽约时报》、美联社等不同新闻来源的内容。我们生产的内容进入数据库，他们从数据库里选取放到版面上。我们这样告诉记者：你们的工作就是向受众提供实时资讯，告知受众现在发生了什么。你们以尽可能高的效率这样做了，我们在纸媒实验室的另一个团队就会用你们的报道组成一份份伟大的报纸。特别要注意的是，你们如果只是想着报纸或聚焦于报纸，就不可能再有伟大的网站，因为你们永远想着的是明天的产品。但如果你们想的是今天的产品，想的是当前的产品并且立刻去报道，你们的网站就会变得伟大起来，而同时你们还会有一份伟大的报纸。从这个意义上讲，你们仍然是在为两方面工作，这就是大变化。过去我们忙到天黑，做好报纸，然后等待第二天看发生了什么，现在是随时报道现在发生了什么。

辜：你们会把一些重要稿件，例如调查报道，留给纸媒刊登吗？

洛伦多：我们不会。但也有例外，就是有些信息是我们和信源商量好的，是独家的，他们要求我们在第二天早晨6点后再发布，这时我们就会考虑让纸媒和网站同时与读者见面。此外，我们生产的任何内容都会首先在网络上发布，至少不会晚于报纸。

内容编辑部的数字记者（辜晓进 摄）

辜：照这么说，纸媒实验室的规模会比过去的报纸编辑部小很多？

洛伦多：总的来说，是的。但现在的纸媒实验室还要负责三个州的多份报纸，因此他们基本和过去单独出版《皮卡优恩时报》时的规模相当。他们每天要编辑出版好几份报纸，人员也不可能太少。

辜：总共有多少人呢？大约吧。

马修斯：我不太清楚，大约30人吧。

洛伦多：29人。

辜：既然你们把所有原创内容都优先发布在网站上了，那么人们为何还会订阅你们的纸质版报纸？

洛伦多：因为在新奥尔良这个地方，人们有非常牢固的读报习惯。特别是在早晨，人们起床后，泡好一杯咖啡就要拿报纸阅读。这也是为何当时我们减少出版天数后会惹怒那么多人，因为那样做打破了他们的生活习惯。但同时又有另外一部分人告诉你，他们每天都用手机获取你们的新闻，这也已成为一种习惯。这很纠结吧？但我们必须清楚认识到，纸质报纸永远不会第一时间为你带来你想要的新闻。例如，我们星期一晚上有一场重要的篮球赛，而我们星期二并无报纸投递到户，要等到星期三才有。于是，在星期三的体育版上会有关于这场篮球赛的特稿或更详细的报道，如前锋为何采取过人而不是直接上篮？当时他是怎么想的？如果不这样做会有什么结果？这都不是星期一当晚能够写出的深度报道。这个特稿写得非常好，因此对我来说，虽然我已经通过网站看到球赛的结果和其他主要赛情，但这篇纸媒报道对我来说还是新的、有趣的，我还是要看。对纸媒读者来说，虽然隔了一天，但这仍是新的信息。现在纸媒读者也不指望通过报纸获得突发消息，但关于突发消息的详细解读仍然是他们所期盼的。他们希望看到比简单事实更多的内容。

马修斯：这里有两点非常重要。第一，我们知道，当读者把报纸展开来准备阅读时，很多新闻他们可能已经知道了。但我们仍然可以让那些内容显得更新鲜或更有趣，当然这样做的效果是有限的。第二，我们要培养读者在读报的同时，通过电子设备阅读我们的数字产品，以补充和更新报纸上的内容。我们的目标很明确，就是尽快地扩大读者，尽最大努力将报纸的弊端降到最低限度。我们意识到，即便如此，纸质报纸还会衰落下去，但另一方面，Nola.com的受众已经增长起来。我们生活在一种平行宇宙里，又局限在“dot”（点）经济环境中。很多报纸被这种状态吓坏了。

奥伯恩：过去我们曾经错误地假设，阅读报纸的人也同时从网站等数字平台获取信息。但后来我们发现，有些人只从手机获取信息——手机是他们唯一的资讯渠道；还有些人在网上发现某些信息却一时无空阅读，会等拿到报纸再逐一细看。那种因获取免费信息而无人读报的担忧，目前并无必要。数字消费与报纸阅读是两种不同的体验，我们在数字优先的同时，会让两方面（纸媒和数字）互相弥补。你要给受众不同的东西，包括不同的呈现、不同的图片、不同的感受。我们要赋予多平台能量。

洛伦多：对我们来说，这几年确实是一个非常好的数字新闻时期。在这时期，我们带领记者们获取事实，并用一种亲近的方式向读者呈现这些事实，即互动式的新闻传播方式。我们要求记者黏住读者，不仅是在发布新闻、围绕新闻建立对话环境、努力回答受众关心的一切问题方面留住读者，而且吸引读者目睹新闻生产过程，成为我们采集新闻的一部分，向他们阐释我们新闻传播的理念。我们意识到，21世纪的信息消费者并不满足于仅仅被告知发生了什么，他们还要发声，要告诉我们哪些是重要的，他们要参与新闻传播。事实上，正是他们的主动介入，令传播的新闻变得更加重要。我们的采编人员正与受众保持着不间断、动态化的对话，这是非常非常重要的巨大变化。而在过去，你知道的，大多数记者的习惯做法是：我们决定什么题材或题材中的什么内容是重要的，你即使对某些内容感到厌倦，你也应当接受，读者是可控的。现在我们变过来，把强化与读者的黏性置于日常新闻生产的全过程。

幸：在数字优先、兼顾纸媒的运作环境下，你们的日常工作流程也一定相应变化了吧？例如你们如何定义截稿时间，是否还开编前会？

洛伦多：编前会照样开。我的意思是我们每天有一次定时的编前会，即每天早晨9点我们都会聚集在一起，讨论当天正在或可能发生的新闻，计划如何去报道和跟进。但真正的变化在于，像这类较大规模的会议我们每天只开一次，而很多小型讨论会却随时进行，一天会很多次。你如果在我们这两层楼走一圈，就会看到周围有很多小的空间，人们随时可以聚集讨论。一旦谁有新的创意或想法，吆喝一声，就会展开对话。这种随时随地的沟通在时效性很强的数字时代显得非常重要，它与过去每天开三次编前会是完全不一样的。在过去的纸媒时代，如果法国区发生一场大火，我们会在两小时内召开会议，研究怎样报道、如何在第二天的报纸上呈现。这种工作流程显然不适应现在的生产需要。现在如果发现火灾，对话就马上展开，报道就紧跟着发布。我们现在有夜班记者，随时报道夜间发生的事情。我们每天20小时不间断工作，只有凌晨1—5点没有排班，但也有人值班，遇有突发新闻也要紧急到位。

马修斯：我们值班时就睡在这间小会议室里（众笑）。

幸：你们都是早鸟（众笑）。

洛伦多：还有就是工作节奏的变化。纸媒时代，早晨9点上班后，除了要外出采访的记者，其他人并不着急，很多人上午10点才来上班，因为大家的重点是在一天当中的后半段，即为第二天的报纸准备材料。现在第一个峰值9点就到了，你必须在此之前准备好第一份信息大餐，去满足读者的需求，因此你一大早就忙碌起来。而且，我们也没有一致的固定截稿时间，每篇稿件都要及时截稿，及时发布。

幸：纸媒实验室呢，他们的工作流程有变化吗？

洛伦多：纸媒实验室的变化不大。他们仍有固定的截稿日期。他们每天下午三四点钟开始工作，直至晚上十一二点结束。

社交媒体和客户端

辜：你们在强化Nola.com的影响力的同时，怎样利用社交媒体和各种App来扩大受众群？

马修斯：我们重点依靠Facebook和Twitter，Nola.com.在它们那儿都有账户。我们去年这个时候在Facebook上的粉丝和点赞数量为46.5万个，现在是70多万个。Twitter的粉丝也从去年4月的14万增加到现在的16万。Facebook的传播能力非常强悍，我们在社交媒体的流量主要来自它，而且增长迅速。这些数量都不包括员工自己开设的社交账户数据。

奥伯恩：曾经有一段时间，Twitter主要用来传播新闻，因此媒体都很重视它，受众也知道找新闻就上Twitter。但Facebook的新闻属性增强后，人们更多地转到了Facebook上，同时关注新闻信息和获取社交联系，粉丝数量鼓励人们更多地发布新鲜而有趣的信息。

辜：这么说，现在Facebook是你们的首选社交媒体？

奥伯恩：是的。

辜：能告诉我你们大约有多少社交媒体账户吗？

奥伯恩：我们在Facebook、Twitter、Instagram、Snapchat、Tumblr等都有账户。在Tumblr上的用户不太多，我们正考虑是否要取消它。Snapchat 是年轻人的社交媒体，成长很快，最近其首页进行了重新设计，我们正在考虑如何更好地利用它。

洛伦多：我们正在研究怎样利用Snapchat传播我们的视频产品，因为年轻人都很迷恋朋友在上面转发的视频。我的几个孩子都在上面，他们偶尔离开 Snapchat回到Facebook页面，而回到 Facebook的唯一原因就是和家人保持一下联络，否则他们不会再用Facebook。不过，一旦我决定用Snapchat，他们很可能又跑到别处去了（众笑）。

辜：在我这样年纪的人看来，Snapchat上面有太多毫无意义的垃圾信息。关注新闻的人会喜欢它吗？

马修斯：它现在有专门的新闻频道，新闻机构越来越重视它了。举个例子，我和马克昨天到“二战”博物馆与Snapchat的人会面。CNN在Snapchat的新闻频道有一个App，正在报道该博物馆。Snapchat有一个新闻主任专门负责机构新闻的内容传播，现在他同意为我们工作。

洛伦多：他们有一个“First Primary”频道，这是Snapchat创新的一项纪录，那位主任就负责这个。

马修斯：他有多大岁数了？

洛伦多：大约28岁，他是我们在Snapchat的合作伙伴。

辛：马修斯先生，您刚才提到“二战”博物馆。它怎么会在新奥尔良？有什么特殊意义吗？

马修斯：这是一座非常特殊的博物馆，其设计之完美和规模之浩大都令人难以置信。（辛：看来必须去看看？）你如果有时间，一定要去，你会感到惊讶的，它是世界级的博物馆。当然，这博物馆也是我们非常重要的客户。这不仅因为他们经常向我们的网站提供新闻信息，我们也正在采写关于它的新闻故事。我们的新闻引起了全国的关注，带来了很多流量。还因为这个客户也为我们带来广告。你到新奥尔良后有没有上过网？（辛：上过。）你看到“二战”博物馆的广告了吗？（辛：还没注意到。）你会注意到的。你之所以还没看到，可能是因为你刚来，你设备的IP不是来自新奥尔良。你现在已经处于这座城市，只要进入与旅游有关的领域就一定会看到“二战”博物馆的广告。这广告就是它通过我们发布的。我们不妨聊几句广告解决方案的事，因为这是我们最重要的工作之一。过去我们按传统广告的思维拓展广告，效果不好。后来我们把自己当作数字广告的代理商，以一个科技公司的要求去看待和处理客户的广告投放需求，并通过多个数字平台向全国乃至全世界发布，就获得了很好的效果，客户很满意。

关于社交媒体的重要作用，前总编辑阿莫斯也有深刻感触。他在2017年的谈话中谈到数字关注点从网站到社交媒体的转变。

阿莫斯：五六年前，编辑部里的很多人认为网站就是报纸的翻版，网站的主页就是报纸的头版。这个想法已经过时，因为即便那个时候，只有35%的人通过主页进入我们的网站，如今这个数字下降到10%。现在人们主要通过Facebook这类社交媒体进入我们的网站，或者直接通过文章标题进入我们的网站。他们不再寻找主页，甚至也不管你的品牌。你看最近我们那儿发生了一件重要新闻，事关南北战争期间的雕像。当时北方反对奴隶制而南方希望继续蓄奴，于是发生了内战。战后修建了4座雕像，纪念南方军队的白人将领。现在的市长顺应很多民众（特别是黑人民众）的要求决定将其拆除，却又引起很多人反对。很多人关注此事，但他们大多数是从 Facebook等社交媒体上发现这一新闻后来到我们网站的，因为我们网站对此事的报道最为详细。但他们最初是在Facebook上看到文章标题的。因此，社交媒体的重要性，大家都不敢忽视。

而在新奥尔良的访谈中，现任的领导们更是对社交媒体的作用有着高度的共识。

洛伦多向笔者介绍监测屏上的显示数据（辛晓进 摄）

洛伦多：你可以看一下我们的实时监测系统（将显示屏转换至Charbeat监测屏）。这个实时系统显示此刻有多少人在我们的网站上，有多少人在阅读我们的内容，哪些内容更受欢迎。这些数据每10秒钟更新一次，因此我们可以知道每一篇新闻此刻的阅读量。记者也有权随时进入这个系统，因此他们也很关注自己的作品被受众接受的情况。你看这些文章标题，旁边都有此刻的阅读数量。如果你点击它们，就会出现一个页面而呈现更多数据，包括有多少人通过Facebook、Twitter等社交媒体阅读这篇文章，有多少人通过搜索引擎进入这篇文章，以及这些文章有多少点赞、转发等数量，等等。

辛：这些新闻都是你们的记者写的？

洛伦多：是的。例如这第一条“一男子摔倒死亡”（Man Dead After

Fall Down）是昨晚发生在赌场扶手电梯的新闻，我今天一早起来，这条新闻已经被阅读1万多次。还有法国区爵士音乐节的新闻，是一篇特稿，很多人看，现在已有9000个页面浏览量。估计这个数字会迅速增长，因为这几天大量游客涌向新奥尔良。还有这篇体育新闻也很受欢迎，转发量很大。这是增强黏性的好案例，你只要在文末向读者提出问题，立刻会得到很多数据和评论，你将这些数据和评论加以组织便成为另一篇新闻，读者是乐见这一互动的。

马修斯：好像今天的流量比昨天少了一些？

洛伦多：现在还不到中午，下午和晚上会持续增长的。这灰色区域是平均数据，黄色区域是今天的数据。今天半天内我们的独立访客量已有16.2万，文章阅读量为32.2万次，我们今天上传的新闻有72篇，在社交媒体上获得1万多次的转发量。这还不包括我们图片库以及其他平台的数据。我们昨天的阅读量为120万次。我们希望所有记者和编辑都很好地利用这一监测系统，它可以瞬间反映读者的阅读偏好，有助于我们改进新闻写作和传播方式，提高选题决策能力，更好地顺应数字时代的阅读需求。这个工具非常强大。我们并不将这些数据藏着掖着，所有记者任何时候都可以从手机或电脑进入这系统。他们会清楚地意识到自己写的内容是否受到欢迎。而我希望这座楼里所有员工都能够通过对这些数据的分析而扩大自己的受众，人人都如此，我们在互联网时代才能成活。我希望每个记者都设立自己的数据目标，包括文章流量及全年产品总效果等。

辜：通常情况下，你们数字端每天的峰值时间是什么时段？

马修斯：这一点也很有趣，每天的峰值时间几乎都是一样的。例如早晨6点到9点，是个上升期，因为所有人都起床了并准备上班，于是9点到达第一个峰值。这个峰值期很短，很快下降，直至中午出现第二个峰值。然后又是下降，最低点在下班后。一天中的最后一个峰值期是晚上10点至11点，接着很快结束。

辜：作为移动传播的另一端，你们的移动客户端有多少？

洛伦多：你是指客户端的订阅数量？

辜：不是，我说你们总共有多少不同的App。

洛伦多：（查看手机）我们有Saints、Pelicans、LSU Football、HS

Sports、Baton Rouge、Mardi Gras、Real Estate和Nola.com。（辜：让我拍个照片好吗？）可以。

辜：总共8个？它们都是垂直类的 App？有综合性的主App吗？

洛伦多：Nola.com.是主App。对用户来说，App是一种不同的体验。你看这个，基本上都是新闻特稿和新闻视频，而且它还会链接到我们的移动网站上，这就是为什么移动受众有那么多，他们不完全来自社交媒体。

辜：哪一个App最受欢迎？是主App吗？

洛伦多：目前看，Nola.com最受欢迎。在垂直类App中，Saints的受众最多，它是关于美式足球（橄榄球）的，是关于职业球队圣徒队的App。

洛伦多出示的手机中的客户端（辜晓进 摄）

我后来到诺拉媒体集团的官网查了一下，洛伦多还少说了一个Visitors Guide（导游）App，他们总共有9个App。其中，除了与网站同名的Nola.com（显示为 Nola.com/E-P，E-P 是《皮卡优恩时报》的简称）外，其余都是垂直兴趣类或区域类App，体育是垂直App的主要品种。试将它们归类如下：

综合类：Nola.com/E-P，是与该集团和《皮卡优恩时报》主网站对应的App。

垂直类——体育：New Orleans Saints（新奥尔良圣徒队，美国著名职业橄榄球队，曾在2010年第44届超级碗上击败印第安阿波利斯小马队，夺得全国橄榄球联赛冠军，是当地人极其喜爱的球队）；LSU Football（路易斯安那州立大学老虎橄榄球队，是新奥尔良所在州最著名的大学生橄榄球队，在2017年的全国橄榄球联盟赛季上，各职业球队中来自LSU的队员多达51人，超过所有高校）；Louisiana High School Sports（路易斯安那高中体育）；New Orleans Pelicans（新奥尔良鹈鹕队，美国著名职业篮球队）。

垂直类——其他：Visitors Guide（导游，旅游资讯类）；Mardi Gras（马

尔蒂·格拉斯狂欢节，法国统治时期流传下来的传统狂欢节）；Real Estate（房地产）。

区域类：Baton Rouge（巴吞鲁日，路易斯安那州首府，也是该州仅次于新奥尔良的第二大城市，主要覆盖该城的新闻和天气、体育等生活资讯，是诺拉媒体集团向外拓展的重要区域性移动信息服务）。

需要说明的是，美国是体育大国，体育赛事是包括纸媒在内的所有媒体都很重视的热门内容，也是大量民众的信息刚需。前面提到前进出版集团打算选择一家报纸在两个受欢迎的刚需产品上试点付费墙，其中之一就是高中体育。高中球队是所有职业球队的摇篮，其各项赛事都备受学生、家长、球迷们的关注。

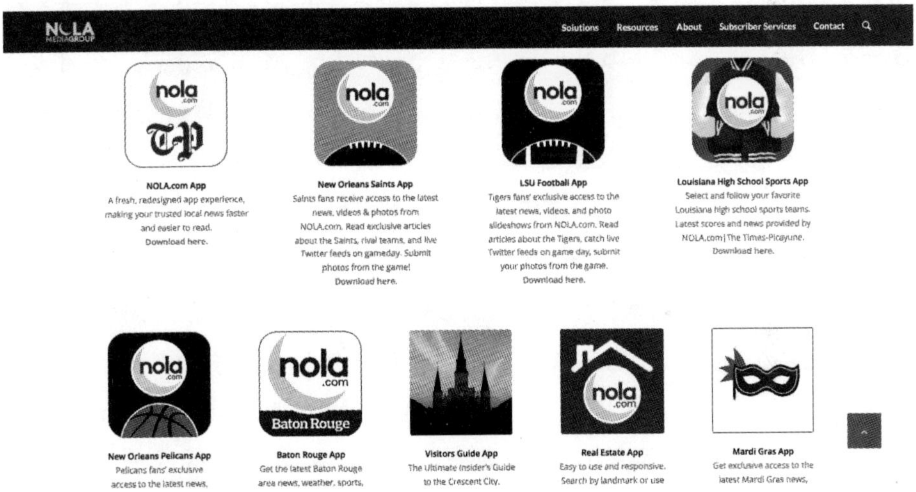

诺拉媒体集团9大App
（来源：诺拉媒体集团官网截屏）

数字优先的未来前景

当马修斯婉转地告诉我访谈还剩5分钟时，我意识到已经超时，而对方还是表示出耐心与友善，这令我感动。

辜：谢谢你们的耐心，我想再问两三个问题。

马修斯：当然可以。

辜：数字革命为诺拉媒体集团带来很多改变，您认为其中最重要的一两个改变是什么？

马修斯：我想说的是，最重要的还是彻底改变了我们的文化，因而我们有了较为强大的数字能力。我们每个员工都知道，我们的数字革命是来真的，不是闹着玩的。第一，从采编人员的角度看，所有运营都指向数字世界的媒体市场。美国的地方报纸中，很少有像我们这样完成了结构性改变，实现了向拓展数字受众方向的转型。第二，我们的市场规模大大拓展了，我们的本地市场渗透率在全国报业机构中一直排列第一。第三，虽然我们的纸媒广告和其他地方的报纸一样持续衰退，但我们的数字广告正在崛起，正在内部建构能与数字媒体竞争的体制，积聚能在竞争中获胜的能量。以上三点是我们开始重建有竞争力数字媒体的优势所在。正如我一年前在一次演讲中所说的，如果让我现在创办一个新闻机构，我恐怕还没动手就会被吓死的（be scared to death）。因为这时再来办新闻媒体，落后得太多，差距太大，而数字广告领域的竞争又是如此激烈，我真不知道怎样去展开竞争。同样，就我们这个市场而言（指新奥尔良和路易斯安那州），任何竞争者看到我们的数字规模、员工自信、产品生产与销售后面的科技支撑，他们恐怕也会被吓死的（众笑）。

辜：真该为你们高兴！除了这些成功之处，你们现在最大的挑战是什么？

奥伯恩：我们报业也有教训，这个教训就是你必须承担新的使命。你必须真正融入数字世界，而不是利用它或与它并驾齐驱，不是仅仅把数字当作工具。你必须放弃过去而进入新的世界。当乔布斯发明iPhone后，他自己扼杀了iPod，后者曾经是苹果公司最得意的产品。柯达公司进入数码相机时代后，他们想保持和保护过去的胶片优势，结果他们自己陷入混乱，最终被淘汰出局。因此，你如果自己不能否定自己，别人就会来否定你。所以我认为，最主要的教训就是你必须自己否定自己的过去，并不断保持这种状态。（辜：你必须自我改变。）对，你不改变自己，就会有人来改变你。至于你说的挑战，主要还是如何成功实现转型。随着纸媒持续衰退而数字收入开始增长，你必须让受众达到足够的规模，并在此基础上走上正确的盈利轨道。这是一个持续的融合过程、持续的调整过程。你要在所有方面取得平衡，要有能力保持一个持续高效的新闻机构。这就是我们日夜感受到的挑战。

洛伦多：我觉得新闻事业成功与否并不在于把新闻发布到什么地方，也

笔者与马修斯（右二）、奥伯恩（右一）、洛伦多（左一）在交谈中（戴维·弗朗西斯 摄）

不关乎报纸、网站或社交媒体，而取决于新闻工作者能否真正与读者建立信息传播的关系，能否与读者建立互动的关系。你必须将自己置于新闻信息的传递过程中，这不一定是报纸业务，也不一定是互联网业务。

辜：你要做的是与读者在一起。

洛伦多：对，不论他们在哪里，你都要抵达他们。例如，现在发展社交平台的产品，目的是将读者引诱到你的网站。但读者并不想返回到你的网站，他们就想待在社交媒体上，并希望你在Facebook上与他们对话，希望你在Instagram、Snapchat上与他们分享信息。所以，我们必须在任何他们想要的平台上回应他们。如果你不再将自己定义为报人、数字内容生产者、视频制作者或电视记者，而只是一位新闻工作者，你的位置就找对了。如果你将自己定义为上述某一个狭窄角色，你很快会发现，受众正迅速离你而去，他们会去别的地方寻找信息，因为他们是冲着信息而来，而不在乎你为哪一类媒体工作。

辜：最后一个问题想问马修斯先生。诺拉媒体集团正在一条数字优先的道路上进行极有价值的探索，您觉得这条路的前景怎样？

马修斯：我们手上并没有一个指路棍去指点将来（众笑），但我们确信自己有能力在公司内部提升数字能量去争取成功机会。要赢得未来，就必须营造创新的文化和让聪明人发挥更大作用的文化。

第九章

《纽约时报》：
深耕数字 强者恒强

前高级副总裁语录

柳暗花明采访到《纽约时报》高管

内容变现的顽强探索

向国际化要未来，剑指千万订户

20年数字轨迹与“创新报告”

重塑编辑部 主打视觉新闻

15个App用来干什么

真正的融合：常态化多元呈现

“2020报告”与《纽约时报》未来

前高级副总裁语录

纽约时报公司前高级副总裁
雅思敏·纳米尼（辜晓进 摄）

有一件事是多年来困扰新闻业的，就是还要不要承担真正的新闻传播的社会责任。对此，我们的发行人苏兹伯格先生头脑很清醒，即无论是金融危机还是其他困境，他坚持不做的事情之一，就是像很多大型报业公司如《洛杉矶时报》《芝加哥论坛报》那样，对编辑部进行大幅裁员。不仅如此，我们继续在新闻上投资，近年来更是为编辑部招聘了较多数字方面的员工，也包括视频员工。我们之所以持续在新闻生产上投资，是因为这才是价值回报的关键，也是人们愿意为之解囊的根源。因此，我们一直聚焦于优质内容的生产和更有效的传播。苏兹伯格及其家族以及所有股东们对此都坚定不移，更别说我们管理团队了。没有人质疑《纽约时报》对优质新闻内容不懈追求的决心。这也是我们区别于一些新闻机构的重要方面。有趣的是，贝佐斯入主《华盛顿邮报》后做的第一件事，就是增加记者，增加媒体工程师，扩大对编辑部的投入。说明他也认识到内容生产是第一位的。

——雅思敏·纳米尼（Yasmin Namini）

位于纽约曼哈顿第八大道620号的52层高《纽约时报》新大楼（辜晓进 摄）

在本章内容快要完稿时，看到《纽约时报》网站关于2017年靓丽业绩的报道。报道公布了纽约时报公司2017年全年的部分收入数据：当年第四季度，该报新增15.7万纯数字订户，导致全年发行收入超过10亿美元，占据该报全部收入的60%，大大超越广告收入。该报2017年全年总收入较上年增长了8%，达17亿美元。截至2017年年底，《纽约时报》包括主网站和各收费客户端在内各平台的数字订户总数已超过260万。2017年纯数字订阅收入较上年劲增46%，达3.4亿美元。连同纸媒发行收入，该报的发行总收入较上年增长15%。该报首席执行官马克·汤普森（Mark Thompson）说，公司对发行量“强有力的持续增长”感到兴奋。此外，该报的数字广告也较上年增长14%，达2.38亿美元。数字广告与数字发行收入两者相加，2017年已超过6亿美元，这距离公司2017年初“2020报告”确定的2020年实现8亿美元数字收入的目标并不遥远[1]。

这确实是传统报业转型的一件喜事。尽管《纽约时报》是一份较为独特的报纸，但其从2011年实施付费墙起的不到7年时间里，一步步建构起了可持续的新盈利模式，这对整个报业都有借鉴意义。

柳暗花明采访到《纽约时报》高管

此次访美之前最令人沮丧的一件事，就是被《纽约时报》婉拒。该报不

[1]Sydney Ember.New York Times Co.Subscription Revenue Surpassed $ 1 Billion in 2017.www.nytimes.com.February 8, 2018.

仅在新媒体应用方面创造了很多第一，更是数字转型的标杆，为全球媒体所仰望。因此，它也很早就被笔者列为头号访问目标。同时，我也知道很难，现在美国的大型报业公司谨慎而脆弱，何况是如此热门的典型。于是，在几封邮件不见回音后，我转而求助前文提到的国际新闻媒体协会（INMA）执行董事兼首席执行官威尔金森先生。

他虽知有难度，仍热情将我引荐给纽约时报公司高级副总裁索尼娅·亚马达（Sonia Yamada）女士。在2016年2月13日的回信中，她在客套一番之后，说由于太多来访请求而高层无暇分身，公司早已决定不接受此类访谈，望我理解。为消除我的疑惑，她说她已将我的邮件转发给公司负责外联和对外合作的高级副总裁艾琳·墨菲（Eileen Murphy），让我试试再和她联系。墨菲女士在3月2日的回信中，表达了相似的“遗憾”，但解释得更为透彻。她说，现在的情况确实和过去不同，公司要求不仅是高层领导，即便是普通编辑记者，也不得接受此类采访。她补充说，公司每年收到巨量（overwhelming number）的访问或研究请求，因而制定一揽子的拒绝政策，除非对方有关系公司利益的特殊商业理由。

不过，事有凑巧，机会似乎对我有所眷顾。当年4月14日在纽约出席媒体大数据大会时，坐在我前面的一位中年女士和许多与会者一样，频频用手机拍摄演讲者的PPT。有一次，她的手机不慎跌落在地板上，滚到我的脚前。我俯身拾起交还给她，她高兴地回头表示感谢。就在这一瞬间，我发现她很面熟。高挑的身材，混血的相貌，我是有印象的。

茶歇时，我主动上前与她攀谈，当看到她胸牌上的名字时，我立刻断定，她正是我15年前采访过的《波士顿环球报》（*The Boston Globe*）负责经营的副总裁。当时该报已被纽约时报公司兼并多年，主要高管都由纽约时报公司派出。其名字雅思敏·纳米尼表明其有亚洲血统，很好记。她当时热情好客且耐心回答我关于发行和广告各色问题的态度，也给我留下深刻印象。我回忆多年前的经历后，她也很快想起来，说的确是见过。她说她在接受我采访5年后，就回到纽约时报公司并一直担任高级副总裁，直至去年3月退休离开（离开前是负责纽约时报公司数字创新的高级副总裁），现在是以她名字命名的一家数字媒体咨询公司的负责人。

我听了太高兴，真有“蓦然回首，那人却在灯火阑珊处”的感觉，仿佛重现访问《华盛顿邮报》那样的“柳暗花明”。对《纽约时报》已经绝望的我，此刻重燃希望。我在午餐时和她继续交谈，谈《波士顿环球报》，谈《纽约时报》。她还指着窗外建筑，告诉我哪些是《纽约时报》曾经办公的大楼。我顺势提出采访她的请求，希望会后（明晚）或接下来的周末请她一起吃饭交谈。这时威尔金森也走过来敲边鼓，把我夸了一通。雅思敏欣然同意，但说明晚有好友从洛杉矶来，已约好要宴请，而周末她要去佛罗里达度假，一周后才回到纽约，问我能不能等。可惜我后面的行程早已确定，下周一必须离开纽约。当晚，我给她发了邮件，问能否在明天中午的午餐时间接受我的访谈。第二天上午开会时又见面，她表示同意。

于是，4月15日（周五）中午，在位于纽约时报广场3号楼的汤姆森路透大厦顶层多功能会议厅，我们把从走道自助餐那儿打来的饭菜放在狭窄的窗台上，膝上铺好餐巾纸，面对窗外的曼哈顿街景，边吃饭，边在较为嘈杂的背景声中，开始了持续约40分钟的访谈。我还在她的建议下，于下午会后进入1公里以外的纽约时报新大厦，里外参观了一番。

笔者和纳米尼在各自的座位上合影，笔者身后是两位韩国媒体的代表（一位与会者 摄）

2001年8月24日笔者在《波士顿环球报》采访纳米尼女士（该报员工 摄）

不仅采访到纳米尼，我还对《纽约时报》进行了为期两个月的“抵近观察”。这个“抵近”当然不是指看纽约时报大楼或参观数码墙，而是指订阅该报的全部数字产品，每天阅读，作为其用户对该报进行持续的观察、阅读和体验。该报实行付费墙，订阅以4周为一个基本周期，初订者优惠，第一个周期只要99美分，随后就每四周35美元，我一共订了三个周期，直到回国后的第二个月才成功取消。此外还通过访问纽约的媒体专家，如在巧遇纳米尼之前，曾专程去哥伦比亚大学新闻学院，与道尔数字新闻中心的专家进行深度访谈，了解“他者”眼里的《纽约时报》（详见第十章）。而仅就阅读体验而言，我已发现不少过去并不知道的做法，很多是值得国内报业同行学习借鉴的。

内容变现的顽强探索

和纳米尼交谈之初，她先介绍自己在《纽约时报》的经历。她于马里兰大学毕业后，从1984年起就在《纽约时报》工作，后被提升为负责发行的副总裁，并于2000年9月奉调前往《波士顿环球报》和新英格兰媒体集团（New England Media Group）担任高级副总裁兼首席用户官（CCO）。新英格兰地区包含美国东北部6个州，《波士顿环球报》作为该地区最大的报纸，1993年被纽约时报公司以11亿美元的史上最高价兼并。2006年3月，她被调回《纽约时报》任高级副总裁，仍负责发行业务，一年后兼管市场营销，2010年起兼任总经理并兼管读者应用开发。2013年起担任高级副总裁兼首席用户官，直至2015年退休，在该报（及其所属媒体）工作历时31年，其间从未离开过，可谓该报的忠实干将。而她在《纽约时报》最后10年做的最重要工作，正是主导并实施了该报建立付费墙实现内容变现的转型工作。

网上对她的评价是：“曾获‘杰出女性媒体领袖’称号的纳米尼，既是成功的报业开拓者，也是世界最有价值媒体品牌《纽约时报》数字转型的游戏改变者，其通过不间断的创新，建立并发展了新的收入增长模式。”[1]而在2010年宣布其兼任总经理一职时，时任该报总裁的斯科特·希金-卡尼迪（Scott Heekin-Canedy）曾赞扬她说：“在过去的4年里，雅思敏在我们的发行、市场营销及调研方面发挥了杰出的领导作用，并娴熟地指导了读者应用产品及用户关系方面的发展，为在这新的和重要的商业领域的持续发展做出

[1]综合自www.linkedin.com相关页面简介和专家评价。

了突出的贡献。”[1]

既然她是该报付费墙战略的主要领导者，我们的谈话就从付费墙开始切入正题。

辜：全世界的报纸都很关注《纽约时报》的数字转型经验，但我知道这个话题很大，能否先从付费墙策略说起？您作为这项工作的主要领导者，一定很有感触吧？

纳米尼：我得先说明一下，我去年起就没在那儿工作，因此只能谈我在任期间的情况。要了解现在的情况，你就得去找现任的领导，去直接听取CEO或其他相关负责人的介绍。但我毕竟在那儿工作了30多年，而且随着整个世界数字革命的进展，我们也确实较为成功地探索了新的商业模式。我们公司和其他所有新闻媒体公司一样，都亟须在这个变革的数字世界寻找生存和发展的路径，而我们把最大的赌注押在了建立付费模式上。我们从2007年开始，为此花费无数时间进行讨论，在是否上马付费墙这个问题上一度非常犹豫。我们做了调研、测试，对未来可能出现的情况进行各种评估。直到2010年，我记得是在9月，我们终于宣布将实施付费墙。而在此之前，我们用了一年时间与科技公司建立这个复杂的付费墙系统。当我们于2011年正式推出付费墙时，很多人都认为我们不会成功。但事实上我们取得了极大的成功，而且正在继续获得更大的成功。

辜：是的，现在贵报已经成为全球付费模式的一个标杆。

纳米尼：我们现在已经有超过100万付费数字订户，远远超过纸媒的发行量。在我离开《纽约时报》前的2014年年底，我们从数字订户身上就赚取了1.963亿美元的收入，现在肯定大大超过这个数字。（辜：因此，你们的发行收入首次超过了广告收入。）是的，大约在2012年，来自纸媒和数字端的发行收入第一次超过了同样来自纸媒和数字端的广告收入。（辜：这是一个非常大的变化。）是的，对报业来说，这是一个巨大的事件，因为它改变了

[1]Yasmin Namini, SVP, Marketing and Circulation, The New York Times Media Group, Adds Role of General Manger, Readers Applications, The New York Times Media Group.Investors.nytco.com, January 25, 2010.

以往的模式。如今，我们超过50%的总收入来自信息消费者，而非广告或其他方面的收入。（辜：有具体的数据吗？是否已经达到60%？）没有。我想现在来自消费者的收入应该是54%左右，我去年离开时是53%。

辜：是啊，这个成绩来之不易，且有深远意义。我记得《纽约时报》似乎在更早的时候就开始付费模式的探索，好像从2005年开始？

纳米尼：你是指《时报精选》（*Times Select*）？（辜：是的，好像做了两年你们又退出了。）那是《时报精选》。我们当时这样做，只是将一些评论式专栏等独家文章组成一个版块叫作《时报精选》，并为它们设置了一道硬付费墙。读者上我们的网站看其他内容都是免费的，但对这些内容要付费，我记得好像是每年付费50美元。（辜：有报道说你们吸引了很多非纸质报纸订户。）也没有想象得那么多，大约20万新用户，或者是20万—25万用户，我记不太清楚了。但随之而来的问题是从搜索等方面过来的流量明显减少。这些独家内容有很多都是《纽约时报》最受欢迎的品牌，网上有很大检索量，而搜索带来的流量也会带来广告效应，有“吸金”（monetize）作用。我们经过监测发现，《时报精选》带来的新增收入，例如20万新订户每年每人50美元就是1000万美元，还不如取消付费墙而扩大流量后的数字广告收入多。都是数字收入，但在权衡广告收入和订阅收入的数额多少后，我们于2007年放弃了《时报精选》。当时那个付费墙的模式也和现在的模式不可同日而语。那个硬付费墙有点粗暴，把很多不愿付费的人挡在门外。

面向曼哈顿第八大道的纽约时报公司正大门（辜晓进 摄）

辜：那么你们现在这个付费墙，虽然形式很灵活，但就不担心影响流量吗？

纳米尼：我们确实担心过，因为已经有了之前的教训，这也是为什么我们采用计量式付费模式的原因。在采用这个模式之前，我们做了很多调研工作，与各种各样的读者交谈，还派人去英国的《金融时报》（*Financial Times*）考察，因为他们是最早采用计量付费方式的大报。我们不想建立《时报精选》那样的硬付费墙，尽管《华尔街日报》的付费墙比《时报精选》还要硬。在这种模式下，我们每个月允许任何人免费阅读20篇文章，这对很多人来说都是可以接受的，因此流量受到的影响会减少到最低程度。而由于现在的付费墙覆盖报纸全部内容，它们对很多受众来说是必读的，所以愿意订阅的人越来越多，它们交纳的订阅费也大大超过《时报精选》的50美元/年。

辛：你们后来将免费阅读的数量降至每月10篇，流量会受影响吗？

纳米尼：是的，一年后我们就将免费额下降至每月10篇，同时我们也保持给纸媒订户免费进入所有数字平台的待遇。之所以很快降至10篇，是因为我们发现《纽约时报》的黏性很强，很多读者充分利用了20篇的免费额度。虽然降至10篇后对流量有一些影响，但因此损失的广告收入远不如在订阅上增加的收入多，而且这也在一定程度上保护了纸媒的发行量。所以目前的效果是令人满意的。

自《华尔街日报》于1996年建立全美国（也可能是全球）第一个主流报纸付费墙后，关于付费墙的利弊争论就从未间断。事实上，在《华尔街日报》后长达10多年的时间里，也极少有报纸效仿跟进。人们一方面对自己的内容被免费消费和分享而愤愤不平；另一方面，在免费分享的互联网阅读大环境里，又不敢承担失去读者的风险。只有极少数报纸对历史性往期内容收费，例如《纽约时报》，作为有着“档案纪录报”美称的权威大报，该报很早就意识到受众有通过该报查询历史内容的需求。该报一方面将创刊以来的往期内容制成光盘，以上万美元的价格卖给各类图书馆和信息机构；另一方面，对网上两周前内容的查询收费。记得2001年笔者在美国访学时，就经常通过搜索查到来自《纽约时报》的文章，因为是两周前发表，就被要求付费。付费标准是不论长短，哪怕只是一篇短消息，都按每篇4.95美元收费。那时美元兑人民币的汇率大约1∶8，用40元人民币读一篇文章太不划算，所以读者常常放弃，除非其资料是急需的。

《华尔街日报》和《金融时报》等都属于财经类报纸。财经类报纸的内容专业性强，数据资料丰富，读者多为专业人士，在财经界有较强的阅读刚需，所以具有建付费墙的有利条件。中国目前建付费墙的报刊也以财经媒体为主。而《华尔街日报》的所谓硬付费墙，就是将所有文章放在“墙”内，若不交钱则一篇都看不到。中国一些报纸曾经尝试的付费墙都属于此类。对综合性报纸而言，《纽约时报》的探索具有里程碑式的影响，但该报的实践也并非一帆风顺。

The NYT (left) and the WSJ (right) put up their paywalls. Which one is more attractive?
图片说明：《纽约时报》（左）和《华尔街日报》（右）的付费墙，哪一种更具吸引力？《纽约时报》和《华尔街日报》付费墙的形象化对比
（来源：www.wired.com.）

正如纳米尼所说，该报早在2005年9月就推出了付费的《时报精选》，其内容包括该报及其下属的《国际先驱论坛报》（*The International Herald Tribune*）（后更名为《国际纽约时报》）社论版对页的专栏文章和往期档案文章等。付费标准有三种：每篇文章4.95美元，每月7.95美元，每年49.95美元。对很多人来说，这是一项物有所值的服务，仅追溯到1851年《纽约时报》创刊时的全部往期文章和图片这一项，就值得每年付账50美元。于是，在两年时间里，《时报精选》获得了22万多订户，每年新增收入1100万美元。但内部的争论也随之而起：这部分精华内容被置于付费墙内，影响了该报网站的流量，有人估计损失的读者甚至有数百万，而那时数字广告正在兴起，这样做合算吗？经过一番连老板小苏兹伯格也参与的讨论后，该报公开宣布取消《时报精选》，恢复免费服务，只有往期文章仍按每篇4.95美元收取费用。

尽管如此，守着一大堆自认为优质而有刚性需求的内容，《纽约时报》并未放弃内容变现的想法。就像纳米尼说的那样，他们进行了长时间的调查

研究，包括与硅谷的科技公司进行技术研发，最终决定采用一种更加灵活、能兼顾更多阅读需求的“计量式”或“多孔式”（porous）付费墙，即不是一刀切的硬付费墙，而留下了多个免费通道。从2011年3月28日正式实施的这个付费墙，允许读者每月免费阅读20篇文章，超过之后就要按每月15美元的价格付费。但从 Facebook、Twitter 等社交媒体或Google搜索点击进入的阅读仍维持免费。纸媒订户也可以享受数字平台的免费进入。这就是所谓多孔渗透，以最大限度减少付费墙对流量和独立访客数量的冲击。数月后，纽约时报公司对旗下的《波士顿环球报》也实施了付费墙。

这项被很多报纸及媒体专家质疑的举措，至少在《纽约时报》取得了巨大的成功。付费墙建立仅一年时间（截至2012年第一季度），该报的收费数字订户就达45.4万个，且保持两位数的增长趋势（2012年第一季度较2011年第四季度增长16%）[1]。到2012年年底，数字订户数量继续增长至64万，此项收入加上纸媒订阅收入，该报总发行收入飙升至9.54亿美元，超过8.98亿美元的广告收入[2]。此举具有里程碑意义，因为美国报业自19世纪下半叶整体走上大众化道路后，广告就一直是报业的主要收入来源。20世纪末，美国报业的总收入里，广告占比高达八成。此次《纽约时报》发行收入首次超越

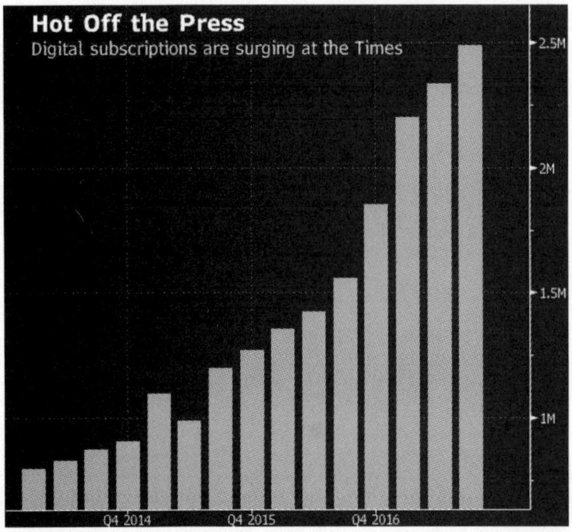

《纽约时报》数字订户增长迅速（2014—2016年）
（来源：彭博通讯社 www.bloomberg.com.2017年12月1日）

[1]The New York Times' Rise in Circulation Revenue.www.forbes.com.July 6, 2012.
[2]Agence France Presse.The New York Times Now Gets More Revenue from Subscribers Than Advertisers.www.businessinsider.com.February 8, 2013.

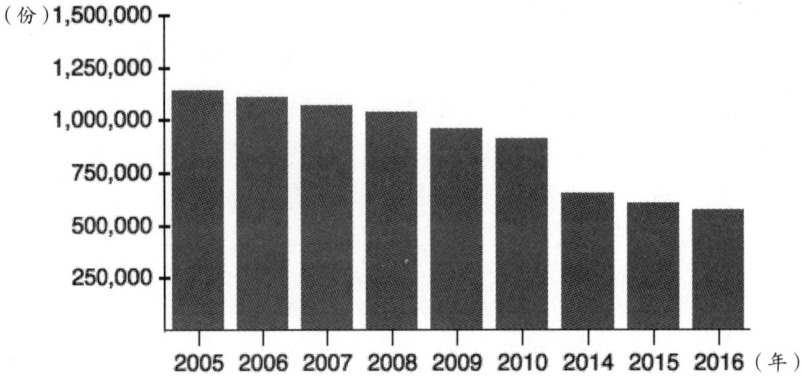

《纽约时报》纸质版平日刊发行量变化（2005—2016年）
（来源：该报年度报告，缺2011—2013年统计数据）

广告收入，固然也有广告下滑的因素，但这种收入结构的颠倒是该报20世纪以来的第一次，也是整个美国大众化报业的第一次。而且，在纸媒广告呈现不可逆转的下滑态势后，该报依靠内容增收的成功，给报人们带来了希望。

由于刚性需求的增加和该报品牌的溢出效应，该报在推出付费墙仅一年，就将每月的免费阅读量由20篇减至10篇，并于2017年12月再减至5篇。与此同时，其数字订户则不断增长：2015年突破100万，2017年突破200万，纯数字订阅收入达3.4亿美元。这些年来，该报的纸质发行量和全国报纸一样持续减少，从实施付费墙前（2010年）的平日刊90.6万份、星期天刊135.7万份，跌至2014年1月的平日刊68.1万份、星期天刊121.7万份，再跌至2017年的平日刊仅50多万份（星期天刊不详），几乎腰斩，发行总收入却由2010年的9.3亿美元增至10.1亿美元[1]。值得注意的是，美国媒体审计联盟（AAM）恰好从2011年起颁布新政策，将报纸数字平台的收费订阅计入有价发行量。按此标准，《纽约时报》的平均发行量已于2017年5月3日达到320万份，这是其创刊以来从未有过的纪录，而且近两年来其数字订户的增长速度还在加快。可以说，该报在数字转型上最值得骄傲的成就，就是成功地建立了一套可持续的内容变现盈利模式。

[1]笔者综合自纽约时报公司历年年度报告等数据。

向国际化要未来，剑指千万订户

纳米尼在和我谈话时突然问：“你注意到昨天的新闻了吗？《纽约时报》要大力开拓国际市场，这是一个重要动向。”“我还没看到，但你们不是已经很国际化了吗？《纽约时报》难道不是一份国际化的报纸？”我反问她。“那还很不够，现在的CEO想扩大国际市场多赚钱。”纳米尼笑着说。

当晚回到酒店后，我赶紧上网搜索，果然有4月14日（2016年）关于《纽约时报》砸5000万美元拓展国际市场的消息。消息云：《纽约时报》将在未来三年内投资5000万美元实施国际扩张，以吸引更多海外读者并在美国以外的市场增加新的收入来源。为达到这一目标，该报组建了一个“国际数字增长团队”（international digital growth team），定名NYT Global，由该报国际主编乔·卡恩（Joe Kahn，后升任该报执行总编）和国际总裁史蒂文·约翰逊（Stephen Dunbar Johnson）负责。该报三巨头发行人小亚瑟·苏兹伯格（Arthur Sulzberger Jr.）、CEO 马克·汤普森（Mark Thompson）和总编辑迪恩·巴奎特（Dean Baquet）联合签署的一份内部通知称：

由编辑和经营团方面高层组成的这个团队，将在更广泛的尚未开放的国际领域，为《纽约时报》式的新闻受众寻找市场……随着我们国际市场的信息消费者数量显著增长，我们相信，通过对更多非美国民众的报道，我们对非美国读者的黏性会大为增强……公司里的各个部门都要为扩大非美国读者规模和增加美国以外的收入而付出有创意的努力。[1]

5000万美元，是纽约时报公司近年来最大的一笔投资，可见该报决心之大。事实上，该报已经付诸行动。在宣布这一重大战略之前，该报创办了西班牙语版的网站NYT en Espanol，专门瞄准拉美国家的读者。这是其在中文网站之后推出的第二个外语网站。虽然暂时还是免费的，但“将欲取之，

[1]Joe Pompeo.Times sinks $ 50M into international push with“NYT GLOBAL”.www.politico.com. April 14, 2016.

2013年4月15日，《纽约时报》在编辑部庆祝获得4个普利策奖。三巨头到齐：中间招手者为发行人小苏兹伯格，左为CEO 汤普森，右为时任总编辑吉尔·艾布拉姆森（Jill Abramson），也是该报历史上第一个女性总编辑
（来源：www.slate.com.May 15,2014,by Ruth Fremson/路透社）

必先与之”，今后的收费是必然的。此外，加拿大和欧洲版的该报网站也在筹备中。根据国际总裁约翰逊的描述，该报已瞄准十大“关键市场”（key markets），包括加拿大、英国、澳大利亚等英语国家，德国和北欧国家，以及亚洲的印度和日本等。该报认为，国外市场有着巨大的潜力，因为在当时该报100多万数字订户中，来自海外的订户只占13%。在2016年12月的一个年会上，该报汤普森总裁流露出很强的自信心：“我认为我们的数字订户达到1000万是完全有可能的。”[1] 试想，按目前该报260万数字订户每年创造3.4亿美元收入计算，1000万订户的收入应当三倍于此，即超过了10亿美元，而这部分订户的发行成本大大低于纸质报纸，其前景确实值得期待。

不过，《纽约时报》走国际化路线，也并非一时兴起之举，追溯起来已有半个多世纪的历史。1967年5月，该报买下了位于巴黎的《国际先驱论坛

[1]Ken Doctor.Newsonomics: The New York Times is setting its sights on 10 million digital subscribers.www.niemanlab.org.December 5, 2016.

报》（*International Herald Tribune*）一半股权，另一半则由《华盛顿邮报》于一年前买入。这份报纸是《纽约先驱报》（*New York Herald*）于1887年10月4日创办于巴黎的该报欧洲版。《纽约时报》后来眼见《今日美国》和《华尔街日报》都在欧、亚等州拥有自己的国际版，也希望有自己的国际版，便于2002年12月30日从《华盛顿邮报》手中买下另一半股权，将该报占为独有。据悉《华盛顿邮报》起初并不愿出售，但《纽约时报》威胁说如果对方不卖，自己就退出该报，在巴黎另创办一份报纸与其竞争。2008年，《纽约时报》将自己的网站与《国际先驱论坛报》的网站合并。2013年，该报宣布将《国际先驱论坛报》更名为《国际纽约时报》（*International New York Times*）。2016年10月，该报再次更名为《纽约时报国际版》（*The New York Times International Edition*），并对整个报纸进行了重新设计，增加了新闻和分析性内容。目前，这两份报纸在数字平台已实现完全共享。该报国际数字订户占比达13%，这份国际版是主要贡献者。

就在巴奎特总编宣布打国际牌后不到半年，该报就在英国摆开了扩张的架势。已升任该报执行总编的乔·卡恩2016年10月27日接受*Press Gazette*独家专访时称，该报将在英国分社现有40人的基础上继续增加人手，要新增视频团队，在视觉新闻和特别报道上加大投资，以此迅速拓展在英国的付费数字

CINEMA'S LOVE AFFAIR WITH THE CITY OF LIGHT
SUSHI CHEFS FORGE A NEW ROUTE TO TOP
WEEKEND
A MOVEABLE FEAST IN 'THE OTHER PARIS'
THE FACE OF GREECE IN THE AGE OF CONQUEST
WHY IS THE FED BEING SO PASSIVE?
International Herald Tribune
THE GLOBAL EDITION OF THE NEW YORK TIMES
Germany no longer afraid to flex its muscles
Euro zone gets a lift on Berlin's shoulders
Russia to start loading fuel in Iranian reactor
Out of prison and into limbo
Traditional Islam, set to a modern beat

《国际先驱论坛报》

BBC'S 'TOP GEAR' END OF ROAD FOR JEREMY CLARKSON
VANESSA FRIEDMAN FOR MICHELLE OBAMA, GIRLIE STYLE WITH CLOUT
COLD COFFEE A FRESH TAKE ON A CHILLED DRINK
International New York Times
Alps crash inquiry focuses on descent
Water fees end patience of Irish with austerity
A Ukraine factory soldiers on
A mountain town's calm is shattered by tragedy

《国际纽约时报》

The New York Times

In Germany, cool politics as resistance

'Brexit' poses risk to hard-won Irish peace

Concerns over ethical ivory

To build his label, a designer heads to Italy

INTERNATIONAL LUXURY CONFERENCE NOVEMBER 13-14, 2017 BRUSSELS WHAT'S NEXT: LUXURY IN A TURBULENT WORLD

《纽约时报国际版》
《纽约时报》国际化：从《国际先驱论坛报》到《纽约时报国际版》

受众规模。但该报不会在本地突发新闻方面与英国媒体竞争，其主攻方向是国际深度报道，他相信英国的读者会为这些内容付账。他透露，该报在英国每月有3500万至4000万独立访客，约占总访客量的三分之一。只要《纽约时报》在国际报道上增加投资，进一步优化内容，改善用户体验，这部分访客量中的相当一部分就会转化为付费订户[1]。

20年数字轨迹与“创新报告”

笔者在美调研期间注意到，《纽约时报》于2016年1月22日推出一连串的报道，纪念该报网站创办20周年，并在其后陆续发表文章，梳理该报在互联网诞生以来的数字化创新与改革的重要事件。从中不难看出，该报能有今

[1]Dominic Ponsford.The Americans are coming! New York Times sets out plan for expansion into the UK and globally.www.pressgazette.co.uk.October 27, 2016.

天的转型成就，是长期持之以恒、克服重重困难而坚持创新的结果。

在以计算机驱动的新媒体历史中，主流媒体的实践最早可追溯到1969年。这一年不仅诞生了最早的互联网ARPANET，也出现了英国广播公司（BBC）试验的“可视图文”（Video Tex）和《纽约时报》创立的“信息银行”（Infobank）。“可视图文”在20世纪80年代西方传统媒体曾风行一时，美国很多大型报业集团都参与过这一实践。“信息银行”从1972年正式投入使用，是对该报以往内容摘要和所有原始文章的缩微图像的数字化存储，以供查询和检索，这也为该报后来将所有已发表内容制成光盘向公众出售打下基础。目前这“信息银行”已发展成为庞大的数据库，容纳了该报超过1300万篇文章和图片的大数据。

@times主页
（来源：《纽约时报》网站2016年1月22日）

在“信息银行”之后，特别是互联网以“WWW”规则开始向社会普及起，《纽约时报》一直保持着对数字技术和新传播方式的高度敏感，并在很多重要节点上成为先行者。该报在1月22日的官方网站上制作了一条带有各时期当事人采访录音的很长的“时间线”。因无法截图，选取一些重要事件简介如下：

1994年6月9日：该报在“美国在线”（AOL）开设“@times”账户，开始了该报内容的互动性传播。订户可以阅读当日包括新闻、财经、体育等在内的“top stories”，也可搜索阅读文化、艺术、休闲等方面的往期文章。主页有6个栏目。

1996年1月22日：创建互联网官方网站NYTimes.com。该网站不仅可以传播包括报纸版面在内的全部出版内容，还可以搜索1980年以来的历史内容，但后者要按每篇文章1.95美元的价格收费。该报当日的相关报道引述时任该报电子媒体公司（Electronic Media Company）总裁马丁·尼森霍尔兹

NEW IN BUSINESS BANKING CENTER

The New York Times ON THE WEB

knicks NEW! celtics one on one newyork.boston.com

"All the News That's Fit to Print" Thursday, November 21, 1996

SECTIONS
• Front Page • CyberTimes
• Politics • Business
• Editorials/Letters • Op-Ed
• Arts & Leisure • Travel
• Real Estate • Job Market
• Diversions • Web Specials

NEWS BY CATEGORY

CLASSIFIEDS | FORUMS

SERVICES | SEARCH

TABLE OF CONTENTS

Norman Gives Clinton Some Tips

LATE NEWS UPDATE

700,000 Additional Refugees Reported Seen Inside Zaire

IN CYBERTIMES

Wired Truckers: Big Rigs Roll Into Cyberspace

NYTimes.com.1996年11月21日主页
（来源：《纽约时报》网站2016年1月22日）

（Martin Nisenholtz）的话说，此举是该报读者拓展战略的组成部分，也是在电子媒体时代为公司创造发展机会的重要举措。该报发行人小苏兹伯格说：“我们要在网络上扮演与传统印刷报纸领域同样的角色，即作为有思想而无偏见的过滤器，向公众提供他们需要且可信任的信息。”[1] 需要说明的是，这个网站虽然不是美国第一家报纸网站，却是第一个可以检索历史内容的报纸网站。

1997年8月31日：开始数字优先的尝试。当日该报网站先于报纸发表英国王妃戴安娜去世的消息。尼森霍尔兹总裁还在网站写了一句说明：“我们开始在你们读到纸质版之前就将内容放在网上，遗憾的是，我们的重大变化正始于这样一则不好的消息。”[2]

1997年10月20日：推出生活服务网站New York Today。这是关于在纽约生活的资讯网站，专门为在纽约居住或来纽约旅游、商务工作的人设计。

1998年11月30日：首次重新设计网站。当时该网站的注册用户已达6,505,328个，而美国接入互联网的家庭为3330万户，Modem速度为28.8 kbps，手机用户数为7000万。

2001年1月1日：第二次网页改版。注册用户升至1700万个，当时美国

[1]Peter H.Lewis.The New York Times Introduces a Web Site.www.nytimes.com.January 22, 1996.
[2]据2016年1月22日《纽约时报》官网。

上网家庭6000万户，Modem速度为56 kbps，手机用户数为1.3亿。

2005年9月19日：内容收费项目“时报精选”（Times Select）上线。

2006年9月7日：创建移动网站mobile.nytimes.com。同年推出两大房地产网站Great Homes和Home Finance Center，以及两大博客世界杯博客World Cup “06”和新闻博客The Ledge。

2008年1月7日：与 CNBC宣布共享数字内容；7月10日，推出世界第一款iPhone报纸客户端；9月23日，推出基于public beta的社交网络Times People；9月26日，在网站推出第一个直播视频应用，报道总统大选辩论。

2009年3月30日：创建与《国际先驱论坛报》共享的国际网站international.nytimes.com；5月11日，上线可用于 Windows、Mac OS、Linux 三大系统的在线阅读平台Times Reader 2.0。

2011年3月28日：在各数字平台建立计量式付费墙；推出可用于Windows系统的客户端；11月15日，推出iPad 版的时尚客户端The Collection。

2012年2月28日：推出安卓版2012年总统大选客户端；6月27日，推出中文网站，成为该报第一个外文版网站；10月2日、25日，先后推出HTML5的iPad版客户端和Windows 8客户端；12月1日，发布大型多媒体报道《雪崩》（Snow Fall: The Avalanche at Tunnel Creek），第二年获得普利策特稿写作奖；12月13日，推出电子图书项目e-book。

2013年1月30日：推出用于黑莓系统的客户端；7月10日，推出用于亚马逊Kindle Fire的客户端；7月18日，推出用于Leap Motion的客户端；11月20日，推出每日更新两次的视频新闻“纽约时报时间”（New York Times Minute）。

2014年4月2日：推出收费的即时新闻客户端NYT Now（同年5月改为免费）；推出美食客户端NYT Cooking。

2015年7月30日：数字订户突破100万；11月5日，推出虚拟现实客户端NYT VR。

上述“时间线”涉及的该报数字发展大事记是较粗线条的，很多并未列进去。例如该报在尝试Google眼镜、Apple手表等最新应用以及与Facebook的“即时文汇”（Instant Articles）合作等方面，几乎都是报业领先者。这些事例罗列起来很“骨感”，而真正对外界有较大触动的还是2014年流出来的那份《纽约时报创新报告》（The New York Times Innovation Report）。在因数字转型的突出成就而被业界列为标杆后，这份长达90多页的创新报告直戳自己痛处，历数自己与其他报纸的差距，特别在数字优先方面如何落后，满纸盛世危言，表现出彻底改革的巨大决心。

报告导言部分的前4个自然段是这样表述的：

《纽约时报》赢在新闻。在数字时代，一个媒体公司所面临所有挑战中最重要的环节，就是生产伟大的新闻。我们日常报道具有广度、深度、机智和对读者的黏性，因而在竞争中成为遥遥领先者。

与此同时，我们在第二个关键领域却落在后面，这就是如何艺术和科学地将我们的新闻传递给读者。我们总是关心我们做的新闻的到达率和影响力，却未能很好地契入数字时代的编码。

这就是我们的竞争者们领先于我们的地方。《华盛顿邮报》和《华尔街日报》最近几个月来宣布了雄心勃勃的重建计划，以适应这个时代。初见传媒（First Look Media，eBay创始人皮埃尔·奥米亚尔2013年创办的非营利新闻机构）和沃克斯传媒（Vox Media，2005年创办的数字传媒公司）正在创立一种由用户参与构建的数字新闻编辑部。《卫报》和《今日美国》已经探索出扩大读者群的最佳路径。《赫芬顿邮报》（被称为第一互联网大报的数字新闻媒体）和Flipboard（2010年创办的聚合类社交平台）常常获得比我们还多的流量。

相比之下，《纽约时报》去年的读者数量却明显下降。不仅是网站受众在减少，手机客户端的受众量也下滑，各平台的增长状况令人担忧[1]。

2013年对《纽约时报》而言，确实出现了一些问题，最重要的是在建立付费墙最初两年的快速增长后，受众量出现了滞涨。报告在导言中放了两幅图表：一幅是该报各平台的受众量，单看还是相当不错的；另一幅是与主要竞争者相比的增长趋势。

[1]The New York Times.Innovation.www.presscouncil.org.au.March 24, 2014, p.3.

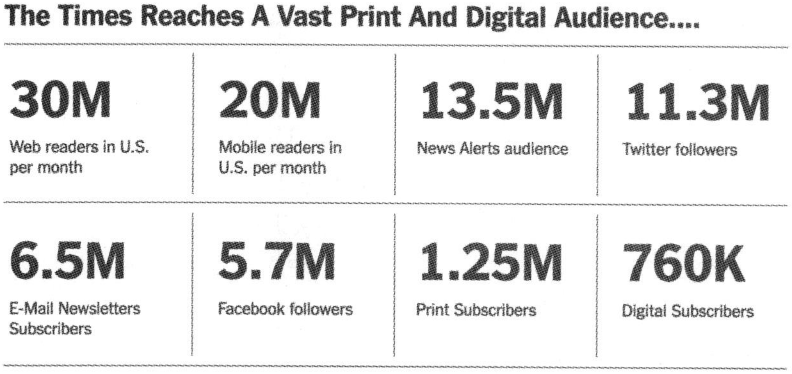

上图为《纽约时报》各平台受众量，从左至右依次为：（第一排）每月网络读者量、每月移动读者量、新闻提醒受众量、Twitter 粉丝量；（第二排）电子邮件新闻简讯订阅量、Facebook 粉丝量、纸媒发行量、数字订阅量。单位：M=百万；K=千

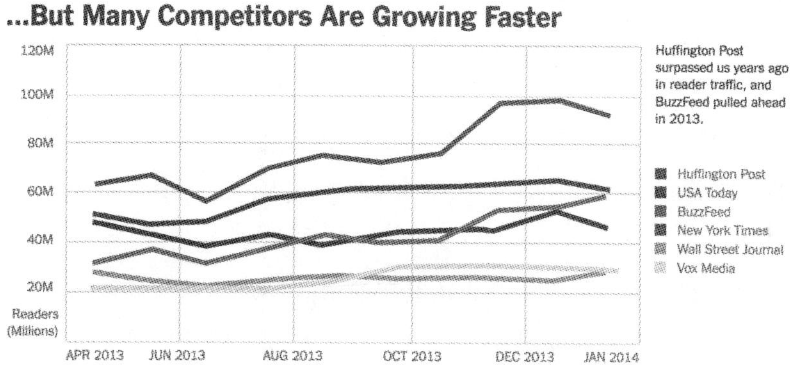

“……但是，很多竞争者呈现更快速的增长”，尽管有的起点较低。上图中六条曲线自上而下分别代表《赫芬顿邮报》、《今日美国》、BuzzFeed（2006年创办的非营利数字新闻媒体）、《纽约时报》、《华尔街日报》、沃克斯传媒。图中右上角的说明是：“《赫芬顿邮报》的流量去年超过了我们，BuzzFeed也于2013年走到我们前面。”纵坐标数据单位：M=百万

这份报告将在数字优先方面的滞后视为最主要的症结之一，用了约五分之一的篇幅来加以讨论，并将数字优先列为三大战略建议之一。报告是这样总结自己在这方面的不足的：“新闻报道总是在一天快结束时才上传。客户端由纸媒部门制作。编辑部门一丝不苟地设计制作版样却极少考虑社交媒体策略。传统报道技巧是雇用员工和营销产品时最优先考虑的因素。一个半世纪形成的习惯与传统成为阻碍数字化转型强大而保守的力

量……”报告中还提到其竞争对手采取的“数字优先”策略，如《今日美国》为所有采编部门配备了数字编辑；《华尔街日报》在编辑部中央，建立了多达60人的“即时新闻编辑室”和由社交媒体编辑和分析专家组成的“受众黏合编辑室”。

此后，《纽约时报》加快了以数字优先为统领、以流程再造为核心的数字转型步伐，其中最为外界所关注的举措之一便是每日的编前会上取消纸媒讨论。讨论并决定次日报纸要闻版特别是头版稿件的安排，是该报每日编前会的最主要内容，且已实行一个多世纪。17年前，时任该报总编辑的霍伟尔·雷恩斯（Howell Raines）接受笔者访谈时就曾表示，其日常一半的精力用于次日头版稿件的选择。2015年2月，该报现任总编辑巴奎特则宣布，该报将不再纠结于纸媒头版的选择，而代之以对数字平台主页内容的精选。2015年5月4日，巴奎特在给员工的备忘录称，从下周一开始，每日两次的编前会将停止讨论纸质版内容，以集中精力研究数字内容的安排与发布。纸媒的头版排列则由一位副总编带领若干编辑讨论决定。此举不容小觑，其作为一种象征，确立了数字优先在全报社的重要地位。总编辑在备忘录中说：“我们就是要确保数字新闻的高品质，让最大多数的读者（指数字读者）获得所有新闻的最佳版本。”[1]

创新报告发布近三年以来，该报的起色明显，除了纸媒发行量继续下降外，各数字平台的受众数量重新获得快速增长。其中，数字订户由报告中发布的76万增至2017年年底的260万，每月独立访客数量由报告中的3000万增至2017年6月的8505.6万[2]。

重塑编辑部　主打视觉新闻

走进《纽约时报》大厦的大堂，最引人注目的就是过道两侧的橙黄色“数码墙”。我之所以称之为“数码墙”，是因为墙上安装了好几百个“数

[1]转引自辜晓进：《数字优先的报业转型逻辑》，《现代传播》2017年第1期，第75—76页。
[2]comScore Ranks the Top 50 U.S.Digital Media Properties for June 2017.Finance.yahoo.com.July 21, 2017.

码盒”。这种装置实际上是一种透明的显示器，大小相当于一台12英寸的笔记本电脑，只是比它更宽些，里面随机变化着各种含义的数字、文字、图形。我刚进来时，发现几百个数码盒上都是互不相同的图案。正仔细辨认，突然发现有一个图案是中国地图，随即明白那是各国的地图。但当我拿起相机要拍摄时，图像伴随着从左往右微风吹拂般的“数码”声消失了，切换到另一个画面。我等了十多分钟，地图们再也没回来，代之以各种有意义或无意义的数字或文字，且互相绝不重复，完全随机出现。例如，有一块上显示“37,000”的数字，上面小字为“37,000 Chinese millionaires”（3.7万中国富豪）。这些数据每隔不到一分钟就变换一次，每次都有风一般的呼啸声，但并不喧嚣，只在近处才能感受到。当我还在仔细观察企图找出一些规律时，保安走过来问我的意图。我说只是好奇。他婉转称这里是过道，不宜久留。我只好离开。

《纽约时报》大堂过道两侧的“数码墙”（辜晓进 摄）

“数码墙”近观，第一个盒子上写着：“舞台上那个吉他正在干什么？”（辜晓进 摄）

单个数码盒，上面小字为“37,000个中国富豪”（辜晓进 摄）

这两面墙当然只是数字化的一种象征，并无特别的作用。就在笔者告别《纽约时报》的数码墙后回到国内仅一个多月，获悉该报又有重大变化，即对多次调整后的编辑部架构再次进行较大规模的重新整合。总编辑迪恩·巴奎特和该报创新与战略主编金西·威尔逊（Kinsey Wilson）于2016年6月23日向员工发布了一个备忘录，宣布这一决定。威尔逊曾是美国最富创新精神和数字转型效果最好的广播电台“全国公共广播电台”（National Public Radio）的副总裁和首席内容官（CCO），2014年被《纽约时报》聘请担任现职。备忘录在表达对创新报告发布以来所取得的成绩感到满意后，宣布将在三大领域做出组织改变。为详细介绍此次变革的目的、责任、分工等情况，不妨引述备忘录部分内容如下：

员工们：

自从两年前印发创新报告以来，《纽约时报》的编辑部在优化内容生产、加快传播速度、改善数字报道方面进行了无数次改变。

改变的效果是显著的。我们的受众总规模增长超过三分之一，其中大量受众延长了驻留时间，经常性读者增长了56%。数字订户超过了100万并继续在增长。我们的视觉新闻和互动新闻被广泛认为是业界做得最好的。我们的移动读者占了全部受众接近三分之二的数量，他们正通过移动终端享受着与我们网站、报纸同样丰富而有吸引力的报道内容。

今天我们正在宣布的组织变革，旨在扩大已经取得的转型成果。此次变革落实在三大领域：视觉与互动新闻领域、受众发展领域、数字新闻生产的工具领域。

视觉新闻正在我们的日常新闻报道中迅速扮演着更加重要的角色。我们期待《纽约时报》在我们的建议下大大增加视觉报道和视觉叙事的数量。

作为在整个编辑部拓展视觉报道的第一步，我们将把图表、数字新闻设计、互动新闻三个团队合并，由史蒂夫·杜纳斯（Steve Duenes）（助理总编辑）负责。他负责管理这些团队和推动全编辑部视觉新闻叙事的创新。

这些团队在将视觉新闻带入大众生活的过程中具有各自独特的作用。但他们也要协同工作，为新闻业建立视觉新闻的新标准。在增加视觉新闻的数量和形式方面，他们需要在统一的领导下运作。在试验新的表现形式时，他们也必须与我们的生产团队合作，以确保新的表现形式成为数字传播的有机组成部分。（以下具体点名三个团队负责人应如何服从杜纳斯的领导，略。）

受众发展团队是两年前在亚历克斯·麦卡勒姆（Alex MacCallum）带领下创建的。该团队工作出色，为扩大我们的受众规模和深化编辑部对发现受众、增强受众黏性方面的认知做出了突出的贡献。我们的1100万 Facebook 粉丝和2800万 Twitter 粉丝以及我们采编人员自己账户上的大量粉丝，使得我们的受众抵达率难有与之匹敌者。这部分工作在这些社交媒体成为我们新闻传播的平台时，显得更加重要。

正是基于这一考虑，我们现在将这一团队直接置于编辑部核心，组成一个新部门，由克里夫·利维（Cliff Levy）（助理总编辑）负责。新部门包括社交媒体、搜索引擎和社区服务等团队，这些过去都是受众发展的一部分。贾斯汀·班克（Justin Bank）将在新部门协助负责新的新闻试验和项目。贾斯汀和负责社交团队的辛西娅·柯林斯（Cynthia Collins）还将继续在编辑部的受众推广工作中扮演重要角色。受众发展部的任务还包括致力于创建新的监测和分析工具，例如编辑部正在引入的 Stela（Stela 是该报新采用的新闻和事件的分析工具软件。该工具能够将多种来源的数据以简洁而可视化的方式集中向采编人员呈现——笔者注）。

第三，我们要给迈特·埃里克森（Matt Ericson）（副总编）增加任务。他要在编辑部的设计、生产、数据、技术方面成为关键人物（primary point person），其负责的团队将负责从传播工具到我们网站和客户端的功能和呈现等方面的一切事务。

之所以在编辑部增加骨干人手与生产团队（包括克里夫和史蒂夫）合作，是因为我们对两者之间的关系有着战略考量，而并非想模糊我们的优先选项。

过去一年里，迈特和他的平台团队帮助设定了编辑部的优先项目，并与技术部门手把手合作升级了我们数字和印刷系统的工具软件。他现在将在围绕着网站和App的持续发展继续设立编辑部优先选项方面发挥类似的作用，目的是使编辑部和生产功能更加贴近。

迈特将继续归金西（创新与战略主编）领导。史蒂夫和克里夫将与迪恩

（现任总编辑巴奎特）和其他部门主编在日常新闻运作中合作，同时与金西等在新的视觉叙事和数字新闻的进化方面密切合作。

具体的组织运作细则详见另文（略）。

正如我们提到的那样，编辑部应当处于一种为可预知的未来而持续进化、不断变革的状态。这种变革是对过去两年来所取得瞩目进步的现实反映和确认。

迪恩，金西[1]。

两位老总的上述备忘录表明，所谓组织重建、流程再造，绝非一蹴而就或一次工程可完备的，更不是耗巨资建立一个“中央厨房”就一劳永逸的。面对变幻莫测的数字发展和胃口不断提升的受众需求，报纸编辑部必须处于“不断变革的状态”，才可能在艰苦的转型中取得主动。以作为此次改革第一任务的视觉新闻为例，该报近年来已多次强化和调整视频新闻的生产，却仍要求“大大增加视觉报道和视觉叙事的数量”。笔者在持续两个月的“抵近观察”中发现，该报数字平台的一大亮点就是视频新闻，其已频繁出现在每日的新闻报道中，不仅网站有大量视频内容，主客户端有专门的视频频道，还推出包括VR在内的视频App。而此次备忘录之后的第一个成果，就是于2016年10月推出网络电视Watching，这是一个包含电视、电影、新闻在内的视频网站。

以下是笔者与纳米尼关于视频生产的对话：

辜：我在订阅你们的数字产品后，发现《纽约时报》正在花大力气发展视频新闻。很多重要新闻都能同时看到重要的视频片段，这个感觉很好。

纳米尼：这是他们正在努力的一个方面，也是《纽约时报》战略发展的组成部分。视频内容在《赫芬顿邮报》占的比重更大，他们负责视频的副总裁，成天把视频挂在嘴上。（辜：因为视频新闻已成为一个大趋势。）它

[1]Benjamin Mullin.New York Times reorganizes digital leadership ranks.www.poynter.org.June 24, 2016.

不仅是个大趋势，也是一个消费趋势，因为消费者喜欢看视频，而广告商也愿意为视频内容付更高价钱。所以，视频的开发是很多传媒公司都非常重视的，并不仅仅是《纽约时报》。大家都希望获得更多视频受众，这样受众驻留的时间就会延长。这方面的数据足够多了，广告客户就很满意了。所以这也是一种经营战略。

辜：但视频的生产成本很高。（纳米尼：是的。）因此只有像《纽约时报》这类大媒体公司才能承受由此产生的高成本。我注意到《纽约时报》编辑部仍保持较大的规模，这也与视频需要人手有关？

纳米尼：有一件事是多年来困扰新闻业的，就是还要不要承担真正的新闻传播的社会责任。对此，我们的发行人苏兹伯格先生头脑很清醒，即无论是金融危机还是其他困境，他坚持不做的事情之一，就是像很多大型报业公司如《洛杉矶时报》《芝加哥论坛报》那样，对编辑部进行大幅裁员。不仅如此，我们继续在新闻上投资，近年来更是为编辑部招聘了较多数字方面的员工，也包括视频员工。我们之所以持续在新闻生产上投资，是因为这才是价值回报的关键，也是人们愿意为之解囊的根源。因此我们一直聚焦于优质内容的生产和更有效的传播。苏兹伯格及其家族以及所有股东们都对此坚定不移，更别说我们管理团队了。没有人质疑《纽约时报》对优质新闻内容不懈追求的决心。这也是我们区别于一些新闻机构的重要方面。有趣的是，贝佐斯入主《华盛顿邮报》后做的第一件事，就是增加记者，增加媒体工程师，扩大对编辑部的投入。说明他也认识到内容生产是第一位的。

辜：你们现在的总裁汤普森来自英国广播公司，曾经是BBC的总编辑？

纳米尼：他是 CEO，曾经是BBC的股东和总编辑。

辜：邀请广电领域的领导来担任贵报的CEO，是否也意味着对视频内容的强化？他好像还是《纽约时报》第一次聘请的海外CEO。

纳米尼：是的。不过，在他来之前，视频生产就是《纽约时报》的主要战略方向之一。多年来，在他加入《纽约时报》之前（汤普森2012年8月受聘《纽约时报》 CEO——笔者注），视频就被视为我们工作的重要部分。但他来之后，《纽约时报》将这一战略落到了实处。他带来了很多经验和理念，你知道的，BBC的视频生产和传播在全球是领先的。现在我们之所以在视频方面大有起色，就是因为他的经验带来了很高的价值，很多计划都成为现实。

据悉，该报已经确立新的数字策略，即新闻报道的“视觉优先”（visual-first journalism）策略。事实上，就在汤普森来该报就职后不到两年，该报的视频团队人数就翻了一番，增至60人，并计划继续增至100人，其中八成以上都在编辑部工作。2014年9月，该报各数字平台的视频产品获得5940万的流量，仅网站和YouTube视频独立访客就达400万。当年视频获得的广告较上年增长了70%[1]。2017年1月，该报又宣布增加12位视频新记者。

15个App用来干什么

在美国大型主流日报中，《纽约时报》是第一个入驻苹果公司移动应用商店的，时间是2008年7月10日。在首批入驻的500个App中，该报也是唯一报纸品牌，其余多为游戏、娱乐、社交媒体、日常生活等类型。苹果公司创始人乔布斯当时将开启移动应用的壮举形容为“在一台装置上实现的三大产品革命”，即同时包含“一种触屏式宽屏iPod、一个革命性移动手机，以及一个打破现有互联网格局的通信装备”[2]。《纽约时报》是最早享受到这“三合一”式信息传播成果的传统报纸。

在随后蜂拥而起的App热潮中，《纽约时报》的官方App一度多达34个。但笔者在美调研期间发现，这一数量已经被调整或精简，总共大约有15个（有些未以该报Logo出现因而暂难确定归属的App未计在内），覆盖了所有移动数字系统，包括安卓、iOS、黑莓、iPad、Kindle、Windows 8、Windows phone等。在与纳米尼的交谈中，笔者也问及该报的App。

辛：我注意到《纽约时报》有很多App，如有一个叫作NYT Now的App，起初是收费的，但后来又改为免费。这是什么原因呢？

纳米尼：原因是我们在实施付费模式时主要针对主网站和主App，但一时还没有其他可收费的产品。我们做了很多调研，然后开发了NYT Now，

[1]Eric Blattberg.Inside The New York Times’ video strategy.Digiday.com.October 30, 2014.
[2]Simon Hill: From iOS 1 to iOS 11: how Apple’s iPhone OS has evolved since 2007.www.digitaltrends.com.June 29，2017.

这是一个发布即时新闻且主要针对年轻人的App。但后来发现，这个App并未达到预期目标，没有我们设想那样成功。你知道的，我们花了近20年时间创办并发展了报纸的网站，这是该网站有那么多重度读者且愿意为它付费的原因。而NYT Now试图服务不同的人群，特别是年轻受众。对这类手里有很多选项的受众而言，NYT Now只是个新选项，而我们并未建立起能引起他们刚性阅读需求的产品，因此他们的付费意愿并不强烈。所以我们很快取消了付费墙。我们的想法是，人们喜欢App，现在我们把门槛拆掉，争取培育这部分受众。说不定哪一天我们又建立起付费墙。

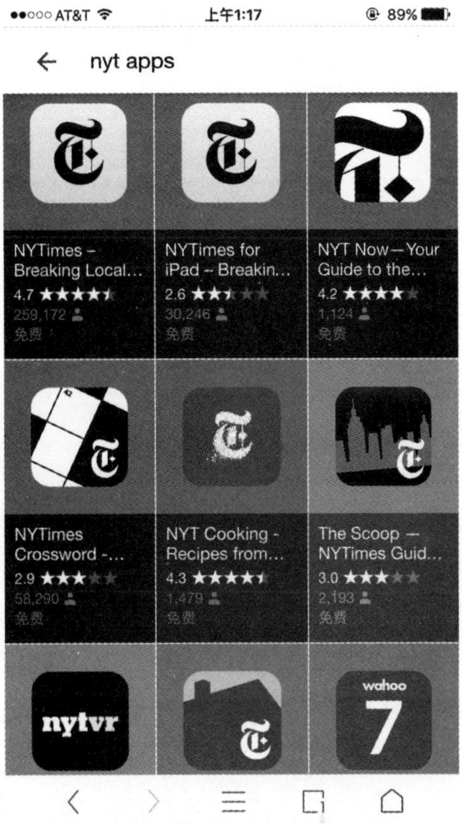

《纽约时报》2016年部分App
（辜晓进 手机截图）

《纽约时报》的App大体可分为以下几类：一是新闻类，包括NY Times（主App）、NYT Now（即时新闻，已于2016年8月下架）、纽约时报（中文版新闻）；二是服务类，包括T-real estate（房地产）、T-cooking（美食）、T-The Scoop（大纽约生活）；三是娱乐类，包括NYT Crossword（填字游戏）等；四是视频类，最突出的是NYT VR（虚拟现实）。

这些App不仅定位精准，且内容丰富。以其主App为例，就设有31个频道，从要闻（Top Stories）、最关注新闻（Most Popular）、评论（Opinion）、国际（World）、国内（U.S.）、本地（New York）到政治（Politics）、财经（Business Day）、技术（Technology）、科学（Science）、健康（Health）、体育（Spots）、读书（Books）、旅游（Travel）等，母报内容应有尽有，几乎囊括该报纸质版所有门类。还多出

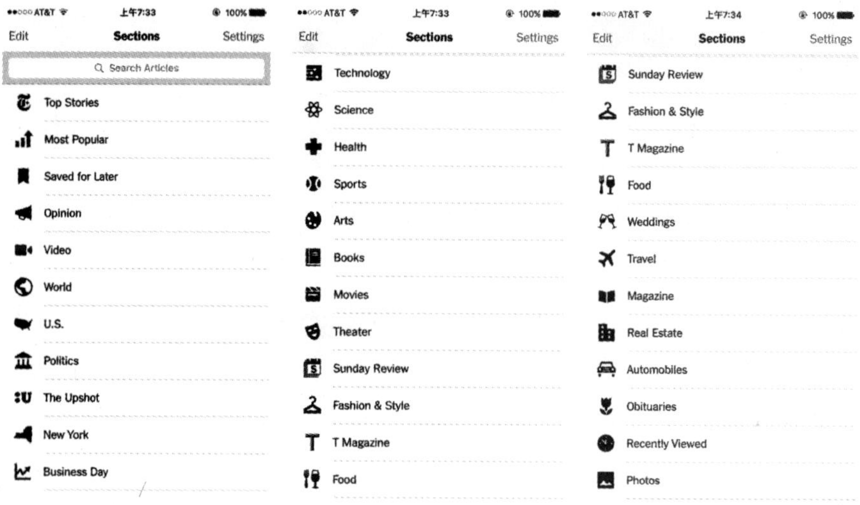

NTYimes 2016年4月16日频道目录（辜晓进 手机截图）

视频（Video）、留待细读（Saved for Later）、最近阅读（Recently Viewed）等纸媒没有的频道。在笔者观察到的美国报纸新闻类App中，NY Times是最庞大的新闻应用软件，很多读者只订阅这个App就够了。该App每4周订费14.99美元，如果订阅包括PC版在内的全部数字产品，则每4周要35美元，而且随时更新（如美国著名摇滚歌星“王子”去世当天，其主App就更新了6次内容）。

The Scoop 点开后的主页，图标中的数字是二级栏目的数量（辜晓进 手机截图）

服务类App，不仅信息量大，而且实用性强，基本上还实现了谷歌那样的定位和搜索服务。如The Scoop，关于大纽约地区吃喝玩乐（餐饮、酒吧、交通、购物、艺术、影视、百老汇演出、博物馆等）应有尽有，且都有定位服务和谷歌地图似的前往指南，几乎可以满足在纽约的全部生活资讯需求。

房地产也并非人们想象的是与房地产商合作的经营项目（当然也不排除相应广告合作）。打开该App，除了首页新闻外，置顶的是“Find a Home”（找房）。点开后可以输入自己所在地址或感兴趣的城市，然后可见两个选项：买房（含卖房）、租房（含出租）。点开“买房”，下面有开盘活动（open house）、最近14天新房、降价房三个选项（可多选）。接下来的菜单有10多项内容，诸如价格范围、房屋规模（美国多以睡房数为标准）、房屋类型、占地面积、是否一手房、大致方位、邻居情况、洗手间数目等。一旦找到感兴趣的房子，便显示具体地点和前往指南，可见服务是相当到位的。这期间，房地产商可以用原生广告的方式出现，但不会干扰选房信息和阅读体验。

该报的美食App也是深受欢迎的服务类客户端，其特点是每天推出很多简易实用、口味不同的美味菜谱，每个都有烹饪方法的全套示范，为家庭主妇们所喜爱。由于下载量较大（我在美国时大约700万月活跃用户），该报在我离开纽约后不到20天，便宣布将推出与快餐制送公司“大厨”（Chef’d）合作的送餐服务，即该报从自己的数据库中17,000种（现已增至18,000种）菜谱选择最受欢迎的20种接受订餐，Chef’d将从接受订单起的48小时内，按用户需求制作并送至全美除夏威夷和阿拉斯加的48个州的家中，两人份的价格范围为19—39美元[1]。这一服务已于2016年7月18日开始实施，但有报道指其起点价格已调整为每份27美元。

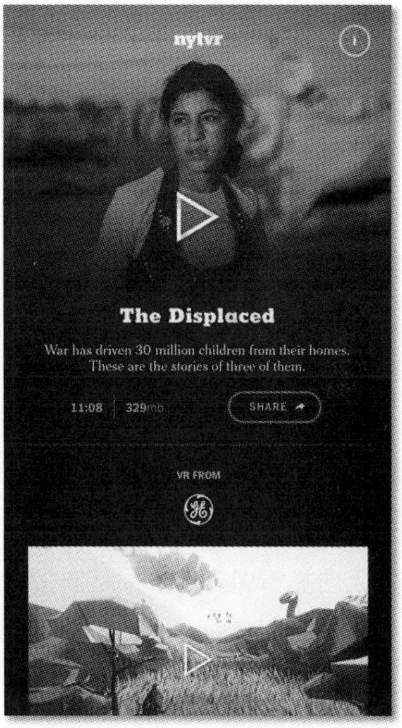

NYT VR第一个360° 全景报道《无家可归》（辜晓进 手机截图）

至于虚拟现实的360° 视频App，就更加炫酷了。该报2015年11月6日

[1]Ken Doctor.Times shuts down NYT Now mobile app.www.politico.com., 18 Aug.2016.

正式推出NYT VR，并向百万纸媒订户寄送与谷歌合作生产的纸板虚拟眼镜（Google Cardboard），引发业界关注。首件作品为《无家可归》（*The Displaced*），描写分别处于东乌克兰、南苏丹和叙利亚三个战争儿童的悲惨命运。2016年5月，该报又向30万“忠诚数字订户”（取决于其订阅时间，笔者当时也是订户，但因初到而不在其列）发放虚拟眼镜。至笔者写到这里，该报已推出数十部 VR 作品。而眼镜的价格也从当初的20多美元骤降至5美元以下。

值得注意的是，由于上述App成功带来大量受众并逐渐产生黏性，《纽约时报》已经将其中的部分App纳入收费范畴。例如填字游戏的NYT Crossword，起初免费，但由于美国（包括加拿大等国）大量民众酷爱这类游戏，而该报的游戏又被认为做得最好（美国至少有100多家日报通过该报的辛迪加每天订购填字游戏），加上手机操作的便利性，该报便从数年前开始收费。读者订阅这个App每年须交费39.95美元。推出2年多，订户已达20万[1]，这样一个游戏小产品每年收入就近800万美元。从2017年6月起，该报对美食客户端NYT Cooking也开始收费，每月5美元。

真正的融合：常态化多元呈现

在美国调研期间，我一直在想一个问题，即传统报纸的数字转型，最终在内容的呈现上，究竟发生了哪些改变？在国内，一讲转型，报纸都会讲述一番数字传播和两微一端的情况，重点还是传播渠道的变化，而新闻的表现并无明显不同。不信你从微信公众号或客户端中随便找几条重要新闻看看，基本上还停留在“文+图”的模式。当然，现在的情况比2016年好多了，在报纸的公众号和客户端上常可看到视频了，但视频通常都独立成篇，并未成为日常重要新闻的组成部分。

这一章即将完稿的2018年4月10日，正值习近平主席在博鳌亚洲论坛上

[1]Myles Tazer.New York Times Crossword Puzzlers Revolt Over New App.www.buzzfeed.com.,12 June 2014.

发表重要讲话，而在中美贸易战背景下各国政要和经济专家围绕经济全球一体化的讨论也十分热烈。但到了各报数字平台，相关报道仍是“文+图”模式。以中国做得最好的报纸客户端“人民日报”和“澎湃新闻”当晚报道为例：“人民日报”“焦点新闻”的前五条《习近平出席博鳌亚洲论坛年会开幕式并发表主旨演讲（全文）》《博鳌亚洲论坛新一届理事会产生周小川任副理事长》《亚洲媒体高峰会议在海南三亚举行黄坤明发表主旨演讲》《人民日报头版头条：全世界都在期盼大国领袖发出中国声音》；“澎湃新闻”主页横向滚动的除1篇社论以外的4条新闻《博鳌亚洲论坛2018年年会（专题）》《习近平出席博鳌亚洲论坛2018年年会开幕式并发表主旨演讲》《习近平会见菲律宾总统杜特尔特：继续妥善处理好南海问题》《国家市场监管总局：廊坊等11城被列为今年传销重点整治城市》，以及下面几条要闻《李克强考察中国（上海）自由贸易试验区》《正申报省级无传销城市的合肥，为何又成为全国重点整治的城市》《硕士生学位论文涉嫌床戏事件曝光一周后，东北大学还在核查》《爱奇艺下架〈奇葩大会〉第二季全部正片》，都是“文+图”模式，未见任何视频插入。

于是我把眼光盯在《纽约时报》《华盛顿邮报》《今日美国》这三家综合性全国报纸上，特别对它们的主App进行每日不间断的观察。结果发现，它们已经完全实现日常报道的多元呈现。例如，笔者写到这里时打开当日《华盛顿邮报》的主App，看到其首页全部9条要闻有8条是插入相关新闻视频的。显然，这种呈现方式，与10年前“文+图”的表现形式相比有了巨大变化。三报中，《纽约时报》做得最好。其日常报道中已经大量采用多元嵌入的融合报道。这表现在，一篇新闻中不仅有文字，还常常嵌入音频、视频、图表、幻灯片等传播形式。它们不是个别现象，而是每天都有，或者几乎所有重要报道都有。转型带来的这种真正意义上的超文本呈现，正在给人以前所未有的阅读视听体验。

例如笔者访美期间，总统大选一直是所有主流媒体的压倒性新闻，报纸铺天盖地，电视滔滔不绝。而5月3日这天又是一个“竞选星期二”，是竞选过程中的重要节点之一。恰在这天，两党在印第安纳州的党内竞选出现重大变化：共和党候选人特朗普因为其主要竞争对手克鲁兹宣布退出而奠定了共和党总统候选人的地位；桑德斯在该州击败希拉里拿下一城，向民主党候选人的宝座走近一步。这自然成为全国性报纸的头条新闻，《纽约时报》App的报道就十分详细。其头条报道不仅有洋洋数千字文本内容，还插入三段视频，分别是特朗普、桑德斯和克鲁兹在竞选现场的讲话片段。这些视频对报道中的引语起到了重要的验证作用，其表现出的人物表情和现场气氛更是文字描写难以胜任的。文中还嵌入13幅现场幻灯片，可横向拉动而不影响纵向阅读。

此前一天，相关大选报道中还嵌入了统计图表，公布关于两党选情的最新民调（见下图）。

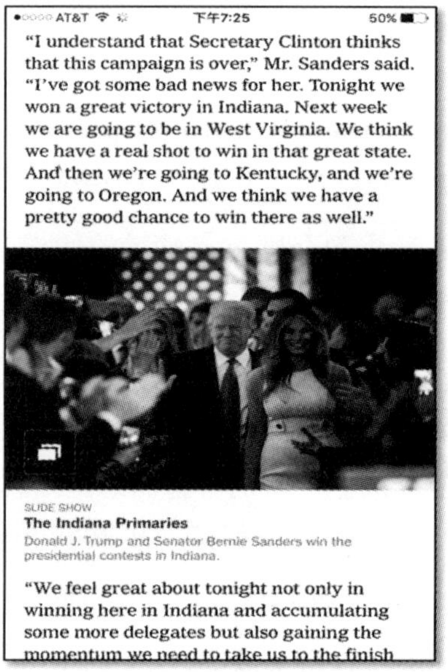

《纽约时报》主App2016年5月3日关于特朗普在印第安纳州胜出的报道部分段落。左图是特朗普1分13秒的演说，右图是13幅可以横向浏览的图片（辜晓进 手机截图）

文化娱乐报道也是如此。2016年4月21日上午，七次格莱美奖获得者、美国超级巨星“王子”（Prince）去世的报道也令笔者大有感触。在当日不断更新的报道中（至下午6点已更新6次），其App新闻愈发丰富，不仅有详细的文字，还嵌入“王子”近期的演出、《纽约时报》过去对其的专访、著名专辑片段、最受欢迎歌曲排行、民众献花悼念、奥巴马总统讲话等视频、音频、图表等信息。如此丰富的表现形式和如此快捷的内容传播，彻底颠覆了传统纸媒延续几百年的新闻报道模式。

一篇《与鲸对话》（A Conversation with Whalse）的科技新闻，描述了海

《纽约时报》主App2016年4月21日最后一次更新的关于“王子”去世的专题报道。左图底部在“纪念王子”的小标题下，有粉丝回忆和奥巴马讲话等链接。右图嵌入2分钟的“王子”演唱视频（辜晓进 手机截图）

豚、鲸如何进行信息沟通。文章多个相关段落出现播送按钮，点开即可听到海豚或鲸在水下“说话”的声音。

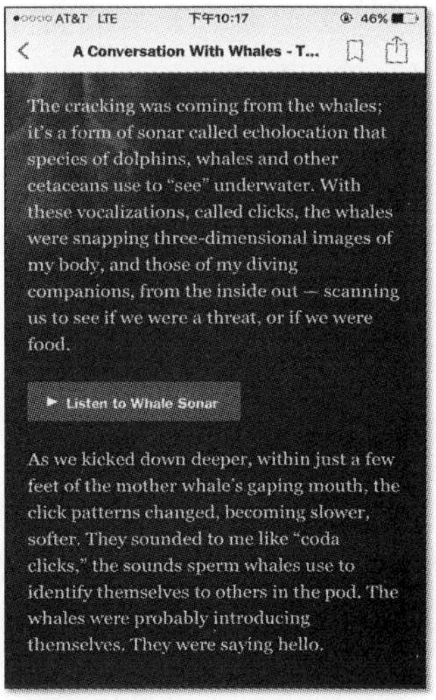

《纽约时报》主App在2016年4月17日报道中嵌入的音频“请听鲸的声呐”（辜晓进 手机截图）

《纽约时报》主App2016年5月2日报道中嵌入的图表（辜晓进 手机截图）

“2020报告”与《纽约时报》未来

近五年来，《纽约时报》有两份内部报告引发关注。第一份就是本章前面提到的2014年3月的“创新报告”。这份报告以批判思维审视该报此前数字化转型的功过，更多的是检讨和痛定思痛的改造方略。这份报告之后，该报彻底扭转了2013年的停滞，重拾快速上升的势头。第二份报告是2017年1月的“2020报告”，完整表述是“与众不同的新闻/2020小组报告”（Journalism That Stands Apart/The Report Of The 2020 Group）（以下简称“2020报告”）。与前一份报告相比，这份“2020报告”更多的是展望未来和针对未来发展的战略布局。而且与前一份报告仅限于内部使用而“意外”泄漏不同，这次该报干脆通过网站直接向外公开。这被外界解读为更加充满自信的举动。

“2020报告”篇幅比“创新报告”少了一大半，只有35页，由7位记者、编辑历时一年完成，访谈人数近200人。在发布该报告的当天，该报总编辑巴奎特和执行总编卡恩还向员工发布了一条700多字的备忘录。两人在备忘录里简单提到发布“2020报告”的理由：

> 三年前，创新报告的作者们认为，我们虽然继续生产着业界最具竞争力的新闻产品，却在向新的和广大的受众呈现和推广这些新闻产品方面落后于很多竞争对手……但今天，包括很多数字媒体在内的大多数强有力的竞争者，却在追随我们而行。我们的转型已经进入纵深领域。但我们的工作不能就此止步，于是我们今天公布了“2020报告”[1]。

这份报告一开始就阐明，现在是《纽约时报》整个历史进程中最关键的时刻，公司上下都渴望变革。报告称，2016年该报记者报道了150多个国家，占这个星球的国家总数的80%，该报记者人数超过世界上任何一个新闻编辑部。该报过去一年以来从数字平台获得近5亿美元的收入，比很多大型

[1]From Dean Baquet and Joe Kahn: The Year Ahead.www.nytco.com.January 17, 2017.

报业或数字新闻机构加起来还多（包括 BuzzFeed、《卫报》和《华盛顿邮报》）。记得在《创新报告》中，该报还谦虚地指出自己与上述这几家新闻媒体存在差距，此次竟指名道姓表达自己对竞争对手的超越，体现的是该报在数字转型上的高度自信。这份报告在第四自然段还特别阐明：

简而言之，我们实施的是“订阅优先”（subscription first）的商业模式。我们对订户的专注将我们与其他很多媒体机构明确地区分开来。我们不会用泛泛的点击量和低价值的广告干扰这一模式。我们也不打算在流量的竞赛中取胜。我们确信，对《纽约时报》而言，最有商业价值的战略就是让新闻变得足够强大，从而令全球数百万人愿意为此付费阅读。当然，这一战略与我们的长期价值是完全吻合的。我们的内心诱惑指引我们奔向新闻的卓越[1]。

“2020报告”在长达近4页的前言之后，从“我们的报道”“我们的员工”和“我们的路径”三大部分讲述了该报的未来战略。现将它们摘译如下：

我们的报道

《纽约时报》每天发表约200篇新闻，包括一些无论置于何地都是最佳作品的报道，同时也包含太多无足轻重、无助于实现《纽约时报》价值目标的报道。这些缺乏影响力的报道主要指那些与免费竞争中随意可以获取的新闻并无区别的低价值报道，也包括缺乏紧迫阅读兴趣的特稿和专栏文章，以及那些写法笨拙、话语老套而不能清晰阐释重要主题和难以吸引年轻读者的新闻。

我们的大量资源被用来发布读者量很少的内容。这是对时间的浪费，包括记者、编辑、摄影、后台工作者等的时间，是对我们整个报道的稀释。我们的新闻必须加以改变，变得与我们读者的需要、追求和习性更加匹配。我

[1]Journalism That Stands Apart/The Report of the 2020 Group.www.nytimes.com.January 17, 2017.

们的报道应当被更多人认为是不可或缺的和值得每天去阅读的。特别要做到以下几点：

（1）报道要更加视觉化。

《纽约时报》在国际新闻方面已经享有前所未有的声誉。我们在新闻业定义了新闻的多媒体叙事并奠定了自己的领导地位。尽管如此，我们在利用数字叙事工具令新闻更加丰富和更具黏性方面做得并不足够，太多日常报道被大篇幅文字主导。

举例而言，当我们2016年在报道关于纽约地铁路线的争论时，就有读者嘲笑我们连一个简单的地铁线路图都没附在报道里。同样，我们报道舞蹈或艺术时，记者和评论家写的内容虽然会包含视频和图片，但总是很有限。我们必须对记者、编辑和评论家进行培训，强化他们这方面的能力。我们还要创造条件让摄影记者、摄像记者和图表编辑能更加方便地在报道中直接发挥作用，而非仅仅扮演第二位的角色。

（2）新闻写作要更加原生数字化。

近年推出的新闻简讯推送（daily briefings）是最成功的数字产品之一。它们在《纽约时报》的订户和非订户中都有着广大而忠诚的受众。这些简讯在很多情况下都是每日报纸的数字表达器：它们利用现有的技术和我们的专业判断，以一种经常的和契合读者生活规律的可预测的节奏，向读者解释世间大事。我们需要更多类似新闻简讯这样的创新。

我们需要更多新闻形态（journalistic forms），通过新闻邮件、新闻提醒、新闻答问、日志牌、音频、视频及其他创新形式，时时引导读者关注我们的重要新闻，让《纽约时报》成为读者的生活习惯。这些形态也不仅仅契

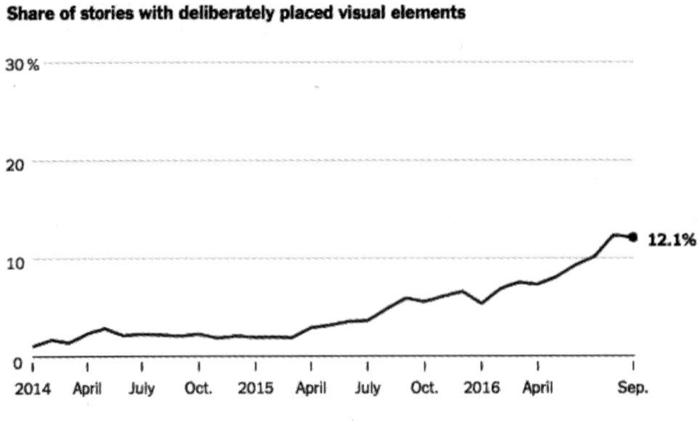

《纽约时报》新闻报道中视觉元素占比的发展（2014—2016年）

合读者习惯，还会很自然地鼓励我们的记者更多地采用对话式写作风格，少用旧式写作。对话式写作风格在社交媒体、电视、广播中已广泛应用，但我们在日常报纸报道中并不常用这种亲近读者的方式。我们开发新型特稿的能力出现了发展瓶颈，尽管已有现成工具可供我们采用。我们必须在开发更加丰富、更加数字化的新闻形态上取得突破。

（3）我们需要推动服务新闻的新方法。

长期以来，以纸媒为中心的战略曾经为我们带来极大成功，但也制约了我们在数字呈现方面取得更大的成功，制约了我们的副刊内容吸引更多新受众。《纽约时报》现在的副刊（features）[1]策略可追溯到20世纪70年代。当时创立诸如生活、家庭等副刊版块的动力来自对广告的吸引。

如今，我们需要新策略，既包括传统副刊（娱乐与资讯），也包括指南性特稿（有实用价值）。我们现有的方法妨碍我们实现与《纽约时报》品牌和新闻质量相适应的大规模数字存在，也影响我们将纸媒版块做成更富想象力、更加现代和更与读者相关的新闻产品。坦率地说，我们的雄心和创新精神还不如20世纪70年代的先人。我们需要20世纪70年代副刊开拓的现代版本：将编辑部资源投向新领域，直接用于吸引订户和黏住新读者（这些反过来有助于吸引广告）。

《纽约时报》晚间新闻简讯客户端

（4）让读者成为我们报道的重要组成部分。

积累读者忠诚度的最佳方法莫过于强化黏合度——给读者以社区一分子的感觉，而《纽约时报》的读者群就是一个大社区。他们想互相交谈、互相学习，话题不仅关乎美食、好书、旅行、科技和填字游戏，也包含政治和国际事务。我们虽然

[1]在美国新闻界，feature有两种含义：一是副刊稿件，二是特稿。具体翻译要依使用语境判断。

已在新闻内容中创立最具公民意识和最成功的评论版块，却未能充分调动读者参与这些互动。

我们现在最丰富的社区黏合还只存在于一些角落和缝隙中：哲学家们在言论版块的“石头”（The Stone）专栏的热烈讨论；字谜狂热者在“填字”（Wordplay）专栏中的对话；“康复”（Well）专栏中癌症幸存者们的故事；“美食”（Cooking）专栏中关于最佳巧克力配方的注解等。

邀请读者在我们的平台上投入精力，会营造出忠诚度的自然绕环。网络效应是任何成功启动的增长引擎，Facebook是这方面最好的样板。可惜《纽约时报》迄今还没有从读者那儿获得类似他们的朋友、亲戚、同事那样的兴趣或价值。这一点必须改变。

我们的员工

《纽约时报》雇用了世界上最好的新闻工作者，并持续成为很多顶尖记者的首选雇主。我们编辑部的大部分员工必须保持稳定。我们应继续聘用由记者、作家、分析师等合理组合而成的新闻团队，应继续在我们的新闻核心配置最严格的编辑队伍，应继续向记者提供时间和资源以完成能产生真正影响力的新闻作品。

但我们也必须改变员工队伍，这并非出于预算考虑。必须令记者的能力与我们的新闻雄心相匹配。我们需要能为《纽约时报》带来比现在更多读者的员工，需要能吸引更多付费受众并成为更有影响力新闻和信息生产源的员工。特别要做到以下几点：

（1）要大大拓展培训活动并尽快实施。

“2020报告”在对编辑部进行的调查中发现，很多记者和编辑都对掌握新技能有着迫切的要求。他们明白《纽约时报》的新闻业已经有改变并可能迎来更大改变，因而希望在促使这些改变的过程中扮演更重要的角色。

我们编辑部的培训努力在过去一年以来有了长足的进展，但仍须继续开拓。一位新近入职的记者告诉我们，“在不同平台进行实战性的培训是最理想的”。我们的员工队伍由世界上最好的记者组成。培训将令他们的专业和知识与强大的新闻新叙事工具相结合。

（2）要为从外界聘用顶尖记者铺平道路。

我们编辑部现在尚未拥有能执行未来变革计划的最佳技能组合。某些领域目前显得特别重要：视觉记者；同时具有跑线权威和高超写作能力的记者；具备提炼主题和策划更多分析和对话新闻的专业能力的后方编辑。上述新才俊必然会帮助我们以由传统、纸媒为中心的角色转向新的多媒体角色。最优先聘用的应是那些有创意者，包括有创意的记者、图像编辑、摄影记者等；适应数字时代的后方编辑高手也是最佳人选。

一些记者虽然在跑线报道方面具有权威但不能掌握新的新闻工具，这在过去是可以接受的，但现在不可接受。互联网对平庸之才是残酷的。当记者犯下错误，哪怕是细微的差异或只是不够尖锐，在 Twitter、Facebook 等平台上也会很快被淘汰出局。

（3）多元化是我们编辑部的最优先需求。

编辑部多元化发展对生产更丰富、更具黏性的新闻内容有着关键作用。多元化体现为更多有色人种、更多妇女、更多来自其他大都市的人员、更多年轻记者、更多非洲裔美国人。这对我们的战略雄心也是至关重要的。拓展国际受众和吸引更多年轻读者，取决于我们是否有更多的多元化报道和多元化员工。

（4）应重新考虑对自由撰稿人的吸引。

在编辑部内部，我们有时会将《纽约时报》的质量和《纽约时报》员工的素质等量齐观，但读者有不同的视角。当一篇新闻出现在《纽约时报》上时，他们都视为《纽约时报》质量的体现（包括高质量和低质量）。事实上，自由撰稿人的作品常常被列入最佳阅读内容，包括新闻报道和评论。他们经常出现在社论版对页、书评、摄影、杂志、科学、生活方式、旅游等版面。如果从每一个美元的产出来测算，我们自由撰稿人平均吸引的受众规模超过我们自己员工写的稿件。

我们要在每年的预算中更有创意、更加积极地对待外界的撰稿者，而要避免轻易削减对他们的预算。总体上看，自由撰稿的支出应当增加。

我们的路径

要让编辑部主要反映我们的数字呈现和未来发展，而不是传统纸媒。《纽约时报》需要编辑部在应对危机时比过去更敏捷和更卓越。我们花了20年时间重建组织架构和处置纸媒需求。即便是今天，我们的运营仍在很大程度上是物理化报纸的反映。现在到更加激进的时候了。特别要做到以下几点：

（1）所有部门都要有清晰的并被员工深刻理解的愿景。

我们各部门向数字新闻领域的最成功推进，取决于由这些部门领导制定的清晰愿景。已有的成就不是偶然取得的。数字新闻的崛起为新闻叙事和抵达读者提供了很多途径。而我们需要在哪些该做和哪些不该做方面做出决策。

但并非所有部门都有着清晰的和被广泛理解的愿景。《纽约时报》大多数记者不能描述本部门的愿景或使命。大多数新闻部门未能清楚地确定谁是自己的基本读者以及哪些新闻形态需要优先采用。编辑部很多员工急切想要了解这些，并认为这样可以提高他们的工作效率。

“2020报告”相信，有效的愿景将跨越以下三大领域：

新闻——报道什么？以什么形态去报道？怎样才能做出比竞争对手更突出的报道？

受众——各报道团队的目标受众是谁？这些受众会怎样发现并体验这些新闻？这些报道在令《纽约时报》成为受众生活习惯的过程中扮演什么角色？怎样的表现算是成功？部门如何发现这些成功？

运营——集团还需要哪些技能？怎样在记者、内容创新者、编辑、经理之间取得恰当的平衡？集团内部怎样与纸媒生产和跨部门团队互动？

（2）要设定目标并检测我们是否朝这些目标推进。

在纸媒时代，报纸业务是稳定的，编辑部无须跟踪检测报道作为个体或整体的成功轨迹。如今我们的业务在快速变化，尽管我们仍享有很高声望，但我们在市场中的地位受到侵袭，而管理中的大部分环节并未相应改变。编辑部多数部门没有设定清晰的目标。

一些员工告知“2020报告”小组称，他们因为缺乏透明和可理解的编辑部目标而感到沮丧。“美食”客户端的实践表明，哪怕设定一个尚不完整的目标，也有助于强化员工专注于方向明确的工作。目标只有在可量化监测的情况下才可能真正实现。

（3）要对“成功”重新定义。

过去一年以来，编辑部在拥抱数字和分析工具方面有了积极成效。我们现在对哪些工作已经与读者产生共振作用而哪些尚未做到有更加敏锐的觉察。我们正在生产更多可共振产品，并在很大程度上拒绝点击率诱惑。

现在需要进入下一个阶段。编辑部应当清楚地认识到，流量作为一个有意义的量化指标，并不代表成功。需要重复指出的是，《纽约时报》采用的是“订阅优先”的商业模式。我们并不打算将流量最大化。大多数成功和有价值的新闻报道常常得不到大规模的页面浏览量，除非进行广泛的营销。一篇10万或20万流量的报道，只要读者觉得这是在其他地方读不到的优质内容，其价值就远远大于那些被病毒式大量传播的八卦内容。

没有哪一种监测数据是完美的。应当综合运用各种监测指标和我们的质量判断，来决定值得制作和推广的新闻选题。

（4）我们需要大大提高对前端编辑的关注。

在为起草报告做的调研中，很多记者希望他们的编辑能腾出更多时间在稿件采写的早期阶段帮助他们提炼报道主题。同时，很多记者和编辑都觉得，《纽约时报》的不少时间和资源被浪费在单一稿件的编辑流水线（line-editing）上，而这些对稿件的价值改变并不大。

一方面，“2020报告”小组确信稿件编辑有很高的价值。对诸如拼写、语法等错误的纠正显得至关重要。这类错误的增加会给读者以错误的信息，即认为我们的产品是粗鄙或缺乏价值的东西。读者对这方面的投诉总是很多。另一方面，《纽约时报》又在一些低价值的日常编辑中耗费太多时间，例如将段落反复调动，而对概念性和能提升主题的编辑行为，包括用何种形态呈现新闻等却较少关注。

（5）编辑部和产品团队应更紧密地合作。

要想令《纽约时报》成为社交媒体时代的追逐目标，我们作品的阅读和视听体验就必须与作品本身置于同等重要的地位。要使得这一目标更容易实现，采编人员与产品团队（包括产品经理、设计师、制作师）就必须更紧密地协同工作。我们要求采编人员和产品专家都能理解读者的习性，都能抓住竞争焦点，都懂得如何让不同报道领域适应《纽约时报》广泛的受众体验。

（6）要在将纸媒办得更好的同时降低其在组织内部的主导作用。

印刷版《纽约时报》仍是大量忠诚读者钟爱的每日瑰宝。它是我们最佳报道、图片、图表和艺术的展示版本。但编辑部目前的组织形式正为纸媒带来危险，也抵消着我们创作最佳数字报道的能力。如今，部门领导和其他报道负责人总是不得不将一天中的大部分时间围绕着纸媒运转，尽管他们被数字新闻的重心吸引着。这一现状拖累了我们进一步数字化改革的步伐，也掠夺了印刷报纸应有的更大注意力[1]。

以上摘译内容，较为详尽地展示了《纽约时报》的发展战略和具体措施。其围绕“订阅优先”商业模式规划的战略方向，也令该报进一步成为报业转型中较为独特的样本。

将“服务新闻”纳入战略考量

上述“2020报告”在第一部分“我们的报道”中，将推动看上去较为传统的“服务新闻”写作一条，多少有点令人意外。但回顾《纽约时报》近5年来的转型实践，不难看出此类内容确实发挥着越来越大的作用。

服务新闻（service journalism），指提供实用性信息服务的新闻类型，或者按美国明尼苏达大学新闻与大众传播学院教授盖尔·戈尔登（Gayle Golden）的解释：服务新闻就是“定义一种需求，然后去报道这需求并提供满足需求的方式或解决方案”[2]。它并不是一个全新的概念，而“已经存在了几十年”[3]。1952年，美国三大新闻周刊之一的《美国新闻与世界报道》（U.S.News & World Report）开辟著名专栏“可用新闻”（The

[1] Journalism That Stands Apart / THE REPORT OF THE 2020 GROUP.www.nytimes.com. January 17, 2017.

[2]Brian Lambert.So What is “service journalism,” anyway? www.ninnpost.com.March 12, 2015.

[3]Brian Lambert.So What is “service journalism,”anyway? www.ninnpost.com.March 12, 2015.

News You Can Use），开始定期发表与民众生活的知识与技能相关的新闻内容，成为服务新闻的早期形式。该专栏与该刊早年创办的“华盛顿密语”（Washington Whispers）一样深受读者欢迎，推出数年后，该刊的发行量便于1958年突破百万份大关[1]。

1968年4月8日，曾任《纽约先驱论坛报》（*New York Herald Tribune*）星期天刊主编的克莱·费尔科（Clay Felker），在该报停刊后以原星期天刊为基础创办了《纽约》杂志（New York），用以和同为主流月刊的《纽约客》（New Yorker）竞争。作为新新闻主义的大力支持者和积极践行者，费尔科在每期刊登调查报道及各种非虚构文本的同时，不断发表时装、美食、旅游等对民众生活有切实帮助的服务性实用内容，包括从第一期起就开辟的美国期刊第一个字谜游戏专栏，服务新闻的概念开始流行。

20世纪70年代中期开始，以《纽约时报》为代表的主流报业也陆续开辟各种服务新闻类副刊。由于此类内容往往较“亲近广告”（ad-friendly），广告商也看好这类版面，这对报业是很大的鼓舞。20世纪80年代，提供“应知应会”内容的服务新闻在美国报界已经是遍地开花。

进入互联网时代后，报业面临转型压力，做了很多尝试，从早期在“美国在线”（AOL）开设账户到后来自办网站，进而发展到现在的移动客户端。但在有选择地将报纸内容搬到网上或在网站更新内容的过程中（电子版或数字报纸除外），服务新闻却成为可有可无的“软新闻”（soft news）而被普遍忽略了。报人们首先考虑的还是那些真正具有新闻价值的内容。

直到报业转型进入深水区近10年来，报人们才意识到，那些永远得不到新闻奖的服务新闻可能是数字受众很想要的。于是，复兴服务新闻就成为一些转型较为积极的主流报纸的选择，其普遍做法是充分利用数字平台的传播特点和优势，向垂直领域发力。鉴于移动传播已成为主流，为特定人群或特殊兴趣服务的移动客户端就成为主要平台。前面提到《纽约时报》的4个垂直型服务App：NYT Cooking（美食）、NYTimes Crossword（字谜游戏）、The Scoop（纽约生活服务）、T−Real Estate（住房），都属于典型的服务新闻。

[1]About U.S.News & World Report, www.usnews.com.April 26, 2013.

其他美国报纸也开发了大量此类客户端，如被当地评为“最佳专业兴趣App”的《旧金山纪事报》“湾区百家最好餐厅”（Top 100 Bay Area Restaurants），《华盛顿邮报》的“地铁导航”（DC Rider），《今日美国》的“个人理财”（Portfolio Tracker），《迈阿密先驱报》的“牙买加岛旅游”（OUR JAMICA），《丹佛邮报》的“科罗拉多滑雪指南”（Colorado Ski Guide）等。

2016年笔者在美国调研前后，《纽约时报》又上线了“Well”和“Smarter Living”（更智慧生活）等服务新闻版块，并在“2020报告”中被称为在数字端拓展服务新闻的“充满希望的第一步”[1]。其中的“更智慧生活”包含了从日常生活、家庭科技到聪明购物、个人理财等方方面面的指南性内容，诸如“怎样安排一次廉价却不失优雅的聚餐派对”“应做与不该做——完美描眉”“怎样完成一次更好的航空旅行”等。这类内容似乎现在网上也常见，但由《纽约时报》这样的权威媒体推出，加上内容的扎实可靠，很快便受到读者的热烈欢迎。项目推出一年后，又向注册订户增添每周一次的信息推送，内容是“关于更美好、更智慧、更令人满意生活的最佳建议”[2]。

该项目推出两年来已取得良好效果，不仅吸引了眼球、带来了受众，也增强了受众对《纽约时报》的忠诚度，因而也引起媒体专家的关注。有专家统计，“更智慧生活”的推送订户已达36万，推送内容的打开阅读率高达80%；2017年“更智慧生活”的文章被2200万人阅读；2018年上半年，受众从《纽约时报》客户端下载收藏的文章中，33%来自“更智慧生活”；读过“更智慧生活”内容的受众的60%会返回该版块继续阅读。这一服务新闻新项目也获得了很好的广告效果，2017年获得12个赞助商[3]。

[1]Journalism That Stands Apart / THE REPORT OF THE 2020 GROUP.www.nytimes.com.January 17, 2017.

[2]Lucia Moses.“No one else is doing that”: The New York Times builds loyalty with softer lifestyle content.Digiday.com.June 27, 2018

[3]Lucia Moses.“No one else is doing that”: The New York Times builds loyalty with softer lifestyle content.Digiday.com.June 27, 2018.

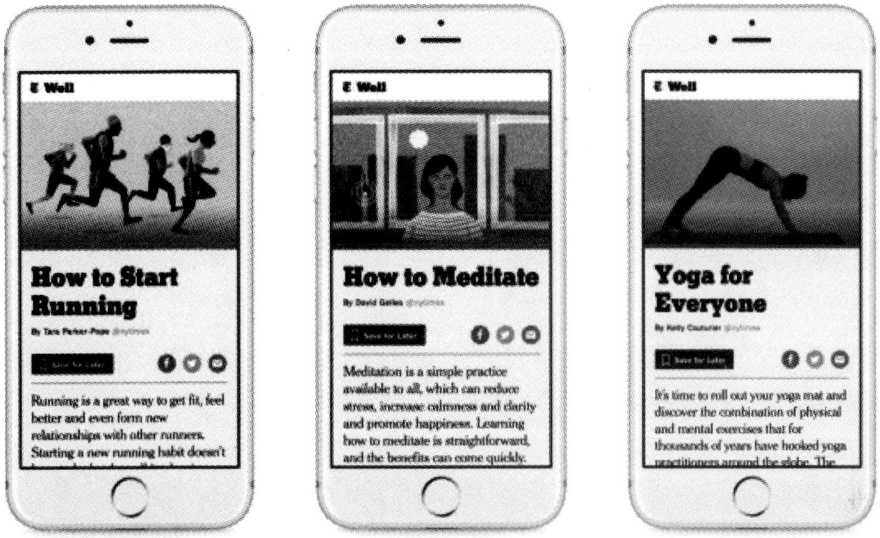

“2020报告”中“Well”的客户端插图。Well 是《纽约时报》2016年创办的服务新闻数字副刊，内设“餐饮”（Eat）、“出行”（Move）、“主意”（Mind）、“家庭”（Family）、“生活”（Live）五个专栏。画面中3个手机截频标题分别为“怎样开始跑步”“怎样做计划”“你我的瑜伽”

第十章

哥大道尔中心：被强化的数字新闻教育

中心研究主任语录

紧贴实际的数字新闻教育

硕果累累的道尔中心

幸存的前提：规模或付费必取其一

新闻推送效果好

《纽约时报》并非完美无瑕

中心研究主任语录

哥伦比亚大学新闻学院道尔数字新闻中心研究主任克莱尔·沃尔德（辜晓进 摄）

关键在于，人们只愿为真正优质的新闻付费。从这个意义上说，《纽约时报》的付费模式会继续获得成功，因为他们有卓越的新闻，有优美的设计，有非常好用的在线导航。这些品质都是报纸不应忽视的。而我看到一些地方报纸，它们的网络体验很差，广告呈现是丑陋的，新闻叙事也不好，内容下载缓慢。因此它们在数字转型上难以成功。小型地方报纸也有自己的难处，即没有充足的资金支持优质新闻生产。我认为，对这类报纸，应当专注于某方面新闻内容并把它做好。不要图大而全，要做小而精。可惜，很多这类报纸的编辑部反应迟缓，只是按过去报纸的思维行事，泛泛地做当地新闻。这类报纸在未来五年内可能会消失。

——克莱尔·沃尔德（Claire Wardle）

哥伦比亚大学新闻学院，雕像是美国第三任总统、《独立宣言》起草人托马斯·杰弗逊（辜晓进 摄）

利用“纽约大数据媒体周”中间的一天空隙，访问了哥伦比亚大学新闻学院（Columbia Journalism School）的道尔数字新闻中心（Tow Center for Digital Journalism）。纽约这个媒体周由1天“数据新闻峰会”和2天“媒体大数据大会”外加媒体数字新闻观摩组成（详见第十一章）。观摩机会也难得，但要另交3000美元（含午餐），我便放弃了，改为争取访问早有耳闻的道尔数字新闻中心，这也是我在出国前就计划好的事。当时我联系到2001年我在哥伦比亚大学进修期间有一面之缘的理查德·瓦尔德（Richard Wald）教授，但他回信说已退休多年，我便未再打扰。

承蒙中心总经理凯西·张（Kathy Zhang）接受我的网上请求，她代表中心一把手、行政主任埃米莉·贝尔（Emily Bell）教授向我表示欢迎，并热心安排中心研究主任克莱尔·沃尔德博士与我交谈。张小姐曾是联合国可持续发展网络（SDSN）负责青年交流项目的经理，还是哥伦比亚大学学生可持续媒体实验室的首位主任。沃尔德于2004年在宾夕法尼亚大学获得传播学方向的博士学位后，主要在英国卡迪夫大学任教，还曾担任联合国难民事务署社交媒体高级专员，2015年加盟道尔中心。

紧贴实际的数字新闻教育

依约于2016年4月13日下午2：30到达道尔数字新闻中心。在此之前，先在校园参观一下。2001年在纽约市立大学访学期间，经向哥伦比亚大学新闻学院老师申请，我获得进修听课的机会，因而对这里的一切都很熟悉。学院外观一切照旧，但进入大堂后有较大变化：左、右两侧各出现一个新的科研教学机构。左边是“布朗媒体创新研究所”（David and Helen Gurley Brown Institute for Media Innovation），以下简称“布朗所”；右边就是“道尔数字新闻中心”，以下简称“道尔中心”。

布朗所成立于2012年，是哥伦比亚大学新闻学院与斯坦福大学工程学院合作组建的专注于媒体创新研究的机构。其中，斯坦福大学侧重媒体技术，哥伦比亚大学侧重内容生产。布朗所的运作资金来自著名作家、《时尚》（*Cosmopolitan*）杂志的长期主编海伦·格利·布朗（Helen Gurley Brown）女士及其丈夫、著名电影商大卫·布朗（David Brown）3000万美元的捐赠。道尔中心，顾名思义，是发展数字新闻的科研教学机构，成立于2010年。其资金则来自另一对夫妇——有线电视先驱伦纳德·道尔（Leonard Tow）和夫人克莱尔·道尔（Claire Tow），捐赠数额不详。中心官网将该中心的使命描述为：“中心致力于研究技术的发展怎样改变新闻报道，包括新闻的生产和消费，特别是作为新闻消费者对信息的权威、标准、可信等判断方法的探寻。”

哥伦比亚大学新闻学院内的布朗媒体创新研究所（辜晓进 摄）

沃尔德主任和张总经理已经等候在道尔中心。互致问候后，随即与沃尔德教授在一个小会议桌旁开始交谈，张坐在一边并不插话。

辜：我们就从道尔中心谈起吧。你们怎么会想到建立这样一个机构？

沃尔德：哥伦比亚大学新闻学院已经存在很长时间，要从1910年算起。100年后，也就是5年前，这里的人们都觉得应当向学生提供更多的数字教育，于是学院获得了一位名叫伦纳德·道尔先生的捐赠。他聘请艾米莉·贝尔女士作为中心的创始主任。贝尔在伦敦的《卫报》做过20年，被他们邀请到这儿，转眼5年过去了。中心的理念是对新闻与数字的交叉课题进行研究。我们的研究成果不像以往那些两年后才能进入教学的教材，而是像业界的白皮书一样随时进入课堂。

辛：你们的研究选题怎么产生呢？

沃尔德：我们的选题基本上来自计算新闻（computational journalisms）领域。我们会关注新闻的发布周期，关注数字新闻，关注科学的作用，我们做大量计算机工作。我们也关注VR新闻、众筹新闻、广电新闻等。我们试图研究有助于新闻业在数字时代发展的一切领域，因此也当然会着眼于新闻业的新商业模式以及自动化新闻（automatic journalism），即在短时间内由计算机撰写的大量新闻。

辛：您是指机器人写作的新闻？

沃尔德：是的，完全正确。我们向社会遴选招聘研究员，通过发放奖学金资助他们在这里的研究。

辛：这些研究员主要来自学界还是业界？

沃尔德：他们中有一些来自学界，但多数来自业界，是具有研究能力的新闻采编人员。我们会把他们的研究成果加以出版，供业界参考，同时也将这些研究成果用于课堂。我们希望用这些研究成果推动数字新闻教学。

辛：所以，道尔中心成立完全是为了数字新闻教学和数字创新？

沃尔德：是的，我们通过对交叉的课题研究来帮助学生理解传统媒体的数字转型。这些课题很多是一些编辑部根本没想到过的。我们希望我们的研究能有助于编辑部在转型中做出决策，同时也反哺课堂，让学生在这最新的研究和业界实践中受益。

辛：那你们和对面的布朗所有何区别？

沃尔德：布朗所是在我们之后建立的，它获得了布朗夫妇提供的一大笔资金。布朗女士是《时尚》杂志的主编。布朗所主要是建构和创新，鼓励学生开发创新产品和创新平台，以探索新闻传播的新途径。他们创立一些项目，其中的新闻部分主要在这里完成，工程技术部分主要在斯坦福大学的史蒂文工程学院完成，合作的重点是通过技术改进新闻叙事。这就是布朗所成立的目的。而我们主要做研究，研究数字新闻的生产与传播。

辛：你们有专门培养数字新闻的研究生项目吗？

沃尔德：道尔中心自己没有学生。哥伦比亚大学新闻学院设有为期一年的科学硕士项目（MS Program），大约有230位学生。此外，学院还设了面向业界的文学硕士项目（MA Program），大约有50位学生。他们都已在新闻编辑部工作六七年或更久，在这里也可交叉学习科技、政治、财经等专业新闻，可跨学科选修校内其他课程。学院还有20位博士生。因此，道尔中心自己没有招生项目，但我们向学生提供相关课程的教学以及研究项目。

辜：你们鼓励甚至强制学生来听你们的课程吗？

沃尔德：我们鼓励学生学习数字新闻，因为这是趋势。布朗所则在学期末设立各种工作坊，诸如传感新闻、数据新闻、导航、数据库等，学生可以根据自己的兴趣进入工作坊学习和做项目。道尔中心还设有“道尔茶座”（Tow Tea），提供各种项目，供学生选择参加，中心予以资助。学生在这里可以做他们感兴趣的事，如有需要也可在这些项目上花费更多时间。这些都不是强制的，因此也有少数学生从来不上道尔中心的课。

笔者与克莱尔·沃尔德教授在交谈（凯西·张 摄）

辜：你们每学期大概向学生提供多少课程？

沃尔德：我们的课程贯穿整个学期。（辜：指两个学期？）是的，两个学期，我们为学生做了大量关于数字新闻、数据新闻、计算机驱动新闻等的训练，还包括受众黏合等内容。此外，还邀请业界嘉宾来开讲座，令课程内容更加丰富，也更接近实际。

辜：能介绍一下你们数字新闻教育的整体情况吗？例如是否所有学生都在学习数字新闻？

沃尔德：不是所有学生都要学数字新闻。一些学生仍然专注于传统新闻生产，如广播电视新闻、纪录片、平面媒体等，只不过他们中有些学生会加修数字新闻。例如他们加修了数据新闻，就会上很多数据新闻方面的课程。

我们还有一个硕士学位叫作“计算新闻学”（computational Journalism），它是跨学科的，学生在新闻学院和计算机科学学院各上一年。因此，有些学生是非常计算机化的，他们在这里完成学业后，会去Facebook这类科技公司工作。也有学生讨厌数字而喜欢传统方式，他们不会上多少数字课程，而其他一些同学则可能所有内容都用数字方式去表达。

硕果累累的道尔中心

道尔中心科研、教学两条腿走路，且两者均衡、互相促进，基本达到科研接地气、教学近前沿的理想境界。在此环境中，学生获益匪浅，其毕业后也受到业界欢迎。我与沃尔德教授继续谈及招生情况及中心的科研成果等情况。

辛：你们新闻学院是从什么时候开始引入数字新闻教育的？

沃尔德：严格来讲，5年前才正式开始，也就是道尔中心以及后来的布朗所成立后，因为学院聘请了贝尔教授负责道尔中心，又聘请了马克·汉森（Mark Hansen）负责布朗所。汉森不是做新闻的，他是统计学家，他对数据的理解这里没人能比得过他。他们来到这里后说，你们真的应当重新考虑该教学生什么了。所以说，他们是我们数字新闻教育的催化剂，大量数字内容进入课堂就是这几年才有的。坦率地说，5年前才开始的数字新闻教育，已经带来了很大的变化。

辛：我记得，10多年前，哥伦比亚大学新闻学院开发所谓背囊记者的教育项目，就是培养学生运用多种现代传播工具进行新闻报道。他们的背囊中要放入电脑、录音机、照相机等设备。这个项目现在还在继续吗？

沃尔德：我知道您说的情况，现在还在做。学生在这里只有9个月的时间。他们学习很多技能，例如摄影摄像、视频编辑、多媒体报道等。我们不会对他们说你将来是做记者还是编辑，他们要成为多面手。我们现在培训更多技术，例如利用手机进行视频生产的方式、怎样现场直播等。我们在课程设置上不断增加内容，因为新闻业的变化太快。

辛：这也属于多平台融合的范畴。

沃尔德：正是这样。例如我们会训练学生学习在Facebook上发布视频新闻，或在Snapchat上发布新闻。我们的目的是教会他们在不同的数字平台上生产新闻内容。

辜：你们为不同平台设计了特别的课程。

沃尔德：是的。我们有一门课程叫作“多媒体叙事”（Multi Story-Telling Media），但正如我前面说的，不是所有学生都来上这门课。有些学生更有兴趣选择深度新闻写作的课程，他们将很多时间用于采写1.2万字的长篇报道。他们不愿意把太多精力放在各类平台的操作上。我们给学生这样的选择自由，事实上业界也需要这样的人才。

辜：刚才您说到数字新闻进入教学与科研后，学院发生了很大变化。我想一定有很多成果吧？

沃尔德：我们从这么多年的实践中明确了一个道理，即要使新闻教育保持与业界同步发展，学院的教育和科研人员就必须花费时间与业界保持接触，进而加深对新闻业变化的理解。学界的问题是，很多老师虽有业界背景，但都是很多年前的经验，老师们的教学内容也陈旧或与业界脱节。例如，就算你是2010年前离开媒体的，而过去6年来业界也发生了巨大变化，你却知之不多。因此我认为，道尔中心的重要性在于我们与新闻编辑部保持着密切联系，展开关于新闻编辑部的调查，我们的研究选题来自新闻第一线，能及时获知业界的最新动态，并知道应为学生培训哪些技能。我们必须与时俱进。我们的课程不能也不会静止不变，因为我们做的研究处于前沿领域。我们不能在所有人都通过Snapchat发布信息时，却在课堂上远离它。我认为，布朗所的一个教训就是，他们虽然将不同技术层面的不同叙事者和记者组织起来与工程技术人员一起工作，并有了较好的产出，但技术人员仍然不知道怎样讲好新闻故事。他们擅长设计产品而不会讲故事，他们非常专注于数据却不善于发现数据中蕴含的新闻。

辜：你们现在的学生是什么本科背景？你们是否倾向于从有数字或技术背景的学生中招收研究生？

沃尔德：应该说我们学生的主要部分与过去没有什么不同，但我们现在招收更多对计算新闻学有兴趣的学生，或者愿意与数据打交道的学生。我们在招生简章中讲明，申请这类专业的学生必须拥有统计或数据分析方面的知识和技能。因此，在继续招收较多传统新闻学背景的学生的同时，我们正在增加更多拥有理工科背景而愿意攻读计算新闻学硕士的学生。

幸：这两类学生的比例大概是多少？

沃尔德：在计算新闻学刚创办时，我们招生的人数很少，现在已经有25人。这个项目还在继续增长，因为人们感受到在项目中的收获。

幸：这个项目能否满足业界的需求？报纸和广电机构是否越来越多地需要这类跨学科人才？这些人一定会在媒体的创新工程中发挥积极作用。

沃尔德：是的。你去看"巴拿马文件"的报道（一系列大数据驱动的关于利用离岸公司避税、逃税、洗钱等现象的跨国调查报道），就有好几位我们的学生参与其中。我们要求学生懂得数据新闻，懂得如何通过可视化方法传递数据背后的意义。业界需要这些不同技能，同样也需要能写1.2万字优质深度文章的人才。而这些人才，我们都在培养。

对话中，沃尔德没有谈具体的科研成果。但从道尔中心的官方网站中不难看出，该中心的研究成果不仅丰富，而且契合实际，具有前瞻性。网站的研究主页就显示自2014年以来的63项科研成果，其中2018年的最新成果就已有8项，它们是：

《21世纪新闻编辑部人力管理：纽约新闻媒体案例研究》（Managing a 21st-Century Newsroom Workforce: A Case Study of NYC News Media）

《穆克：数据新闻的建设工具》（Muck: A Build Tool for Data Journalism）

《广告与出版业的未来》（The Future of Advertising and Publishing）

《穿虚拟靴子走路：VR新闻与同步反馈》(Walking in Virtual Shoes: VR News Stories and the Empathetic Response)

《合作媒体：脸书与新闻机构向虚假信息宣战》（Partnership Press: Facebook and News Outlets Team to Fight Misinformation）

《新新闻共同体的合作与创新》（Collaboration and the Creation of a new journalism Commons）

《综合数据保护规则：全球出版商的底线》（The General Data

Protection Regulation: A Primer for Global Publishers）

《受众收入与受众黏合指南》（Guide to Audience Revenue and Engagement）

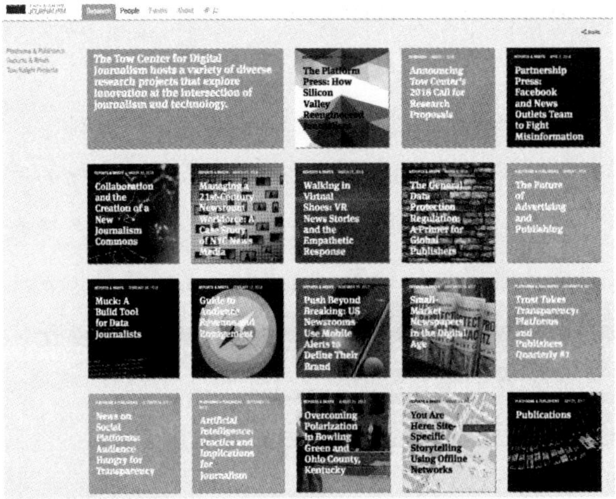

道尔中心研究主页部分最新科研成果
（2018年5月20日截屏）

主页置顶的项目是2017年3月的《平台媒体：看硅谷如何重构新闻学》（The Platform Press: How Silicon Valley Reengineered Journalism）。我注意到，国内已有学者以这篇论文为重要文献写了文章。在2015—2018年完成的研究论文中，有24篇被《哥伦比亚新闻评论》（*Columbia Journalism Review*）刊用，包括中心主任贝尔教授主持的9项课题（含上述置顶项目）。这些研究项目的完成者，除了中心的老师和在校研究生外，主要是由中心资助的访问研究员（fellows）。2018年5月，中心共有18位研究员。此前已经结业的有45位。从照片看，在总共63位研究员中，只有1名呈现亚洲面孔，名叫张弛（音译），是美国南卡罗来纳大学的在读女博士。需要说明的是，这些研究成果都可公开查阅并下载，包括word版和PDF版。为方便新闻学界下载参考，特附上道尔中心网址：https://towcenter.org。

幸存的前提：规模或付费必取其一

访问道尔中心的另一个主要目的，还是想从研究者角度了解其对报业转型的看法。因此，在谈了近20分钟关于道尔教学科研情况之后，我赶紧把话题转向媒体方面。

幸：我们谈一下报纸的情况好吗？您能描述一下目前美国报业转型的总体情况吗？它们现在的处境如何？

沃尔德：它们的处境变化非常快。美国报业的衰退目前还难止步，因为民众有足够的钱去装备电脑和购买智能手机并通过它们上网，这些助推了信息产业的变革，而广告的坍塌对报业则是最致命的一击。关于新闻机构，特别是在美国，有很多城市报纸和区域报纸。由于广告向网络流失，这些报纸原有的商业模式难以为继。亮点在《纽约时报》，也包括《华盛顿邮报》，它们因巨大的受众规模而得以转变为国际化的新闻机构。因此，《纽约时报》因为抵达国际受众而可能成为转型的成功者，其订阅模式已经取得非常好的成效。但我们不能拿新泽西或北卡罗来纳的小型报纸与之相比。这些地方报纸不可能参与国际竞争，也难以建立广告模式。因此，我们需要将不同新闻机构区别对待。我觉得，很多小型报纸的问题在于，它们未能足够敏捷地顺应数字化的变革，也没有清晰地找到联结其社区、建立会员模式、提供民众喜爱并愿意点击和为其付费的新途径。

幸：除了《纽约时报》这类超级媒体，哪些是报业转型可为他人借鉴的成功经验，哪些是人们应当吸取的教训？

沃尔德：关键在于，人们只愿为真正优质的新闻付费。从这个意义上说，《纽约时报》的付费模式会继续获得成功，因为他们有卓越的新闻，有优美的设计，有非常好用的在线导航。这些品质都是报纸不应忽视的。而我看到一些地方报纸，它们的网络体验很差，广告呈现是丑陋的，新闻叙事也不好，内容下载缓慢。因此它们在数字转型上难以成功。小型地方报纸也有自己的难处，即没有充足的资金支持优质新闻生产。我认为，对这类报纸，应当专注于某方面新闻内容并把它做好。不要图大而全，要做小而精。可惜，很多这类报纸的编辑部反应迟缓，只是按过去报纸的思维行事，泛泛地做当地新闻。这类报纸在未来五年内可能会消失。

幸：所以这已经成为一种趋势，即全国性报纸发展为更大规模的新闻机构，而地方报纸的处境会更加困难。大型报纸将在数字平台努力成为国际化的报纸，以吸引更多用户。

沃尔德：是的，会有更多地方报纸进入困难时期，全国和国际化的报纸情况OK。还有区域性报纸如《洛杉矶时报》，它们处于中间地位，处境也很困难。因为在数字平台要想幸存必须两者兼备或二者得一：要么具有规模优势，要么有足够愿意付费的会员（或订户）。你看英国的《卫报》，他们一直致力于扩大受众规模。但前几个月他们又说需要向受众提供更多服务，让他们喜欢并乐于更多付费。所以，我们会见到一种转折，即一些地方新闻机构开始投身垂直内容，以吸引人们为之付费。

辜：是的。我访问《达拉斯晨报》时，他们刚刚关闭8份社区报纸。我问他们为何是关闭而不是卖给别人。他们的回答是没人对这些报纸感兴趣，所以关闭了事。这也说明地方报纸度日艰难吧。

沃尔德：现在的信息消费都是在数字平台。既可以在网络消费，也可以通过Facebook这类社交媒体消费。获得流量的渠道有多种，但想通过这些渠道获得广告是困难的。

哥伦比亚大学新闻学院一楼大堂（辜晓进 摄）

新闻推送效果好

辜：您前面提到内容收费，看来您是赞成付费墙战略的？

沃尔德：《纽约时报》的付费墙是奏效的，免费读10篇文章后就要付费了。但人们还可以通过其他途径进入，如Facebook。那些对你的内容真正感兴趣的人，可能成为你的付费用户，但还有很多人并不是那么认可你，只是一时感兴趣来到你这儿。你不可能向所有这些客户收费，因为我们生活在社交时代，人们随时分享各类信息。像《金融时报》或《泰晤士报》，当我看到有人分享其内容而我又有兴趣阅读时，我会点击。但如果告诉我点击之后要收费，我就会停止阅读。所以我认为，要建付费墙，必须为社交分享留出空间，否则很少有人有机会看到你在内容上的成功。我们可以建立不同类型的用户关系，而说服强关系用户成为付费用户，即让他们相信你的品牌的优势和为此品牌付费的理由。总之，我认为付费墙应当是半开半合式的，争取获得最大数量的用户。

辛：这事关报纸转型的发展方向。

沃尔德：困难在于怎样对社交媒体加以控制。不论报纸是否采用付费墙战略，都会发现大多数用户是通过Facebook或Twitter等社交媒体发现其内容的。这样的话，怎么对核心内容采取付费墙保护？所以我认为，报纸最终会走向每周一期的模式，这一期纸媒有更高质量的内容、更优美的设计，人们仍然会为这类纸质产品付费。人们不会再为粗糙简陋的报纸付费。

辛：有点像现在报纸的星期天刊吗？

沃尔德：是的，但质量更高，是非常好的新闻产品，设计优良，印刷精美。我不认为人们会继续每天为纸质内容付费。

辛：有点像我访问过的新奥尔良的《皮卡优恩时报》，他们将报纸由每日出版改为一周只出版3天。还有我不久前访问过的《达拉斯晨报》，他们两次取消付费墙，现在正在建第三次，并改变了模式，采用《纽约时报》的方式。除了付费墙，您怎么看待客户端？报纸的移动客户端似乎在美国很受欢迎。很多报纸，包括《纽约时报》，都有多个客户端。

沃尔德：你如果观察美国人的手机使用情况，就会发现人们每天使用的客户端有三四个。我觉得新闻推送（notification）比客户端更受欢迎。例如，我自己的手机上有若干新闻客户端，但我并不经常打开它们，而是经常获得它们发来的新闻提醒，这样就会保持我对最新新闻的及时跟进。多一个客户端就多一个新闻推送机会，这是我下载多个客户端的好处。我认识的很多朋友都有《纽约时报》客户端，但他们中的很多人并不每天早晨打开它，只有收到推送时才根据内容去打开。有些客户端做得非常好，人们已经养成每天打开它们的习惯，如BBC的客户端。我经常看见人们在地铁上看BBC的客户端。我们现在还缺乏对人们的阅读习惯特别是在手机上阅读客户端习惯的数据。所以你难以想象所有人都在用同一个客户端的情况。我们现在要继续研究的就是人们在智能手机上的阅读习性。

辛：在中国，客户端的使用也一直存有争议。所以绝大多数报纸客户端并未成为主流读物。美国也有这样的争议吗？

沃尔德：当然有。这是因为新闻业历来具有竞争性，所以各建各的客户端，并设想人们会冲着某个品牌的客户端而来。但现实是，人们只盯住他们感兴趣的新闻，而并不关心这新闻来自哪家媒体，甚至也不知道是怎么跑到社交媒体上来的。这有点像听音乐。我们过去是购买唱片，然后在自己的唱片上欣赏音乐。后来发展为CD，情况也一样。一张CD里可能有11首乐曲，相当于一个套餐或一个品牌，它们来自同一个作曲家或同一部大作品，但其中的乐曲你未必每首都喜欢。现在情况变了，我们用iTunes（苹果电脑的音乐软件），用Spotify（一种音乐流媒体）。它们提供的音乐混合了各种乐曲和各类作曲家，你可以从播放目录（playlist）里任意选择单首曲目。我们现在消费新闻也是这样，新闻品牌无法向我们提供这类"播放目录"，这目录在Facebook那儿。我们在那个目录里挑选新闻，而无须再去看《纽约时报》、BBC、《经济学人》什么的。

辜：这个目录是各类新闻的混合物。

沃尔德：是的，在Facebook上，它满足了我们像欣赏音乐那样对新闻的需要。Facebook在新闻业推出客户端之前就解决了这类问题。新闻业现在试图从Facebook那儿找回自己的权利，说"你必须到《达拉斯晨报》才能看到新闻，我要求你为此付费"。但用户会说，我要的新闻，首先来自CNN，其次来自《今日美国》，然后才是《达拉斯晨报》。用户要的是新闻来源的混合物，新闻业要的是品牌忠诚度。这种需求的差异导致了新闻业的困境，而新闻品牌互相不会合作成混合物，它们是各自为战的。举个例子，我曾经在Apple News（苹果新闻）的一个焦点访谈小组（focus group）里。人们对Apple News的体验有较大差异，但很多人都说很喜欢它，原因就在于他们早晨醒来做的第一件事就是从中看到很多来自不同新闻机构的不同新闻。这正是新闻机构的问题。受众的习惯已经改变，这习惯与报业的做法相去甚远。

辜：我们还有个困惑，即不论是老师还是学生，都发现人们对优质新闻已不是那么在乎。媒体辛辛苦苦生产的优质新闻，如调查报道、深度报道等，在数字平台较少被阅读。人们似乎更感兴趣那些娱乐、八卦甚至无意义的内容，于是报纸为迎合这些需求，也热衷于在自己的社交媒体发布这类内容。

沃尔德：这个问题在于我们过去从不知道读者在读什么。报纸总是包含卡通画、菜谱、图片、名人等内容。人们过去喜欢这类新闻，现在可能不喜欢了，但报纸仍照常这样出版。现在有了数字监测系统，我们会发现读者的喜好，例如他们可能喜欢名人活动甚于一般新闻。我们一直纠结如何吸引人们去阅读所谓严肃新闻，其实现在的新闻质量比过去都好。你去看“巴拿马文件”，看一些优秀的新闻机构如《纽约时报》、ProPublica（拉丁语“为了人民”，原创深度新闻网络机构）、《大西洋月刊》（*The Atlantic*），里面都有非常非常非常非常（她一连用了4个“very”）好的长篇调查报道，好于我们过去很长时间以来看到的新闻。因此，我自己深切感到，我现在阅读优质新闻多于我过去读过的这类新闻。我过去在伦敦只是购买一份《卫报》，然后从头读到尾。那已经是比较优质的新闻了，《卫报》是偏左翼的。现在呢？我读的优质新闻来自《纽约时报》，来自《经济学人》，来自其他新闻机构。我觉得现在读到的好东西比之前任何时候都多。

辛：您是传媒学者，是高端人士，和普通民众的感受会不会有所不同呢？

沃尔德：有时我们也会说，“人们现在不重视新闻了”。但我仍然怀疑这样的说法，因为我们要看人们阅读内容的多少。4年前有一个调查，是关于人们每天在线阅读内容的数量。那次调查中很多人说阅读的数量比过去多了。我要说的是，在2011年的时候，我们读的东西铺天盖地，似乎已经不可能读再多的内容了。然而你看现在，你看这图表，我们在PC端的阅读数量并未减少，但我们在移动端阅读的数量已经超过 PC 端。也就是说，我们现在比四五年前的阅读量又翻了一倍。这是因为，当我早晨醒来、我还在床上时，我就开始阅读；我上班后又从电脑上阅读；吃午饭的时候，我也通过手机阅读；下班回到家里，我会打开电视；晚上上床后还会阅读一会儿。我们比过去任何时候读的都多。当然，你说得对，我读的傻乎乎的东西（silly stuff）也比过去多很多，但我同时也比过去读更多严肃的内容。所以，我并不觉得新闻处境危险。我们要做的是，检验一下我们每天读了多少愚昧内容。我就总是在读愚昧内容（笑）。事实上，报纸也总是在提供愚昧内容。

辛：我同意您的看法。我只是希望在数字时代，仍然存在优质新闻的强大市场。我曾长期在报社工作，我希望新闻业继续繁荣下去。

沃尔德：我也这样希望。现在的竞争意味着，所谓优质新闻还表现在用更加引人入胜的方式去表达和呈现，也就是更加视觉化、更加透明。出于这样的原因，在当前的竞争环境下，新闻工作者不得不把事情做得更好。这也是新闻会比过去更好的另一个原因。

沃尔德提到4年前的调查，谈话时没顾上问，后来也没查到。但2010年皮尤研究中心（Pew Research Center）确实发表过一篇长达145页的大型调研报告《美国人花费更多时间追逐新闻》（Americans Spending More Time Following the News）。报告称："现在获取新闻的渠道多了，这导致美国人正在花费比过去几十年来更多的时间用于消费新闻。各类数字平台在新闻消费上正扮演着更重要的角色，它们吸引的受众数量比传统媒体失去的受众总和还多。"该报告印证了沃尔德的说法，也许她指的正是这个报告。

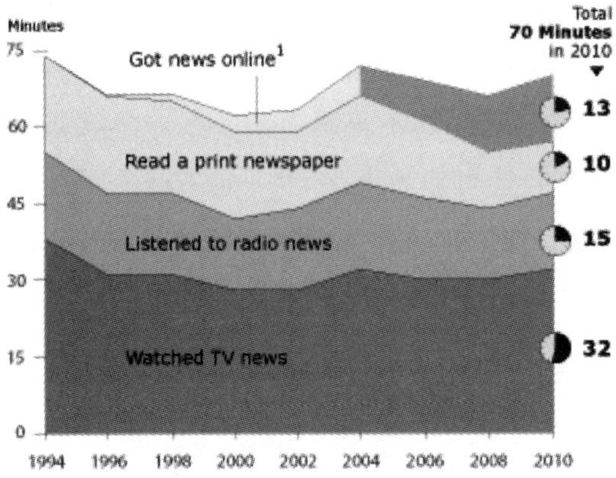

PEW RESEARCH CENTER June 8-28, 2010.
Estimated time getting news from each source. Online news includes newspapers read online. Online news "yesterday" not asked prior to 2004. Pre-2004 figures estimated from other data.

昨天在新闻上花费的时间（分钟）

图为调查中受访者"昨天"在各类传统媒体和数字平台消费新闻的时间，平均为70分钟。自上而下，四类媒体占比分别为在线阅读13分钟、读纸质报纸10分钟、听广播15分钟、看电视32分钟（来源：Pew Research Center, June 8–28, 2010）

7年后的2017年3月，美国新闻研究院（American Press Institute）的一份类似调查《美国人怎样获取新闻》（How Americans Get Their News）表明，上述情况已经有了巨大变化：个人电脑、智能手机、平板电脑、阅读器四者相加的数字平台使用量已远远超过电视而位居第一（图中是分别计算的，所以看上去电视仍是第一位）。

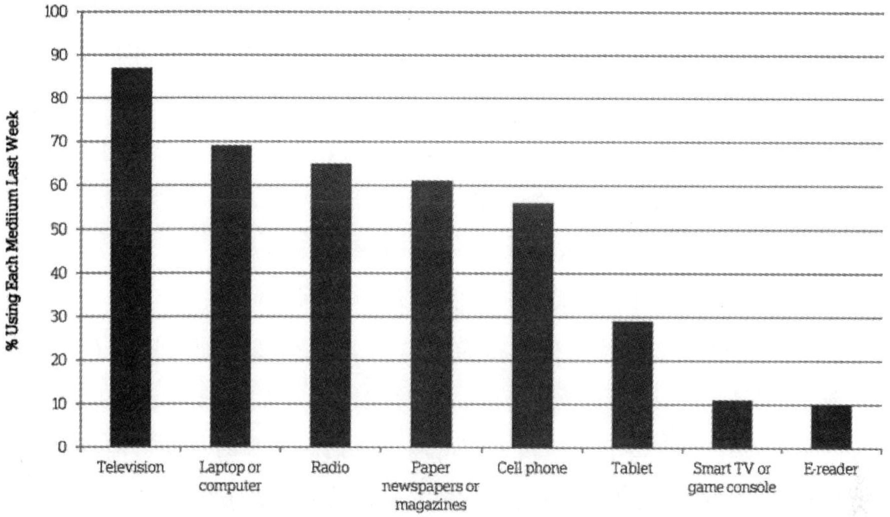

上周新闻消费平台使用占比图
柱子从左至右分别为电视、桌面或笔记本电脑、广播、纸媒、手机、平板电脑、智能电视或游戏主机、阅读器，纵向数据为百分比
（来源：美国报业研究院官网，2017年3月）

《纽约时报》并非完美无瑕

然后我请她谈谈对《纽约时报》改革的看法。那时候我还没有联系到该报的高管，访问该报的希望渺茫，所以想到请她以第三者的视角分析一下该报的数字化转型。

辜：您能谈谈对《纽约时报》创新情况的看法吗？这次我可能难有机会访问该报。15年前我与该报总编辑谈了两次。而现在，他们说老板小苏兹伯格不让员工接受采访，除非访问者与报社有利益关系。我希望能通过您加深我对这家报纸的了解。

沃尔德：您读过他们的数字创新报告吗？那份内部报告被透露出去而为外界所知。他们是2014年完成这份创新报告的，本来是内部使用，却不小心流出去，因此任何人都能读到它。这份报告是了解该报数字转型的必读文献，它解释了一切。他们用了一年时间进行调研。但在创新方面，我并不认为《纽约时报》就是数字世界最好的。我认为他们一度是落后的，他们本可转变得更快些。我觉得《华盛顿邮报》的某些创新更有意思。《纽约时报》花了比预想更长的时间才认识到纸质报纸并不是主要产品。他们那时每天照样开决定第二天报纸头版的编前会。他们虽然有了很好的线上呈现，但在数字平台工作的员工仍然没有把数字平台看得十分重要。我要说的是，直到2014年这份创新报告出现之后，他们才真正做出根本性改变，也真正将自己视为全球化报纸。此前，他们仍主要把自己看成一份东部报纸，一份大都市报纸。

辜：您的意思是他们当时仍较为关注纽约本地的新闻。

沃尔德：而现在，他们做更多翻译工作。他们报道纽约著名的指甲美容店铺，再翻译成韩文向韩国传播，或用中文向中国人传播，总之用各种语言。他们知道哪些属于国际相关性新闻。他们做大量的移动新闻推送，引入VR报道。他们在做很多正确的事情，而且他们确实有很多采编人员可使用。但也直到现在，他们的管理高层才意识到这些，而我并不认为他们已经完全知道他们应有的定位。当人们都说他们做得漂亮时，我却觉得他们可以转变得更快些，他们可以在完善自己方面行动更加迅速。

辜：不过《纽约时报》毕竟走在成功的路上，而且他们目前的战略在将来也很可能获胜。

沃尔德：是的。我的意思是，他们已经有了100万数字订户，但当你想到他们是一份全球化的报纸或想到美国有3.65亿人口时，这个数字其实并不特别可观。这样看来，他们并没有想象得那么成功。我相信他们以后会继续好起来，他们会持续盈利，会强化订户优先战略。他们应当尽快建成国际化，因为他们享有极好的声誉。他们如果真能做到以国际受众为基础，其收入会三倍甚至四倍于现在的规模。但现在，在这座城市，你较难买到一份《纽约时报》，其纸媒数量很少，所以它并不如你想象得那么成功。不过，它肯定是一个媒体全球化非常好的样本。

辜：我订阅了这份报纸的数字版，您知道的，我在国内看不到它。我发现它数字平台的广告越来越多了。（沃尔德：是的。）甚至在移动客户端，广告也不少。我在读一些重要新闻时，例如上周关于“巴拿马文件”的报道，我发现小小的手机屏上常常插入广告。从这点看，加上订阅收入，他们的收入会增长较快。这与英国一些报纸不同，如《每日邮报》，他们是走免费路线的。

沃尔德：确实也不能一概而论。你看昨天BuzzFeed的数据，并不像原先预料得那么好。最大的问题是现在用户都不想看广告，他们都喜欢使用广告拦截工具，他们想要最好的客户端体验。手机上的广告看起来总是不那么舒服。所以在美国，真正的挑战是怎样为新闻提供财务支撑。人们既不喜欢付费墙，也不喜欢广告，要找到解决方案是非常困难的。我认为，必须围绕广告进行创新。有些展示广告（display advertising）看上去很鄙陋，下载也很慢。其中一个原因是广告业自己没有行动起来，没有投身于解决方案。有些原生广告（native advertising）是做得比较好的，例如BuzzFeed的原生广告就很有创新。他们以一种有趣的形式来呈现广告。

辛：如果广告都被拦截了，BuzzFeed怎样赚钱？我知道它是非营利机构，但也需要资金运作啊。

沃尔德：他们收入的75%来自一些大品牌，BuzzFeed为其提供原生广告服务。他们的策略是，把所有内容都推送到 Facebook、Twitter、Instagram、Snapchat等社交平台，大约有30个不同的平台，以获得最多的受众关注。他们并不致力于提高网站流量，而为能在那么多社交平台上传播感到满意。当人们问他们怎样赚钱时，他们会找到丰田公司并对他们说，“我们有这么多的平台，有这么多的粉丝。如果你与我们合作，我们会写出10条理由告诉受众汽车旅行是充满乐趣的”。这就是原生广告。他们的故事很有说服力，也确实从丰田公司赚到了钱。所以未来BuzzFeed的商业模式是围绕品牌新闻内容制作原生广告。

辛：好的，最后一个问题。您怎么看待“数字优先”战略。《基督教科学箴言报》关闭了印刷版。新奥尔良的报业从每周出版7期缩减至每周出版3期。也许某天所有印刷版报纸都将关闭，只剩像《纽约时报》《华盛顿邮报》这样寥寥几份报纸？

沃尔德：是的，当你的编辑部同时有数字和纸媒时，数字平台必须优先，所有传播都应当数字优先。可惜很多报纸编辑部仍然抱有错误想法：“不，我们还是纸媒优先，然后在网上做点什么。”10年后还会有《纽约时报》的纸质版吗？我是抱怀疑态度的。我的意思是，也许5年内我们就会看到只剩周末版的《纽约时报》纸质版，平日刊会被取消。所以我认为，需要把一切内容都放到网上去，在线传播才是今后的主流，报纸只会以特殊版本

从左至右依次是道尔中心总经理凯西·张、笔者、研究主任克莱尔·沃尔德（道尔中心学生 摄）

发行，人们也愿意为此付费，就像咖啡桌上的读物一样。这类报纸有好看的照片和卓越的新闻内容，设计和印刷都是精美的。但在一些大型城市，大量的人员通勤上班，地铁报之类免费报纸还会每日发行，并可继续生存下去。所以，当我想到今后的纸质日报时，脑子里就涌现出免费地铁报，它们仍然很受欢迎，尽管人人都有手机。现在还很难预测未来人们的阅读行为会怎样变化。

第十一章

纽约大数据大会：
如火如荼的媒体实践

从数据辅助到数据驱动
数据团队建设刻不容缓
大数据本身正在成为新闻
认识受众　黏合受众
大数据驱动广告增长
数据新闻须强化创新意识

纽约“媒体大数据大会”现场（辜晓进 摄）

尽管早在20世纪60年代，美国《底特律自由报》的记者菲利普·迈耶（Philip Meyer）就开始“精确新闻”（precision journalism）的报道实践，其后来总结出的“精确新闻学”也被认为是“数据新闻”的前身，但直到新媒体勃兴、数据流动频繁、传统媒体开始转型的21世纪初，“数据驱动新闻”才开始进入日常化的新闻采编流程。这时的“数据”（data），也开始逐渐被规模更庞大、内涵更丰富、更符合现代传播的分析思维要求的“大数据”（big data）取代。

作为此次赴美调研的组成部分，我和来自全球新闻界近200位代表参加了2016年4月11—15日举行的“纽约大数据媒体周”（Big Data for Media Week·New York）。媒体周由1天的“数据新闻峰会”（Data Journalism Summit）和2天的“媒体大数据大会”（Big Data for Media Conference）以及2天的媒体数字新闻观摩组成。连续五个工作日，从早到晚，满满当当。30多位学界业界专家的密集演讲，展现出西方媒体大数据新闻实践的生动画卷。这些实践也表明，大数据新闻的规模化生产，比喻国明教授当年的预测提前到来了。而且，“基于大数据分析思维的新闻报道”，确实“代表了未来新闻发展的一种趋势”[1]。

也正是在这次会议上，“数据优先”（data first）的概念被提了出来。

[1] 喻国明在《从精确新闻到大数据新闻》（《青年记者》2014年12月下，第44页）中说：“预计在2020年以后或者更晚一些时间，大数据新闻的规模化生产会逐步到来”。不过，这里的“规模化”也可能指媒体在更广泛场景上对大数据的应用。

从数据辅助到数据驱动

位于纽约曼哈顿的美联社大厦（辜晓进 摄）

4月11日的“数据新闻峰会”在美联社大厦的15层多功能会议厅举行，由世界新闻媒体网络（WNMN）和美联社（AP）共同主办。WNMN主席玛莎·斯通（Martha Stone）女士在开场发言中，展示了该机构2015年和2016年对五大洲40个国家共144家媒体进行的数据新闻调查（其中报社有33家）。结果显示，已有43位受访者表示已经或最迟在2017年实施大数据战略，这个数字较上年的同类调查增长了近1倍（上年22人）[1]。

第一位正式演讲的嘉宾，是ProPublica总裁理查德·托菲尔（Richard Tofel），题目是“构建一个能获奖的数据新闻集团”（Building an Award-Winning Data Journalism Group），该题目与其近年来屡屡获得普利策奖有关。ProPublica是美国目前最受瞩目的原创新闻数字媒体，总部在纽约。其名称的拉丁语含义是“为了人民”，彰显其公共服务的媒体宗旨。2010年，该网站一篇关于回溯新奥尔良医务人员在卡特里娜飓风灾难的绝境中被迫对病人实施安乐死的调查报道，获得普利策调查报道奖，这是网络媒体获得的第一个普利策奖。至2017年该媒体再次获得普利策奖，总共已4次获奖，数量超过很多百年老报。该媒体近年来在大数据新闻的报道方面也走在了媒体前列，甚至建立了数据商店，作为第三方向其他机构出售其生产并经过净化的大数据，成为其新的收入来源。

托菲尔说，ProPublica在调查报道中引入大数据概念已成常态，并以

[1]据WNMN 主席Martha Stone 2016年4月11日在纽约“数据新闻峰会”上的演讲PPT。

2015年10月推出的调查报道《有色的债务》（The Color of Debt）为例，讲解数据新闻在调查报道中的应用。这组颇受好评的报道揭示了密苏里州圣路易斯市及周边3个县的民众涉债诉讼情况，得出黑人涉债被诉的机会大大高于白人，甚至达到黑人人口的20%，且多与医疗债务有关的结论。报道的一大特点，便是引用了大量而翔实的数据，并将多数数据进行可视化处理。建立在全数据基础上的调查，使得报道更加客观而有说服力。托菲尔还提到《达拉斯晨报》，认为该报是传统报纸重视数据新闻的典范之一。

ProPublica总裁理查德·托菲尔在演讲（辜晓进 摄）

随后演讲的是汤姆森路透集团（Thomson Reuters）新闻与数字创新执行总编辑蔡翔祁（Reginald Chua）。调查记者出身的蔡曾先后担任亚洲《华尔街日报》和《南华早报》的总编辑，2011年辞去《南华早报》总编辑后加盟汤姆森路透集团，现在主要负责集团数据新闻团队的运作。他的题目是"建立一支强盛的数据团队"（Building a Thriving Data Team）。他首先从报道、可视化、叙事、分析、产品生成共五个方面讲述数据新闻的实施策略，并以2014年路透社的系列报道《水的边缘——海平面提升的危机》（Water's Edge, The Crisis of Rising Sea Levels）为案例，展示数据如何嵌入新闻报道，其中特别讲到如何运用数据预测海平面提升对美国海岸土地的侵蚀进而成为报道的驱动力量。这组2万多字并含有大量图表、照片和若干视频的报道，数据触目惊心，画面令人震撼：短短20年里，很多海岸土地和植被已经消失，一些地方的海岸人口急剧减少，政府耗费巨资修筑阻挡海砂侵蚀的堤坝。

第三个演讲的是国际调查记者联盟（ICIJ）高级编辑迈克·哈德逊（Mike Hudson）。ICIJ成立于1997年，曾与跨国媒体合作发表很多涉及走私、逃税等经济犯罪行为的影响力广泛的调查报道，涉及多国政商要员，近年来尤以关于“巴拿马文件”的跟踪报道而引发全球关注。她的题目是“巴拿马文件——政客、罪犯及藏有其金钱的阴暗系统”（THE PANAMA PAPER / Politicians, Criminals, and the Shady System that Hides Their Cash）。对于大家都很感兴趣的“巴拿马文件”，她介绍说，这其实是来自巴拿马的商业律师行Mossack Fonseca的1150万份商业文件。该律师行在全球离岸商业法律服务机构中排行第四。这批文件涉及21.4488万个离岸商业体，含有大量商业机密。这批文件于2015年年初被匿名者泄露给德国的《南德意志报》（*Süddeutsche Zeitung*），成为史上最大规模的泄密事件（文本量远超维基解密）。ICIJ应该报要求与其展开合作，利用自己在65个国家的200多位调查记者，对文件涉及的重要数据和人物进行调查，并于2016年3月发布首批报道。哈德逊说，他们的数据新闻团队已占记者总数的一半，有100多人，且遍布全世界，大多数报道要用到数据乃至大数据。她详细讲述了团队数据新闻的运作情况，强调要通过翔实的数据“建立公信力社区”（building blocks of trust）。

ICIJ高级编辑迈克·哈德逊演讲PPT首页
（来自“数据新闻峰会”）

接着，由奈特基金会一位新闻主任主持第一个“Panel”（主题座谈会），并邀请刚演讲完毕的蔡翔祁和哈德逊上台，就数据新闻的一些话题展开讨论，并与台下听众互动。在提问环节，我起立向蔡翔祁提问：“建立团队文化确实很重要。但以您的经验，在团队中怎样才能将原有的普通记者培养成数据记者？有没有这方面的实例？”他回答说：“我们的团队成员各有分工，如有的专做图表，有的专事分析等，但都具有数字背景，目前还没有您说的例子。”但哈德逊主动回应我的提问说，ICIJ很多记者过去并无数据新闻经验，联盟在全球范围对其进行培训，培训的重点，一是数据技术，二是法律知识。

第四位演讲者是《西雅图时报》（*The Seattle Times*）数据报道团队资深

记者、现任斯坦福大学新闻与传播系数据新闻教授谢丽尔·菲利普斯（Cheryl Phillips，她也是斯坦福大学新媒体实验室的创始人之一）。她以“在数据中实施创新”（Managing Innovation in Data）为题，讲述如何用数据手法让一些不起眼的小新闻或人人都在做的“公共新闻”变得更有价值、更引人入胜。她讲到西雅图“快乐时光”（Happy Hour），这是当地一年一度的常规大众狂欢活动，涉及吃喝玩乐，但每年的应景报道很难再有新意。于是该报引入各类大数据并与地图和社交媒体等配合，将人群的聚散走势、活动峰值时间和热门餐饮娱乐等进行动态化的报道，读者还可以上网互动，以决定下一步行动。同样，在2012年华盛顿州一座大桥垮塌事件中，该报跳出该事件，对全州所有跨河、跨江大桥进行包括既往报道和政府信息在内的全数据分析，结果发现143座大桥有结构缺陷。其中，81座已有50年以上历史；20座有严重缺陷，易致垮塌；每天s通行1万辆汽车以上并有严重缺陷的桥梁有12座；66座桥梁的有效使用率已降至50%以下。报道还列出所有缺陷桥梁的方位，以便读者查询。如此报道令大桥垮塌不再是孤立事件，相关报道也成为引发更广泛关注和发人深思的公共服务新闻。

数据团队建设刻不容缓

在当天的峰会上，不仅蔡翔祁总编辑强调了建立数据团队越早越好的观点，还有多位学界和业界专家也围绕数据团队建设和操作层面发表了自己的见解。

第五位演讲者是普利策获奖者、现任亚利桑那大学新闻教授的史蒂夫·多伊格（Steve Doig），演讲题目是“供记者使用的数据工具”（Data Tools for Journalists）。他认为，数据新闻的教学，关键要教四点：①教来源，重点要让学生学好《信息自由法》（*Freedom of Information Act*），知道从哪里合法获得公共数据；②教工具，他讲解了Excel、Google Sheets、Notepad++等工具的应用，并特别强调Excel的作用，认为很多人并没有充分发挥该工具的功能，应当将此列为日常最重要的数据软件（笔者2016年夏天应邀赴青岛讲学时，曾专门向在同一个讲习班发表演讲的中国传媒大学数据专家沈浩教授请教，他也认为Excel有很大的挖掘空间）；③教数据库，他列

多伊格教授推荐的数据新闻常用工具（据其演讲PPT）

举了sas、MySQL等应用程序，说要让学生学会建立新的数据库；④教数据思维，他认为，只有改变过去的传统思维，才可能有效、经常地发现和运用数据，进而完成具有数据力量的新闻报道。

简单、短暂的午餐时间后，仍是密集的演讲加Panel。先有Orb Media首席技术官尼尔·罗斯莱德（Neal J.Rothleder）发言，题目是“数据新闻部门的应用工具”（Tools for Your Data Journalism Department）。他说，作为负责数据新闻的首席技术官，自己主要有三项任务：一是领导团队运作；二是回应和完成具体数据新闻项目；三是关注未来技术。他将数据新闻的生产流程归纳为六个步骤：获取数据、管理数据、团队合作、挖掘分析、生产新闻、呈现新闻。他还强调在利用通用软件的同时根据本媒体需要自制工具的重要性。他主要侧重两个方向：一是数据管理工具（data curation，简称DC），包含对数据的摄取（ingest）、协调（harmonize）、检索（index）、维护（maintain）等；二是调查工具（survey tools），通过开发用于媒体调查的系列工具，让非计算机专业出身的普通记者也能实施对人群的大面积调查并分享可靠的调查结果，其中“Weighing the Wisdom of the Crowd”获得了奈特基金会的数据新闻挑战奖（Knight Foundation News Challenge: Data）。

然后是纽约城市大学数据新闻教授米格尔·帕兹（Miguel Paz）的演讲，题目是“如何创立数据新闻团队”（How to Start a Data Journalism Team）。他以一则2014年制作、2015年获数据新闻奖的新闻作品为例，讲解建立数据团队的过程，并提出七点注意事项：①团队规模保持灵活性，要适应媒体目标和编辑方针；②选聘有热情和好奇心的人，他们必须对尝试和学习新事物充满兴趣，一开始甚至可以只选两个热心人组成团队；③定义你的工作标准，要让团队成员知道成功的数据新闻长什么样；④以创新的方式用技术讲述新闻，避免程式化；⑤于小项目中着眼大目标；⑥允许试错，不怕曲折，鼓励学习；⑦读一读Scott Klein的“建立小型数据新闻团队的8个步骤”。

关于帕兹教授提到的“8个步骤”，我事后查阅文献，发现是当年4月7日在哈佛大学尼曼实验室官网上发布的，距此次会议才短短4天。作者斯科特·克莱恩（Scott Klein）是Pro Publica分管数据新闻的执行副总编。文章很长，现将每个步骤的要点摘译如下：

建立小型数据新闻团队的8个步骤[1]：

① 从小团队做起，《洛杉矶时报》负责App的团队很长一段时间内只有2人；

② 帮助新闻机构取得成功；

③ 招聘通才，在code（编码）、design（设计）、journalism（新闻）三者当中，至少会两样；

④ 团队成员要以记者的姿态投入工作；

⑤ 强化新闻意识，团队成员要融入编辑部；

⑥ 团队负责人要像主编一样工作，而非在IT 企业工作；

⑦ 不要跨平台工作，要专注于现有平台（App）；

⑧ 要有优秀的老板，他能理解并大力支持你的工作。

第二次Panel由当天会议的主持人、Emblematic集团战略运营规划师朱迪·霍普顿（Jodie Hopperton）女士主持。她邀请此前演讲的亚利桑那大学多伊格教授、OrbMedia首席技术官罗斯莱德和纽约城市大学帕兹教授共同讨论。对于“制作数据新闻中最令人沮丧的事情是什么”的提问，帕兹的回答

[1]Scott Klein.Wang to start a small data journalism team in your newsroom? Here are 8 steps.www.niemanlab.org.April 7, 2016.

是：很多人认为数据新闻会耗费更多时间从而耽误新闻时效，但这是不对的，并不耽误时间。罗斯莱德回答：一篇好的新闻可能只有一个数据值得做，其他都应当围绕这个数据展开，不必一开始就把事情想得很复杂。多伊格则再次强调Excel的重要性，并特别提醒大家分清楚肮脏数据（dirty data）和干净数据（clean data）的区别。

本次峰会还有个创新，即在下午的三分之一时间将所有参会者分为若干小组讨论，并让部分演讲嘉宾轮流参与各组讨论。我所在的组，除了多伊格教授等人和美国本土人士，还有来自印度、韩国、比利时、巴西等国的参会者。在回答我关于dirty data和clean data的问题时，多伊格教授解释说，肮脏数据和干净数据的区别，就在于前者含有广告、推广、宣传的内容或倾向，而后者是纯粹的数据，是最有价值的数据。我不由得想起当时国内沸沸扬扬的百度竞价排名事件，那些用来推广和宣传的数据信息，确实常常产生误导作用。

峰会的最后一次Panel由美联社互动与数字产品主任保罗·张（Paul Cheung）主持。他大概是在美国出生的华裔，到美联社之前，曾任《华尔街日报》高级图表编辑和《迈阿密先驱报》的多媒体副总编。他邀请此前进行演讲的斯坦福大学菲利普斯教授、纽约城市大学帕兹教授和专程赶来的《纽约每日新闻》（*New York Daily News*）高级副总裁兼创新实验室执行主任希娜·埃尔德曼（Cyna Alderman）女士参与讨论。这段讨论也很热闹，提问不断，台上演讲嘉宾互相有时也有分歧。埃尔德曼认为，数据新闻在编辑部已经存在很久，可能100年前就有了，并不是全新的东西。数据只是一种新闻来源，所以不要过度解读数据新闻或将其视为畏途。

一位纽约大学生手机里的Discover聚合客户端（辜晓进 摄）

茶歇时与坐在旁边为峰会服务的纽约州一所新闻学院的学生闲聊，问她是否和很多年轻人一样，既不看报纸也很少上传统媒体网站获取新闻。她说报纸很少看了，但传统媒体的数字端还是看的。她打开自己的手机给我看，原来是Snapchat的客户端。客户端里有叫Discover（发现）的媒体聚合，共有2页，居然有近30个媒体客户端，包括《每日邮报》、《华尔街日报》、CNN、iHeart（美国最大的商业广播电台集团）、《人物》、《时尚》等很多传统媒体，当然也有BuzzFeed等网络新闻媒体。Snapchat（阅后即焚）作为美国年轻人最喜爱的社交媒体之一，近年发展迅猛，2018年2月的日活跃用户已达1.87亿。其近年来最大的创新项目之一，就是于2015年初推出面向新闻媒体的聚合客户端Discover。此举使得这个原本是年轻人之间私下传递图片等信息的社交平台突然拥有了媒介属性，成为年轻人获取正规新闻的重要来源，因而也引来很多机构媒体争相入驻。

大数据本身正在成为新闻

4月14—15日，“媒体大数据大会”在位于曼哈顿时报广场3号的汤姆森路透大厦第30层楼举行。时报广场人头攒动，热闹非凡。汤姆森路透大厦和美联社大楼一样属于敏感建筑，我被通知提前半小时进楼，以接受严格的安检。会议由国际新闻媒体协会（INMA）和世界新闻媒体网络（WNMN）联合主办，两大机构的一把手联袂到场，会议厅座无虚席。来自全球数十个国家的近200名参会者中，仍以欧美为主，亚洲国家只见到日本、印度、新加坡、印尼、韩国的代表。我和11日的数据新闻峰会时一样，仍是唯一来自中国的参会者。

14日的会议仍由Emblematic集团的战略运营规划师朱迪·霍普顿女士主持。WNMN主席玛莎·斯通和INMA执行董事兼CEO厄尔·威尔金森分别发表开场演讲，而威尔金森的信息量更大些。他还是那样，演讲富有激情，PPT极具理性。他从媒体价值的再创造、媒体与用户的新关系、媒体与广告商的新关系、媒体盈利新模式、当今媒体内容的走向、媒体大数据应用的三种速度、为何媒体需要大数据等方面，讲述了自己的观点并展示了相关数据。

当日最受关注的演讲者之一，正是我在第四章多次提及的《华盛顿邮报》数字运营部高级主任杰夫·巴吉特。他在题为“靠数据取胜”（Winning with Data）的演讲中，说到该报2015年最受瞩目的大数据系列报道“致命枪击”（Fatal Shootings）。该报道由10组报道组成，通过从全国警署和相关公共服务机构搜集的大量数据，对全年发生的965起针对公民的警察致命枪击案进行全方位、多维度的调查分析，得出多个颇具说服力的结论，诸如有色人种比白人更易遭到警方枪击等。报道配发的一连串设计精良的图表也触目惊心，如被警方枪击致死的965位美国公民中，只有564人持有枪械，281人持有刀具或其他非枪械武器，90人手无寸铁。巴吉特演讲时肯定还不知道，几天之后，这组报道将获得2016年普利策国内新闻奖，并以经典的大数据新闻在业界流传。

WNMN主席玛莎·斯通（左）和INMA执行董事兼CEO厄尔·威尔金森于会间短暂交谈（辜晓进 摄）

会议期间，Empirica Media的数字媒体负责人杰依·基尔希（Jay Kirsch）提出“数据就是内容”（Data is the content）的观点。他在题为“现代新闻编辑部的数据应用”（Using Data in a Modern Newsroom）的演讲中举了很多例子，展示从天气数据、娱乐数据到体育数据生成新闻的可能性。他说：“人们总在问：什么是数据？怎样应用数据？数据是新闻吗？对一些报道而

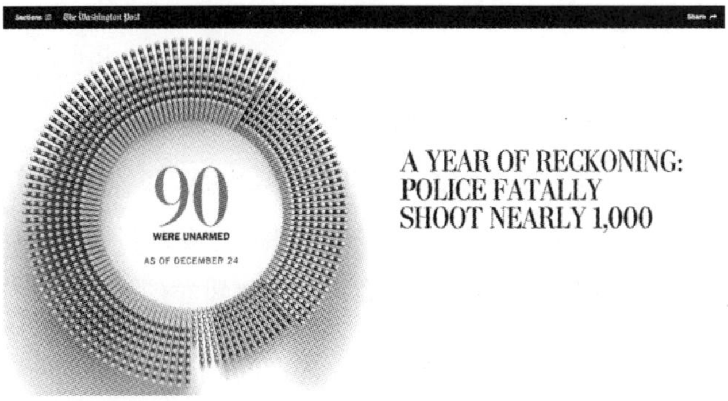

《华盛顿邮报》系列报道“致命枪击”切换中的图表之一（来源：《华盛顿邮报》官网）

言，数据本身就是新闻内容；对天气预报、电视指南、美食指南（Yelp）等来说，数据通过算法而产生有价值的信息；更重要的是，数据会生成新的新闻内容。”[1] 他认为，从评论到投票，从可观测的浏览量到用户阅读习惯，从学校董事会的选举历史到房地产的税收数据，都可以分析出有冲击力的信息。他说，数据采集一直都存在，现在与过去的唯一区别是时效。由于信息传递的快速和程序的自动控制，现在的数据采集不仅海量，而且速度大大加快。同样的数据，如天气，对ESPN（体育频道）和路透社来说，意义是不一样的。他认为，一个重视数据的编辑部，其标志是将数据看成新闻的一部分并运用数据改进新闻；知道去哪里寻找数据；善于运用工具去化难为易并为新闻内容增值；最终通过数据改善用户的阅读体验并扩大受众群体。

就在基尔希发言之前，美国天气公司（The Weather Company）消费部总经理多梅尼克·威尼托（Domenic Venuto）在题为“感觉的预告者，行为的影响者”（Forecasters of Feeling/Influencers of Behavior）的报告中给出了一组关于天气的大数据：天气公司每天发布20兆字节的天气信息，相当于美国国会图书馆全部藏书信息量的2倍；这些数据包含每15分钟对地图上30亿个地点的天气预报更新；人们通过Google搜索天气信息，每天达35亿次；所有平台相加的天气搜索转发量为每天260亿次；公司天气频道的注册用户高达2000万。他说，巨量的数据透露出人类行为的变化规律及其与商业和社会的关系，例如下雨天，美国苏打水的销量便大增；80%的天气搜索者愿意分享自己所在的地点，这就产生了人们活动分布的大数据，等等。这些都可能成为新闻，或预测新闻的走向。

蔡翔祁在这次会议上也有演讲，题目是“推动内容创新”（Driving Content Innovation）。他介绍，路透社2014年对美国联邦最高法院9年受理案件的数据进行分析后，获得惊人的发现，进而形成系列报道“回音室”（The Echo Chamber）。获得2015年普利策解释性报道奖最后提名的该报道披露，在2006—2014年间，联邦最高法院共收到10,000多件案件的受理申请，涉及17,000多位律师。但奇怪的是，只有66位律师代理的案件频频成功

[1] 笔者记录自Jay Kirsch 2016年4月15日在纽约“媒体大数据大会”上的演讲。

获得审理。这66位律师虽然只占全部案件律师的不到1%，获得审理的案件却占全部受理案件的43%。这是典型的从数据中发现新闻进而深挖题材的报道案例，23位记者将数万页的文件进行数据化处理，再由执笔记者用计算机进行分析。这组报道获得包括《纽约时报》、《纽约客》杂志和 CNN 等主流媒体的高度赞扬。

认识受众　黏合受众

传统媒体的传播是线性和单向的，因而对受众的认识也是极为肤浅和主观的。即便进行读者调查或受众调查，其“抽样”或在报上刊登表格的效果也普遍很差。数字媒体实现了互动和多向传播，对受众信息的掌控也十分有限。只有通过自己搜集或与第三方合作积累的大数据，才能勾画出较为清晰的受众图像。而这正是媒体大数据大会上人们关注的一个焦点。

Politico是风靡美国政界并深度介入总统选举活动的包含线上线下内容的著名政治媒体。在4月14日的大会上，Politico分管受众服务的执行副总裁彼得·切鲁库里（Peter Cherukuri）分享了该公司数字采集方面的经验。他说，公司本来是以首都上层读者为目标受众的，但后来发展很快，80%是首都以外的读者，而公司对这些读者的情况却一无所知，于是想到用大数据来确定读者形象，以使自己的产品更具针对性。他们主要从五个方面搜集数据：受众使用、产品注册、活动、搜索、第三方数据合作。他认为，现在很多媒体的数字端盈利模式是对过去纸媒盈利模式的照搬，只不过是以发行量换取广告转变成以网页阅读量换取广告，而Politico并不这样做。他们的主要注意力不再仅仅是网页阅读量，而是契合用户行为与偏好的精准服务，这正是大数据可以发挥作用的地方，广告也因此更容易被接受。

CNN的母公司特纳广播公司（Turner Broadcasting）的数字内容团队负责人斯特凡诺·金（Stephano Kim）的演讲题目是“消费者优先的数据战略”（Consumer-First Data Strategy）。他说公司已将目标从“世界最好的有线电视公司”转向“全球化、以消费者为中心、数据驱动、内容创新的传播公司”并将消费者列为核心。他说：“我们企业的核心是什么？是对消费者的理解与认识。我们不仅要知道他们看什么或他们在哪里，更要知道他们关心

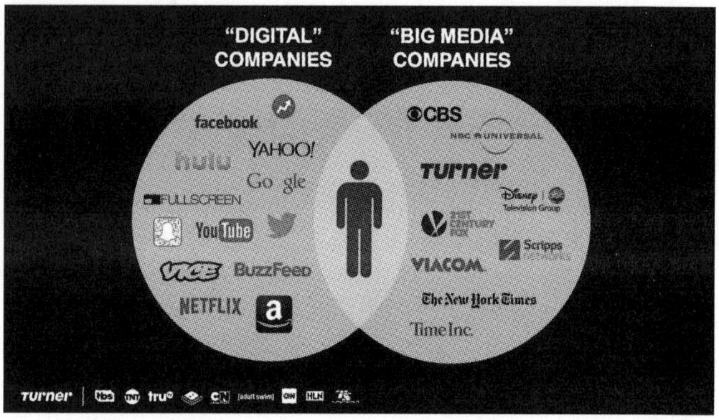

左边是脸书、雅虎等数字公司，右边是特纳、哥伦比亚广播公司、《纽约时报》等大型新闻机构，现在都必须以受众为核心（来源：金的演讲PPT）

什么。”[1] 为此，公司创建了“特纳数据云”（Turner Data Cloud），将用户的注册信息、用户网址、客户端使用行为数据、浏览行为数据、用户变动数据等全部装入云端并实时更新。他说，这些信息为公司多个高达10亿美元的投资决策提供了依据。

艾克索·斯普林格集团（Axel Springer）是欧洲最大的报业集团，总部在德国，旗下不仅有德国全国性报纸《世界报》和发行量最大的报纸《图片报》，还在40个国家拥有媒体资产，目前已转型为全球领先的大型数字出版集团。该集团数据创新负责人亚娜·莫泽（Jana Moser）博士以“斯普林格的数据创新”（Data Innovation @Axel Springer）为题，介绍集团在大数据应用方面采取的三大步骤：①创立“数据生态系统”（data ecosystem），以提高数据质量和实现跨平台跟踪；②建立独立的可横跨所有平台的用户ID，独立于任何第三方，以强化市场主体地位；③构建直接的消费者关系，独立于各类可删除的cookie，大量增加注册量和使用频率。2016年，该集团62%的收入和70%的税前利润来自数字端，分别较上年增长8.55%和10.2%。莫泽后来在panel讨论中表示，数据尽管重要，但仍是辅助性的，就像汽油。“我们卖内容，而不是卖数据，有如汽车公司卖汽车，而非卖汽油一样。”她说[2]。

[1]笔者记录自Stephano Kim 2016年4月14日在纽约“媒体大数据大会”上的演讲。
[2]笔者记录自Jana Moser 2016年4月15日在纽约“媒体大数据大会”上的演讲和讨论。

大数据驱动广告增长

纽约“大数据媒体会议”的主办者之一是国际新闻媒体协会（INMA），其执行董事兼CEO厄尔·威尔金森（Earl Wilkinson）在第一天大会的开场发言中提问：“为何媒体需要大数据？”他自己从经营方面给出4点解答：①可以拓展广告份额；②降低兼并等资本运营成本；③降低用户变动率；④定义新的产品、功能和服务[1]。

INMA CEO威尔金森在演讲（辜晓进 摄）

随着媒体数字化发展速度的加快和新媒体的层出不穷，曾被奉为圭臬的浏览量或点击量（traffic）的地位正在迅速下降，取而代之的是独立访客量（UV）、活跃用户量和用户黏性（engagement）。后者才是检验媒体是否有吸引力的更重要指标，也是广告商越来越看重的媒体品质。西方媒体目前对用户黏度，通常以驻留时间为尺度。各类监测系统都会在首页显著位置标明engagement的数值。

英国《金融时报》（FT）全球客户关系部主任布兰登·斯宾（Brendan Spain）演讲的题目是“FT 的小时成本：关乎时间”（FT CPH, It’s About Time），重点是如何利用大数据改进广告工作进而延长用户的广告驻留时间。他说，网络上的广告有半数以上（54%）是没人看的，只有27%的广告所在页面停留时间超过5秒。目前平均每1667次广告呈现仅能获得1次点击，也就是说1666次是无用呈现。这都因为大多数广告的用户停留时间太短，泛泛的点击量已失去意义。而如果用户在广告上的停留时间达到5秒或以上，情况就大不一样：广告的反馈率会提高79%，用户对广告品牌的认知度会提

[1] 笔者记录自Earl Wilkinson 2016年4月14日在纽约“媒体大数据大会”上的演讲。

升55%。因此，广告商现在并不关心你的流量多少，而是页面的用户驻留时间，这关系到你内容的品质和广告放置的方式。FT现在正全力以赴为这“5秒钟”奋斗。他随后讲解了CPH（小时成本）、内容为王、用户黏合、用户层次、注意力套餐等概念，以及FT目前的做法。他还测算出，目前大约每20英镑CPH可产生1小时注意力。他透露，FT目前正积极与微软、IBM、BP（英国石油公司）、iShares等第三方公司合作获取可延长广告时间的相关大数据。

与会者争相拍摄演讲嘉宾的PPT画面（INMA供图）

北欧最大媒体集团施伯史泰德媒体集团（Schibsted Media Group）的全球产品副总裁埃多尔多·亚库奇（Edoardo Jacucci）的演讲题目是“一个雄心勃勃数据战略的愿景与实施”（Vision and Execution of an Ambitious Data Strategy）。这家创办于1839年的挪威老牌家族企业，目前在30个国家拥有媒体资产，包括挪威和瑞典的多家全国主流报纸，每月的用户访问量高达2亿。亚库奇说：“我们的竞争对手已经从过去的传统媒体转向全球性的新媒体公司。我们必须创立一个强大的领导和管理体系，将数据分析转化为我们的DNA，才能更好地转型为数字媒体。”[1] 他表示，该集团于2013年建立数据团队，团队人数由最初的1人增加至目前的70人，现在已达到每天搜集6亿个事实数据（events）的能力，并正在将这些数据的分析转化为数据驱动的广告增长、用户增长和有针对性的用户服务。

[1]笔者记录自Edoardo Jacucci 2016年4月14日在纽约“媒体大数据大会”上的演讲。

数据新闻须强化创新意识

在做数据新闻方面，前述斯坦福大学教授菲利普斯认为有四点要注意：①编辑是关键，编辑有了意识，就可能将很多小新闻变成伟大的新闻；②克服记者对数据新闻的恐惧心理，要让记者明白“数据会使你的工作更方便”；③对数据保持敏感；④尚未开展数据新闻的新闻机构宜从简单开始。归根结底，她认为做数据新闻要有创新意识。

赫斯特集团（Hearst Corporation）是美国老牌报业集团，20世纪初一度居全国垄断地位。进入21世纪后，该集团非常注重第一手大数据的搜集和积累。集团副总裁兼首席数据科学家里奇·麦克法兰（Rick McFarland）博士的演讲题目是“点击生活：赫斯特集团对流量分析的管理”（The Life of a Click/How Hearst Publishing Manages Clickstream Analytics）。他认为，网上每一次点击都在形成大数据。他2013年被赫斯特集团从亚马逊公司挖去时，被要求在不影响正常运营的情况下，将集团250个网站的数据全部转移集中并生成一套测量体系，测量的更新周期由过去的1小时至1星期压缩至5分钟。他说他做到了，而且只用2人的团队和20万美元。现在集团每天生成并发布100—200GB的数据，“数据就像汽油之于汽车那样促进集团良性运作”。而他们的任务就是创立合适的管道，让产自集团内部各类受欢迎的内容的实时数据变成有用的资源[1]。

《赫芬顿邮报》（*The Huffington Post*）作为在全球10多个国家拥有当地版本的纯数字化“第一互联网大报”，2016年1月的月独立访客量已达到2亿。该“报”近年来一直致力于将抵达量、粉丝量、黏度数据（分享、点赞、评论的数量）、浏览行为、信息消费模式等建构成“数据流动闭环”（closed loop data flow），进而形成第一手即时大数据，供分析使用。公司数据分析负责人文森特·吴（Vincent Wu）介绍说，公司每周一上午召开例会，编辑们聚集在一间会议室，观看数据部门根据用户黏度、话题趋势、信息分享等建立起来的关于最热门题材的可视化一周信息图表，然后讨论并据此做

[1]笔者记录自Rick McFarland 2016年4月15日在纽约“媒体大数据大会”上的演讲。

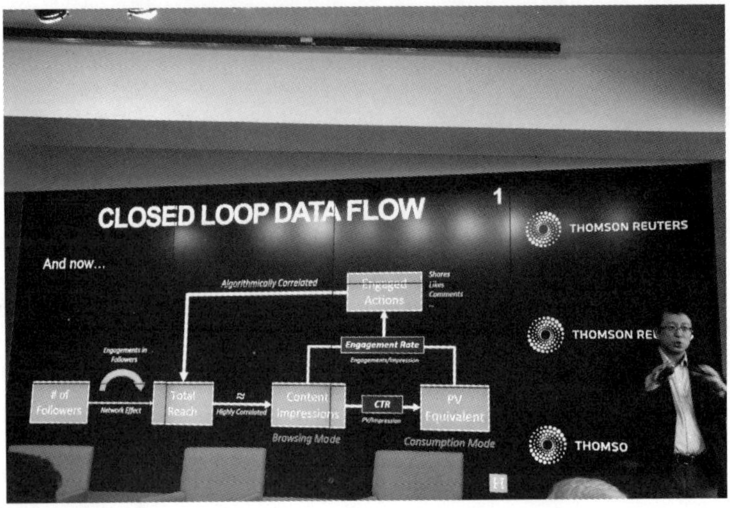

《赫芬顿邮报》的“数据流动闭环”（辜晓进 摄）

出编辑决策。

新闻集团（News Corporation）首席数据科学家雷切尔·舒特（Rachel Schutt）博士的演讲题目是“支撑下一次浪潮”（Bracing for the Next Wave）。毕业于哥伦比亚大学的这位充满自信的女专家说，数据的力量是强大的，但创新才是未来数据运用的真正钥匙。她提出三点建议：①预测，这是很多数据科学家正在做的事。但要注意，预测像天气这样的单一事件和预测成千上万的用户行为是完全不同的。②模仿，即模仿硅谷那些科技公司的做法。它们5—10年前的做法都值得现在的传统媒体效仿学习。③创新，切勿追着别人后面跑，要开辟自己的道路。至于新闻集团的数据团队，她说包括6种专业人士：数据工程师、数据科学家、分析师、设计师、数据管理者、产品管理者。

第十二章

《丹佛邮报》：果断拆“墙” 只为扩大受众

总编辑语录
数字广告主任语录
用户发展部主任语录

两次编前会各有所重
所有权结构埋下隐忧
大麻网站成垂直媒体典范
重要文章也会为纸媒保留
付费墙并不灵
视频的最大好处是吸引广告
五类广告主打数字端
电脑里的监测数据
200多个社交账户

总编辑语录

《丹佛邮报》总编辑李·安·科拉齐奥普（辜晓进 摄）

我们实行数字优先，几乎将所有内容都优先在数字端发布，但偶尔也有例外。例如，有时我们投入较大人力、物力、财力精心制作的一篇调查报道，它极具竞争力，我们就会将它保留，放在印刷版报纸，特别是报纸的星期天刊上优先发表。我们这样做，也是给纸媒订户一个奖励。如果我们反过来，优先在网上及各数字平台发布，纸媒订户就会觉得，既然如此重要的独家内容都不能让他们先看到，那还要订报纸干啥？但这样做的机会是很少的，毕竟是数字时代，报纸必须转型。特别是对那些时效性强的内容，绝对不会为纸媒保留。对此，编辑部也常有争论。就像今天的编前会上，我们讨论了关于从医院流出的易成瘾药品的调查报道，这是一篇分量很重的稿件。有人主张放在周五（今天）的网络高峰发布，有人却主张留给报纸的星期天刊（后天）发表。总之，我们至少90%的内容是数字优先的。

——李·安·科拉齐奥普（Lee Ann Colacioppo）

数字广告主任语录

《丹佛邮报》数字广告主任艾瑞克·雷克托（辜晓进 摄）

我们有五种核心广告产品：①视频广告；②展示广告（display），这也是日常的标准广告，你打开页面就会看到；③社交广告，是跟随社交内容的发布而呈现的可互动式广告；④电子邮件广告，这是所有人都熟悉的广告形式；⑤移动广告，这是当前发展最为迅速的数字广告形式。这些广告都有明显的吸金效果。在这些类别下面，我们还有几百个特别的广告品种。

——艾瑞克·雷克托（Eric Rector）

用户发展部主任语录

《丹佛邮报》用户发展部主任丹尼尔·佩蒂（辜晓进 摄）

我们有200多个社交媒体账户，都是官方账户，都是我们机构生产的内容，不包括员工自己注册的账户。我们除了报社的主账户，同时也按各种分类开辟了大量垂直类的账户，但所有账户都有带“DP”字样的Logo，表明是《丹佛邮报》的官方账户。你看这里，Facebook的账户，我们有40多个，如“野马”球队、体育、宗教、政治、评论等。我们在Twitter上也有差不多40个。我们有专人负责，但靠人工是做不过来的，我们通过机器。大多数内容的管理和发布是自动化的。例如刚才你看到的排在阅读量第一名的“博尔德玻璃房”的新闻，我们都没有过问，就被自动发布到Twitter上去了。

——丹尼尔·佩蒂（Daniel Petty）

美国各州首府的世界知名度大都不太高。著名大城市如纽约、洛杉矶、费城、芝加哥、旧金山、西雅图、休斯敦、达拉斯、迈阿密、新奥尔良等，都不是所在州的首府。但丹佛是少数例外之一，既是科罗拉多州的最大城市，也是其首府。作为美国人口增长最快的主要城市之一，丹佛个性十足，艺术气息浓郁，其机场面积全美第一，全球第二，占地超过整个曼哈顿。市区的双辫有轨电车则是我见过的最长电车：比4辆最长大巴相加起来还长。

丹佛的新闻业也很发达，全国广播公司（NBC）等在当地有分支机构，创刊于1892年的《丹佛邮报》曾于2013年跻身全美前10名（名列第十）。近年该报纸质版的发行量下降较快，但数字转型积极进取，效果显著。就在笔者启程赴美前不到10天，该报被《主编与发行人》称为2016年数字转型“十大正确报纸”之一。而该报数字平台目前每月的独立访客量已达860万（比我2016年访问时又有明显增长），这对一个约70万人口城市的报纸而言，是不俗的业绩了。

丹佛市区一角（中间白色多层建筑为《丹佛邮报》大楼）（辜晓进 摄）

位于科罗拉多州行政中枢的《丹佛邮报》大楼（辜晓进 摄）

两次编前会各有所重

在与《丹佛邮报》（*The Denver Post*）总编辑格雷戈里·摩尔（Gregory L.Moore）联系未果后，转而联系该报新闻运作部（News Operations）主任琳达·沙普利（Linda Shapley），幸获接纳。后得知，连续担任14年总编辑的摩尔已宣布退休，由李·安·科拉齐奥普代理总编辑职务。经多次邮件协商，热心的沙普利女士为我安排了近一天的行程，时间是4月22日，星期五。

丹佛邮报大楼位于科罗拉多州的行政中枢，州议会大楼和最高法院大楼等建筑都在300多米范围内。该报的白色墙体，也被周围棕色建筑衬托得十分显眼。进入楼内先见到沙普利，短暂交谈便加深了我从邮件中感受到的热情。她的职责有点像编辑部的大管家，有自己的独立办公室，张罗很多行政事务，也介入编辑工作。她带领我进入位于8楼的会议室，参加上午9：30的第一次编前会。会议由过渡期总编辑（Interim Editor）科拉齐奥普主持，10多位部门主任参加，也包含社论主编科恩·皮尔特（Cohen Peart）。这与美国《纽约时报》《华盛顿邮报》等大型报纸不同，那些报纸的社论评论部门是独立运作的，主编并不参与新闻讨论。

编前会首先讨论发生在前一天的重大突发新闻：著名歌手和作曲家、七次格莱美奖获得者“王子”（Prince Rogers Nelson）在下榻酒店因镇痛剂用药过量去世，年仅57岁，此前毫无征兆。该报和美国其他所有媒体一样，都已在数字平台持续报道这一事件。会上，大家对本报数字平台相关报道的表现进行了分析，并探讨了从本地角度跟踪报道的可能性。会上还比较了本报与《纽约时报》对同一事件的报道安排，包括头版图片的选择。这次编前会讨论的内容以数字平台为主，包括当日若干数字高峰期的重要稿件安排。

有了之前访问其他报纸的经验，我注意到总编后面的监测屏上显示的数据，共15条新闻按即时的阅读量排名列出。阅读量最多的是一条凌晨发布的突发新闻，阅读688次。15条新闻中有4条关于丹佛野马橄榄球队的新闻。会议开了一个多小时。会后，沙普利领我来到代理总编辑科拉齐奥普的办公室，开始

《丹佛邮报》2016年4月22日上午的编前会（辜晓进 摄）

新闻运作部主任琳达·沙普利为笔者此次访问做了精心的安排（辜晓进 摄）

了我访问该报的第一次正式访谈。时间是上午11点。谈了一个多小时，我外出用餐，回来后与数字广告主任（Digital Sells）艾瑞克·雷克托访谈。

下午1:30，第二次编前会开始，我继续参会。与上午的会议有所不同，这次在继续讨论数字传播内容的同时，将更多时间用来研究次日纸媒的编排。讨论重点是当日通车的机场轻轨列车。如前所述，丹佛机场规模浩大，占地面积为全美之最，而且2016年以5800多万的旅客吞吐量位居全国第六。但这样一个距离市区约50公里的大机场，却迄今没有地铁轻轨之类的轨道交通。所以此次通车是一件大事。编前会上详细讨论了新媒体的报道部署和第二天纸媒的刊发方案，发言热烈。事实上，当日该报已经发了一条较大篇幅的预告新闻，该新闻在上午编前会时的阅读量排名第三。我第二天注意到，此事不仅当地媒体突出报道，就连《今日美国》等全国媒体也发布了相关新闻。

所有权结构埋下隐忧

科拉齐奥普来自艾奥瓦州，曾任该州首府最大报纸《得梅因记事报》的编辑，17年前来到《丹佛邮报》，先后担任过城市新闻部、调查新闻部和综合新闻部等重要部门的主任。2012年丹佛附近小城奥罗拉一家电影院发生严重枪击事件，凶手投掷催泪弹后进入剧场，枪杀了12人，致伤70人，成为当时美国历史上一次枪击死亡最多的事件。《丹佛邮报》及时而充分地报道了这次事件，第二年获得普利策突发新闻奖，科拉齐奥普就是这次报道的主要组织者。至此，该报共获得9个普利策奖。原总编辑摩尔于2016年3月15日正式退休后，科拉齐奥普被任命为过渡期总编辑，全面接替摩尔的工作。所以，笔者访问她时，她走上新岗位才一个多月。一个多月后的5月31日，她被任命为总编辑，“过渡期”一词被取消。

我们上午11点开始的谈话，气氛一直很轻松。科拉齐奥普豪爽坦率，谈话中常哈哈大笑。当我在谈话开始后不久问到报社被“数字优先媒体集团”（Digital First Media，简称 DFM）收购后的情况时，她毫无顾忌地对公司的所有权架构表达不满，更批评当时的实际拥有者只为赚钱而不懂专业。她说这话时，全然不顾自己还是脆弱的“过渡期总编”。

幸：你们2010年被DFM收购以来，似乎发生了较大变化，有点像贝佐斯收购《华盛顿邮报》？

科拉齐奥普：我们倒是希望能被贝佐斯那样的人收购，但事实并非如此。在2010年我们的母公司申请破产保护后，我们不幸地被几位投资银行家收购了，收购价很低，这意味着他们更关注的是日后如何赚钱。

幸：不是DFM吗？我一直以为是他们收购了你们。

科拉齐奥普：甚至我也一度弄不清楚。实际是我们母公司“媒体新闻集团”（MediaNews Group Inc.，美国最大型报业集团之一，2010年在12个州拥有56家日报——笔者注）申请破产后，被“奥尔登全球资本”（Alden Global Capital）收购了。他们拥有了我们却不懂如何运作，于是聘请DFM代为运营。外人看来，我们就是DFM下面的一家报业公司。其实我们做梦都希望贝佐斯收购《华盛顿邮报》那样的事情发生在我们身上，而现在的大老板只知道做交易。就在这周，他们刚宣布要把我们原母公司旗下在犹他州的一家报纸《盐湖城论坛报》（*The Salt Lake Tribune*）卖掉。你猜该报编辑部怎样反应？他们欢呼，仿佛中了六合彩似的，因为买家是当地很有钱的富商，他表示会更关注本地新闻，致力于推动报纸服务本土文化。而在这里，一方面我们竭尽全力做一切该做的事，另一方面顶层大老板却只想从我们报纸赚钱。长此下去，我们只会变得更加弱小，而非更加强大。

幸：你们现在编辑部有多少人？

科拉齐奥普：130人，比过去少多了。若干年前我们还有300多人呢。

科拉齐奥普对所有权架构的担忧果然在两年后爆发成一场危机。“奥尔登全球资本”（以下简称“奥尔登”）是总部在纽约的一个对冲基金，自低价收购申请破产的媒体新闻集团后，其一直被批评对旗下报纸进行掠夺式经营，通过不断的裁员而降低成本，截取利润。其中，《丹佛邮报》编辑部减员超过一半。报社员工终于忍无可忍，开始“反叛”。2018年4月8日，在科拉齐奥普的默许下，《丹佛邮报》在当天的星期天刊评论版块以6个整版刊登对奥尔登的批评。该版块以“关乎新闻”（News Matters）为大标题，以个人署名文章的方式，历数所有权变革以来报纸经历的种种困境，呼吁科罗拉多州人民起来挽救这份报纸，建议奥尔登将报纸卖给真正热爱新闻、关注社区、忠于丹佛本土文化的人。这种报纸刊登多版面文章批评自己老板的情况，即便在崇尚言论自由的美国也甚为罕见。《纽约时报》以“《丹佛邮报》反叛对冲基金老板”为题，做了大篇幅的报道。文中称：“很多报业机构都较难吸引到有爱国情怀的老板，它们的困难在继续，对中等规模的报纸而言，打击尤甚。”该报还引述《丹佛邮报》总编辑科拉齐奥普的话说：“裁员是令人心痛的。我们都知道，有才干员工的离开，会导致很多有意义的工作难以完成。”[1] 该报还提到，《洛杉矶时报》也因员工长期对论坛传媒集团（该报的母公司）抱怨和抗议，而最终被出售给当地富商。这一较为理想的结果也是《丹佛邮报》此次抗议的动力。

三周后，那位评论版编辑打算再次刊登一组针对奥尔登的跟进评论时受阻，于是愤而辞职。编辑部55名员工为此签名发表公开信，控诉奥尔登压制舆论干预言论自由。2018年5月8日，在当地报业公会的资助下，该报13名员工来到奥尔登纽约总部门前示威抗议，数字优先媒体集团在全国其他城市的9家报纸也派人加入，以示声援。《纽约时报》继续图文并茂地予以报道，其支持报纸的立场十分鲜明。

2018年5月8日，《丹佛邮报》部分员工在纽约奥尔登总部门前抗议示威（来源：《纽约时报》）

此事如何收场，至本书完稿，尚无进一步消息。

[1]Sydney Ember.Denver Post Rebels Against Its Hedge-Fund Ownership.www.nytimes.com.April 7, 2018.

大麻网站成垂直媒体典范

《丹佛邮报》的困境，也是美国很多地方报纸或区域报纸的一个缩影。在经历10多年的持续衰退后，很多报纸乃至一些著名报业集团，都主动或被动地变换了老板（所有权），就像第五章提到的费城报业一样。新老板中，有的尚有新闻理念，特别是像贝佐斯这样的企业家；但更多的是因为便宜而购买报纸，希望低吸赚钱，如《丹佛邮报》的老板奥尔登，这对报纸发展不利。这是美国报纸转型的另一种困境，INMA 执行董事威尔金森也这样认为（详见第六章）。

不过，尽管较为困难，很多报纸还是勉力前行，就像《丹佛邮报》。该报在现有条件下积极拥抱数字世界，取得了令同行瞩目的转型成就。其中一个突出成果，就是其2013年成功创办的“大麻网站”（The Cannabist）。科拉齐奥普总编在和我的谈话中，也特别提到了这一点。

辜：我在来美国之前就了解到，《丹佛邮报》在数字转型方面还是很有建树的。能谈谈这方面的总体情况吗？

科拉齐奥普：谈不上有多大建树，但我们确实一直朝这方面努力着。我们整天时时刻刻想着的，都是转型问题。这很不容易，再过几周我们将做出更多的改变。我们正在对网站进行全面的重新设计，要大大加快广告的下载速度，改善广告的呈现方式，让页面更加吸引年轻人。我们正在让所有员工都意识到，必须专注于数字优先，这也是我们母公司的名字（指数字优先媒体集团）。听上去有点奇怪吧？但这也确实表明整个集团的工作重心在向数字方向转移，只不过名称与实际工作与之相匹配需要一个过程。这方面我们有些先知先觉的数字人（digital people），最出色者之一就是里卡多·巴卡（Ricardo Baca），正是他创办了我们的大麻网站（The cannabist ）。

辜：我听说过这个网站，你们做得很棒。

科拉齐奥普：你知道吗？当时我们办这个网站的想法，在很多人看来是我们发疯了。但我们自己酝酿了很久，大概有一年吧。长期以来这是个禁区，但2012年科罗拉多州的全民公投通过了大大放宽对大麻交易限制的64号修正案，我们是在合法范畴行事。我们决定创办一个网站，名字就叫

“大麻”，而且赶在我们州大麻正式解禁之前。我们之所以没有在《丹佛邮报》的主网站开辟相应专栏，而是另外单独建一个网站，就是想把它们区分开来，因为很多传统读者并不希望看到“大麻”这字眼。例如我母亲，如果《丹佛邮报》网站有大麻专栏，她可能永远不会看网站里的任何东西了。另外，我们也想给里卡多更多的实验空间，让他放手一搏。于是，The Cannabist就创办起来了。我们后来为他又配备了一位记者，两个人把这网站办得红红火火，吸引了来自全球的流量，也带来了广告。

辜：这有点出乎我意料，这么著名且内容如此丰富的一个网站，只有两个人在运作。也许一开始会有较多人投入创办吧？

科拉齐奥普：不，我们始终最多只有两人。但其他部门的记者也会为网站写稿。任何与大麻相关的新闻，其他部门的记者发现了也会给该网站发稿。例如与大麻交易关系密切的银行，资金往来都是现金，要武装运钞，要交税，常常会有重要新闻，财经部门的记者就会很关注。因此，他们两人也得到来自其他部门的很多帮助。

辜：网站建立快3年了，现在是比过去更受欢迎，还是热度已经过去？因为国内其他一些州也解禁大麻了。

科拉齐奥普：网站一直很受欢迎，受众不断增长、增长（她连用两个grow）。

辜：有具体的受众数据吗？

科拉齐奥普：我不太清楚具体数据，我只知道大多数受众来自加利福尼亚州。你可能要问网站或技术部的人了，我也要问艾瑞克。

这里不妨一起将该报的大麻网站 The Cannabist简单介绍一下。

科罗拉多州（简称“科罗拉多州”）是美国大麻地下生产和交易最活跃的州之一，当地人对大麻的利用与消费历来存有争议。1914年11月，科罗拉多州议会通过第22号修正案，开始限制大麻交易。2000年11月7日，科罗拉多州以全民公投的方式，以54%的微弱优势，核准科罗拉多州宪法的新修正案，允许病人在医生确认需要用大麻治疗并开出处方的情况下，购买和服用大麻。该法案甚至允许病人在有医院证明的条件下，自己种植不超过6棵大麻（其中成熟期的大麻不得超过3棵），供自己使用。2012年11月6日，科罗拉多州再次以全民公投方式，通过了大大放宽大麻交易的第64号修正案，首次允许大麻进入娱乐消费市场，并允许有牌照的种植、加工、生产、试验、储运等活动。

《丹佛邮报》正是在这一氛围下筹办The Cannabist的，其初衷是通过包括医生、专家指导意见等在内的各种实用信息的传播，引导建立一种健康的大麻消费文化。网站于2013年12月正式推出，成为全球由传统媒体创办的第一个涉及大麻的网站。一个月后的2014年1月，大麻在科罗拉多州正式解禁，科罗拉多州因此成为美国第一个大麻合法化的州（此后还有华盛顿州和加利福尼亚州等多个州效仿科罗拉多州）。2017年，科罗拉多州从大麻的税收中获得2.47亿美元财政收入，基本都用于提高教育预算。《时代》周刊的调查报道显示，大麻合法化后，青少年吸食大麻的人数和用量反而减少了[1]。

网站设有新闻、文化、评论、服用指南、来源、地理位置等专栏。创办者在About中说："我们所要谈论的，是关于大麻的文化。这里是相关思想、交流、艺术、食用和新闻的园地。我们会与受众分享关于医疗启示、娱乐实用、议会争议、厨房烹制等方面的新闻故事。"[2] 网站此后对大麻消费中出现的弊端以及使用安全等社会问题一直跟踪报道，在正面引导方面发挥了积极作用，并促使州长签署法令完善管理措施。2016年年初，网站的月阅读量为180万。该网站还开发了用于iOS、Kindle等在内的各平台客户端，并在主要社交媒体上设立账户，获得了"较为可观"的广告收入（具体数据不详）。沙普利在接受《主编与发行人》杂志采访时称，该网站"在经济收入和社区黏合两个方面都获得了极大的回报"[3]。

The Cannabist是地方报纸根据当地特色开创垂直数字平台的典范。笔者注意到，由于当地民众对大麻文化的宽容和该网站的正面作用，《丹佛邮报》主网站也将其收入作为首页专栏（The Cannabist 仍独立运营）。科拉齐奥普总编当年对普通民众的担心，似乎已经不存在了。

---

[1]Daniel White.Colorado's Teen Marijuana Use Dips after Legalization.time.com.June 22, 2016.

[2]About The Cannabist.www.thecannabist.co.April 30, 2016.

[3]Nu Yang、Adreana Young.10 Newspapers That Do It Right 2016: Finding Success with Audience, Digital and New Revenue Ideas.www.editorandpublisher.com.March 4, 2016.

重要文章也会为纸媒保留

作为数字优先媒体集团旗下最重要的报纸，《丹佛邮报》近年一直施行数字优先战略。但我在与科拉齐奥普总编的谈话中也发现，他们是有例外的，而并未像《纽约时报》和诺拉媒体集团等传统媒体那样彻底实施数字优先。

幸：您之前谈到数字优先，是否意味着现在所有内容都先数字后纸媒？

科拉齐奥普：是的，应当说我们几乎将所有内容都优先在数字端发布，但偶尔也有例外。

幸：什么情况下会有例外？

科拉齐奥普：例如，有时我们投入较大人力、物力、财力精心制作的一篇调查报道，它极具竞争力，我们就会将它保留，放在印刷版报纸，特别是报纸的星期天刊上优先发表。我们这样做，也是给纸媒订户一个奖励。如果我们反过来，优先在网上及各数字平台发布，纸媒订户就会觉得，既然如此重要的独家内容都不能让他们先看到，那还要订报纸干啥？但这样做的机会是很少的，毕竟是数字时代，报纸必须转型。特别是对那些时效性强的内容，绝对不会为纸媒保留。对此，编辑部也常有争论。就像今天的编前会上，我们讨论了关于从医院流出的易成瘾药品的调查报道，这是一篇分量很重的稿件。有人主张放在周五（今天）的网络高峰发布，有人却主张留给报纸的星期天刊（后天）发表。总之，我们至少90%的内容是数字优先的。

幸：记者们对数字优先是什么态度？

科拉齐奥普：他们总的来说都支持先在网上发布，但对纸媒是否刊登及刊登的安排也很在意。例如我们之前提

科拉齐奥普总编与笔者交谈中（《丹佛邮报》员工 摄）

到的大麻网站的创办人巴卡，他在创办这个网站前一直是娱乐记者，对娱乐界很熟悉，现在仍会写娱乐新闻。他刚才就给我发来电子邮件，表示对他稿件的处理非常失望。原因是，昨天他写了关于“王子”去世的深度新闻，虽在网站发布了，但今天的报纸却没有刊发。其实我们在报纸截稿前选用了更新的内容，但作为记者，仍希望自己的重要稿件能在纸媒上发表。他在邮件中说：“我这篇稿件如果不在报纸上发表，就像没出现过似的。”你看，这也挺有意思的吧？我们希望在线读者的数量多多益善，但纸质报纸仍给记者以“存在感”。所以，数字优先需要企业内部的文化转变。

辜：这个转变并不容易。

科拉齐奥普：是的，所以我们正在推动员工超越原有的纸媒思维，要让这艘船上的所有水手用数字思维来考虑自己的工作。我们现在已经有了很大进步。刚才的编前会你也一定注意到了，我们不需要在开会前要求先讨论数字内容，大家已经自然而然地从数字内容谈起。会议最前面的议题永远是关于数字平台，这是我们作为纸媒的一个转变。我们让每一个员工的脑子里都想着白天如何在网上发布内容，而不能像过去那样，网络上不声不响，到下午4点才开始工作。编辑部的所有人都要有流量思维。我们知道中午12点前后是一天的传播高峰，因为人们都在吃午饭，他们会边吃午饭边看网络，如果有重要内容，就要赶在这时发布出去。早晨的时间也很好，但凌晨四五点钟最糟糕，特别是周末。总之，我们要用一种比较聪明的方法进行在线传播。

辜：要想取得好的传播效果，确实要做很多事情。

科拉齐奥普：是的。我们最近几个星期都在重新设计数字平台的标题策略。（辜：网上的标题不同于纸媒标题。）非常不同，我们正在努力改变。（辜：你们会重新写标题吗？）不仅重新写，我们要求做得更多。就像这条新闻（指电脑上一篇关于州参议员选举的新闻），传统标题会是“5位候选人竞争一个席位”。但到了数字平台，我们希望标题更加抓人，更加清晰，当然也更加准确。（辜：这要求挑选一些关键词。）对，关键词，网上有很多信息，你要从中跳出来。因此，这条新闻的在线标题，我们可能会改为“谁将成为科罗拉多州共和党候选人？”（这年正逢美国总统大选），用来吸引更多人阅读，特别是年轻人。我们正在探索用另外一种方式去制作在线标题，把更多的人吸引到我们的网站上来。这件事还在进行中。

辜：为了吸引年轻读者，你们是否打算聘用更多的年轻记者和编辑？因为他们最懂年轻人的习性。

科拉齐奥普：我们已经这样做了。我们的网络编辑比其他编辑都年轻，他们刚才也参加了编前会。他们在制作在线标题时会有自己的想法，知道哪些是亮点，以及怎样呈现这些亮点。让年轻人进入编辑部会带来很多新元素。我们在Facebook等社交网站上每时每刻都要考虑制作新标题。但人们互相间也有差异。

辜：当然，有的老人却有一颗年轻的心，他们善于接受新事物。

科拉齐奥普：对啊，有些年轻人却有一颗苍老的心（大笑）。我们讨论过这个问题，这里有些年轻人并不那么跟上时代变化，你知道的，所以我们也要推动这些人转变。

付费墙并不灵

以我的了解，《丹佛邮报》是实施付费墙的，其母公司旗下的多数报纸也这样。但在与科拉齐奥普的交谈中，意外得知他们已经取消了付费墙。

辜：贵报付费墙的效果怎样？

科拉齐奥普：我们过去有付费墙，但已经取消了。

辜：是吗？为何取消？何时取消的？

科拉齐奥普：技术上说，这个"墙"还存在，但你要点击上千条新闻才会触碰到它，所以已名存实亡（笑）。我们付费墙的历史并不长，大约一年半时间吧。建墙后，我们的流量受到较大影响，从读者那里收到的钱也不多。所以付费墙策略在我们这里效果并不好。我们为此与母公司数字优先媒体集团的总裁产生很大分歧，他是坚决推动付费墙建设的。我们的数字人员是最反对付费墙的，他们喜欢流量。于是，我们借去年詹姆斯·霍尔姆斯（James Holmes）案开庭机会，决定取消付费墙。霍尔姆斯就是那次影院枪击案的凶手，此案开庭审理对我们和科罗拉多州人来说都是一件超级大事。

辜：就是2012年那起枪击案，你们的报道还获得了普利策奖。

科拉齐奥普：是的。我们的拆墙与宣布开庭一事同时发生，因为我们知道此案将引起全世界的关注。我们不想因为付费墙而阻挡突然涌入的大量受众。从那以后，付费墙就再未恢复。

辜：去年何时开庭的？拆墙后的效果不错吧？

科拉齐奥普：是去年4月开庭的，案件持续审理了4个月，每天都审理。我们取消付费墙后，流量马上回升，上升幅度非常大。当审理结束、法庭宣判后，我们的流量仍然在上升。我们正是用这数据向母公司领导证明，付费墙拆掉的好处有多大，这也成为我们不再恢复的最好理由。我们的做法也对集团内其他报纸产生了影响，有些报纸也打算放弃付费墙。不过各报的情况参差不齐，我们向集团提出的理由是，付费墙不太适合《丹佛邮报》，因为我们有大量来自全国的流量，受众来自全国各地。仅以体育为例，他们就为滑雪而来（丹佛是全球著名滑雪圣地，有全国乃至全球最好的多个滑雪场——笔者注），为“野马”而来（“野马”是美国著名职业橄榄球队，总部在丹佛。就在笔者访问丹佛前两个月，“野马”第三次获得超级碗冠军，听说丹佛大学有学生兴奋得把床单都烧了——笔者注）。如果我们设立付费墙，受众就会到其他媒体那儿找这些新闻，等于我们自己将全国受众屏蔽掉。我们认为付费墙更适合没有什么竞争者、以当地流量为主的地方媒体，这就是我们的理论。

辜：你们的数字受众外地和本省占比如何？

科拉齐奥普：来自科罗拉多州的不到一半，大约40%，因此省外占比更大些。我们正在竭尽全力改变这种状况，争取本地受众能占更大比重，这也是本地广告商的要求。他们不在乎加利福尼亚州或什么地方的受众，因为外地受众不会来丹佛的商场购物，不会买丹佛的家具。广告商希望看到本地数据的明显上升，希望本地占据大比重。我们不断讨论如何改变这种现状。

辜：我这个月还去了《达拉斯晨报》，他们在得克萨斯州的地位与你们在科罗拉多州的地位差不多。他们的付费墙已经失败了两次，现在正在第三次建墙。（科拉齐奥普：为什么？）他们的总裁说，过去两次失败不怪付费墙本身，是他们操作不好。这次他们采用了计量式的付费墙。

科拉齐奥普：我们的付费墙就是计量式的，但这也存在问题。比方说，你可以设立每月20篇文章的免费阅读额度，并觉得这个额度足够了，不会有那么多人达到这个限度，因此对流量影响不大。但我们的流量仍然明显下降了，什么原因？原因在受众的头脑中。20篇免费额的付费墙门槛，我们觉得不算高，但受众脑子里觉得高了。他们在点击内容时会想，要尽量少看一些，可看可不看的内容就不看了，省下额度留着看更重要的内容。这样一来，点击率不就降下来了？这是人类的天性，不在乎你是20篇的门槛还是5篇的门槛，你在心理上就抑制了他们在你这儿消费信息的欲望。

科拉齐奥普（左）在编前会上与员工交流（辜晓进 摄）

辜：你们有没有比较过，你们取消付费墙之后与付费墙期间数字受众的实际比例？也就是说你们从新政策中受益多少？

科拉齐奥普：我们做过比较，但由于正好和那个大审判时间重叠，即便不取消付费墙，那段时间的流量也会有所增长，所以需要精确测算。这一点我的前任（指前总编摩尔——笔者注）做过。他一直反对付费墙，总想找借口把它拆掉，所以世纪审判对他来说是个机会。但我不太清楚他的数据，你知道的，我刚到这个岗位还不满一个月。

辜：母公司DFM旗下报纸是否大都实施了付费墙？

科拉齐奥普：集团旗下是有很多报纸实施了付费墙，但从意向上看，很多报纸都会取消。这里不像达拉斯的报纸，并不存在必须设立付费墙的情况。人们都在重新评估和重新思考建付费墙的得失。我不久前听说，集团的所有报纸都将取消付费墙。事实上现在一些报纸已经把付费墙的门槛降得很低，虽然不像我们这样可免费读一千篇，其实也已经到了可有可无的地步。

辜：这又令我吃惊了。印象上曾经非常积极建付费墙的数字优先媒体集团，竟然要告别付费墙了。我在甘尼特访问时得到的信息是，他们旗下报纸除《今日美国》以外，几乎都建立了付费墙。

科拉齐奥普：现在所有人都在通过不同方式测试，各报情况也各不相同。对我们来说，付费墙不灵。我们现在马上重新设计新网站了，其运行很好，流量开始增长，用户体验更好。这时也许有人会说了，我们现在有了伟大的网站，我们给用户很多，到了可以收费的时候了。但真这样了，或许就又翻转了。我不认为人们说的事情会一成不变。

辜：但人们也说了，没有付费墙，你很难让读者注册，于是你也很难了解读者的情况，难有第一手的大数据积累。

科拉齐奥普：这是千真万确的，也是我们很纠结的地方。我们讨论过怎样避免这一情况，看用什么工具来解决这一难题。

视频的最大好处是吸引广告

辜：您有关于贵报数字平台的最新数据吗？

科拉齐奥普：我们目前每天的页面浏览量超过100万，大概就是平时的数量。但今天看到的流量会少一些，因为昨天出了个严重故障，我们的网络中断了几小时，这对流量产生了影响。发生重要新闻时，流量会明显上升。例如关于政治家的消息，伯尼·桑德斯（Bernie Sanders）在科罗拉多州的竞选屡屡输给希拉里·克林顿（Hilary Clinton），但由于计算的错误，表面上看他赢了希拉里。这在民主党来说是个丑闻，他们企图掩盖这个秘密，结果被揭露出来，所以成了大新闻。我们报纸这天的流量就达到约200万。在我们这里特别是野马橄榄球队，它发生什么都是大新闻，我们的流量都会上去。如果是野马参加超级碗这类全国比赛，那就更多了。

辜：你们在2012年的影院枪击案中做了非常好的多媒体报道，你们这样做是常态化的吗？你们大概什么时候开始这样做的？

科拉齐奥普：这还是取决于什么新闻。像影院枪击案，我们得到消息后立刻到了现场。由于有很多媒体竞争，所以我们尽快地发布和更新，文字、图片、视频一起上，呈现更多的现场情况。而去年的法庭审理，我们就有足够的时间进行策划和准备，我们设想一种立体的报道方式，并为此做了很多测试。我们派了一名最好的记者进入法庭的“报道室”（Report Room），他飞快地记录现场情况并不断向编辑部发送信息；又派一人蹲守在摄影车附近的停车场，观察来参加庭审的人并第一时间获得采访他们的机会，因为法院门前拉了绳子不允许在那儿守候，而且那附近记者也多；同时有人对法院外的情况进行拍摄；还有一位女记者不断更新我们的现场博客，编辑部负责社交媒体的编辑则向我们各个社交账户发布新闻。总之是全平台的报道和多元化的呈现。

辜：这是非常符合数字时代的报道要求的。这样的操作，成本也是很高的吧？

科拉齐奥普：我们确实不能对每条新闻都这样运作，主要还不是钱的问题，而是人才问题。像这次我们派出的进入法庭的记者真是非常优秀，他整天都在那儿，每分钟都在更新信息，还能迅速组织成有特色的新闻发给我们。他的脑子长时间高度集中，非常不容易。我们还有非常好的数字设计师，他提前对报道进行了规划，然后选择最好的图片和恰当的视频，呈现出来的面貌既不同于以往的页面，也区别于其他媒体的报道，显得非常特别。这都是特别的人才，这样的人才并不多，我们给他们最好的待遇。数字平台的竞争，就要依靠他们，我们创办新的数字项目也要依靠他们。

辜：我注意到你们有一个很好的摄影棚。视频生产量应该不少吧？

科拉齐奥普：我们一年半前从6楼搬到8楼，并在这里建立了摄影棚。对是否需要花费财力这样做，报社也是有争论的——我们对一切与数字发展有关的事情都有争论，好在广告商支持我们这样做。跟随视频内容的广告比普通数字广告更有利可图，因为同样的时间单位，广告商愿付4至5倍高的价格。当你打开视频新闻时，广告就会跳出来，广告商很喜欢这种方式。但我们过去很少有视频新闻，因为我们是报纸，于是我们决定建立自己的摄影棚，并聘用一位前电视主播。她刚才也在编前会上，来得晚一点的那位。她负责组织我们的视频新闻，为拍摄者撰写类似脚本的文本，然后又出镜成为新闻主播。成千上万的人每天看到她。有时广告商会提出过分的要求，诸如：“你能在汽车经销商的新车旁主播新闻吗？”我们当然拒绝，因为新闻和广告不能混为一谈。我们不可能在汽车经销商的车辆旁边报道一宗谋杀案。

辜：你们在本地有大的竞争者吗？

科拉齐奥普：我们最大的竞争者是电视9频道（Chanel 9），是全国广播公司（NBC）在丹佛的附属台。我们在数字方面的流量比他们多得多，但他们凭借NBC的名气，知名度较高。他们是我们数字平台的最大竞争对手。

（辜：没有纸媒竞争者吗？）现在没有了。曾经有家主要报纸，叫作《洛基山新闻》（*Rocky Mountain News*，一份比《丹佛邮报》历史更久的报纸——笔者注），但多年前已经停刊了。我们曾经和它有JOA协议（美国为维护媒体多元化而在反垄断法中开的缺口，允许一座城市里面临经营困难的两份竞争报纸合作经营，即除编辑部以外的经营事务可以合并运作——笔者注），可惜它还是未能坚持住。

五类广告主打数字端

不到中午1点，依约与数字广告主任艾瑞克·雷克托（Eric Rector）交谈。我围绕数字广告的开发和他谈了约半小时，因为还要参加1点半的第二次编前会。

笔者与数字广告主任艾瑞克·雷克托合影（《丹佛邮报》员工摄）

辜：我以前听说《丹佛邮报》在数字广告解决方案方面做得不错，上午和科拉齐奥普总编谈到这个问题时，她建议我和您谈。能告诉我你们在数字广告方面的创新情况吗？

雷克托：讲到数字广告，要看什么平台。不同的数字平台，有不同的解决方案。核心是要保持灵活性，要与不同平台的内容巧妙结合，要设法在文本中合理地嵌入广告，让它成为网站页面的组成部分，还要通过创意让广告品牌在页面凸显。同时，在技术上让广告在不同屏幕尺寸间自适应呈现，不论是小屏幕的手机还是大屏幕的PC，都可以看到满意的广告。对我们来说，主网站denverpost.com是数字广告的主要来源。我们要尊重客户的意愿，他们希望以什么方式呈现，对我们来说都是很重要的。

辜：你们会把数字广告划分出一些类型吗？你们大概有多少类型的数字

广告。例如你们在网站的文章里会插入视频，也会在App里放原生广告。

雷克托：在数字广告方面，我们主要利用三大平台：第一是 PC 端网站，也包括笔记本电脑；第二是平板电脑，就是iPad或Kindle之类；第三是手机。（辜：还有社交媒体？）社交媒体是贯穿上述三大平台的，因此它只是一种产品形式。现在社交媒体成为大众偏好，变得越来越重要了，所以我们也致力于社交媒体广告的解决方案。

辜：我听科拉齐奥普总编提到你们视频产品的生产动力也来自广告？

雷克托：是的，数字视频也是贯穿三大平台的。我们创造了这种形式，而广告商很满意，这就带来了数字广告。我们在一些非常好的内容前放置15—30秒的广告，这看上去很像电视里的商业广告。但我们与内容的结合更加紧密。我们这样做已经有两年了，与视频相关的广告一直稳定增长。我们面临的挑战在于，如何发现更多的好内容让受众喜欢观看，毕竟受众黏合度才是数字广告的关键。在我们这里，体育方面的内容以‘野马’球队最为重要。这方面的新闻视频往往带来很多受众，而且会得到病毒式的传播，这正是我们想要的，因为广告的机会大大增加。

辜：视频广告算一种，延续我前面的问题，你们有多少广告类型呢？

雷克托：我们有五种核心广告产品：①视频广告；②展示广告（display），这也是日常的标准广告，你打开页面就会看到；③社交广告，是跟随社交内容的发布而呈现的可互动式的广告；④电子邮件广告，这是所有人都熟悉的广告形式；⑤移动广告，这是当前发展最为迅速的数字广告形式。这些广告都有明显的吸金效果。在这些类别下面，我们还有几百个特别的广告品种。

辜：能举例说说那几百个特别品种吗？

雷克托：在线的数字广告往往指向性很明确。例如我们对可能被搜索引擎抓取的内容会设计特别的展示广告。我们还曾以丹佛35—45岁的妈妈们为对象，在相关新闻内容旁设计专门的广告，这个效果比你在电视上看到的广告效果好多了。电视上是整档节目的广告，而我们是针对具体内容和目标受众设计的广告。这个广告获得了10万美元。还有RAB真人秀（RAB Rising Star），我们在它里面的一些环节上设计广告，很多人会在线观看的。这些都是多媒体、多元化呈现的。这方面有大量事情可做，就看你的想象力了。

这也是为什么数字广告的空间比纸媒广告大的原因。

幸：这样发展起来，你们的数字广告一定增长很快。

雷克托：我在这里已经有10年了。（幸：所以你是回答我这类问题的最合适人选。）我见证了数字广告的增长，我们从数字广告上赚到的钱每年都在增长。我们总是需要创新和创造，需要尝试新事物，逐渐积累起巨大的分类项目库。我上大学时，还从未听说过数字广告，现在数字广告已经成为新闻院校的一个专业了，而且很吸引人，年轻人争相进去。（幸：您是什么专业毕业的？）我本科是企业管理专业，后来又读了教育的硕士。

幸：我多年前读过一本书，是美国人写的，说今后MBA将控制报纸编辑部。您也算是一个样板吧？

雷克托：我控制不了任何编辑部（笑）。

幸：但您控制了广告，而广告决定了报纸命运，这是开玩笑。我知道你们从去年开始取消了付费墙。我想这对数字广告会有正面影响吧？

雷克托：是的，付费墙取消后带来了用户的增长，因为他们不需要为内容付费了。用户增长必然意味着广告机会增多。用户不爱为内容花钱，内容只能依靠广告来支撑。付费墙是个复杂问题，总是有人说好，有人说坏。

幸：从您的角度看，付费墙是好还是坏？

雷克托：我是看它的两方面的，既看到好的一面，也看到坏的一面（笑）。好的一面当然是可以从中获得收入，可以提高内容质量，让人们愿意付费阅读，而且还可以过滤掉广告，这是读者愿意的。你取消付费墙后，读者开心了，但你要在内容里加更多广告，他们可能又不高兴了。特别是现在，有很多广告拦截软件，用户喜欢安装，这会影响广告的效果，也是我们面对的一大挑战。今后的2—4年内，会有更多的广告拦截软件被安装，很多人因此看不到广告内容。在这种情况下，付费墙的理由反倒更充足了。所以我是两面都看的（笑）。

幸：那你们怎么应付拦截软件？

雷克托：目前拦截软件还没对我们产生明显的影响。有些报社采用了反拦截工具，以阻止对广告的拦截。他们的方法是，这工具令你无法读报纸的完整内容，除非你移除拦截软件。

幸：纸媒广告也归你负责吗？

雷克托：不，我只管数字方面。我们有另一位女士负责纸媒广告。

幸：你们互相有合作吗？有些报纸会采用套餐形式，让广告商选择，你们会这样做吗？

雷克托：会的。大多数广告商都喜欢在纸媒和数字两边做广告，因此我们和纸媒广告部设计有套餐，做一边的广告可以享受另一边的折扣，我们是密切合作的。如果广告商在纸媒做了广告而想往数字端延伸，我们的团队会立刻帮他们完成数字广告的设计和呈现。这也是一种转型。

幸：你们的数字广告占报社总收入的比重是多少？

雷克托：我们现在的数字广告已经占报社总收入的40%，而两年前还不到30%，今年底估计会接近50%。这个趋势不会变。

幸：那么您相信，总有一天，数字广告的增长会抵消纸媒衰退产生的亏损？

雷克托：这是我们的目标，一个大目标。我们永远都在讨论如何实现这个目标，而我们现在做的工作效果很好，是朝目标方向前进的。我相信不久的将来，数字广告收入一定会明显大于纸媒的损失。

电脑里的监测数据

下午4点，与用户发展部主任丹尼尔·佩蒂交谈。他负责所有数字平台的用户拓展，此刻正在该报的“通用编辑室”（Universal Desk）值班。通用编辑室相当于国内所说的融合编辑室，有点像小型的“中央厨房”，由一张小会议桌和面向电视墙的两排弧形长办公台组成。值班老总与纸媒和数字媒体的各部主任在此办公。佩蒂作为数字媒体的负责人，在这里有其固定的位置。为不影响别人，他带着笔记本电脑换了一个地方和我交谈。

佩蒂很忙碌，边交谈边通过手机回应数字受众。我问到的数据，他干脆打开电脑页面，逐页向我讲解。电脑里的数据来自两个方面，一是谷歌分析数据，二是Chartbeat数据，后者和编辑部挂在墙上的屏幕是一致的。很多关于数字平台表现的以往和即时数据都非常宝贵，但他不太愿意和我分享。有些数据，他答应事后整理一下按我的名片发至我的邮箱，但最终也没有给我。好在我当时征得他同意，边谈边对关键的电脑屏幕拍了照片，总共拍了21幅，里面是满满的数据。

《丹佛邮报》通用编辑室
（辜晓进 摄）

辜：你们有多少数字平台？

佩蒂：这是我们的主平台，《丹佛邮报》网站（打开网页）。我们正在重新设计和改造这个网站，快要完成了，下月23日就切换到新网站。

辜：新改版的网站有何重要变化？

佩蒂：首先是反应更快速和灵敏，而且不仅实现了各数字平台的自适应呈现，还可以在PC屏幕呈现手机、iPad等不同尺寸的屏幕。也就是说，用户可以在一个电脑屏幕上同时看到自己各数字平台的信息。其次我们在这里安装了按钮，用户可以在页面上随时与我们互动，他们点击后即可输入文字，就像在手机上互动一样。此外我们还设了一个SMS（手机短信）键钮，也是为了方便与读者在线互动。你看，页面也变得很酷（指电脑屏幕）。广告的呈现也会明显改善。技术上讲，我们现在共有三类应用（App）：第一类是PC端的应用，即我们报纸主网站里面的应用；第二类是各种客户端，其包括主客户端和体育等垂直客户端；第三类是在各社交媒体上的应用。我们用Chartbeat实时地监测所有应用平台上的数据。例如，此刻有2900人在阅读我们的网站，这个人数不算多，但考虑到是周五的下午4点多，也不错了，因为这时是流量的低谷。

辜：我们从外面的电脑能看到这数据吗？

佩蒂：看不到。这些数据只供内部参考和使用，只有这个编辑部的人才能看到。它的功能真是十分强大，我可以给你看一些页面。你看，这是我们主网站在Facebook上的账户页面，现在有36.3万个粉丝。我们在上面还有很多不同的账户页面，如体育页面现在有8.2万个粉丝。再如，我们这个月

佩蒂电脑上的手机客户端
（辜晓进 摄）

到现在共有6,350,252个用户，他们当中的“返回用户”（Returning users，指本月内再次来到该报网站的用户——笔者注）为1,957,452个，占比超过30%。这个数字很靓丽，说明“回头客”很多。这里还显示这些返回用户来自哪里，共5大来源：搜索排第一位（36.3%），其次是转发（25.8%）、直接（Direct，指直接进入该报网站——笔者注）（19.6%）、社交媒体（17.5%）、其他。

我注意到，他给我看的这个页面右侧，还有返回用户阅读量最大的10条新闻及其阅读点击量和涉及的用户数。其中前5条分别为：《科罗拉多州博尔德一玻璃房卖了399万美元》（261,482；11,460）（第一个数据为阅读量，第二数据为用户数，下同），《科罗拉多州出现4000平方英尺快递物品存放站（shipping container house）》（187,517；13,614），《春季暴风雪席卷科罗拉多州》（108,936；8079），《2016大选年科罗拉多州 GDP 下跌》（91,990；78,529），《科罗拉多州共和党取消2016年选举》（88,319；72,690）。上述5条（组）新闻中，前3条都以图片为主。

辜：您有关于数字平台的年度报告吗？

佩蒂：这些数据暂时不便分享。但我可以整合部分数据发给你。（辜：太好了，这是我名片上的邮箱。）这里是阅读量，这个月到现在已有2000万。而且你可以一眼看出他们主要来自什么平台：45.7%来自移动端，10.6%来自平板电脑，43.7%来自PC端。可见，最大部分的用户来自移动端，包括

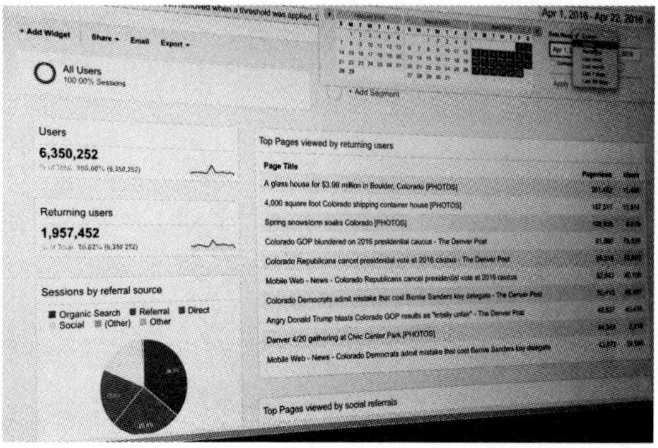

《丹佛邮报》数字平台客户量及来源（辜晓进 摄）

社交媒体和移动客户端。而且他们还在增长，因此这也是我们目前最看重的客户来源。这里还可以看到“每次访问页面浏览量”（pages per session，简称PPS）数据，我们此刻的平均数据是1.96，而我们大多数时间在2以上。其实我们还有很多浏览量来自“drive-by traffic”（指用户从其他网站进入的流量——笔者注）。例如这篇就是来自 Drudge Report（美国一个新闻聚合网站——笔者注）。现在看一眼就离开的人数在减少，因此我们的PPS 数据在增长。对不起，我要回应一下这个客户，很快的。

他暂时中断谈话，在手机上回应客户。在与他的交谈中，这样的情况出现过3次，每次不到1分钟，最快一次只有约30秒。

佩蒂：我们在数字平台的受众量增长很快。两年前，我们每月只有约11万浏览量，现在我们每天的浏览量都不止这个数。再看这里，我们可以看到这个月近640万独立访客的构成情况。例如年龄，共分六组：18—24、24—34、35—44、45—54、55—64、65+，分别占比为11.4%、21.6%、19.8%、18.4%、18.2%、10.6%。其中第二、第三组相加就占40%，这是最活跃的人群。还有他们的地理分布：科罗拉多州、加利福尼亚州、得克萨斯州、纽约州、佛罗里达州、其他，分别为24.7%、8.3%……“其他”类最大，占51.7%。

辜：您发的用户无须注册，怎么会有这些数据？

佩蒂：我们不知道，但Google知道，我们通过“谷歌分析”获得这些数据。而这些数据对我们来说太重要了，我们据此知道平时应当将更多注意力放在什么地方。你看地理分布的数据，本地用户占比还不够高，而外地占了大部分。外地用户对广告用处不大，不能为我们带来赚钱效应，所以我们要尽量扩大本地用户。我们不像《华盛顿邮报》《纽约时报》之类，他们是全国甚至全球报纸，全国性广告很多，我们主要是本地广告。

幸：本地用户对你们这样的报纸确实很重要。

佩蒂：平均起来，我们从本地用户赚的钱是外地用户的三到四倍。我们还有“原创内容受众报告”（Byline Report），我有时候会写成报告提交给公司领导。上月由我个人原创内容带来的流量就有9万，用户平均每次访问的时间是3分22秒。这些流量的40%来自社交媒体，说明我在社交媒体上表现出色。来自搜索的流量占28%。我这样做也是个示范，我希望这些工具和应用能被记者们重视并采纳，因为这需要个人参与完成。如果每人都这样实施，都能发现自己工作的数字成效，我的工作也就更好做了。

由此可知，作为负责数字受众的主管，佩蒂居然自己也在生产内容并获得很好的阅读效果，难怪他时时刻刻都在关注受众反应并及时回应。这也说明，与受众的良好互动，可以大大增加流量并增强黏性。

200多个社交账户

在接下来与佩蒂的谈话中，最令我吃惊的还是该报社交账户的数量：多达200多个。而且他们有一套运作系统，大多数工作并不需要人工打理。

幸：能否回到前面那个页面？我刚才看到一个大表格，似乎是数字视频方面的数据？

佩蒂：是这个页面吗（返回刚才页面）？但我目前还没有所有的数据，这只是与视频有关的数据。视频很重要，我们发展也很快，但目前只有截至2月的。3月的还需要我去搜集，你看这里只有部分数据，有的数据我还在等候，例如YouTube的数据也不错，但还没到我这儿。4月还没结束。这有很多工作要做，并非自动生成的。

这个页面的信息量很大，都是视频数据。视频主要统计自5个平台：该报自己的数字电视网站（dptv.denverpost.com）、Inform（视频新闻网站）、Facebook、Tout（2012年创办的数字电视网络）、YouTube。2015年由上述五大平台的视频产生的流量共1025.45万，而且呈明显的逐月上升趋势，例如1月是56.52万，12月就增至134.48万。而2014年的全年数据才285.89万，约等于2015年的四分之一。2016年前两个月每月都超过了150万。这些数据是对之前访问中提到的重视视频及视频带来的数字效果的有力注解。

佩蒂电脑显示的《丹佛邮报》正在发布内容的Twitter账户（辜晓进 摄）

辜：您多次提到了移动端及社交媒体的表现，能告诉我《丹佛邮报》官方总共有多少个社交账户吗？

佩蒂：200多个，都是官方账户，都是我们机构生产的内容，不包括员工自己注册的账户。（辜：你们怎么会有这么多社交账户？）我们除了报社的主账户，同时也按各种分类开辟了大量垂直类的账户，但所有账户都有带“DP”字样的Logo，表明是《丹佛邮报》的官方账户。你看这里，Facebook的账户，我们有40多个，如“野马”球队、体育、宗教、政治、评论等。我们在Twitter上也有差不多40个。你看这个Twitter页面，我刚把它们清除过，这是刚刚涌现出来的我们的Twitter账户，因为它们刚刚更新了内容，所以又在我的电脑里出现了。所以这里显示的并不是我的全部Twitter账户。

辜：那么多账户你们怎么管理啊？需要很多人工吗？

佩蒂：我们有专人负责，但靠人工是做不过来的，我们通过机器。大多数内容的管理和发布是自动化的。例如刚才你看到的排在阅读量第一名的“博尔德玻璃房”的新闻，我们都没有过问，就被自动发布到Twitter上去了。也正因为这样，你看刚才的Twitter页面，有那么多的账户时刻在更新着内容，靠人工是做不到的。

幸：你们用什么软件或工具来实现自动化呢？

佩蒂：我们主要借助Deliver.it工具（美国有一个dlvr.it客户端，用于社交媒体管理——笔者注），这是一个社交媒体管理系统，它通过RSS（Rich Site Summary的缩写，一种在线信息聚合软件）抓取我们的内容，自动向相关社交账户发送。你看这篇关于城堡山（Castle Rock）的新闻，里面有两幅图片，软件就自动从中挑选了1幅最好的，我们甚至都不用考虑它。

幸：社交账户上发布的都是你们报社的原创内容吗？

佩蒂：都是我们的内容。（幸：不转发别人的内容？）一般不转发，偶尔会做，但极少。这些社交账户中，为我们带来最大流量者是Facebook，大概占到我们社交流量的80%。但总的移动流量中，Google还是最大，即它的搜索带来了最大部分的流量。社交媒体中占据第二位的是Twitter，大约15%。其余由Reddit、Pinterest等瓜分。这也是不断变化的。例如此刻Facebook占比就不到80%，而是77%；Twitter则超过15%，是17%。（幸：这个图表里没看到Instagram和 Snapchat。）Instagram不在这里，它不产生什么流量，所以我们忽略了。Snapchat也不在这里。（幸：刚才的视频页面里还有 YouTube 呢。）对，YouTube。但我们在它上面做得不够好。最大的问题是，它很难产生吸金效应，我们还没有把它的价值挖掘出来，这方面需要改进。同样，Pinterest也做得不够。我们今年的目标之一，就是大大增加在社交媒体上的分享数量。

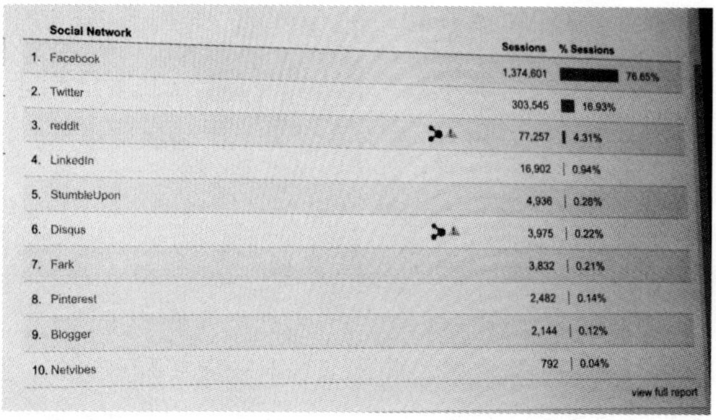

佩蒂电脑上显示的《丹佛日报》流量排名前十的社交网站（幸晓进 摄）

佩蒂电脑里的“下雪报告”App（左）和跨平台的主App
（辜晓进 摄）

辜：和中国比，美国的社交媒体太多了，我从来没弄清楚有多少。您知道大概有多少吗?

佩蒂：我的天，让我想想。用电脑搜了一下，有73种社交媒体。你们有微博吧?

辜：有啊，中国的社交媒体少得多。微博是中国最主要的两三种社交媒体之一。你们网站上也有吗?

佩蒂：我们没有微博账户，但你可以看这Chartbeat图表，这个月到现在为止，有42位用户是通过微博来到我们网站的。

辜：这太让我吃惊了。

佩蒂：再看这里，社交媒体用户的来源中，48%来自我们自己的科罗拉多州，6%来自加利福尼亚州，6%来自得克萨斯州，41%来自其他地方。刚才提到的微博用户，可能就来自“其他地方”，很多新客户仍在不断涌进来。

辜：最后麻烦您谈谈你们的客户端情况。

佩蒂：我们的多数App都在这儿了。我们有很多，例如这个“下雪报告”（Snow Report）App，丹佛多雪，你一定注意到了，最近还在下雪。所以这个 App是很受欢迎的，我们每天都更新，天气变化时一天更新好几次。（辜：夏天呢？也更新？）甚至夏天也更新。但到6月就停止更新了。我们还有滑雪指南App，做得很酷，受众很喜欢，可惜还没形成赚钱效应。

第十三章

麦克拉奇公司：
巧妙平衡促数字收入最大化

副总裁语录
副总裁语录
《萨克拉门托蜂报》发行人语录
《萨克拉门托蜂报》总编辑语录

从兼并奈特里德中长期获益
数字收入保持两位数增长
推动各报建立付费墙
三大举措力促数字发展
数字转型的长跑者
数字视频发展最快
付费墙为体育网开一面
每6个月改造一次编辑部
报业文化无处不在
中央化管理有利于转型
设定指标落实转型任务
掌握好平衡是关键

副总裁语录

麦克拉奇公司副总裁克里斯蒂安·亨德里克斯（辜晓进 摄）

我从心里相信这事（取消印刷版）迟早会发生，但何时发生我就不知道了。我曾经认为纸媒不会消失，因为各类市场有不同的消费习惯。一些公司因为不同的目的而继续投递报纸。但有两个杠杆会导致报纸消失：第一个杠杆，如果广告商完全放弃我们，全部离开印刷版报纸，那我们就不得不做出改变；第二个杠杆，如果读者放弃印刷产品，我们也会被迫改变商业模式。我虽然不知道何时会出现这种状况，但最后一定会发生。你只要看看购买和订阅报纸的人都在变老，就会意识到印刷版不可能长久持续。认为印刷版报纸永远都会存在下去的想法，只是自己安慰自己。因此，我们现在做的转型努力以及付费墙努力，都是在为长远考虑。

——克里斯蒂安·亨德里克斯（Christian Hendricks）

副总裁语录

麦克拉奇公司副总裁马克·齐曼
（辜晓进 摄）

我们同时在做三件事。第一件，我们努力实现数字收入的两位数增长，也就是快速增长，以弥补纸媒收入的减少。第二件，我们努力削减传统媒体方面的开支，也是越快越好，以腾出更多资源发展数字商业。第三件，我们努力实现数字受众的增长，同样是增长得越快越好，因为我们是数字公司，必须发展数字受众，这是我们的未来。你会发现这三件事其实是有矛盾的，会顾此失彼。因此对我来说，最难之处就是平衡这三者之间的关系，且必须平衡好。例如，不能太快地去纸媒化，因为它们还在赚钱。但也不能在纸媒方面动作太慢，因为这样会损害向数字端快速转型的努力。在去纸媒化上动作太快、走得太远，收入就会明显减少。如果走得太慢，就会丧失数字机会。为了实现平衡，我们对上面提到的三件事进行了精心的设计和定位，确定我们三方面的近期目标和发展速度。当然，这事说起来很容易，做起来非常难。

——马克·齐曼（Mark Ziaman）

《萨克拉门托蜂报》发行人语录

《萨克拉门托蜂报》发行人兼总裁谢丽尔·戴尔（辜晓进 摄）

我们每6个月重组（编辑部）一次。我们做了很多次组织调整，只因为数字传播持续在变化。就在与你见面之前，我刚和我们团队的高级成员交谈过，我们要展开下一轮整合。我们要通过编辑部流程的改变，将移动传播置于最优先的地位。你知道的，读者利用移动端多于PC端，也更加远离纸媒，我们的架构要顺应这一变化。去年（2015年）我们刚刚成功地将编辑部由专注纸媒改造为专注数字，却未能完成向移动端的重点转移。现在移动受众在向我们招手，我们不能等待，所以得赶紧改变。我们去年底把编辑部里每个人的工作都调整了一遍，也通过这类重组营造更有利于数字发展的文化，让更多人关注数字发展。当我们写新闻的时候，同时也要考虑读者怎样接触到这些新闻。这种思维方式就是一种文化。总之，技术变化如此之快，读者变化如此之快，我们也不得不随之变化，这也是很大的挑战。

——谢丽尔·戴尔（Cheryl Dell）

《萨克拉门托蜂报》总编辑语录

《萨克拉门托蜂报》总编辑兼高级副总裁乔伊斯·特瑞尔（辜晓进 摄）

编辑部最大的变化就是视频。我们现在做的视频数量前所未有，尽管我们从2008年就开始进行实验性的数字视频报道。那时传播速度还不够快，视频的受众也不多。最近这两年来，我们明显加强了视频报道和推广的力度，视频受众量增长迅猛，简直是井喷（fast ramping up）。我们现在已经认识到视频对扩大受众的作用，而大力扩大受众规模正是麦克拉奇目前的主要方向。我们从视频方面获得的收入也越来越多。但对编辑部来说，挑战在于培训那些员工，特别是老员工。他们以报纸为终生职业，在采访和写作方面积累了很多经验，但现在要用一种完全不同的技巧来叙说新闻，要用更多图片，进行更加视觉化的呈现，特别是视频叙事，还要制作音频，要学会互动，要通过网站和客户端等平台为读者做更多服务。

——乔伊斯·特瑞尔（Joyce Terhaar）

在与朱莉·彭德利（Julie Pendley）来回近10封邮件后，访问麦克拉奇的事终于确定下来。我们联系的跨度从出国前到抵美后，彭德利作为麦克拉奇公司（McClatchy Company）的执行助理，一直与我密切沟通，最终给了我一个精细的安排：4月25日下午1点，与公司负责产品、市场和创新的副总裁克里斯蒂安·亨德里克斯访谈；1点半，与《萨克拉门托蜂报》发行人和总编辑访谈；2点，由品牌部员工史蒂夫·布里格斯（Steve Briggs）陪同我参观集团、报社和印刷厂；3点，与公司负责运营的副总裁马克·齐曼访谈；3点半，继续与亨德里克斯访谈。我到达该公司见到她后，马上得到一张打印好的行程表，里面连每次访谈的地点都写得清清楚楚。彭德利工作之细，可见一斑。需要说明的是，她安排的时间在执行过程中多数超时了，这当然是我的原因，而各位老总及彭德利女士都给予了难得的宽容。例如与报社两位老总的谈话实际用了1个小时，这压缩了后面的参观时间。与齐曼副总裁的谈话也由半个小时延长至50分钟。

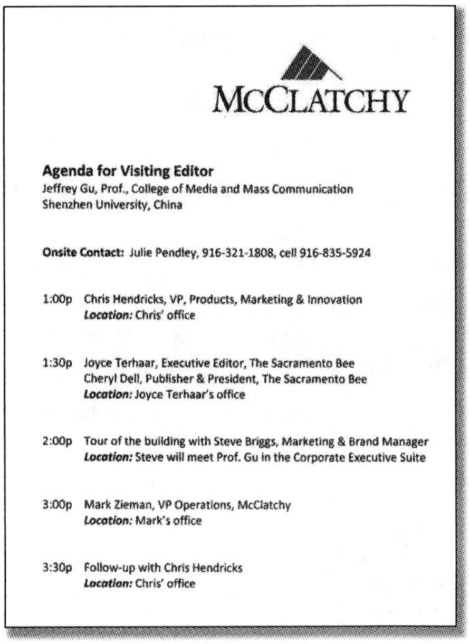
MCCLATCHY

Agenda for Visiting Editor
Jeffrey Gu, Prof., College of Media and Mass Communication
Shenzhen University, China

Onsite Contact: Julie Pendley, 916-321-1808, cell 916-835-5924

1:00p Chris Hendricks, VP, Products, Marketing & Innovation
Location: Chris' office

1:30p Joyce Terhaar, Executive Editor, The Sacramento Bee
Cheryl Dell, Publisher & President, The Sacramento Bee
Location: Joyce Terhaar's office

2:00p Tour of the building with Steve Briggs, Marketing & Brand Manager
Location: Steve will meet Prof. Gu in the Corporate Executive Suite

3:00p Mark Zieman, VP Operations, McClatchy
Location: Mark's office

3:30p Follow-up with Chris Hendricks
Location: Chris' office

彭德利女士安排的访谈行程表

从兼并奈特里德中长期获益

麦克拉奇公司总部位于加利福尼亚州首府萨克拉门托。此城距旧金山约2小时车程，是美国第一条横贯大陆铁路的西部起点城市，因此城内建有全国最大的火车博物馆。麦克拉奇公司是美国大型报业集团，由1857年2月3日创刊的《蜜蜂日报》（*The Daily Bee*）起家，该报后来更名为《萨克拉门托蜂报》（*The Sacramento Bee*）。詹姆斯·麦克拉奇在该报创刊第一周便入伙该报，随后成为总编辑，进而获得该报所有权。麦克拉奇家族一直是所在城市的积极建设者，最著名的就是大力发展绿化事业。萨克拉门托早期环境恶劣，炎热干燥，19世纪中期瘟疫流行曾夺去很多生命。1870年起，该城开展全民植树活动，该家族及其报纸是重要鼓吹者之一。20世纪初，赴欧洲旅游的家族第二代掌门人C.K.麦克拉奇感慨于巴黎的绿化，进一步加大植树力度，甚至在报纸头版为每棵因自然或人工砍伐倒下的大树刊登讣告。如今该市已是“树木之城”（City of Trees），人均拥有树木为美国第一、全球第二，仅次于巴黎。

如今的麦克拉奇公司有点像纽约时报公司，既由家族传承，又是公众上市公司。该公司于2006年上演蛇吞象戏码，以45亿美元兼并美国老牌报业集团奈特里德报团，引发全球关注。然而其虽在当地赫赫有名，看上去却异常低调。我提前半小时打Uber来到市区内的该公司，司机说这一大片红砖建筑应该就是麦克拉奇。我围着这片周长有好几百米的红墙转了一圈，竟然看不到任何麦克拉奇的标识。唯一的正门入口，挂着的却是《萨克拉门托蜂报》的标牌。进入楼内也是满眼该报印迹，只在二楼一个小角落看到“麦克拉奇公司”几个大字。

麦克拉奇公司外墙（辜晓进 摄）

麦克拉奇公司带有扶手电梯的一楼大堂（辜晓进 摄）

集团入口只能看到《萨克拉门托蜂报》的招牌（辜晓进 摄）

位于二楼某角落低调的麦克拉奇招牌（辜晓进 摄）

彭德利把我领进副总裁（麦克拉奇未设高级副总裁职位）克里斯蒂安·亨德里克斯的办公室时，他已经在等候。谈话中，有两点出乎我的意料：一是他提到集团旗下一家报纸是美国最早上网的，这与我之前的认知有所不同。我记得好像是湾区一家报纸行动最早。二是2006年兼并奈特里德的举动并未让麦克拉奇陷入困境，而是强势互补，为公司未来发展注入了强大动力，这也与外界的一些传闻有所不同。事实上，亨德里克斯的一番谈话，也改变了我对麦克拉奇那次收购的某些偏见。

辜：先请您简单描述一下麦克拉奇公司的近况。

亨德里克斯：我们在28个市场（美国人习惯将一个城市算作一个报业市场——笔者注）拥有29种日报，其中在迈阿密只有2种报纸，一种是西班牙语报纸，另一种是英语报纸。英语报纸是《迈阿密先驱报》（*The Miami Herald*）。此外，我们还经营一批周报，还有就是各种数字产品和服务。2017年，这些日报的平日刊发行量为160万份，星期天刊发行量为250万份。我们的员工总数大约5600人。

辜：你们10年前兼并了奈特里德报团，引起广泛关注，甚至中国的报纸也报道了。很多中国人正是从这个事件中第一次听说麦克拉奇这个名字。但后来也听说你们深陷债务，进入困境。情况究竟如何？

亨德里克斯：当初兼并的时候，奈特里德确实比我们的规模大一些。但我们看中的并不仅仅是规模，更重要的是数字平台。当时，他们有“奈特里德数字公司”（Knight Ridder Digital），我们有“麦克拉奇交互公司”（McClatchy Interactive）。这两个公司都是较早向数字空间发展的报业下属机构，这次收购后，使得两大数字公司实力明显增强。其中，我们的数字公司起步更早。麦克拉奇是第一个在线出版的新闻机构，可以追溯到1994年，当时的网站叫作Nando.net。

辜：这个网站是《萨克拉门托蜂报》创办的吗？

亨德里克斯：不是，是我们旗下在北卡罗来纳的报纸《新闻观察报》（*The News & Observer*）创办的，他们当时就已经在网络上出版报纸，是全国最早的。通过这次合并，我们的数字规模做大了，我们现在拥有很多数字产品和数字服务，它们正在为我们不断增加收入。例如，兼并奈特里德后，我们的数字分类广告得到长足发展，我们拥有了Cars.com、Apartments.com以及Homefinder.com.等影响很大的网站，它们创造了大量分类广告收入。你知道的，纸媒的分类广告明显减少，数字分类广告就显得更加重要。所以说，从数字发展的角度看，那次兼并是非常值得的。此外，从总体规模和知名度方面，那次兼并也为我们带来很大收益。正如你刚才所说，在那之前，没什么人关注我们。兼并之后，不仅我们的规模明显扩大，而且我们突然就成为万众瞩目的大型媒体公司。我们后来与很多公司展开创新对话，有越来越多的合作伙伴。Google和雅虎现在都是我们的紧密合作伙伴。我们的数字规模和数字创新能力，都令我们在数字时代有了更大的话语权。

这里需要说明一下美国报纸早期的在线出版情况。20世纪90年代初，美国包括《纽约时报》在内的一大批富有创新精神的主流报纸，都看到了数字发展的机会，纷纷尝试在线传播。但那时World Wide Web的应用还在实验阶段，各报使用的平台主要是AOL（美国在线）、Prodigy（哥伦比亚广播公司与美国电话电报公司合作开发的数字传播平台）等。正如第九章中所言，《纽约时报》是1994年6月9日在AOL开设账户的。由此可见，《新闻观察报》确实是个先行者。后查文献得知，位于北卡夏洛特市的该报，在互联网的服务标准建立不久、刚开始进入大众化使用阶段的1993年，就创立了Nando.net。当时该报聘请麦克拉奇公司一位新闻图书馆员负责此事，后者成为“南多传媒”（Nando Media）的首位主任。1994年，Nando.net便开始24小时的新闻网站服务，不仅上传本报内容，还为没有网站的其他媒体发布在线新闻内容。1995年，对数字敏感的麦克拉奇便收购了《新闻观察报》和南多传媒。

幸：也就是说，直到今天，你们仍受益于那次兼并？

亨德里克斯：完全正确！我们公司从中受益匪浅。仅就规模而言，如果没有那次收购，我们会比现在的规模小很多，也不可能实现现在的全国化。一些重要市场，如达拉斯的沃斯堡，那是个很大的市场，我们有《明星电讯报》；还有堪萨斯、迈阿密、夏洛特等。有了这些重要市场，我们变得更加强壮了。

幸：那你们的债务情况呢？人们都说麦克拉奇兼并奈特里德后就背上沉重债务。

亨德里克斯：是的，我们有不少债务，但已经比当初大大减少了。我们当初用了46亿美元（原话如此），每年的利息超过1亿美元。但到去年（2015年）年底只剩9亿美元债务，而且仍在继续明显减少。在美国国内，很多人为我们担心，有人认为我们会破产，以为我们永远解决不了债务问题。但我们的状态很好，我们从未拖欠任何利息或应偿债务，我们旗下所有报纸都处于盈利状态。这对管理团队的能力确实是很好的考验，我的意思是，我们都在有效地确保本公司健康发展和顺利转型。

幸：你们报纸多了，管的市场范围也更广了，管理结构有没有发生变化？你们是否也会像甘尼特公司一样，设立区域性的二级管理架构？

亨德里克斯：我们仍是高度中央化的管理。我们每个副总裁都分管一面，例如你将要访谈的马克（齐曼）就负责所有传统报纸业务，他下面不再设区域经理之类。各报自己有发行人、总裁和总编辑。我们是扁平化的直接管理，马克直接管理那些报纸。我这边也是直接管理总部的相关部门，如用户发展、市场营销、企业交流、印务、创新、伦理等，共8个部门。（幸：这样的管理较为高效。）正是为了保持高效，我们在管理结构上一直保持扁平化，尽量不设中间层。与同类报业集团相比，我们总部的架构是很小的。

幸：你们在各报中怎样共享资源？

亨德里克斯：我们分享很多资源，例如现在最主要的就是数字发展团队的资源，一个好的数字解决方案可以立即与各报共享，新的数字叙事方式也可在各报推广。很多数字产品都可以与各报共享。虽然不能包办各报的广告，但可以设计一些广告产品供各报采用。人力资源方面也是这样，我们只有集团层面的人力资源，而不需要建立分散于各报的29个人事部。所以，从财务角度看，共享资源也节省了很多开支。

数字收入保持两位数增长

辛：你们的收入结构怎样？数字收入在整个收入中占比多少？

亨德里克斯：公司去年的总收入为11亿美元，其中数字收入为1.9亿美元，显示了强大的增长潜力。最近几年来，我们的数字收入都呈两位数增长趋势，去年增长了14%，多的年头增长达20%。与之相应的是，我们的数字受众也每年以两位数增长，目前每月的独立访客量为5300万。这些都需要多方面的数字创新，任何单一的数字策略都是难以奏效的。我们现在已经把自己看作一个数字公司，不断压缩纸质报纸方面的成本，加大在数字平台的投入。现在纸媒的广告仍在下滑，这逼迫我们将更多注意力放在数字方面，今后要逐步依靠数字收入来实现公司发展。

辛：但现在纸媒在收入中仍占有非常重要的地位。

亨德里克斯：是的，这是我们的基本金，也是促进我们由传统的报业公司向数字公司转型的推动引擎。我们仍需要用纸媒赚来的现金去还债。（辛：你们有广播电台吗？）曾经有过，我们在20世纪80年代就把电台、电视、有线电视等广电资产都卖掉了。（辛：你们因此成为纯粹的报业集团，可以专注于报纸业务？）就现在而论，我们是的。我们看到论坛公司将纸媒和广电一分为二，也看到甘尼特公司将报业剥离出来。很多公司都在这样做，纯粹的报业集团越来越多，这大概是个趋势吧。报业公司专注于报纸，面临的最大任务就是向数字方向转型。

辛：从公司层面看，你们主要有哪些数字产品？

亨德里克斯：我们的重点还是在数字广告方面，为此出台了大量策略性措施，包括之前提到的那些分类广告网站，以及从PC端、移动端、搜索等方向开发产品，增加广告机会。在公司总部层面，我们更注重解决方案。我

高级副总裁克里斯蒂安·亨德里克斯与笔者合影
（麦克拉奇公司员工 摄）

们从客户和受到影响的数字产品两头找到问题源头，然后聘请专家各个击破，争取形成一揽子的解决方案，再拿到客户和市场中去检测。对广告客户而言，我们不只是动员他们做广告，而是要满足他们的需求，用综合性、多样化的产品让他们满意。我们正在实现由广告促销向广告需求解决方案的转移。我们要成为广告客户的市场代理商。我们要通过富有创新精神的数字努力，与广告商建立长期的合作关系。

辜：在你们旗下29家报纸中，有哪几家报纸在转型方面表现最为突出？是《萨克拉门托蜂报》吗？

亨德里克斯：表现较好的都是那些较大市场的报纸。因为那些市场的竞争也比较激烈，这会推动它们往前走。这些报纸不得不在采纳新技术和吸收新理念方面行动得更加迅速。竞争少的市场，机会也少。所以大型市场的报纸往往步子迈得更大，转型效果更好。马克（齐曼）可能会和你谈到我们前18个月如何对整个销售平台实现大转型的。他们利用外部公司重新发动和创造了销售平台。对这一重大行动，我们就不是在小型报纸上尝试，而是在较大型的报纸启动。一开始会有点混乱，但这一改革已经帮我们找到方向，大家对此非常乐观。传统销售的这一改变是很大的创新，马克一定会和你说。

辜：你们采用付费墙战略吗？

亨德里克斯：当然采用。我们付费墙的策略是，当你读到一定数量的页面后，你就要付费。但我们区别对待各种平台。例如PC端，一个月内读了5页再读第6页时，你就得付费。但你若通过手机阅读，每月最多可以免费读20页。如果你是通过平板电脑阅读，可以免费读40页。我们目前有8万付费用户。

辜：这我倒是第一次听说，各数字平台的免费额有如此大的差异。

亨德里克斯：这既是鼓励移动阅读，也是希望流量尽量少受影响。现在人们移动阅读的次数和时间都在不断增加，这部分增加的流量与广告息息相关，所以我们采取了相当灵活的策略。我们的流量并未因为付费墙而受明显的影响，前面说的每月独立访客量高达5300万，就是一个证明。

正谈着，彭德利来了。她说暂时只能谈到这里，因为报社两位老总还等着，她们下午还有其他事情。她知道我们没谈完，所以事先已安排3：30再回到这儿继续谈。

我后来查阅麦克拉奇的年报（最新的是2017年发布的2016年年报），发现如下与数字经营有关的数据：2016年，30.6%的广告收入来自数字产品，而上年只占26.2%；数字广告中，69.9%来自纯数字产品，即不包括纸媒的数字版；每月平均独立访客量5670万，较上年增长26.8%；每月流量较上年增长56.9%[1]。

推动各报建立付费墙

下午约3：50，我再次来到副总裁克里斯蒂安·亨德里克斯的办公室，继续之前的谈话。他还记得我们当时谈到集团层面的付费墙话题，便接着展开。我此前查阅资料也了解到，麦克拉奇是对此态度最坚决的大型报业集团之一。集团旗下第一家实施此战略的是《萨克拉门托蜂报》位于加利福尼亚州的姊妹报纸《莫德斯托蜂报》（*The Modesto Bee*）。该报于2011年7月5日建立付费墙，取得满意效果后，母公司从2012年起将付费战略延伸到旗舰报纸《萨克拉门托蜂报》以及《电讯明星报》（得克萨斯州沃斯堡市）、《太阳先驱报》（*The Sun Herald*）（密西西比州比洛克西市）、《纪事问讯报》（*Ledger-Enquirer*）（佐治亚州哥伦布市）等报纸。而此次从亨德里克斯口中得知，该集团旗下所有报纸都建立了付费墙。

[1]McClatchy 2016 Annual Report, www.annualreports.com

亨德里克斯：付费墙只是你处理与读者关系的一个层面。它并不是你一旦设想就可以让人们像订阅纸媒那样都来付费订阅你的数字版的。过去人们订报是因为此外别无选择。现在我们会发现很多读者都在网上读我们的内容，他们每月阅读5页、10页，成为报纸读者的灰色地带，但又是我们最大的读者群。所以我们建立付费墙要十分小心，既要获得收入，又要避免伤及无辜，更不能动摇以广大受众建立起来的数字广告基础。有一次我在高校和学生聊天时，一位学生告诉我，他知道怎样绕过付费墙，只要移除那些cookie就行。我的回答是，我们会想办法解决这个漏洞。但实际上，还是有不少读者愿意付费的。现在我们的所有纸媒订户都可以免费享用所有数字平台的产品。我们有时也会反过来，动员那些数字读者成为订户，并同时获得纸质版，这种跨平台的信息消费也具有一定吸引力。现在人们还是将纸媒的价值看得高于数字版，因为人们为此付出更多价钱，但不久人们就会更看重数字版的价值，这就是付费墙的潜力所在。例如现在我们纸质版发行量为160万份，他们当中多数人并没有很好地利用自己的数字权利，但其中会有越来越多人开始使用数字平台。纯粹数字订户的数量目前还不够多，他们每月付15美元阅读数字版。我们的策略就是想方设法让这部分读者逐渐多起来。

辜：有人认为，只有那些全国性的知名大报才适合付费模式，而你们旗下的报纸都是地方报纸或区域报纸，这行得通吗？

亨德里克斯：全国大报希望将自己置身于一个他们所谓的世界花园（world garden）里，那里的人都必须为报纸付费，不是印刷版就是数字版。两者的区别就好像是苹果与橙子，任选一个就是。他们都倾向于像《纽约时报》或《华尔街日报》那样，让人人付费。我们采用的是最贫穷的付费墙（poorest paywall），也就是门槛最低的墙。（辜：也是最灵活的墙。）对，比他们灵活很多的付费墙。我们的读者有三种，一种是纸媒订户，一种是数字订户，还有一种是广告驱动的免费读者。我们要将三种读者捆绑起来考虑付费墙的效果，这是我们比全国大报更困难的地方。我们在两年前，将印刷版报纸的定价提高了15%，当年就因此增加收入3200万美元。由于涨价，一部分纸媒订户开始考虑转变为纯数字订户，这又会导致此消彼长，但我们仍欢迎更多人采用数字付费方式，这部分的成本毕竟比印刷版大大降低。

辜：你们是怎么从集团层面推动各报建立付费墙的？

亨德里克斯：那确实是我们从集团层面考虑并做出决定的，是马克（齐曼）和我以及我们这里的同事通过对经济状况和数字消费的趋势进行观察以及对各报收入结构进行分析后采取的措施。我们要考虑何时以及在何种程度上推动各报迈向数字收费，以及能否持续下去。我们在推动数字收费的同时，也削减了各报的预算。逼迫大家往数字端发展，也会起到降低成本的作用，因为传统纸媒的人力消耗比数字媒体多。但一旦涉及减员，难度就陡然增加。报社内部的人会说，“我们现在已经到了极限，不能再减了”。而我们这些局外人会说，“你别无选择”。我们这样做也是对市场的尊重，必须选择可持续的商业模式。放在10年前，没人在意成本问题，更不用为削减开支伤脑筋。现在则不但要考虑成本问题，并且得考虑在转型中压缩成本，否则就可能出局。在我们的推动下，现在所有报纸都采用了付费墙战略。而且，2015年我们压缩成本3000万美元。

辜：您有没有想过，某一天麦克拉奇会统统取消印刷版呢？

亨德里克斯：我从心里相信这事迟早会发生，真的，但何时发生我就不知道了。我曾经认为纸媒不会消失，因为各类市场有不同的消费习惯。一些公司因为不同的目的而继续投递报纸。但有两个杠杆会导致报纸消失：第一个杠杆，如果广告商完全放弃我们，全部离开印刷版报纸，那我们就不得不做出改变；第二个杠杆，如果读者放弃印刷产品，我们也会被迫改变商业模式。我虽然不知道何时会出现这种状况，但最后一定会发生。你只要看看购买和订阅报纸的人都在变老，就会意识到印刷版不可能长久持续。认为印刷版报纸永远都会存在下去的想法，只是自己安慰自己。因此，我们现在做的转型努力以及付费墙努力，都是在为长远考虑。

三大举措力促数字发展

在数字转型方面，与《纽约时报》《华盛顿邮报》《今日美国》等全国大报相比，地方媒体面临着更多困难。此番赴美调研到这里，我对地方报业也有点悲观。但亨德里克斯对地方优势的强调以及他们在发挥优势方面的努力，也给我带来一些信心。

辜：作为大型报业集团的麦克拉奇公司，你们全国层面的竞争者有哪些？

亨德里克斯：竞争者主要都是数字媒体。现在Facebook、Google以及任何全国性数字媒体都在争夺地方钱财。他们比任何纸媒或地方电视台、广播电台都更有竞争力。我们的现金流不断被侵蚀，侵蚀者主要就是数字媒体。这是因为全国性数字媒体拥有技术和品牌两大优势。但他们也有劣势，他们缺乏地方市场的销售人员，他们没有地方内容。（辜：这正是地方媒体的优势所在。）这是我们的突出优势。你看一下媒体的生态系统就知道，广告是商品，服务是商品，但内容不是商品，不是花钱就可以买到的。优质的地方内容不是一个外来者可以轻易得到的，它们需要长期努力，需要日积月累。广告方面我们也有优势，我们的人员可以与地方的中小商业体进行沟通和反馈，进而实现更精准的服务，这也是外来者难以复制的。所以说，我们既有短处也有长处。从长远看，我们要用好的、优质的地方新闻去影响地方广告，影响地方的媒体生态。这也是竞争市场中的“阴阳”（Yin and Yang），用你们中国人的概念来说。我们生产很多地方和区域的优质新闻，别人是很难做到的。

辜：有意思，您也知道阴阳。你们其实也在弥补技术上的弱项。

亨德里克斯：是的。正如我之前说过的，对全国的数字强者，我们采取与他们合作的方式。Google现在就是我们很好的合作伙伴，我有一个老朋友就在那里工作，我们合作得很好。此外我们去年（2015年）以来也采取了多项措施强化数字发展。首先，我们建有一个大数据团队，提供集团层面的大数据服务，既为数字和纸媒读者提供基于大数据的新闻内容，又以大数据的方式为他们提供实用性的信息服务。我们通过Lotame（全球性的数据管理平台——笔者注）来管理大数据。（辜：这些数据与集团旗下报纸共享吗？）我们在集团内部所有报纸和机构中共享数据，也与一些合作伙伴分享数据。当然分享的数据不会包括个人信息。

其次是创建数字新闻战略团队。你看，这是我去年（2015年）应邀在报界做的一个演讲PPT，标题就是“转型与再创造——麦克拉奇故事”（Transformation & Reinvention/The McClatchy Story）。（他给我看一些打印的PPT页面。页面很简单，除了图片就是标题，看来具体内容都在他的头脑里。他和我一起边看边讲解。）就像这一页上说的，我们在创建数字战略团队方面有以下七点具体措施：①聘请“数字原住民”（digital native）领导这一团队；②建立专家团队；③专注于更为激进的社交战略（Facebook优先）；④在搜索引擎的推荐上下功夫；⑤强化培训，“教会编辑部如何生存”（Teaching newsrooms to fish）；⑥审核（vetting）所有发布选项；⑦为每个编辑部设定本地独立访客量增长指标。

第三是大力发展视频生产。对此我们也有几项措施：①聘请视频专家引领视频发展；②创建中央化的视频团队；③聘用视频才俊；④在技术上投资；⑤提供实战培训；⑥培育视频拍摄者；⑦投资Watchup和Metta（两者都是可以帮助生成视频新闻的客户端——笔者注）；⑧设定视频产量和收入目标。同时在已有华盛顿视频实验室的基础上，建立“西部视频实验室”（Video Lab West）和“视频品牌工作室”（Video Brand Studio）等机构。这些措施已经明显见效，2015年我们实现视频产量的三位数增长，今年头几个月还在以更快的速度增长。

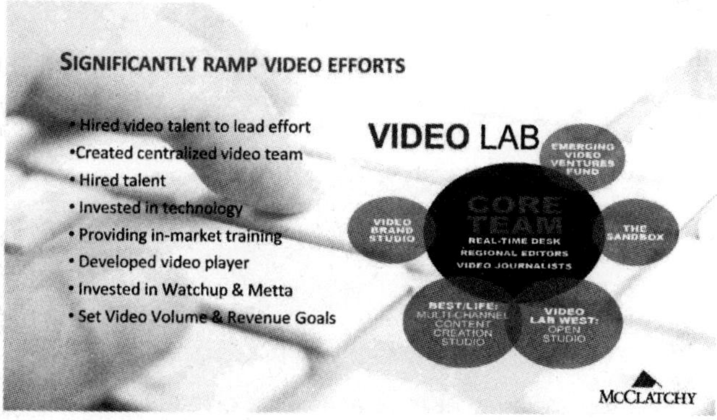

麦克拉奇视频发展战略图（亨德里克斯提供）

笔者后来查阅麦克拉奇公司2016年发布的2015年年报，其在“新闻业的创新”标题下，称2015年年初推出视频平台后，视频市场有了明显开拓。其中，2015年下半年视频浏览量增长了300%，仅12月就较上年同期增长390%。同年，视频收入也增长了30%。

数字转型的长跑者

下午1点半，彭德利女士领我来到《萨克拉门托蜂报》总编辑乔伊斯·特瑞尔的办公室，与等候在那里的她和该报发行人兼总裁谢丽尔·戴尔交谈。两位女老总看上去都年届五旬，但都精神焕发，特别是特瑞尔，更加热情活跃。戴尔来该报之前，曾先后在麦克拉奇在华盛顿州的两家报纸担任过发行人。特瑞尔是记者出身，在两家报纸工作后于1988年入职该报，历任财经部主任、执行总编，2011年起任总编辑兼高级副总裁。

我们的谈话，直接切入该报的数字转型。

辜：《萨克拉门托蜂报》作为位于加利福尼亚州首府的古老报纸，怎样应对纸媒下滑的挑战，怎样实施数字转型？

戴尔：我们的转型其实进行很久了，甚至20年前就开始起步了。我们不是这几年才突然醒悟，觉得应当往数字方向做点什么。20年前，我们就聘请技术人员成立了一个部门，专注于数字发展。这个部门是独立运作的，在开始阶段，主要致力于在萨克拉门托地区创造在线合作的机会。例如，我们把报纸上的娱乐和“母亲”版块移到网上，并获得广告商的赞助。这两个版块都属于非常垂直的（very siloed）内容，当时很受欢迎。因此，我们很早就开始尝试与内容结合的在线广告，这与现在人们在网上做的方式是非常相似的。那时我们绝大多数在线收入都来自这类垂直或话题性的内容。但那时纸媒和这个部门是分开运作的，只是广告商判断这部分内容读者较多，所以愿意提供在线的赞助。大约10年前，两方面的工作开始相互渗透，我们实施了整合策略。我们那时候意识到，报纸要作为一个整体产品面向读者。读者不仅是读你的纸媒或只读在线内容，他们其实两者都要。这是我们进行整合的主要原因。广告商也是这样，所以我们的广告营销也是将报纸的线上和线下视为一个整体。此外我们采用互动的方式销售广告，我们通过监测系统向广告商展示我们在数字端的表现。我们会向客户提供一个名单，让他们看到广告传播的效果。在拓展受众方面，我们也采用互动的方式，在较高层面扩大受众规模。

辜：我依然好奇，你说你们从20年前也就是大约1996年就开始数字转型，而且在数字端赚到钱，这是难以想象的。

戴尔：确实是这样，我们当初很快就开始赚钱，虽然当时我还没来到这里。原因之一是我们起步早，市场上很少数字玩家，我们比较容易引起关注，广告商也乐意为此付钱。特别是刚刚提到的娱乐和“母亲”内容，很受欢迎。（对特瑞尔）你当时在这儿，应该记得可能还有一些其他版块。（特瑞尔：是的，还有旅游。）对，抱歉，还有旅游。我们早期还在旅游内容上赚钱。那时在这个领域这样做的人很少，所以我们要求广告商支付的钱比现在多得多。当时我们从这些内容获得的在线收入是以千元计算的，两千、三千、四千、五千美元这样的进账。哪像现在，是以美分计算的进账。现在大家都在网上玩，竞争激烈，注意力分散。所以我们早期反而赚钱更多。从现在的角度看，我们早期的探索是很成功的。

辜：你们现在的情况如何呢？听说你们设计了一套数字广告解决方案？

戴尔：我们有很多数字解决方案，从"重新定位"（retargeting）、搜索到品牌管理、主页的广告切换等，几乎涉及数字广告的一切方面。我们还有一些垂直的数字产品，如Cars.com用于汽车销售分类广告、Homefinder.com用于房地产方面的分类广告，还有一些组合产品。我记不得具体有多少种，但是25—30种解决方案，用来在数字端黏合受众、提高广告效应。

辜：那你们的数字广告收入占比一定比较高吧？你们的收入结构有变化吗？

戴尔：在数字方面，广告是最大的收入来源。而在《萨克拉门托蜂报》的全部收入中，来自纸媒和数字两方面的广告占了约一半。（辜：另一半是发行收入？）我们有纸媒的发行投递收入以及数字端的付费墙收入。我们有多种方式从读者那里获得收入，例如举办活动。

辜：也就是说，另一半的收入除了纸媒和数字的有价发行收入，还有来自第三方的收入，即通过组织活动获得收入？

特瑞尔：第三方收入目前占比还比较小，但发展很快，因为我们进入这一领域还不久。这部分收入是目前增长最快的收入品种之一。例如昨天我们就举行了"大学日"（One Day University）活动，有500多人每人花费150美元参加了这次活动。我们邀请来自多个学校的知名教授做各类演讲，内容包括美国的总统选举史、米开朗琪罗的艺术、音乐对人类文化的影响等。这些讲座都很受欢迎，所以我们今后可能每年都会举办这样的活动。今年是第一次尝试。

辜：参加活动的都是年轻人吗？

特瑞尔：那倒不一定，年龄分布于各个层面。我在现场看到几位高中生和他们的父母，还有一些70岁甚至80岁的老人来参加。所以这些活动赢得了较为广泛的兴趣，还没看出哪个年龄段的人特别多。

发行人谢丽尔·戴尔（左）、总编辑乔伊斯·特瑞尔（中）与笔者在交谈（彭德利 摄）

数字视频发展最快

在查看麦克拉奇年报时，发现最亮丽的数据出现在视频方面：2016年视频收入较上年增长257%，原因在于视频流量高达2.25亿，而2015年视频流量仅有8200万。我想，这个数字必然会在其旗舰报纸《萨克拉门托蜂报》上有突出体现。果然，还没等我问，特瑞尔总编就主动谈到这方面的发展情况。

辜：你们近年来在数字创新方面有哪些亮点可以让我学习的？

特瑞尔：你是指新闻方面？（辜：是的。）在新闻方面，我们做的最重要事情就是新闻叙事的创新性改革。例如我们在数据新闻，特别是大数据新闻方面有了很大进步。虽然10年前我们就做数据新闻，但现在的技术手段与过去完全不一样了，我们可以为读者做更多事情。例如我们网站最受欢迎的报道之一是“本州劳动者工资数据库”（The State Worker Salary Database）。这已经不是典型的新闻报道，而是通过大数据提供的一种可互动的内容服务，是记者以计算新闻的方式做出来的。读者不仅看到关于工资收入的很多新信息，而且可以随时查阅自己所在区域的工资情况并与其他区域进行比较。（笔者注意到，该报网站已经将这一大数据服务列为常规更新项目，本书完稿前的最近更新是2018年4月。——笔者注）当然，我们还做很多调查报道，而这部分的变化不大，纸媒和数字平台的叙事方式差不多。不过，视频的介入明显增加。

辜：我注意到你们的年报中，视频内容发展很快。

特瑞尔：编辑部最大的变化就是视频。我们现在做的视频数量前所未有，尽管我们从2008年就开始进行实验性的数字视频报道。那时传播速度还不够快，视频的受众也不多。最近这两年来，我们明显加强了视频报道和推广的力度，视频受众量增长迅猛，简直是井喷（fast ramping up）。我们现在已经认识到视频对扩大受众的作用，而大力扩大受众规模正是麦克拉奇目前的主要方向。我们从视频方面获得的收入也越来越多。但对编辑部来说，挑战在于培训那些员工，特别是老员工。他们以报纸为终生职业，在采访和写作方面积累了很多经验，但现在要用一种完全不同的技巧来叙说新闻，要用更多图片，进行更加视觉化的呈现，特别是视频叙事，还要制作音频，要学会互动，要通过网站和客户端等平台为读者做更多服务。

你要是看到我们的在线读者情况，你就会知道我们要为此付出很多时间。我们各种网站半夜就开始工作了。而最近这几年来，受众来到我们这里的途径也在发生巨大变化。过去他们直接登录我们的网站即可，那时Facebook、Twitter什么的都还不热门，有的甚至还没出现。现在虽然仍有不少忠诚读者坚持直接登录我们的网站，但我们增加的绝大多数流量都来自社交媒体。Facebook对流量的推动比其他几个社交媒体大得多。然后是Google搜索。我们在搜索方面的进展比业界其他很多报纸都更快速，我们正想尽一切办法让人们容易搜索到我们的内容。由此可见，受众在变化，我们给他们的方式也必须随之变化。在我们做了那么多事情的同时，我们还必须时刻牢记自己的使命和责任，即提供调查报道之类的深度优质新闻，帮助人们连接社区，做类似“本州劳动者工资数据库”的信息服务。

辜：是的，现在要把报纸办好，所承担的工作比过去多得多。那么你们怎么处理数字与纸媒之间的关系呢？

特瑞尔：我们现在做一切事情都是跨平台的，这是我们工作的出发点。我们首先在网上发布新闻，但如果这新闻足够大，我们会在一天之内不断更新。然后在一天稍晚的某个时候，如傍晚或晚上早些时候，我们选择最全面

笔者与发行人戴尔（左）和总编辑特瑞尔（中）合影（彭德利 摄）

和最新的报道在纸媒发表。与此同时，如果仍有新的变动，我们会继续在数字平台更新。我们近年来也调整了纸媒的截稿时间。你知道的，传统报纸主要以体育报道为最后截稿时间，因为要等待比赛的最后结果。我们设置了两个截稿时间：一个是晚上9:15，这比过去提前了约1个小时，这部分报纸针对约四分之一的读者，他们在较远的地方；第二个是晚上10:30，这部分报纸为其余四分之三读者服务，相对近一些。这主要是出于成本的考虑，但我们的数字平台要与之配合。有时体育比赛的结果即便是第二个截稿时间也难兜住。所以会通过电子邮件向所有订户推送最后的体育赛事结果以及其他晚间突发新闻。这样读者就从纸媒和数字两个平台获得满意的服务。对于那些纯数字用户，就更不成问题了，数字平台时时更新内容。我们的客户端承担对一切用户主动推送新闻的义务。例如在大选之夜，这些数字平台能把选举结果及时推送到我们所有用户手里。

后来查阅文献得知，麦克拉奇发布视频是有周密计划、有强大措施、有奇异效果的。虽然早在2008年就开始做数字视频，但和《纽约时报》等很多报纸一样，在受众不多、难建商业模式的预期下，并未一鼓作气地坚持下去。近年来视频内容陡然转热后，麦克拉奇立即发力，在《萨克拉门托蜂报》等核心报纸全面启动数字视频生产，并于2015年在华盛顿建立视频实验室。也正是从这一年开始，该集团的视频流量和视频广告收入均呈三位数增长。2017年2月23日，集团宣布在总部所在地萨克拉门托再建一个视频实验室。该实验室的核心任务是，试验各种尚未进入主流媒体的视觉叙事方式和传播方式，也包括VR（虚拟现实）、AR（增强现实）、3D、360°等视频。该实验室还与波因特新闻学院合作展开视频技术的员工培训。Google和YouTube的员工也将与实验室展开合作。集团甚至设立了一个专门负责视频实验和推进的副总裁。而目前显示的所有统计数据，都表明该集团的视频生产道路是正确和成功的。

付费墙为体育网开一面

还是要谈谈付费墙。既然之前亨德里克斯副总裁谈到该集团付费墙的特殊性，我当然要与较早实施付费墙的《萨克拉门托蜂报》老总谈到这个话题。

辛：可以谈谈你们的付费墙情况吗？

特瑞尔：我们的付费墙建有四五年了。其实我们进入的那年，2012年吧，也是国内报业大量建立付费墙的年份。那时似乎整个报业都有建立付费墙的势头。我们集团的报纸现在全都建了付费墙，因为最早建墙的《莫德斯托蜂报》起了很好的示范作用。但我们并没有把所有内容都放在付费墙后面。例如体育内容就是例外的，尤其是“49人橄榄球队”（49ers）相关的内容（“49人”指“旧金山49人”或“旧金山淘金者”，是美国重要职业橄榄球队，该球队历史上曾三次夺得超级碗的冠军——笔者注）。

戴尔：是的，我们采用了计量式付费墙，但没有挡住所有内容。有些内容仍可免费获得，这由各报根据自己的情况来确定，集团并无一揽子规定。在我们这里，关于“49人”，我们有极具竞争力及粉丝众多的记者，报道的影响力很大。但这方面其他媒体也在全力以赴，所以我们以竞争思维，决定将这部分内容开放，以尽量吸引更多的受众，占据传播高地。

特瑞尔：我们的计量式付费墙还取决于你抵达我们内容的方式。如果你使用手机，你可以免费阅读很多内容才触碰到墙。我们设计了不同层次，通常而论，你总要读到二三十条新闻才会感觉到墙的存在。但你如果通过PC进入，免费量就大为减少。因为在电脑上，你的阅读速度更快，而且往往会进行深度阅读，一篇感兴趣的文章从头读到尾，这和在手机上的浏览是不一样的。所以我们将移动端的尺度放宽，何况移动是未来阅读的主要方向。但即便在PC端，“49人”内容也是完全免费的。因为我们属于旧金山湾区，“49人”是这个地区和这座城市最重要的球队，人人都关心他们的活动，媒体之间也激烈竞争。它对我们的流量有很强的促进作用，它甚至可以被称为我们读者量的单一驱动器。

辜：看来你们既从付费墙获得了很多好处，也采取了相当灵活的方式，为受众留下了一些通道，让流量最大化。

戴尔：是的。例如在过去8年里，虽然纸媒的订阅量下降，但我们的发行收入翻了一倍，这就是付费墙带来的好处。

特瑞尔：我们还通过社交媒体大力推广我们的内容，吸引更多受众跟随社交媒体来到我们的网站，以培养更多忠诚用户。我们现在有很多官方社交账户。除了前面提到的Facebook、Twitter等，我们的摄影部也在Instagram上发布内容。我们还在本地非常热门的社交媒体Nextdoor建有多个账户（这就是第六章威尔金森先生提到的加利福尼亚州旧金山做得较成功的地方社交媒体——笔者注）。目前看，最受欢迎的内容就是政治和体育，这些内容都要及时在社交媒体发布。除了官方账户，我们编辑部的每个人也都通过私人账户传播有趣的内容，这些内容最终都会将受众吸引到我们的网站来。我自己刚刚也在Twitter上发了一条新闻。

《萨克拉门托蜂报》编辑部（辜晓进 摄）

戴尔：我再补充一点。社交媒体还有一个非常重要的地方，就是人们通过它们分享内容。也就是说，你把内容发布出去后，会有你想象不到的很多人在分享你的内容，这导致受众规模滚雪球似的越滚越大。所以，我们也要重视涉及用户分享的整个社交媒体战略，看哪类内容人们最喜欢分享和评论。

特瑞尔：我们所有内容上都有分享按钮，但分享的情况还取决于读者喜欢用Google搜索分享还是通过社交媒体分享。（戴尔：是的。）

辜：除了社交媒体，你们的客户端情况呢？

特瑞尔：它们在不同的系统上。我们有基于Apple和Google等不同系统的多种客户端，包括主客户端和垂直客户端，例如我们有体育、“49人”和关于首府政治的垂直客户端，我们在上面做很多推送。此外还有电子版（E-edition），即报纸版面在数字端的呈现。电子版报纸不是即时的，要等待一定时间才发布，和纸媒一样每天一期。但有不少读者会犯迷糊，以为也像其他数字内容那样实时呈现。电子版的最大好处是，读者可以像读真报纸那样消费里面的内容，而且在上面停留很长时间，可以坐下来从头版读到末尾，有很大的黏性。对客户端而言，其流量的忠诚度很高，远远高于社交媒体，但目前的流量还不够大。读者还是习惯于直接来到我们网站，而非通过客户端。虽然如此，仍然值得做，因为客户端的阅读是十分方便的。我自己就读我们的客户端大大多于上我们的移动网站。客户端既快又简便。（戴尔：还可以培养品牌忠诚度。）对，有利于品牌。而且，客户端的新闻推送也是很方便的。我们目前从多种平台做推送，包括客户端和电子邮件。在这方面，我们还需要继续提高竞争力。

辜：客户端需要付费吗？

戴尔：你要读很多内容才会遇到付费问题。唯一需要预先付费的是报纸电子版，这也可视为硬付费墙。纸媒订户可以免费，纯数字订户必须付费，而且没有免费额。

每6个月改造一次编辑部

辜：你们会根据数字的发展需要而重组（restructure）编辑部吗？

特瑞尔：我想说的是，我们每6个月重组一次。我们做了很多次组织调整，只因为数字传播持续在变化。就在与你见面之前，我刚和我们团队的高级成员交谈过，我们要展开下一轮的整合。我们要通过编辑部流程的改变，将移动传播置于最优先的地位。你知道的，读者利用移动端多于PC端，也更加远离纸媒，我们的架构要顺应这一变化。去年我们刚刚成功地将编辑部由专注纸媒改造为专注数字，却未能完成向移动端的重点转移。现在移动受众在向我们招手，我们不能等待，所以得赶紧改变。我们去年底把编辑部里每个人的工作都调整了一遍，也通过这类重组营造更有利于数字发展的文化，让更多人关注数字发展。当我们写新闻的时候，同时也要考虑读者怎样接触到这些新闻。这种思维方式就是一种文化。总之，技术变化如此之快，读者变化如此之快，我们也不得不随之变化，这也是很大的挑战。

辜：在这种情况下，你们照样获得普利策奖，恭喜！能告诉我今年获奖的新闻标题是什么吗？

特瑞尔：（笑）那不是新闻，是政治漫画，卡通画，带有评论含义的漫画。获奖的是一组20幅漫画。我们那位漫画家杰克·奥赫曼（Jack Ohman）主要画政治和社会题材的漫画，也涉及其他题材。他非常多产，每周从周一至周五，每天在报纸上发表一组。他的画同时通过辛迪加出售给200多家报纸（笔者后来查核，他的画通过论坛传媒服务公司出售给300多家报纸。而且就在我访问的当天，该报在评论版下方又刊登了他的一组6幅漫画，全是讽刺特朗普的——笔者注）。

辜：好厉害！他现在在编辑部吗？

戴尔：他实际上是社论委员会的成员。我们评论和新闻是分开的。乔伊斯（特瑞尔）也是评论委员会委员。除了她两边的会都参加，其余都与新闻部门分开运作。

特瑞尔：他的办公室就在楼上，房间里全是材料，所以他可以每天从事艺术创作。

戴尔：是的，他的屋子很乱（笑）。［辜：艺术家都这样（笑）。］我觉得他的头脑和办公室都是纷乱的（大笑）。

《萨克拉门托蜂报》正门，报纸匾牌上临时挂了祝贺杰克·奥赫曼荣获普利策奖的标语（辜晓进 摄）

漫画家杰克·奥赫曼（左一）在戴尔（右一）和特瑞尔（右二）为其举办的普利策奖庆祝会上亲启香槟（来源：《萨克拉门托蜂报》官网）

特瑞尔：他写得也很好。他是罕见的政治卡通画家，还撰写每周一次的评论。（戴尔：他还做视频，也很政治化。）

辜：不好意思，已经耽误你们那么长时间，我还想问最后一个问题。

特瑞尔：虽然有点超时，但当然可以（笑）。

辜：你们遇到的最大挑战是什么？

戴尔：我觉得有两个挑战。第一，读者变化非常快，他们想要什么也变化非常快，他们需求变化也非常快，这使得要想可持续地追上他们并满足他们的需求变得非常困难。如果只是坐下来一对一了解某人的媒体消费习惯并理解他的需求然后去满足他，这并不难。当你面对上百万读者时，要想用一种可持续的方式这样做，就很难了。所以，我觉得追上读者并走在他们前面，是我们要面对的第一挑战。第二，一方面你必须不断加速向前跟上数字时代的发展步伐，另一方面却仍不得不做那些旧事情。因为仍有读者需要纸媒，你必须同时满足他们的需求，何况纸媒现在还在创造收入。你要用有限的资源同时做两种矛盾的事情，挑战也是很大的。

特瑞尔：我要加上一条的是，我们必须不断地学习，因为技能的迭代太快，技术的变化也太快，所有人都需要持续学习新的做事方法。你知道的，我们提供很多培训机会，但这会耗费很多时间，而且现在有这么多不同的事情，并不仅仅是Facebook、Twitter、Instagram、Snapchat之类，一切事情都要学习。这也是挑战。

撰写本章之前，我依约将我们谈话的记录稿发给两位老总。当初谈话时，戴尔曾希望如果发表或出版，最好给她们看一下拟发表的谈话内容，我这也是履行自己的承诺。可惜发去多日后，邮件都被打回来了。查该报官网，方知发行人兼总裁戴尔，以及总编辑兼高级副总裁特瑞尔，已分别于2017年3月和2018年1月退休。根据笔者多年的观察，美国报业似乎有一种规矩，即员工一旦退休或调离，其工作邮箱便失效。电话当然也联系不上，其名片上的所有联络方式皆无意义。拟再联系彭德利试试。

报业文化无处不在

下午2点半，彭德利把我交给市场与品牌部的一位老员工史蒂夫·布里格斯（Steve Briggs）。热情的布里格斯用足这半小时时间，陪我参观了很多地方。

先看大堂，麦克拉奇把楼道、扶手电梯下方等空间都充分利用起来，建成了一个微型报业博物馆。在这里，我看到了100年前的成行排版机。这与我2001年在华盛顿邮报公司门前看到的机器基本一样，只不过那部机器是红色，这部还依稀可看出当初的蓝色。美国报业虽比欧洲起步晚，但有很多领先世界的创新，其中就包括这类排版机。而在中国，笔者从事报纸工作的

扶手电梯下方的100年前使用过的成行排版机（辜晓进 摄）

大堂陈列的大、中、小三种尺寸的新闻纸及其税前单价（辜晓进 摄）

20世纪80年代中期，报纸的排版还是靠植字工人逐字选择上版的。到了90年代，中国越过机器进步阶段，直接进入激光照排的电子时期。还见到用过的铅字版和现在使用的各种规格的新闻纸等物件。新闻纸上还标注了目前的纸张价格。

大堂一侧还设有《萨克拉门托蜂报》的客户服务和询问台。高大的落地玻璃窗则悬挂着多条阐释办报理念的条幅，分别写着“我们监视权力”“我们分享有趣信息”“我们创造联结”“我们（为您）节省时间和金钱”等字样。走廊上也随处可见数字传播的Chartbeat监测屏。还见到一面蓝色大屏不断切换显示着“我们的战略目标”“我们的价值”等内容。例如，“我们的战略目标”包括通过发布独家和实用的内容赢得读者，以跨媒体产品实现受众增长，提高收入、利润和市场份额，吸引并招募有才能和多元化的员工，创造关注传播表现的企业环境，理解客户并回应其需求；“我们的价值”包括为公众利益服务的新闻使命、正直的新闻与经营、尊重员工、多元化带来的力量、履行义务、专注客户、通过创新实现卓越、在公开的传播与合作中取得成功、活跃的企业文化。

大堂落地窗悬挂的“理念”条幅（辛晓进 摄）

漫画家杰克·奥赫曼办公室附近走廊上的漫画作品（辛晓进 摄）

二楼漫画家奥赫曼办公室附近的走廊两侧，则挂满了他的漫画代表作。他本人此刻不在办公室，否则有幸一见也不失一桩美事。

布里格斯随后领我穿过主楼的后门来到宽阔的印刷车间。因此刻不是印报时间，所以听不见轰鸣的机器声，灯光也很昏暗。多台两层楼高的印刷机看上去年代已久。成沓提前印好的副刊和广告版面正等待打包运出。

《萨克拉门托蜂报》的印刷机（辜晓进 摄）

本应高速运转的空中报纸传送带此刻静止不动（辜晓进 摄）

与陪我参观的史蒂夫·布里格斯先生合影（彭德利 摄）

中央化管理有利于转型

下午3点，彭德利女士领我来到副总裁马克·齐曼的办公室，就在亨德里克斯的隔壁。齐曼温文尔雅，记者出身，1984年起在《华尔街日报》休斯敦分社担任记者，后在《堪萨斯城星报》（*The Kansas City Star*）工作长达25年，由调查记者到项目主任（其领导的项目曾获普利策奖）、执行总编、总编、发行人，2011年起担任麦克拉奇公司副总裁，负责地方媒体事务。在谈话中，他首先强调中央化管理（centralize）对整个集团的转型有重要作用。

辜：您作为负责旗下媒体运营的副总裁，如何从集团层面推动各报数字转型？

齐曼：如你所知，我们有28个市场，都是地方性市场，从迈阿密、堪萨斯到沃斯堡、萨克拉门托，都是地方性的，我们没有全国性报纸，甚至也没有区域性报纸，但我们是全国性报业集团。在这种情况下，要想加快转型速度，就必须强化中央化的垂直管理。我们过去很长时期内是去中央化的，各报都很独立。我们给他们预算，为其确定收入目标，其余一概不管。他们怎样发展、是否要转型，都是他们自己决定的事。现在世界发展很快，地方媒体处于弱势，仅靠那些不同市场的地方媒体独立行事很难有大的转机。必须建立并利用好集团层面的转型资源，自上而下地推动各报加快转型。我们旗下报纸的情况也有较大差异，例如我们有一半报纸是自己有印刷厂的，另一半报纸则没有这个资源而需要向其他报纸租用。我们首先将这部分资源管起来，尽量实现区域性的资源共享。例如我们在加利福尼亚州就有多份报纸，各报的印务可以共享。各报领导不用再操心这块事务。

辜：资源共享本来就是报纸集约化经营的优势。

齐曼：我们同时强化了人力资源和财务资源的中央化管理。各报发行人要管的主要就剩下两项：新闻生产和广告经营。我们这样做还不是一般意义上的资源共享，我们的目的是加快数字化转型。例如我们聘用专家和记者建立了视频生产团队，指导和推动各报编辑部的内容生产。

辜：你们甚至在总部聘用记者为各报工作?

齐曼：是的。我们各地市场都有自己的记者，但很多报纸在数字内容生产方面缺乏经验，我们就要加强顶层设计，为他们提供帮助。甚至在具体内容方面我们也尽量给地方性媒体以帮助，这在过去是没有的。例如前段时间的音乐家“王子”去世事件，很多地方媒体可能不具备足够的资源，我们就帮助制作丰富的内容，上了他们的数字媒体主页，给予他们不断更新的内容资源，这样他们就获得了很多地方流量。如果我们不这样做，很多地方小型报纸是很难做到的。我们现在有一个团队，专做重大新闻，公司旗下几乎所有报纸都受惠于这一举措，他们的流量明显增多。我们也为纸媒做一些各报可以分享的全国性内容，这样地方性报纸的记者可以腾出手来多做地方化的数字内容。纸媒的成本很高，要印刷，还要发行，我们总成本的40%来自纸媒。现在纸媒的收入在下降，数字的收入在增长，所以我们要从总部层面推动底下报纸加快转型，转型的同时也在降低成本。

辜：你们现在数字产品的收入可以抵消纸媒的下滑吗？

齐曼：从实际情况看，是的。现在我们集团纸媒广告的收入约占集团总收入的30%。数字版和纸媒的发行收入加上数字广告收入，占了总收入的大头。现在纸媒本身都还盈利，但就像我刚才说的，纸媒本身的成本也很高。现在数字收入主要是发行和广告，我们三年前就实现了全部报纸的付费墙转型，这部分的收入在不断增长。

辜：你们是强制性推动吗？

齐曼：是的。有些市场不愿做，他们觉得建立了付费墙而当地其他报纸或电视台是免费的，会导致流量损失进而影响数字广告。他们很担心受众因此跑到其他媒体的网站上去。但我们去调查后发现情况并非如此，仍决定执行。事实上，我们的付费墙相当灵活，并未影响到流量。而我们现在每年有3000万美元的数字订阅收入，这部分的成本是很低的，因此其利润率比纸媒高得多。而运作到现在的结果，是付费墙并未伤及数字流量。所以各报也不再有意见。

齐曼副总裁与笔者交谈中（该公司员工 摄）

辜：你们的广告没有实行中央化管理？

齐曼：也有的。我们有一位副总裁负责广告，她由我领导。她带领一个团队专门与全国性大型广告商合作，这些广告商在我们很多地方市场都投放广告。我们要求各地报纸主要专注于开发地方性和区域性的广告，而全国性广告则交给集团来做。我们还有一个数字收入团队，他们的任务是开拓程序化收入（programmatic revenue）和其他形式的数字收入，即不是数字内容直接产生的收入，如读者延伸性收入（audience extension revenue）和各种数字产品带来的收入。这个团队也负责培训地方报纸，帮助他们拓展数字收入。建立这个团队是我们去年的一个大动作。

辜：你们集团的广告团队大约有多少人？

齐曼：数字团队和广告团队加起来大概有50人。

辜：你们是何时建立这些团队的？

齐曼：我4年前来这里时建立的，本来只是为了建立示范，培训各地市场，但后来其本身也成为收入来源。

设定指标落实转型任务

齐曼谈话的某些内容，与亨德里克斯有一定重叠。但即便是重叠部分，他也给出了更多细节，加深了我对麦克拉奇自上而下转型推动的理解与认识。

辜：你们从技术上给各报转型创新以支持吗？

齐曼：一般来说，我们通过第三方技术公司做很多事情，其中大多数是为下面的报纸提供技术支持。我们的支持主要体现在两大技术层面：一是帮助各报建立网站、客户端、移动平台等，这些工作是基本的，也是传统的。各报的技术能力参差不齐，但他们的规模和市场情况都差不多，所以很容易复制这些技术。二是日常经营方面的技术支持，如通过搜索引擎拓展数字广告、各类数字产品的优化包装等。这类技术有的无偿提供，有的需要各报购买。我们现在与外部公司的合作日益密切，就是想吸取更先进的技术来武装旗下报纸。例如，最近我们刚刚宣布与印度一家技术公司签约，进行包括大数据在内的多种技术合作，以及网站维护和移动平台改进。我们将充分利用这次合作，今后不再自己研发技术。此外，我们为各报培训数字平台的广告营销技巧，因为我们现在很大一部分收入来自数字广告。

辜：你们有没有什么政策鼓励各报向数字方面转型？

齐曼：当然有。我们通过多种方式鼓励大家朝数字方面努力。其中一个办法是帮助各报重组编辑部。由于各报情况都差不多，因此对集团总部来说，为各报重组并不太困难。我们这样做，就是希望他们更加专注于数字，将更多时间用于数字生产。我们希望他们将一天内大多数时间花在这方面。我们现在正在进行一个涉及面较广的重大重组项目，它可能改变每个人的岗位和待遇。我们也为转型设定激励措施和完成指标。例如我们为各报的发行人、总编辑、广告副总裁（Ad VP）设立数字目标，包括数字收入的增长指标和数字受众的拓展指标等，并将各报的表现在集团内部分享。我们会每月与各报这三家马车通话，了解进度，并每隔一段时间公布报告，体现各报完成任务的排名。对落后者，我们会谈话，鼓励其做得更好些。

辜：所以你们有很多方式对各报表现加以评估？

齐曼：是的，例如我们有受众注册订阅的指标，有流量的指标，有数字收入的指标。这些都是可检验的。如果你是发行人、总编辑或广告副总裁，你的收入是与我们设定的目标挂钩的。此外还有奖金，如果作为总编辑，你的流量超额目标7.5%就有奖金，否则拿不到这奖金。所以，我们将个人的收入与各报的具体指标相联系。

辜：如果流量增长显著而收入不增甚至有所下降，你们会认可这一结果吗？

齐曼：如果流量明显增长，数字收入必然随之增长，迄今还未发现相反的情况。今年（2016年）第一季度，我们的纯数字收入（digital only revenue）同比增长了18%，其中重要的因素就是流量大幅增长。因为每一个受众看到的页面，都有广告在上面。流量越多，我们挣到的钱就越多。

掌握好平衡是关键

访谈到这里，发现麦克拉奇的数字转型确有独到之处。最为突出的是，该集团在全面实施付费墙之后，流量和独立访客数量等指标并未受到什么影响，因此由流量带来的广告收入正成为公司总收入的最重要来源之一。究竟如何做到的？我还想追问齐曼老总。

辜：贵公司给我留下的最深刻印象，就是你们的数字转型是全方位的，即既有内容变现带来的收入，也有基于流量的广告收入，而且两者都在增长，这很不容易。

马克·齐曼副总裁在接受访谈（辜晓进 摄）

齐曼：我们同时在做三件事。第一件，我们努力实现数字收入的两位数增长，也就是快速增长，以弥补纸媒收入的减少。第二件，我们努力削减传统媒体方面的开支，也是越快越好，以腾出更多资源发展数字商业。第三件，我们努力实现数字受众的增长，同样是增长得越快越好，因为我们是数字公司，必须发展数字受众，这是我们的未来。你会发现这三件事其实是有矛盾的，会顾此失彼。因此对我来说，最难之处就是平衡这三者之间的关系，且必须平衡好。例如，不能太快地去纸媒化。（辜：因为它们还在赚钱。）对啊，它们还在赚钱。但也不能在纸媒方面动作太慢，因为这样会损害向数字端快速转型的努力。这就是平衡的问题。（辜：你也会因此丧失数字机会。）是的，在去纸媒化上动作太快、走得太远，收入就会明显减少。如果走得太慢，就会丧失数字机会。为了实现平衡，我们对上面提到的三件事进行了精心的设计和定位，确定我们三方面的近期目标和发展速度，尽量让它们取得发展中的平衡，在平衡中发展。当然，这事解释起来很容易。（辜：说说很容易。）对，说起来很容易，做起来非常难。

辜：在我访问过的其他报纸，特别是地方性或区域性的报纸，似乎都把付费墙和数字流量视为相互对立的双方，总在担心此消彼长。这也需要巧妙地平衡吧？

齐曼：我觉得，在报纸产业，只要你有一个核心的印刷版订户群体，付费墙理论上就应该是能成功的。你已经有一批付费读者在那儿，有几百万读者每天为你的纸质版付费。他们中多数人过去并不上网读报，现在才渐渐多起来。多年来，同样的内容，纸质版是收费的，网络版是免费的，这不合情理。再加上纸质版不会永远生存下去，人们最终要到数字平台上去消费报纸，所以这部分付费读者转移到数字平台也是顺理成章的。我们需要培育人们这样的意识，即原创的新闻内容是有价值的，是昂贵的。特别是那些优质新闻内容，需要花费大量金钱，需要我们的记者涉足最危险的区域，甚至为此负伤或牺牲。对如此代价换回来的内容，人们应当支付点什么。在印刷版上，人们已经习惯于付费订阅，我们只需要将他们这种习惯转移到其他平台去即可。所以，一方面我们在引导纸媒订户适应在线订阅的趋势，另一方面我们已经有了一部分在线订户，在此基础上扩大订阅效应是有基础的。我们报业在这方面是有优势的。如果你是电视台，就要难得多，因为电视观众从无付费习惯。他们看电视和看电视台的网站感觉一样，都无须付费，他们与电视台从来没有经济上的联系。这时你突然要他们付费，就困难得多。

但我们也要在付费墙上做好平衡。我们的付费墙是非常宽松的，你可以免费读一些内容。目前在美国，直接上你网站的人相对是少的，大约百分之九十的人是通过社交媒体、搜索引擎看到你的内容的。对这类移动受众，我们的门槛非常低，人们读很多内容才会碰到墙。因此对大多数数字受众而言，墙是不存在的。而且我们会根据监测数据及时调整付费墙的高度，目的就是确保不伤及流量。这就是我们的付费墙没有对流量产生冲击的原因。而流量是数字广告的基础。但同时，我们会大力发展忠诚读者，即不是那些通过社交媒体到你这儿读一两篇就走的读者。这部分读者希望读到更多内容，你要用更多优质的内容去吸引他们，服务好他们，将他们培育成付费订户。这样，两方面就兼顾了，平衡了。

辜：我刚去《丹佛邮报》访问过，他们去年取消了付费墙，原因就是流量已经受到影响。

齐曼：我们的感觉是，目前我们是有能力既向重度读者收费又增长流量的。至于一些市场建了付费墙后又取消，我想是因为他们的付费墙遇到流量和数字读者增长的瓶颈，面临广告压力。他们需要大力发展流量，以增进广告。但我们的情况是，我们两者都要。而且数据表明，我们的流量和数字读者都一直以两位数增长。如果我们能继续保持这样的受众增长甚至更快，同时又保持一个墙的存在，让更多忠诚用户慢慢转过来，何乐而不为？而且从长远来看，内容的价值是一直存在的，内容本身必须创造收入。

与集团执行助理朱莉·彭德利女士合影（布里格斯 摄）

谈话快结束时，齐曼主动问到中国的情况。

齐曼：我有些朋友过去到过中国，也访问过那里的一些报纸。中国报业转型的情况如何？在我的印象中，中国的纸媒仍很强大。

辜：中国的报纸是从2012年开始明显衰落的，衰落的标志就是广告不但不再增长，而且出现负增长，这两年广告衰退在加速。我想世界上只有一个大国的报纸是强大的，那就是你刚才提到的印度，他们仍然快速增长着。（齐曼：这恐怕只是时间关系吧？）是的。5年前，中国的报人还过得不错，但那时美国的报纸早已饱受煎熬了。

齐曼：完全如此。中国报纸的发行怎样？是否像人们说的由政府控制，他们强迫一些人订阅，或类似的情况？

辜：据我所知，有些报纸，特别是一些党委机关报，政府部门有时会帮助促销，但大多数报纸是市场导向的。这是30年前中国报纸开始市场化改革的结果。以我曾服务过的深圳报业集团旗舰报纸《深圳特区报》为例，它虽然也是党委机关报，但很早就市场化了，20多年前就不再享受政府哪怕一分钱的补贴，还每年纳很多税。它的发行也主要依靠自己，它有一个较大的发行公司。中国很多主流报纸都是这种情况。

齐曼：中国报纸的发行量也在下降?

辜：是的，但广告下滑得更厉害，比发行量严重得多。

齐曼：你是指印刷版广告？（辜：是的。）这和美国差不多。

辜：但中国报纸的数字广告量非常少，大多数报纸的数字广告可以忽略不计。而且在中国，付费墙也非常少，似乎很难推行，因此报纸也很难直接从内容获得收入。无法在数字平台挣钱，我觉得这是中国报纸转型面临的最大问题。

齐曼：我们现在虽然数字平台收入在增加，但同时要为不断减少的印刷版支付更高的单位成本。所以，我们的挑战在于，如何在广告逐渐离场的情况下维持印刷版的发行和投递。我们目前只能提高定价，增加纸媒的订阅费。同时我们压缩报纸的规模，减少版面，让报纸更加易于制作，减少其制作成本，因为这部分成本过去都是由广告商承担的。但对我们来说，也有好消息，即大量广告商在做数字广告。所以我们过去从未有过的数字收入，现在增长快速。我们别无选择，就是要到数字平台继续挣广告商的钱。

第十四章

《拉斯维加斯评论日报》：全员轮训促转型

数字主编语录

数字少帅不满数字现状
三个月独立访客量翻番
不接受培训就会丢饭碗
JOA下的同城两报
访谈之后的数字表现

数字主编语录

数字主编哈里森·基利
（辜晓进 摄）

现在报纸面临困难，转型是必然选择，而转型对每个人都是新任务。如果员工不可培训（not trainable），不可教育（not teachable），那也就不可雇用（not employable）。因为这是你的工作，通过培训掌握一定技能是对你工作要求的一部分，你必须保持学习状态，你需要技术进步。报社为这培训向你支付了工资，你不应当不做。有些人一开始确实不太愿意，他们不想学视频，不想学怎样更好地操作Twitter。但一旦参加学习，并且在实践中运用所学技术，他们会很享受自己的收获。他们的感觉是，“哇，这事比我原来想的要容易啊，并不难学啊”。这也是人类的天性，对一些未知的东西总是先排斥，甚至有点恐惧。只有当你蹦极跳下去（bungee jumping）或从雪山滑下来，你才享受到其中的乐趣。就像一些小孩子，对没吃过的东西不感兴趣，直到尝出滋味后才乐此不疲。

——哈里森·基利（Harrison Keely）

《拉斯维加斯评论日报》（*Las Vegas Review-Journal*，以下简称“《评论日报》”）是我此次访问的报纸中，唯一既非全国大报也不属于任何报业集团的独立报纸。同时它也是此次访问的三家20世纪创办的报纸之一（另两家是《基督教科学箴言报》和《今日美国》）。该报创办于1909年，原名《克拉克县评论报》（*The Clark County Review*），1929年兼并《克拉克县日报》（*The Clark County Journal*）后改为现名，只是名称中有“Evening”（晚报）字样。直至1949年改为晨报，“Evening”才从报名中取消。该报曾短暂隶属于大型报业集团盖特豪斯媒体集团（GateHouse Media），2015年12月被赌场大亨、金沙集团（Sands Corporation）的老板谢尔登·阿德尔森（Sheldon Adelson）以1.4亿美元收购。但即便在盖特豪斯拥有的9个月期间，该报也远离集团总部，不像笔者此次访问的《费城问讯报》《达拉斯晨报》《丹佛邮报》《萨克拉门托蜂报》等地方或区域性报纸，皆与集团总部同处一城甚至同楼办公。

该报坐落在拉斯维加斯老城区，远离光怪陆离的赌场新城。选择《评论日报》不仅因为它是内华达州最大报纸（旗下在本市和本州还有多个子报子刊），且曾于2013年跻身全国发行量前25名，还在于该报近年来在数字发展方面的突出成效，特别是2016年新班子组建后聘请数字专家制订雄心勃勃的转型战略（这一战略使该报于2018年被《主编与发行人》杂志评为年度“十大做事正确报纸”之一）。

在多次给该报新任总编辑基思·莫耶（Keith Moyer）发邮件后，终于在2016年4月7日收到该报数字主编哈里森·基利的回邮，称总编要他接受我的访谈，他很乐意。我们随即根据我的行程将访问时间确定为4月29日。

《评论日报》的建筑外观有点像麦克拉奇公司（辜晓进 摄）

数字少帅不满数字现状

我依约于4月29日上午10点半来到该报。数字主编哈里森·基利比我想象的还要年轻，甚至有点学生味儿。更出乎我意料的是，这位主管该报数字发展的专家并非“工科男”，其专业是新闻传播。而且他领导的数字团队成员多数也无计算机背景。这令我想起在《华盛顿邮报》与两位老总的谈话，他们认为现在做新闻的年轻人都是互联网的原住民，很多都与数字打交道10年以上，他们完全可以成为懂得新闻传播的数字专家。基利就是这类人，特别是他对数字传播充满兴趣和热情，愿意为此钻研和付出。谈话中，他对外人看来已经做得不错的该报数字发展感到很不满足，认为在拉斯维加斯这样的城市，应当表现更好。

幸：我在前台向那位小姐打听您时，她居然说不认识您。是因为您这样的数字专家与普通人有距离吗（笑）？

基利：那倒不是（笑），原因很简单，因为我新来不久。我被聘请到这个岗位还不到3个月时间。我的头衔是数字新闻主编（Digital News Editor），因此我的工作就是协调本报所有数字内容传播事项，包括数字新闻叙事以及我们PC网站、客户端、移动网站以及你可定义为数字化的任何平台的在线新闻传播。目前我领导的数字团队共有10人，人数还在快速增加中。同时我们编辑部的人员也在明显增加。这其实是件非常奇妙的事情，因为很多报纸非但不能保持编辑部人员稳定，还在不断地减员裁员。这份报纸是我到过的报纸中唯一还在增员并不断扩大且取得很多正面改变的报纸。这一点是必须引起注意的，因为美国的大多数报纸都在萎缩。

幸：那你们的数字团队打算扩充到多少人呢？

基利：这是个好问题。你想想看数字的情况吧，它的发展真是不可思议，编辑部的未来也在数字端，而纸媒现在还在衰退。现在的问题是如何改组编辑部以适应数字发展，而不是单单考虑网络人员是否增长，或纸媒人员是否削减。现在我们要对员工进行全员培训，要引导大家树立“网络优先”的意识，要习惯于在线思维，要让整个编辑部成为数字员工，尽管对此可能还有争议。然后你要考虑数字员工中应当包含哪些岗位。例如你要考虑视频生产，而视频都是在线传播的。你也可以把视频团队算作我们数字团队的一部分，这部分人员也在增加，单视频生产一项就增加10—20人是完全正常的。所以你提到的数字团队规模，我们仍在规划中，还取决于如何定义数字团队。

辜：我懂了。您以及您的团队的使命是什么？

基利：我们的使命是将我们的网站建成西部最好的新闻网站。在美国所有报纸中，西部占了一半，我们要成为真正的西部最佳报业数字媒体。我们要做更好的网络呈现、更好的数字新闻，要实现更大的流量，做更伟大的新闻。这个“更”字，是相比较于西雅图、洛杉矶、旧金山、萨克拉门托、丹佛等所有西部城市的报纸而言的。这就是我们的目标，这是很高的追求。（辜：你们雄心勃勃。）是的，我们充满雄心，但我觉得这是可能的。你看这是一个如此独特而奇妙的城市，这里有大量杰出人才，我们有大量其他报纸所没有的资源，这个城市有大量人口，包括巨量的外来人口（据查阅文献，2017年拉斯维加斯地区人口约225万，外来游客4221万人[1]——笔者注）。

基利在交谈中（辜晓进 摄）

辜：这也是报社的老板对您的期望？

基利：他把我聘请到这里来主管数字发展，我感到很兴奋。在这样一个不断发展、不断壮大的数字新闻领域里工作，对我来说充满乐趣。老板问我想要什么，能够把数字发展到何种地步。我说这里的机会很多，因为目前数字平台的数据还实在太少，我指的是流量什么的太少。对如此规模的城市，一座每年吸引巨量游客的城市而言，目前的流量实在太少，数字平台的技术

[1]Historical Las Vegas Visitor Statistics.www.lvcva.com.April 2018

也很单薄，在我看来做得太不够了。因此这里有很大潜力，有很多空白需要填补，就像亚马逊还在开书店的阶段。有如此多的地方等待开拓，实在美妙。因此，我乐此不疲，老板们对我的期望也很简单，就是让数据上去，这和我的愿望完全一致。

辜：《评论日报》是从何时开始实施转型战略的？转折点是哪一年？

基利：这个问题有点挑战，因为我来这里还不到3个月。我所知道的是，西部的报纸普遍都不如东部报纸做得好。本报在数字转型方面已经做了很多年，但对我来说进步并不快，甚至可以说是停滞不前的。你问何时是转折点（switch spot），我觉得转折点才刚刚开始。现在是新雇主、新发行人、新总编辑、新数字团队，而且我们有了更多资源，增添了很多新员工。转折点就从去年（2015年）12月开始，从所有权变更开始。我们制订了转型战略，设定了发展目标，编辑部情绪高涨。过去员工都担心下一步会怎样，发愁没有资金做更多事情，现在都解决了。所以我认为，真正的转折点才刚刚开始。

辜：新班子就位已经四个多月了，您上任也三个月了，目前感受到什么变化吗？

基利：现在的班子眼界开阔，进取心强，目标远大。这和过去很不一样。过去的几十年里，报纸班子本地生，本地长，住在本地，在本报工作。现在的领导则有全国报业背景，发行人曾经在《今日美国》工作，总编辑也曾经在明尼阿波利斯和全国性媒体工作过，我们新招聘的员工也来自各地一些主流大报，同时引进了一批专家和专业人士。所以，最大的变化是工作方式和精神面貌的变化。

三个月独立访客量翻番

基利看上去年轻，却已有丰富的媒体经验。据介绍，他来自田纳西州的《自由时报》（*The Times Free Press*），在那里负责网络团队并为报纸制作数字视频。此前还在华盛顿特区的《华盛顿时报》（*The Washington Times*）工作过，并曾经是华盛顿记者中心（Washington Journalism Center）的成员。而且，他在学校期间就办过报纸，报纸的数字表现在各校中名列前茅。

幸：您大学的专业是什么，理工科还是新闻学？

基利：我在田纳西李氏大学（Lee University）学传播学，新闻方向。而且我从一开始就喜欢上了新闻。我上大学的时候就有人问我，为何要学新闻。他们说新闻快要死了，而且新闻不赚钱。但我特别喜欢新闻，我喜欢了解变化的世界，人们也总是需要新闻，只不过要看你怎样传播新闻。

幸：那您是怎样学习数字运营的呢？现在似乎是科学专业与新闻专业结合起来的人才更受欢迎。

基利：我不是计算机专家，我也不会编程。但我喜欢新思维，爱做新事情，而且我是和计算机一起长大的，我是爱着苹果电脑和智能手机长大的。我少年时就在家里制作电影，为报纸写文章、拍照片、提供信息。我10年前就在我们大学的报纸中率先做数字视频，我们的直播视频在全国高校报纸中是做得最好的，我们报纸的社交媒体规模也在全国大学中做得最大。我对新事物很敏感，总是关注下一步会发生什么，哪些是可以尝试的新生事物，自己能做到哪一步。所以，做数字媒体也是我的梦想。我一直在考虑如何将新技术与新闻业相结合，以产生伟大的新闻故事。

幸：您的数字团队由什么背景的人员构成？

《评论日报》编辑部（幸晓进 摄）

基利：他们的专业背景各种各样。我的助理主编是图表设计师。我们有一位社交媒体专家，她兼任用户发展部主任，她也来自新闻院校。我们还有一些内容制作人员，其背景也五花八门。其中一位学的是人力资源，现在是数字新闻专家。所以，我们多数员工并非来自计算机专业，但对数字传播都很熟悉并且在行；我们的员工也不都来自新闻专业，但他们每个人都十分热爱新闻。

幸：能介绍一下你们的数字产品情况吗？例如客户端和社交媒体的数量等？

基利：我们过去有3个客户端，但我现在将其减少到2个，其实我打算只用1个。我希望它们更加简洁，因为人们不会下载很多客户端，在使用时也不喜欢查看多个客户端。我们目前2个客户端的分工，一个是主客户端，就像你看到的其他报纸的主客户端一样；另一个是数字报纸（e-edition），就是PDF版的报纸，看上去与纸质版完全一样。我正打算将这两个客户端合二为一，同时解决人们的两种需求，这在技术上完全可行，为何还要那么烦琐呢？此外，我们还有好几十个社交媒体主页。我觉得我们在社交媒体方面可以做得比现在好很多，这是令我感到兴奋的地方。我们在Facebook、Twitter、Instagram等社交媒体方面都有很多账户，诸如内华达政治、体育等等。我们现在要大力发展Snapchat，因为这是年轻人聚集的地方。我们刚刚开了关于Snapchat的线下和线上的研讨会，今后在这个平台上会有很大进展。我们去年（2015年）底每月有500万流量，其中60%来自移动端，这个业绩我是不满意的，因为大家没有对移动受众产生足够重视。原因之一就是，采编人员整天在编辑部工作，他们若要关心网站情况也只是看PC端。我相信很多记者根本不考虑移动网站的情况，而那里正是产生大量流量的地方。我们正在说服他们转变这一工作方式，这对我来说也是一个挑战。

辜：这几个月有变化吗？

基利：500万的流量实在太少，相对于这样一个大市场而言，低得不可思议。现在我们的工作已经见到成效，上个月流量已经增长到1200万。也就是说，短短三个月里，我们已经增加了一倍多，但这还不能令我满意，我们的潜力还很大。我们现在的每月独立访客数量也明显上升，目前已接近每月1000万。（辜：这好厉害啊，我到过的多数地方报纸都达不到这个数字。）还会继续快速增长的，因为这是个很特殊的城市。

辜：你们社交媒体的数据怎样，如粉丝数、点赞数之类？

基利：我们现在在Facebook主账户的粉丝量已经有10万多，如果加上其他垂直账户的粉丝，数字更大，但我这里没有具体数据。我们在Twitter主账户上的粉丝有11.4万个。各社交媒体相加大约为30万个粉丝。我相信还会增长更快的。（笔者2018年6月8日查阅该报Facebook主账户，发现粉丝量和点赞量分别为18.1万和18.4万，都比我访问时增长80%以上。——笔者注）现在的问题之一是，我们的社交账户受众量太不均衡，有的账户受众很少，我们打算将其清理掉，但也有不同意见。我们现在除了前面提到的社交媒体，还有LinkedIn、Myspace、YouTube、Pinterest等。我们在11或12个社交平台上共有约80个账户。你看这是我们的Twitter账户数量，共22个，你可以看到22个主页。

辜：我在《丹佛邮报》访问时，发现他们居然有200多个官方账户。

基利：我来这里之前的报纸也有200多个社交账户，那时社交媒体归我负责。所以我到这里来后，觉得这方面还有潜力，今后很可能会增加，但也要讲求实效。效果不好的还是应当关掉。

辜：我在访问《丹佛邮报》时得知，他们用机器来管理那么多账户，人工只做一小部分工作。你们也这样做吗？似乎这样效率更高？

基利：这肯定省了很多事。但根据我的观察，至少从我的很多体验来看，用电脑或自动发布的社交内容，人们会识别出来。它们与人工制作的还是不一样，而人们不太喜欢自动发布的东西。Facebook曾经对此做过一个研究，结果是人们对人工发布的内容比自动上传的内容回应和互动的频率更高。如果你自动发布什么东西，人们点赞、加粉等黏性行为会降低。我自己的感受也与之相似。所以应当尽量用人工去回应，因为至少在目前，软件所为还是会被识别出来的。

辜：哦，这个担忧也很有道理。那你们有专门的团队来管理社交账户吗？

基利：我们有一位负责社交媒体的主任，就是我前面提到的那位女士克里斯汀（Christen），她也兼任受众发展部主任。她的任务之一是培训报社员工，特别是编辑部员工用好社交媒体。我们在编辑部、市场部、经营部等都有顾问，帮助他们利用社交媒体。我们还有一个5人组成的社交小团队，他们每月就在这个房间里开会一次，就社交网页情况做出重要决定，包括消灭一些不活跃的老账户。我们旗下还有一些杂志等专业媒体，同样需要我们提供帮助，扩大社交受众。社交团队想尽一切办法，包括改进标题、加工内容、精选图片等，尽量扩大工作日的社交媒体阅读量。克里斯汀还负责监测各社交平台所有账户的表现，随时向编辑部相关人员反馈。

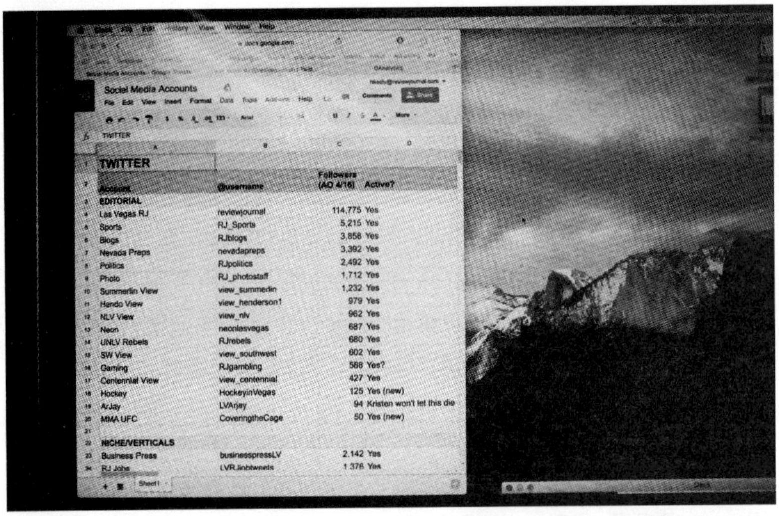

基利电脑里的Twitter账户，共22个。其中，主账户11.4万个粉丝，但最少的只有94个（两个新设账户除外），打算清除掉，但括号里注明“克里斯汀不想让它死掉”（辜晓进 摄）

不接受培训就会丢饭碗

基利的谈话给我印象最深的还是为转型而对员工的培训，我觉得这是抓到点子上了。转型的关键在人，人不转，报纸不可能转。他新来乍到，便在发行人和总编辑的支持下开展了大规模的员工培训，且内容清晰，目标明确，无人可免。

辜：你们在社交媒体的传播上并不都包办，而是训练员工，让他们自己去按要求发布社交内容？

基利：我们主要做好《评论日报》的主账户，但我们还有大量其他官方账户，刚才说了，有80多个。这需要相关部门的员工自己运营，我们的任务是对他们进行培训和指导。事实上，我们正在对编辑部进行工作坊式的大轮训。

辜：你们对所有编辑部员工开展工作坊培训？

基利：是的，所有采编人员，包括记者和编辑。因为我来这里的时候，发现传统记者们与网络团队几乎没有什么联系，他们解决问题的方式五花八门。于是我们试图加强双方的联系，加强相互间的理解和学习。我们采取的办法就是用工作坊进行全员培训。第一个工作坊的内容就是视频制作。我们要让每个员工明白并学会为何要做视频、怎样拍摄视频、怎样制作视频、如何发布视频等等。第二个工作坊是网页标题和主页编辑，这里也有很多技术需要大家都学会。马上就要进行第三个工作坊了，关于数据分析，要让大家理解数据的意义和在新闻报道中的作用，记者如何利用数据完成新闻故事，也包括一些统计方法和分析软件的使用。接下来的工作坊就是关于社交媒体了，我们将回答员工有关社交媒体的所有问题，并辅导大家如何富有成效地利用社交媒体，如何在社交媒体上与受众互动以及需要注意的问题等。社交媒体之后的工作坊如何在线处理突发新闻。你看，我们其实是在做大量教育工作。

辜：你们的计划很周密。你们什么时候开始做工作坊？

基利：我们在一个多月前开始，并已确定今后两个月的工作坊日程。我们希望尽快完成对员工的数字培训，越早越好，这样我们的数字面貌会改进得更快，以适应快速变化的数字发展。我们要求所有员工都调整好自己的时间，服从工作坊安排。我们要他们学会怎样做视频，怎样在不同数字平台工作，怎样在线讲好新闻故事。我们也按照总编辑的要求，将各种工作坊设计得简便易学，让大家能够快速上手。

辜：工作坊的频率如何？每月一次吗？

基利：所有工作坊都分为两个班次，一个为白天上班的员工举办，另一个为晚间和夜班员工举办，内容都是一样的。也就是说，我们每个工作坊都要举办两次。

辜：多长时间完成一个周期呢？

基利：我们不是按照每月一次或每年几次这样的节奏进行，而是根据需要尽快进行。目前我是每两周举办一个（2次）工作坊，会比较密集。等这一轮全部完

基利与笔者在交谈中（该报员工 摄）

成后，工作坊将根据编辑部的实际需要和外部发展情况，随时组织安排。

辜：每次工作坊培训会有多少员工参加？

基利：我们要求所有员工都参加培训，因为这对他们来说意义非凡。他们要想做好工作，必须学会这些。就像医院的医生一样，虽然已从医学院毕业，但必须继续学习，以适应医学的进步，否则你就不能用最先进的方法为人看病或做手术。我们期望他们参加，员工也都有这个愿望。现在我们的编辑部有100多人，从目前已经完成的两个工作坊情况看，每个班次都有40人左右参加，一个工作坊参加总人数超过80人，也就是说80%的员工参加了前两次工作坊。也有一些人未能参加，情况各异。有的在休假，有的要出差，华盛顿记者站飞到这里要8小时，那里一旦有重要新闻就不能过来。你知道的，现在正是总统大选的高潮期。

辜：这可以理解，报纸工作的性质导致永远不可能把所有人都召集齐，总会有例外。但如果有员工不是工作或休假原因，而是对这培训有所抵制，找借口不参加，你们怎么办？

基利：这样的情况在我们这里还很少见。现在报纸面临困难，转型是必然选择，而转型对每个人都是新任务。如果员工不可培训（not trainable）、不可教育（not teachable），那也就不可雇用（not employable）。（辜：会被解雇。）对的，因为这是你的工作，通过培训掌握一定技能是对你工作要求的一部分，你必须保持学习状态，你需要技术进步。报社为这培训向你支付了工资，你不应当不做。有些人一开始确实不太愿意，他们不想学视频，不想学怎样更好地操作Twitter。但一旦参加学习，并且在实践中运用所学技术，他们会很享受自己的收获。他们的感觉是，“哇，这事比我原来想的要容易啊，并不难学啊”。这也是人类的天性，对一些未知的东西总是先排斥，甚至有点恐惧。只有当你蹦极跳下去（bungee jumping）或从雪山滑下来，你才享受到其中的乐趣。就像一些小孩子，对没吃过的东西不感兴趣，直到尝出滋味后才乐此不疲。

JOA下的同城两报

拉斯维加斯长期以来有两家主流日报，除了《评论日报》，还有《拉斯维加斯太阳报》（*Las Vegas Sun*，以下简称“《太阳报》”）。后者是家族报纸，由汉克·格林斯潘（Hank Greenspun）创办于1950年，但后来经营不善，到1989年老格林斯潘去世时已亏损数百万美元，遂于当年与《评论日报》签订“合作经营协议”（JOA），将发行和广告等经营事项并入对手报纸，编辑部仍然独立。为避免冲突，《太阳报》改为晚报，下午发行。进入21世纪后，《太阳报》每况愈下，到2005年，发行量只有3万份，广告也很少，从合作经营中获得的收入也由合作之初的1200万美元下降至200多万美元。这一年，两报修改了合作协议，《太阳报》改为晨报，但不再单独出版，而是作为一叠夹在《评论日报》中一起发行。《太阳报》仍有自己的编辑部并独立运行自己的网站，但人员大幅削减[1]。这种两报并作一报而仍保持各自报头的合作模式颇为奇怪，在美国报业史上是第一次，迄今也仅此一家。所以与基利的谈话也不免涉及这一话题。

2016年4月29日《评论日报》（左）和《太阳报》（右）头版（辜晓进 摄）

[1] Timothy Pratt.A Newspaper in Las Vegas, at Risk of Closing, Divides a Family.www.nytimes.com. September 5, 2013.

辜：《评论日报》在拉斯维加斯的主要竞争者是谁？《太阳报》还有竞争力吗？

基利：形式上看，这座城市仍然有两份日报，另一份就是你说的《太阳报》。但实际上它早已不构成威胁，真正的竞争者是当地的几家电视台。它们有自己的网站，有自己的客户端，而且不断推送新闻，其数字受众与我们的差不多，所以我们和他们之间竞争还是比较激烈的。你看过《太阳报》吗？（辜：还没有。）稍等，我马上取一份今天的报纸来。你看（展示报纸），这是今天的报纸，《太阳报》只是里面的一个section（一叠）。你看今天的《评论日报》，这里，这里，都是我们记者写的内容。再看《太阳报》，几乎所有稿件（包括评论）都是电讯稿或来自辛迪加和其他报纸的稿件，整叠只有2篇本地稿是自己写的。现在读者也觉得挺奇怪的，拿到我们的报纸，里面怎么会夹着另一份报纸？是弄错了吗？或者是《评论日报》兼并了《太阳报》吗？其实都不是，但我们就是这样发行的。

我看了当日这两份报纸，《评论日报》有6叠（不含《太阳报》），共60页；《太阳报》仅有1叠，共6页，而且完全没有广告。想不到2009年还获得过普利策公共服务奖的《太阳报》已沦落到这步田地。

辜：照此下去，《太阳报》很快会停刊吧？

基利：我也觉得，但有JOA保护，在合作经营协议没有终止之前，你很难做出改变。这个协议的终止期是2040年。除非格林斯潘家族自己不愿再坚持了。

辜：我读过一些文章，说在美国仍维持JOA的城市越来越少了，很多都没到终止期就结束了，因为现在的报业经济很难维持一个城市两份主流日报。

基利：是这样的情况，所以在这里纸媒方面并无竞争对手，我们的竞争对手主要是电视媒体和数字媒体。

辜：这也是你们不设付费墙的原因？

基利：我猜这是主要原因，因为我刚来不久。我们在数字平台上与本地这几家电视台几乎平起平坐，我们一旦设立付费墙，受众就可能跑到竞争对手那里去。拉斯维加斯与其他一些城市不太一样，我们既是名义上的一城两报，更有很多竞争对手，而且我们目前的主要任务是扩大数字受众。现在新班子组建不久，千头万绪，我们也从未探讨过付费墙的问题。也许以后会考虑吧。

辜：你们现在的读者构成，是以本地居民为主还是以外来游客为主？

基利：这个问题问得好。现在访问我们数字平台的读者中，只有40%来自内华达州，其余都来自其他地方。我们一半以上读者来自全国各地，也要服务好他们。有人觉得，从这个意义上说，我们是全国性报纸，但我们又不像《纽约时报》《华盛顿邮报》《今日美国》那样关注全国各地的新闻。有人说我们是地方性报纸，但分明有大量读者来自全国各地。所以我们是一种奇怪的组合。来自全国的受众，其实兴趣点都与拉斯维加斯相关，他们或者来观光旅游，或者在这里办公司，或者来此做生意，或者有亲戚朋友在这里，总之都与拉斯维加斯有着千丝万缕的关系。我们要在服务本地居民和这部分关联读者方面做好平衡，这是我们报纸与其他报纸不同的地方。

辜：你们主要用什么办法去吸引这60%的关联读者？

基利：每年访问拉斯维加斯的外地游客超过4000万，这既是服务对象，也是产生新闻的地方。拉斯维加斯是世界知名的城市，因此本地发生什么新闻，特别是发生在赌城（Las Vegas Strip，指不断扩张的娱乐新城），很快会为全国所知。我们充分报道好这里的新闻，就会引起最广泛的兴趣。例如两个月前，赌城发生一辆汽车撞倒若干行人的不幸事件，很快就传遍全国，这是由拉斯维加斯的声望决定的。（辜：这也是你们的优势。）对，我们把这里的事情做好，就是服务好全国读者。

《评论日报》内院门外的售报机（辜晓进 摄）

《评论日报》陈列室里的古老印刷设备（辜晓进 摄）

访谈之后的数字表现

和基利访谈中，还提到视频生产问题。那时该报虽还没有建立视频拍摄场所，但基利信心满满地表示要尽快建立摄影棚，因为扩大视频生产刻不容缓。

辜：您也负责视频生产吗?

基利：数字团队也兼顾视觉内容的生产，包括数字平台的图片和视频。技术上讲，日常管理是由摄影部主任凯文·肯特（Kevin Kent）负责的，他布置日常工作并确保其落实完成。但我们与他们密切合作，提供技术支持。一个好的例子是直播视频，这是我们最近才大量投入去做的，而且取得了令人惊喜的成绩。很多直播是记者们用手机完成的。我们不仅提供技术支持，还帮助他们在数字平台推广，吸引更多视频受众。有时记者自己出镜像电视主持人那样叙事。我们还开始制作360°视频，我们装备了一批360°摄像机。

辜：但我在编辑部没看见你们的摄影棚。

基利：我们现在还没有，但很快就会建立。视频新闻是大趋势，特别是直播视频很受欢迎，所以我们会尽快在这里建立摄影棚，这也是现在班子的近期目标之一。

此次访美回来后，我偶尔上网查看，发现该报果然在视频生产上取得了突破性进展。该报于2017年4月重新设计了网站，变化最大之处就是将视频内容置于网页显要位置。摄影棚也早已建好。其网站和客户端设立了像电

《评论日报》的“圆桌访谈”视频（来自网络）

视台一样定期播出的视频节目，如“早间新闻”（Morning Update）、“圆桌访谈”（Reporter Roundtable）、“今日内华达政治”（Nevada Politics Today），以及几档当地橄榄球队等体育视频新闻。

《主编与发行人》杂志则在“2018年十大做事正确报纸”的介绍中，将该报首次用数字平台成功举办“拉斯维加斯最佳”（Best of Las Vegas）活动列为重点案例。这项持续进行了36年的评选活动，近年来面临人气消退、收入骤减等困境。该报利用数字平台策划营销，与受众和商家互动，结合报纸和120页杂志特刊等线下推广，投票人数达到空前的130万人，广告收入也较上年剧增84%[1]。而基利本人，现在则将目光盯住5G带来的机会。他最近在《评论日报》发文说：

作为下一代通信技术的5G系统，将更快、更具标准性，4G手机将变得缓慢而垃圾。人们普遍期待2020年5G会进入生活，但T-Mobile的专家已确定于2019年在拉斯维加斯启动5G网络，Verizon则已经在北拉斯维加斯的移动基站开始升级到5G服务[2]。

[1]Nu Yang and Jesus Ruiz.10 Newspapers That Do It Right 2018: Recognizing Success in Pioneering Newsrooms, Advertising Growth and Community Engagement.www.editorandpublisher.com.March 1, 2018.
[2]Harrison Keely.5 new things I learned about 5G at NAB.www.reviewjournal.com.April 7, 2018.

《评论日报》报纸印刷机（辜晓进 摄）

《评论日报》印报车间（辜晓进 摄）

他在文中引述专家当日在拉斯维加斯“全国广播业者协会展”（National Association of Broadcasters Show）上的讲话，历陈5G五大优势。这里也与读者分享一下：

1. 5G的优越性不仅在速度

5G的速度将比现在的4G快10倍，但不限于此。它更加稳定而可依赖，不会因为空间的转换而断线。它几乎没有延时概念，点击后目标信息会立刻呈现。它将同时支持数以万亿计的设备，几乎可在互联网上连接一切。它还大大节省能耗，可使目前设备的效率提高100倍。

2. 5G发射必须兼容4G

5G信号的发射必须同时支持4G、3G甚至2G设备，系统的兼容性必须增强，以迎合未来的标准。

3. Wi–Fi会变得无关紧要

Wi–Fi存在安全隐患，而5G的健康和安全性能将令系统更加可控。此外，4G是建立在用户无须快速上传能力的理念上的，但在5G工业体系中，用户的切入和上传受到高度重视。

4. 移动高画质TV成为可能

5G环境下，网络的呈现像素大大增加，移动网络类似电视高画质的图像传播成为可能，在5G系统传播VR影像，也在实验中。

5. 5G也非无所不能

人们总是寄望于更快和更好，因此3G出来想4G，4G问世盼5G。但整个互联网的容量仍然是有限的，有些问题要等待6G 才能解决[1]。

基利不忘在文末留下邮箱和社交账户，邀请读者就此问题与他互动。

那次谈话结束后，基利还陪我参观了该报的印刷车间。这里规模和机器的先进程度比《萨克拉门托蜂报》更胜一筹，印刷机高达4层。据介绍，两套系统包含16个塔楼，总重910吨，是2000年投资4000万美元引进的，引进后成为当时全球规模最大的印刷车间。

[1]Harrison Keely.5 new things I learned about 5G at NAB.www.reviewjournal.com.April 7, 2018.

附录：INMA CEO 厄尔·威尔金森访谈全记录（英文）

Talk with INMA CEO Earl Wilkinson

（April 4, 2016 in Dallas, U.S.）

INMA：International News Media Association

WILKINSON: Well, let's talk about your trip.It's more difficult than 15 years ago.15 years ago, advertising was growing, revenue was growing, profit was growing.

GU: Yes, the advertising met peak at that time.

WILKINSON: *The peak was* 2005.And then they collapsed.(GU: Even before the crisis?) Yes, even before the crisis.One, two, three, four, and the economic crisis really occurred in 2009.What happened in the recession? I'm sure you know it.Recession has already accelerated trends in the market.(GU: You mean the new media?) In every industry.People thought the new media had led the change.It's not true.Recession made them change.What happened in our industry was that people were beginning with the other lounge.The commercial World Wide Web appeared in 1993.We went into the 1990s but the digital was not sure what to do with it.

And in 2004, the advertising decline really started. The advertisers just basically said they would rather invest in metrics-based media like digital than put our money in television, radio, newspapers and magazines and other legacy media, where they couldn't really measure the performance.So those trends were happening in 2004, 2005, 2006, 2007 and 2008, and then recession set in.All these things we were thinking about then accelerated in the last seven years, and you see there was a massive migration.Advertising classified, advertising retail, and advertising national, all went to the measurable media, or primarily digital media.(GU: Especially the classified advertising.) Yes, it disappeared.In our country, in the United States, the classified advertising is a big portion in the whole advertising revenue.In 2004, we sold our newspapers at really low price.We invested heavily in classifieds.This industry generated 87% of our revenue from advertising.Only 13% came from the circulation.In Europe at that time, they priced newspapers.We sold newspaper for 50 cents while they would be selling the same product for 2 euros.

GU: They have a lot of single copies, more than in U.S.?

WILKINSON: No, exactly opposite.In some countries, yes; in other countries, no.It is hard to generalize across 25+ countries in Europe.In U.S. we have more subscription-based circulation, so the revenue is very stable .In Europe, they get 55% to 60% from advertising, and the rest is mosthy from consumers.So the consumers in Europe are used to paying more for newspapers.If a cup of coffee in Europe cost 2 euros, that is the same price for a newspaper.How much for U.S. newspapers?

GU: In 2001, most daily newspapers in U.S. cost 50 cents each copy, and *The New York Times* at that time raised price to 1 dollar for weekday and 1.5 dollars for Sunday edition.Now I noticed that most national dailies are 2 dollars.

WILKINSON: That's right.And you pay more for less.15 years ago, *USA Today* may be sold for 50 cents, but today you pay 2 dollars and get much thinner copies than before.It's a problem.So 15 years ago, it was different in the United States than it was in Germany, Brazil, India and China, basing on we were in 15 years ago.So our industry in the United States are advertising-dominated. So what will happen when advertising leaves your newspaper? Europe is not exposed to such advertising, they wanted to, but they were not exposed to.So, their industry declined in a different way than in the United States.We have a taller mountain to shrink.

GU: Yes, you know, 15 years ago, the most attractive advertising to me was classifieds.The content was readable and helpful.

WILKINSON: Now it's here (pointing to his cellphone).And now it's free on our mobile.(GU: May I take a picture?) Sure.What kind of camera is that? (GU: It's Hasselblad, Hasselblad Lunar.) People now use this (show the mobile phone) as cameras (laugh). [GU: Yes, it developed rapidly.My wife photographs with her mobile everywhere.She said it was much better than this (laugh).] So in Shenzhen, we met in Hong Kong a few years ago, do you have a Facebook account?

GU: No.(WILKINSON: No?) No Facebook, no Twitter, no Instagram.They are totally blocked.I did have an account on Instagram several years ago, but had not updated since I couldn't access.

WILKINSON: It's funny in your emails that there is a spam filter. I missed some emails and they were found in spam filter.(GU: You mean trashcan?) Yeah, may about you or may about me.You said your email might be in spam folder or junk folder. I had never checked junk folder until you told me. Now I checked my junk folder three times a day to make sure not missing your email.We get email blocked from Russia, and we get email blocked from China.And sometimes blocked from Denmark.I don't know why it happened in Denmark (two laugh).

GU: I know there are blockers in China and some other countries, but not expected it occurred in U.S. or even in Denmark.

WILKINSON: It's a kind of business which some companies do.They house our email servers.I'm sure it is to protect themselves.Now I know how to do with it to find your emails coming to me.So it's better now.

GU: You know, currently in China, when I get a phone call from overseas, there is a message along with the call on the scream, saying: This is a call from other countries and you should be careful.

WILKINSON: You told me 15 or 10 years ago, the newspapers in China, every four or five years, reported more things and the country was getting more open.

GU: Yes, they were, but it depended on the different policies in different time.And I want to say, currently it's difficult for me to contact the leaders in big newspapers in United States, although I have their business cards they gave me 15 years ago, such as *The New York Times, The Wall Street Journal*, etc., except *The Christian Science Monitor*.

WILKINSON: I even didn't know they (*The Christian Science Monitor*) are still alive.I thought they had gone out of business.

GU: Yes, you mentioned that before, but they are alive.

WILKINSON: But they are digital only?

GU: Yes.I regard this kind of reform as a digital first or Digital Only Strategy. Do you think it will be a trend in recent future?

WILKINSON: I'm thinking about how to tell the story. In my country, we call it legacy publishers, newspapers and magazines.You can divide the newspapers or magazines into four classes: global, national, regional groups and local ones.In the past, all these types of newspapers were in one bucket and they all belonged to the same family.When moving to digital, they were in their own buckets and they had their own experience.For example, *The New York Times, The Financial Times, Wall Street Journal, The Guardian*, are becoming more global.These companies belong to digital, like Vice Media.It's time for these companies to be in digital bucket.The national brands, generally, are also intent to be more global.The regional groups, none has figured out how local media would survive in the digital age. But to the groups like Gannett, their solution is to buy more newspapers and create more scale, more centralized company.(GU: It's interesting that Gannett is still buying newspapers.) Yes, they are buying newspapers, and Warren Buffett is buying more.You know why? They are cheap. The same thing occurred in Germany and UK.

The company you will visit tomorrow is a good example.Jim is very open about their strengths and weakness.They are not owned by Gannett.So, they have to figure out how we survive and make local media pay ourselves. I can't amortize my expenses in Gannett, because they lose advertising revenue, they have to diversify their revenue sources.They want to buy ad agencies.And they want to create marketing organizations.They want to do all these activities.They have nothing to do with journalism.They have nothing to do with news media. But that's their answer to fund journalism here in Dallas, Texas.So, one of my big recognitions is that you have these four buckets. And they are all trying to figure out how to survive in ten years.In the most digital universe, each of their solutions is going to be different.

GU: Yes, maybe you are right.In your opinion, what kinds of newspapers are likely to survive, national, regional or local?

WILKINSON: Listen, I don't think the whole idea that these newspapers will disappear because of print's going away.It is just not happening.*The Christian Science Monitor* killed its print but it is still producing journalism.It may survive, although it will not as big as it used to be.

GU: What is interesting is that, when I visited the paper, the editor and chairwoman told me, the most revenue comes from a printed weekly, a very popular weekly magazine they are still publishing.

WILKINSON: You know, even the most successful newspapers in New York today still get 60% to 70% of revenue from print.So, most newspapers will survive, but the question is which can they thrive.The globals and nationals will more likely to thrive.*The New York Times* has got it.*Wall Street Journal* has got it.*The Financial Times* has got it.

GU: How about *The Washington Post*? 15 years ago, the editor Mr.Downie Jr.told me that they were local newspaper.This time, the editor Mr.Baron tells me that the paper is a national paper and even international newspaper.Is there a prove of going national?

WILKINSON: In 1996, Arthur Sulzberger, Jr.of *The New York Times* said, the future of *The New York Times* was national.So they shifted the Times from a primary New York newspaper into a national newspaper in 1996. The ownership of *The Washington Post* at the same time said, no, the future is not national but local. Let me say, *The Washington Post* in ten or fifteen years tended to be a great local newspaper.They invested heavily in digital hyper-local news, from the journalism perspective and money perspective.But since Jeff Bezos bought *The Washington Post*, it soon became national and international.It was something like *The South China Morning Post*.Two years ago, Jack Ma bought it and said that they were not only a local newspaper for Hong Kong, and they wanted to be a window of the world for Mainland China.(GU: They at least want to be a newspaper of Southeast Asia.) No, they want the English world to understand China through *South China Morning Post*.*South China Morning Post* will not about Southeast Asia, but about a true China.I think Jack Ma and Jeff Bezos are very similar.(GU: You have met with Jack Ma?) No, not yet.(GU: You will?) Yes, I will.Jeff Bezos said, no, we are still based on local, but we are the window on the world of American politics, which they should had done twenty years ago.They now have financial muscle.They now want to be a digital company and they understand it's not just about journalism any more. It's about technology, audience development and big data.(GU: It's interesting that once Jack Ma took over the *South China Morning Post*. He decided to melt down the paywall.) Yes, I heard.Only billionaire could do that.

GU: I do have some more questions to ask you.(WILKINSON: Yes, sure.) You know, you are a famous expert in media industry.So could you describe the newspaper industry in United States as a whole about digital transformation? It surprised me that the CPO of Gannett told me their newspapers had already completed the transformation.Is that true?

WILKINSON: I think there are three or four good stories about the newspapers in the United States. Gannett is a group, and maybe the best one? But they even have not completed yet. *The Washington Post* is a good story, and *The New York Times* is a good story in development. It's an uneven transformation. You have companies that are in the four buckets. You have last 10 years of transformation. And now it's 2016.The challenge is that you have to be great national brands with smaller newsrooms. On the legacy side, you have gigantic newsrooms. (GU: Like *The New York Times*.) Yes, like *The New York Times*.And also in UK, *The Guardian*, used to have a huge newsroom. It's unsustainable. Something is going to break.You see, two ends of a burning rope. Two ends of a rope are burning into each other. On the one end is legacy media companies, and the other end is digital companies, neither of them is older than 10 years old. They are funded by venture capital, and it's about audience growth at all cost.And they don't make profit. On the other end are legacy companies, and their revenue is going down.They are trying all the practices in digital side, such as big data, programmatics, mobile, etc.

As I talked about the burning rope, the digital companies try to figure out: how do these guys make money? How do you sell advertise in such small scale? My view is that maybe in 2018, 2019 or 2020, these ends will be met in the middle.The only difference is that legacy companies are still printing.I think the legacy may print one day a week to make money, like *The Christian Science*

Monitor.Politico, for example in Washington D.C., do you know that? (GU: Yes, I know.) Do you know they print once or twice a week? (GU: They do a very good job in digital end.) Very good, but they still not make money from digital but from print.That's the dirty secret.Give you an example, The *Huffington Post*.(GU: It's a success.) You think it's a success, right? What I told you last year was that *The Huffington Post* earned $15,600,000 in revenue.And they had $156,000,000 in expenses.So the profit was zero! So you say that's a success.But I say it didn't make profit.(GU: It has been strongly supported by AOL.And they don't worry about money.) Yes, they have capital.But in legacy side, they have no capital.And they live or die on consumer revenue and advertising.So that's why I say the two ends of burning rope will be toward to each other.

On the legacy side, the transformation is very uneasy.You have small and independent newspapers that do nothing with transformation.The bigger companies are working quite hard, the bigger groups are working quite hard.You'll see tomorrow, the local newspapers, their transformation is in a different way.You know the group is trying to transform for…So, how could they create scale and centralize and figure out the business model.A local newspaper is transforming vertically.How could you diversify our revenue beyond media and pay for journalism?

GU: You said *The Washington Post* is a good story, and *The New York Times* is a good story.Could you describe some details about the good examples?

WILKINSON: Well.If you look back, here is a tough part of your question. You see *The New York Times* as a good story, *The Washington Post* a good story and Gannett a good story.The problem is that you can't copy those stories.*The New York Times* was national and now it's going global.They have a lot of digital subscriptions.The value of *The New York Times* is journalism, journalism and journalism.*The Washington Post* is the only newspaper in their world owning to American politics.They have similar success.The luck is that they are in election year.But my point is, other newspapers, in Latin-America, in Asia, in Europe, they can't say I want to go international.(GU:Not every newspaper can go national or international.) Right, that's my point.By the way, you visited the Philadelphia newspapers.That's a strange story.Three owners in three years, and they are now under a non-traditional trust firm ownership.I don't know about that.I can't say the Gannett way of acquiring will translate well outside Gannett. They are able to leverage their assets in a very creative way.But I can't translate that story as a successful story necessarily into Shenzhen Press Group.It's a tough story.I'll be looking at Dallas.I'll be looking at New Orleans.So here is the company which owns all local newspapers.They have two newspapers in one company.Shenzhen has several newspapers in one company.I'm looking at New Orleans.Here is one newspaper in one company.They changed seven days all home delivery to three days home delivery.And they try to be digital and mobile first at the rest of time.Is it working?

GU: I regard Philadelphia and Dallas as similar cities with Shenzhen in terms of news media environment.They only have one newspaper group covering everything and no other local competitors, and so does Shenzhen.What I'm concerning is that in such a city with no big local competitors, how to push such media organization to transit into the digital world?

WILKINSON: I want to show you.You asked about the transformation.What does the media want to do? They don't want to kill the print but they realize digital is their future.How do you manage this style? Someone say the print is on the way. You can not cease it digitally because the print is in the ditch.80% of revenue is coming from it and you are going to kill it? It doesn't make sense. can be.Let me just tell you one thing that I've never seen anyone do.Why don't you set up your printed newspapers and set up a digital competitor yourself? And your objective is to cannibalize your own newspaper.

GU: I think in the future the traditional newspapers will be a part of the digital giants.Or in a big circle, newspapers as content producers are just a small part of it.That is their position.

WILKINSON: I don't know.I know Google, I know Facebook and Twitter, all these companies don't want to touch content creation.Right now in 2016, they don't want to be any part of it.I think they see that their value of proposition will be friends with local content producers.But I don't think they want that.Maybe that changes will appear in five years, I don't know.That's the question on my mind now.

GU: How about MacClatchy? The company in California took over Knight-Ridder company in 2006 including *The Philadelphia Inquirer* and then they immediately sold it out .I think it's a bad example for newspaper acquisitions.

WILKINSON: The reason of grammars over these stories… If you look at the totality about US newspapers, you have Tribune company which has gone through difficult decades.They've been private and they've been public.I visited the CEO of Tribune in December.(GU: last year?) Yes, a few months ago.I asked what were they proud of? He said the digital team that they had built and the local newspapers such as *The LA Times, Chicago Tribune*, and cooperative team that they had built and they were really going to transform.Three months later he was fired.Three months later they have a new chairman of the board and they fired all these people he was so proud of having hired.Let me give you the idea that how unstable the US newspaper industry. Digital First Media just won an option to buy *The Orange County Register* just last week.It fired all the top executives overnight.(GU: wow, *The Orange County Register* is a big newspaper.) Yes, it's a big newspaper, it's an important newspaper.(GU: It ranks second in Los Angeles area.) It may be.

You asked me the transformation and now you see what I'm saying.It's a great, uneven transformation.The companies like Lee Enterprises, in 2002, 2003 bought *The Saint Louis Post-Dispatch* for $ one billion.Today *The Saint Louis*

Post-Dispatch worth $80 million.(GU: The paper was owned by Pulitzer, right?) Yes, you are right.It's equal that you bought $300,000 a hose in Shenzhen, and overnight a hurricane came and damaged your hose and now your hose only worth $40,000.And you still have to pay the $300, 000 mortgage.That was Lee Enterprises.So now Lee Enterprises only has a face to transform from print to digital.But they still have to pay the bank loan they purchased 13 years ago. MacClatchy is the same story.The Postmedia Network that works in Canada is the same thing.It's part of the story in our country.People outside are going to understand which American newspapers are facing.Its huge debt acquire to this digital transformation.I mean it's a complicated story.

GU: So do you regard the expansion as a good strategy for US newspaper industry?

WILKINSON: I think it will continue in the consolidation.I keep trying to make point.I think the big companies will keep buying newspapers.Gannett will keep getting bigger.I think it will be in ten years, the majority of top 100 newspapers will be owned by 5 or 6 companies. How much does Google's net worth? If you buy every single one of US newspapers, they don't add up to Google's net worth.So I think the consolidation is the only way probably to go. If you want to know another trend, I think in your perspective you might be interested.You have peculiar owner of structures.Most of the big metropolitan newspapers were found in 1830s, 1840s or 1850s.And all those newspapers are inexpensive and driven by journalism promotion.And circulation grew in from 1950s.(GU: But it declined from 1980s.) Yes, but the advertising was amazing. You go to grocery stores, and the profit margin is 2%.The average margin of newspapers in 1990s was 24%.Wow! But what happened in 1940s and 1950s? Local newspapers were owned by local millionaires and local billionaires.They made money and they really owned good will.(GU: And had good service for local community.) It was so successful that they started buying other newspapers.Then they went public in stock market.But what happened in last ten or fifteen years, those public companies became private again.They didn't want to be in the stock market.And now those newspaper properties are selling to local billionaires.From 2016 to 2020, the newspaper companies are going back to the ownership style 60 or 70 years ago.So who will buy these newspapers? It's not the group which is getting bigger.It's the local billionaires which are happy not making money.

GU: I think it's a good news for local newspapers.

WILKINSON: It could be.I still think you have to make money, but you will not expect to make 24%.Look *The Guardian*, look the newspapers in Florida.They were owned by appointed foundation.

GU: You've just mentioned newspapers in Florida.How do you think the convergence practice in Tampa Tribune? I mean the super news center which was high regarded in China as a successful example.How about it now?

WILKINSON: Well, that was more than ten years ago.What I want to say is that the rest of the world would not go Tampa.There are better examples as I told you before you left for US.Fifteen year ago, newspapers in the United States were world's model for financial success.US newspaper was the center of the world 15 years ago, but it is not now.You may argue that.UK newspapers, Australian newspapers and New Zealand newspapers, in terms of transformation, are ahead generally of US.

GU: It's a little bit ironical to me that newspapers are still getting money from print side and they will gradually close the print.Since small money comes from digital, how to balance the transformation?

WILKINSON: Let's see Vice Media in New York.They wake up every morning and think: How can I grow my audience? How can I come up with clever digital advertising solutions for my product and my brand? A print, or a traditional legacy newspaper publisher, wakes up everyday confuses: I've got to do the digital thing, and I've got to print to pay the bill.How could I create synergies for advertising sales? How could I create synergies to maintain my newsroom? How could I let the best print to give it into the digital space? The point is the missing of the burning rope.They are looking for souled of digital opportunities.These guys over here is trying to do fifteen different things simultaneously.They are going to mobile.Or they are going to be tablet.Or they are going to be print.Or they are going to be online.Or they want all these things on top.They want mobile first and computer second.They get 30 people in their newsroom and 40 people to make venture capital cash.That's what every day confuse.These guys over here have 900 people in newsroom.It's too many.Now they want to change: these guys serve this, and those guys serve that.The burning rope.I keep saying that energy, the great energy.

GU：I know INMA, including you, are big guys and leaders of it, making many research reports, very good reports, on national and international news trends.Do you have data or survey about current situation of mobile apps which used by newspaper companies? I noticed that most of newspapers, including top newspapers, are working very hard in producing content on their apps to strengthen engagement with audience.

WILKINSON: I have different view.I think the most of 1500 daily newspapers, 1400 now, in US, don't take mobile apps very seriously.No plans and no strategies, nothing.(GU: Oh, really?) The global, they have good plan. The nationals, they have good plan.But I think the rest are really struggling with it.Apps versus mobile web is close to 4 minutes.The usage of apps over mobile web is something like 4 to 1.But here is the dirty trick about apps which nobody seems to understand.According to forecaster's research, 84% people spend almost all the time on only 4 apps.One of them is Facebook.One of them is probably Google.(GU: In China it's seven.) I suppose *The New York Times* needs app.I guess *The Dallas Morning News* needs app. But my experience so far is that what you are trying to promote is so hard. It is among the top 4 apps.I'm not sure why you do it. I really don't know. For example, the Swedish newspaper *Aftonbladet*, ranks first in Sweden, but won't be on apps. I think most legacy newspapers treat their apps, like *Aftonbladet*, You know, you have to be on mobile web, you have to have your website responsively design in 2016.If you don't, you are in stone age.

GU: But how do you get local information? Can you ignore the information published by local newspapers on their apps?

WILKINSON: I have a lot of apps.I probably use seven apps.I go to Facebook a lot, Instagram a little less.But this doesn't worry me on local media.You've asked a good question.I do not know a single company in this planet that is figure out how is legacy, none national and none global, local media company.What is the value of position in the digital age? Is it local journalism? (GU: But how about communities?) It seems to me that there is a company in San Francisco called "Next Door".Next Door is something like Facebook from local communities.I've got it, but it doesn't really work.But it's interesting if I go back in time.So how were regional newspapers created? Forget China.You love the local community? They want to have published news, and maybe make some money.You know that sort of group from there.Even in 2016 all those newspapers have no idea who their readers are.No idea.If you have Facebook or Next Door or you have digital peer plan.(GU: Next Door is a digital community platform? Is it a kind of social media?) Yes, it's a new social media.But the point is those guys think different.If they could create a news organization today, they would look at the local community.They look it out.(GU: But it seems difficult for those giants to cover local information.) That's right. But how many journalists should I have? Put your fingers in the air. I think about 200. How do you get that number? I don't know. I'm sorry about it.

So Facebook or Next Door or Google will public analytics about the market.They would say, oh, there are one million people in Dallas of home of certain percentage of income level and certain percentage of downtown and uptown area. The point is that they will take a mathematic view of Dallas market and create a product via mobile print which may be with wealth people or poor people, etc. These are two ends of burning rope. This is a space approach to value creation versus a sort of blind approach to value creation.(GU: So the machine makes decision.)

In ten years I really want to see how many digital companies are created.You have today the digital company that was very good aggregating other people into audiences.Facebook is very good in aggregating the audience of Dallas, Cincinnati, Philadelphia, New York, into those beautiful communities but has no regional content.(GU: Those are user originated contents.) Just some degree.I think the other thing which is interesting is that one day when Facebook will create the news organization for Dallas.(GU: That will be terrible for Dallas newspapers.) It might be, but you know, I want *The Dallas Morning News* to succeed.But I would like to see taking those most failed markets in United States.Some really terrible cities are failing, with Facebook going in that city and creating a news organization.Take the worst newspaper in Gannett newspapers for example, take that newspaper give to Facebook. What would you do? You may just say, oh, thank you.

GU: How many social media accounts do you have and what they are?

WILKINSON: Let me see.Facebook, LinkedIn, Instagram, Twitter.I think those are big ones, and others are minors.You know we've seen a big trend among our members on WhatsApp.I do have Snapchat account.I have only one friend has that. You know it's my niece.(GU: That's mostly for young generation.) Do you have Snapchat? (GU: No, I just have Wechat.Snapchat is blocked in China.) Have you used it? (GU: No.) You should download it here in US and you should see it. Let me give you an example.(GU: It seems a kind of gossip?) No, it's more interesting than that. Let me show you(showing his mobile). Snapchat at the poor is…Hold on. Here is my niece. Who is she? (GU: His girlfriend?) I don’t know. Oh my god, what is this? So these kids are videoing each other. The video goes to you and you have 30 seconds to view and it disappears. That’s the trend among kids.

And what I want is to show you those media companies on Snapchat. They want to be on Snapchat because, let’s take CNN for an example, it’s a very different way they can videodical…Oh I get it.You see the interesting on the face. I would never read this.This is CNN content for them. Is this the future of news? I think so.(GU: I think they are going to meet the interesting of next generation.) By the way, here is advertising.(GU: It looks like Hollywood movie.) You can search and pull on this and Yahoo is one of channel of Snapchat.Snapchat fire Yahoo because it’s too boring.(GU: I don’t like so much rubbish information on social media, and people talk meaningless words.) How old are you, Jeffrey? (GU: Sixty this year.) I’m fifty this year (laugh). But you look younger than me? (GU: No, I don’t think so.That’s not true(laugh). But look, my point is, fifty is a big year for me.I’ll be fifty in December.I’m looking 60 not 40.I’m single.I can do Snapchat. I hate fifty.(GU: You mean we are too old to take that kind of information?) When you are in twenties or younger, you know my oldest niece is a 17 young girl.She consumes information in a different way.(GU: She never read newspapers.) Never. Do you remember when you were 17? When I was 17, I was a young journalist. I read each word of *Wall Street Journal*.It was amazing to me that all information can achieve this way.(GU: Maybe she reads news from newspapers via other channel like Snapchat.) No, if news doesn’t find her, she will not read it.She’ll never go to the news.She will never go to a magazine or go to a newspaper or go to a TV.But she will see that on Facebook screen or she will see that on Snapchat screen or Instagram screen.If news appears on them, she will read it.Because she knows instinctively that it shows up on her screen that means her friends like it.So Facebook somehow knows that and surface for her.I don’t understand that.I’m recalling about he turning to 50 is I reach the stage in my consumption habits which are so different from the people creating news for the young. I don’t understand the world.I can understand it academically. But I don’t understand it from the heart.I understand that they are different generation.

GU: Ok, let's return to *The New York Times*.Since I will not have opportunity to visit this paper, I have been turn down, you know, but I am very interested in the experience of it.I searched its website and noticed it has at least ten mobile apps. Do you think it's necessary for it to create so many apps?

WILKINSON: I call this "app crazy".When the iPad came out in 2010, we went crazy.We created apps for everything.The data show that is too much.I think every news organization needs a general app.I mean big organizations.I think there are markets for inventing apps.But most of them are temporally.They live, they die.There might be markets what I call "passion niche".So *The New York Times* is trying to figure out what passion niches do we own? (GU: What do you mean by saying Passion Niche? Does that mean the same interesting group of people?) Well, let me take *The Washington Post* for an exanple. In addition to my general app, I will take a politics app, because the passion niche in *The Washington Post* is politics.They own politics.(GU: Yes, they are in the capital and they are closed to big politicians.) For example, I think *The New York Times* will figure out what are those passion niches.They know the traditional readers like cooking so they developed an app of cooking now.But I can tell you that the first object of these apps is to figure out the business model.The best business model for them is paid apps.Probably a paid app is monthly subscription.They find that there is low demand for paid apps as monthly subscription.

GU: Yes, it's very difficult to say how they can get money from those apps. You know, *The New York Times* used to have a paywall but now they give up.

WILKINSON: *The New York Times* used to have it, but they killed it, and then they fought back.I think they now got 1.1 million or 1.2 million of subscriptions.*The New York Times* is looking at the success that of paid content strategy and they say, should I develop other verticals, niches that can be as universally successful? And what I said is their success is uneven.(GU: They do not charge for apps, you know?) No, they charge for subscription.(GU: They used to charge, but not now.) Oh yes, that's right.I'm sorry.What I like about *The New York Times* is that they are not afraid to fail.The definition of success is not would paid up.So, *The Guardian* sometimes think that's not working so we turn to free or charge a small fee.Each of those apps has a slightly different business model. Most media companies are trying to simply succeed via paywall or paid content of subscription.

GU: To Chinese news media, the most success *The New York Times* achieves is that it gets money from circulation.(WILKINSON: From consumer.) Yes, from consumer.The reason that they get money is they built up a paywall.Could you talk about your idea about the paywall strategy? I remember last year you said in Hong Kong that you didn't think paywall would be successful in transformation.

WILKINSON: It's not automatically success.I keep talking about four buckets: global, national, groups and then local media.Paywall in global is beautiful.These are high brands, high demands and best financial results.*The Financial Times* and *Wall Street Journal*, are well-suited to paywall.They can charge the businessmen. It's beautiful.*The New York Times* is a big success.You can laugh at last year on world congress in New York speaking, we had the number two executive from the World Wrestling Entertainment at the INMA World Congress.They had huge success in paid content with 1.2 million subscribers. You have a high brand, lots of content, high demand, the global brands can get it.The national brands are getting there.I said they are getting there.(GU: National brands include *The Washington Post*?) No, yeah.There are some great lines.For example, *El Tiempo* in Columbia, is a leading national newspaper, but they are not *The Financial Times* and they are not *The New York Times*.It's not global brand. *The Guardian* is global brand.I think the national brands have to understand, they are struggling with, they have many competitors in the countries.They are trying to be better than their competitors.Global brands don't care being better. They are different.They own different.Regional groups versus independent global media, these guys are struggling a lot.What's the value proposition? If you take up *Dallas Morning News* to a lot of social press, I read that yesterday.So why should I subscribe? What do you need *Dallas Morning News* that I would pay for? (GU: The executive in Philadelphia Media Group said, *Dallas Morning News* is a good example in building paywall.They established three times.) And failed three times. By the way, if you ask Jim tomorrow, they failed three times, and I think they are going to try a fourth time.But I'm curious what it's going to be.

So there are two models world wide.It's really easy to understand: the metered paywall, most quality newspapers need a metered paywall; what you do with metered paywall is that you can turn it up and you can turn it down.I'm setting a metered paywall, so if you come to my website, you can read 15 articles without paying, it's free.And when you get to read the sixteenth article, you've got to pay. So what we found is *The New York Times* started their paywall not so high, you can read 20 articles.They don't want to build too high paywall.Then they find there are such high demand for their paper, they reduced to 15 free articles.Now I think it's 10 and I think it will reduce to 5.That's good.That's really good.*The New York Times* has really high demand.But most of these regional dailies do not have such high demand.So it's not easy for them to do paywall.(GU: Why newspapers in Gannett are all regional or local, except *USA Today*, and most of them, they said more than 70%, have built paywalls?) That's true.I think all these companies are struggling with metrics.That is, *The New York Times* wakes up, they put up a paywall and use meter and they find they have huge demand for their content.

WILKINSON: My home town is a small town in Texas.There is a newspaper *Tyler Morning Telegraph*.It has a tiny scale of audience, it's low demand.My father subscribed the newspaper for many years.He likes a little bit sport section.He likes a little bit local news, and it's done.（GU: He likes serious content?）Maybe.You look the local newspapers, take all sections to the all end.What percentage of the content are originally produced? Most of them come from wire service company. And in *The New York Times*, 100 percent of the content is original journalism. And the local newspaper, it's a bundle of other people stuff.In the digital age, why people should subscribe these local newspapers?

GU: There is a trend in China that newspaper groups begin to create news apps instead of single local newspapers doing so.One of the reasons is that local newspapers own little original content and media groups can aggregate much more information than the local media.I've just published an article about this on a national magazine early this year.But nobody will be sure whether they can achieve success.

WILKINSON: I don't know either. I keep talking about the four kinds of media.You are not *Wall Street Journal*. You are not *The New York Times*. Those examples are typical examples.Look the struggling local newspapers.What they build is useful for China, not *The New York Times*. I've given you an example, the Columbia newspapers right now. Now I'll give you another good example in Canada, La Presse.（GU：It's a French newspaper in Quebec?）That's right. The reason I suggest you look at this is, La Presse, you should download that, is it created an iPad edition. It's the next generation tabled.It's beautiful. I mean it feels like Snapchat. Next generation advertising. Next generation video programming. It's beautiful.La Presse does not believe the future of prints. They get money from online advertising. They are able to charge the really good advertising app. It shows the older print leaders are comfortable with the tablet app. La Presse try to export its idea in the world.

And the *Toronto Star*, is very very close to American newspapers.（GU: It's one of the biggest newspapers in Canada.）They are thinking, whether can we copy that French newspaper into English newspaper? *Toronto Star* is much stronger than La Presse.They said, can we charge the big advertising?（GU: To La Presse, it's good to move on online.）It's good for them to move to apps.But, if it can be success in Quebec, it may be working in Florida, working in Dallas.（GU: I think if they can get money from ads, the revenue model will be established.）Well, it's free, no subscription.It's an interesting business model.（GU：You mean that will be a trend for local newspapers?）No.I'm trying to figure out.La Presse's ad on tablet, is unique to Montreal, unique to Quebec.Or it could be exported to other markets. That's why *Toronto Star* wants to learn from them.If it works in Dallas, then other cities will be interested.You know, *Toronto Star* killed its paywall.So they just basically said, paywall doesn't work for us.So those are two big alternatives.They are working? Or they are not working? Success, success.Fail, fail.Here, La Presse, it uses tablet apps and free.

GU: It's something like *Daily Mail* in UK?

WILKINSON: Well, *Daily Mail* is a global media.We can make a little profit on dailymail.com.uk., if we are the biggest newspaper website.But whoelse can do that? It's a terrible model.It's an awful model.（GU：It has a big website in USA.）Yes, the only success for them is that they created a global website.The point is that they needn't translate it.They go directly into America and Australia.*South China Morning Post* can do the same thing.It needn't deal with the censorship.（GU：It's an independent newspaper.）*Daily Mail* is another example of global brand. In China, you should be the largest newspaper and then you can go global.（GU: Only *People's Daily* can do this.I heard that *People's Daily's* website people.com.is popular in USA, did you see that?）No.You can check here yourself.

Oh, my colleagues are coming.Let's move on to the dining room.

（以上所有文字由辜晓进记录整理。因谈话在酒店大堂进行，现场噪声较大，加上英语水平有限，一些字词可能有误。如果有错误，皆由辜晓进负责，与威尔金森先生无关。）